U0936708

珍藏本·增订本

纪念版

汉译世界学术名著丛书

改革年代

从布赖恩到富兰克林·罗斯福

〔美〕理查德·霍夫施塔特 著

王禹 译

Richard Hofstadter

THE AGE OF REFORM

From Bryan to F. D. R.

This translation published by arrangement with Alfred A. Knopf，an imprint of The Knopf Doubleday Group，a division of Random House，Inc.

中译本根据 Vintage Books，A Division of Random House 1955 年版译出

汉译世界学术名著丛书
（120 年纪念版・珍藏本）
增订本出版说明

2017 年 10 月，为纪念商务印书馆创立 120 周年，本馆推出“汉译世界学术名著丛书”（120 年纪念版・珍藏本），计七百种。近五六年来，仰赖学界同人倾力支持，订正旧译，增补新译，拓展新著，积累日多。为满足读者需要，本馆在七百种的基础上，继续推出“汉译世界学术名著丛书”（120 年纪念版・珍藏本・增订本）三百种。至此，“汉译世界学术名著丛书”累计出版已达千种。

今后，本馆将继续推进丛书的翻译出版工作，在积累单本名著的基础上陆续分辑刊行，汇印出版。为促进中外文明互鉴、推动我国学术发展，使“汉译世界学术名著丛书”这项对我国学术文化有基本建设意义的重大工程发挥更大作用，诚望海内外学术界、翻译界继续给予支持，帮助我们把这套丛书出得更好。

商务印书馆编辑部

2024 年 2 月

汉译世界学术名著丛书
（120 年纪念版·珍藏本）
出 版 说 明

2017 年 2 月 11 日，商务印书馆迎来 120 岁的生日。120 年前，商务印书馆前贤怀揣文化救国的理想，抱持“昌明教育，开启民智”的使命，立足本土，放眼寰宇，以出版为津梁，沟通中西，为中国、为世界提供最富智慧的思想文化成果。无论世事白云苍狗，潮流左右激荡，甚至战火硝烟弥漫，始终践行学术报国之志，无改初心。

迻译世界各国学术名著，即其一端。早在 20 世纪初年便出版《原富》《天演论》等影响至今的代表性著作，1950 年代后更致力于外国哲学和社会科学经典的译介，及至 1980 年代，辑为“汉译世界学术名著丛书”，汇涓为流，蔚为大观。丛书自 1981 年开始出版，历时三十余年，迄今已推出七百种，是我国现代出版史上规模最大、最为重要的学术翻译工程。

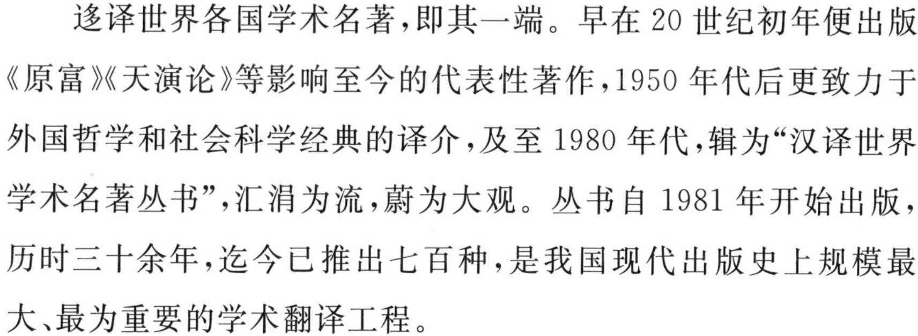

丛书所选之书，立场观点不囿于一派，学科领域不限于一门，皆为文明开启以来，各时代、各国家、各民族的思想与文化精粹，代表着人类已经到达过的精神境界。丛书系统译介世界学术经典，

引领时代思想，为本土原创学术的发展提供丰富的文化滋养，为推动中国现代学术和现代化进程做出了突出的贡献。

为纪念商务印书馆成立120周年，我们整体推出“汉译世界学术名著丛书”120年纪念版的珍藏本，寄望既利于文化积累，又便于研读查考，同时向长期支持丛书出版的译者、编者和读者致以敬意。

两甲子后的今天，商务印书馆又站在了一个新的历史时间节点上。我们不仅要铭记先辈的身影和足迹，更须让我们的步伐充满新的时代精神。这是商务人代代相传的事业，更是与国家和民族的命运始终紧密相连的事业。我们责无旁贷，必须做好我们这代人的传承与创造，让我们的努力和成果不仅凝聚成民族文化的记忆，还能成为后来人可以接续的事业。唯此，才能不负前贤，无愧来者。

商务印书馆编辑部

2017年10月

目　　录

前　　言

从内战到1890年代这段美国历史，可以看成一个主要以工业 3
化、大陆扩张和政治保守主义为主题的时期。以此类推，刚刚过去的这个时代，即大致从1890年代起，至第二次世界大战结束这段历史，则可视为一个改革的时代。改革的洪潮，尽管在1890年代发生过大规模的回涌，在1920年代也曾短暂地消退，却为20世纪大部分时间内的美国政治奠定了基调。过去65年里的改革运动，大略可分为三个阶段，其中前两个阶段几乎是前后接续的：首先是农民反抗运动，其最强烈的表现是1890年代的平民主义运动(Populism)和1896年布赖恩的总统竞选；接着是进步主义运动(Progressive movement)，覆盖时间约为1900到1914年；最后是"新政"(New Deal)，其最具活力的阶段集中在1930年代的几年中。

写作本书的目的，不在于把1890年以来美国主要改革运动那些熟悉的故事重新讲一遍，而是希望从我们自己时代的视角，提供一份新的分析。我最初的兴趣集中在从1890年到第一次世界大战之初，可是对这个时期的问题研究得越是深入，我越是产生这样一种感觉，即若将这一时期的改革与"新政"进行一番简单的比较和对照，将能更好地理解该时期的特征。出于这个原因，我续上了 4
最后一章，但还不能把这一章看成是对这两个时期之间关系的一

份详尽考察。从时间上来讲，我们现在离富兰克林·D.罗斯福的第一次就职演说，要比1933年3月4日罗斯福本人离伍德罗·威尔逊的第一次就职演说更为遥远。当我们开始从更广阔的视角来看待“新政”，则甚至在那之前的改革也呈现出了新的意义。从如今我们所处的位置，正可以看到我们从前未曾看到过的东西，并意识到一些从前我们认为并不重要的事件的重要性。

我们对“平民主义”和“进步主义”的理解，实际上与我们在“新政”中的经历是紧密相关的。“平民主义—进步主义”的时代只是由于一战才结束，及至我们对那个时代开始进行一些严肃的历史学研究时，我们又被抛进了一个由“大萧条”催生出的新的改革时期。因此人们会发现，在“新政”时期，以及那之后不久撰写的历史学著作中，关于“平民主义”和“进步主义”的观点不可避免地带有这第二波改革浪潮的印迹。这还不仅仅是说这些观点对改革常常持同情态度，而是说它们普遍共享着一个预设，即“新政”在一定程度上是“平民主义—进步主义”传统的同类物和直系后代；尽管这个预设绝对是完全错误的，它仍然转移了我们的注意力，让我们看不到两波改革之间的一些根本性差异，从而严重地歪曲了我们对历史的认识。其实关于这些差异，过去我已经颇费苦心地强调过了。

也许我应当解释一下，我是在一种非常宽泛的意义上使用“平民主义”和“进步主义”这两个术语的。就“平民主义”一词而言，我指的不仅仅是1890年代的人民党(People's Party)(或“平民党”[Populist Party])；因为我认为平民党只是对一个特殊的时间节点上某种为美国政治文化所独有的大众心理冲动(popular

impulse)的某种高调的表达。在 1890 年代造反运动之前很久，人们可以窥见一股更宏大的思想潮流，它可以远溯至安德鲁·杰克逊(Andrew Jackson)的时代，内战后则具体表现为“绿背党运动”(Greenback)、“格兰其运动”(Granger)，以及数次反垄断运动，这 5
股思潮表达了 19 世纪末一大批农民和商人对于经济变迁的不满。平民主义精神在 1896 年完全占据了民主党，接着在进步主义时期的政治中也扮演了重要角色。今天，平民主义与农业改革的具体联系虽然已经弱化了，但我相信它在我们这个时代依然存在，部分地已化为一股暗流，比如地方性的怨气，大众的或“民主的”反抗倾向(rebelliousness)和多疑性格(suspiciousness)，以及本土主义情绪。

同样地，关于“进步主义”一词，我指的也要比“进步党”(Progressive Party)(或“雄驼党”[Bull Moose]①)宽泛得多，该党由 1912 年支持西奥多·罗斯福(Theodore Roosevelt)竞选总统的共和党反叛者们组建而成。我指的毋宁是 1900 年以后那种随处可见的、倾向于针砭时弊和厉行变革的更为广泛的心理冲动；到了这一时期，农民抗议这条小溪流已变成波澜壮阔的大河，而强烈要求社会、经济改革的中产阶级人民，则凭着他们日益高涨的热情增加了这条大河

① 雄驼党：指 1912 年西奥多·罗斯福竞选期间以“进步党”之名成立的第三党，因罗斯福曾在躲过一次暗杀企图后，宣称感到自己“强壮得像一头雄驼鹿”，故而得名“雄驼党”。Bull Moose Party 一语习译为“公麋党”，实有讹误。盖细究起来，Moose 并非“麋鹿”(Père David’s deer)，而是“驼鹿”(北美地区也不产麋鹿)；罗斯福实是自比雄性驼鹿，并非公麋鹿，该党的宣传图案中出现的所有鹿的形象，也都是“驼鹿”。因雄性驼鹿在鹿类之中体型最大、重量最重，极能代表男子强壮、阳刚的特质，罗斯福方以之自比，因此虽然“公麋党”亦朗朗上口，本书则改译为“雄驼党”。——译者

的水量，并且改变了它的流向。正如所有那个时代的观察者认识到的，这一更为宽泛含义下的“进步主义”，很大程度上并非为“进步党”所专有，而是相当深刻地影响了所有大、小政党，乃至美国政治生活的整个基调。毫无疑问，这是一场颇为模糊的运动，其过程中也未能完全做到整齐划一和前后连贯，然而很可能这也正是它取得辉煌成就，以及遭遇失败的秘密。诚然，假如没有一些具体的社会不满做动力，“进步主义”便不可能发生，然而它绝不是某一个社会阶级，或者某几个阶级结成的联盟，针对某个特定阶级或群体所发起的运动，而更像是社会的大多数成员，为了实现某种界定并不十分清晰的自我变革（self-reformation）而进行的一场范围甚广并且极为和善的努力。这场运动的主旋律是重建一种经济个人主义和政治民主，人们普遍相信这些东西在美国曾一度存在，
6 只是已经为大公司和腐败的政治机器所毁灭；在重建这些理念的同时，也要寻回某种道德感和公民纯洁性，这些东西被认为也已丢失了。

本书关注的中心问题，既不是政治竞选、立法机关颁布的法律，以及法院的判决，也不是各种监管委员会的工作，而是参与其中的那些人们的观念——他们认为什么是错误的，什么样的变革值得追求，什么样的技术迫在眉睫。因此，我关注的主题其实是运动参与者关于自身所作所为的观念，以及这些观念在我们更大的历史洪流中又占据何种位置。在此意义上，尽管我的研究更主要的是一部政治思想和政治情感研究，它却并非着眼于我国的上流文化，我所关注的这类思想，对那些具有一般政治意识的普通公民的影响才是最直接的。在《美国社会思想》(*Social Thought in America*)一

书中，莫顿·G. 怀特（Morton G. White）已经分析过进步主义运动如何影响了哲学、政治理论、社会学和历史学等领域的更深层次的思考。我的主要关切与这类著作不同，我关注的不是最深刻的思考，而是最具典型性的思考，我关注普通作者和各种大众议题，这些议题在大众杂志、黑幕揭发报道、竞选演说词，以及著名记者和重要政论家们的文章当中都有所体现。自然，上流文化和普通文化常有重叠和相互影响的地方，两个领域皆有所涉足者也不乏其人。并且在某些观点上，那些可以归为“进步派”的理论思想家们，本身就对我所称的进步主义思想的一些重要方面持批评态度。比如，当我提到大多数“进步派”的目标是完全个人主义的时候，我并没有忘记，那个时代的政治学、心理学和哲学领域中一些最重要的理论性著作根据同样的事件和问题，却得出了相反的结论。我也没打算忽略这一事实，即如赫伯特·克罗利（Herbert Croly）这样一些进步派，甚至是像西奥多·罗斯福这样的进步派政治领导者，对于个人主义这一占主流的追求也有过尖锐的批评。知识分 7
子——常常还有我们那些至为敏锐的政治家——总是与政治、社会运动保持一定距离，哪怕这些运动是他们所同情的，他们的作品往往既批评这些运动，也批评这些运动所直接针对的那些制度。世纪之交的改革者们面临的具有讽刺意味的问题之一便是，当他们尝试捍卫或重建他们一向思慕的那些个人主义价值，并为此奋斗不息之时，这奋斗本身却使得他们离组织化的技术越来越近，而后者正是他们所恐惧的。对于这一状况，这一时代那些最具洞察力的思想家们，往往比一般的写作者们有着更清醒的认识。

平民党人运动和进步主义运动发生在一个迅疾的，有时甚至是狂暴的转型期内，即从一个农业社会的环境转型为现代城市生活。相比于我们前面的几代人，我们如今站在这一转型趋于完成的时刻，因此一定程度上能够更清晰地审视它的意义，但却很可能注意不到前辈们经历这一转型时的那份苦涩。美国的民主传统是在农场和小村庄里形成的，其核心观念也建立在农民情感和与乡村有关的隐喻之上（我们至今还时时提到“草根民主”）。由于一些我行将展开考察的原因，美国人在整个19世纪以至20世纪一直被教导：乡村生活，以及作为一种志业（vocation）的农业，是一件神圣的事情。既然人民的大多数最初都是农民，则作为一种相当广义的抽象概念，民主（democracy）也同样变得神圣不可侵犯。于是，乡村思想中开始有了某种自我满足和自以为是，工业主义的攻城略地，则对那种自我满足感构成了一种粗暴的震撼。平民主义中大量存在的紧张和焦虑感，便源自美国乡村的迅速衰落。

尽管如此，人们远没有意识到的是，作为一个特殊利益群体的农民，当其数量众多、彼此竞争而缺乏组织时，其实是十分空乏虚
8 弱的，可是当其数量上相对减少，彼此间更加协同一致，更加紧密地组织起来，并形成一定本位意识的时候，却变得更加强大了。平民主义的成见之一是，不论其他职业的功能是什么，农民这一职业的功能都是最重要的，因为农民养活了所有其他人，从而也支撑着所有其他职业。尽管这种说法近来已较少听到，甚至一种相反的意识形态也正在浮现——其间不乏城市人的不满——我国的民间风俗犹然带有这一观念的深深印迹。事实上，相反的说法已经成为现实了——即是说，是我们这些不是农民的人在支撑着农民；因

为，由于在情感上和道德上仍然忠实于家庭农场这个理想，工业化和城市化的美国已拿出大量生产剩余去支持更多农场主继续从事农业，尽管实际上由于现代农业科技的发展，已经不需要那么多农民了。对农民的这种让步，之所以没有引起普遍的不满，部分地正是由于我们农民传统的持续性，相形之下，那些由于受到科技的威胁而建立起某种人为自我保存机制的其他群体——比如音乐家和建筑工人①——激起的反感更多。本书开始的几个章节便致力于考察这一由来已久的传统心态，它上可追溯到19世纪早期民主制下的田园传说，下可延及错综复杂的现代美国生活。

促成平民主义和进步主义在美国兴起的另一个背景，在现代世界可谓独一无二。在这个国家，与工业化和城市化同时发生的是人口相对同质性的瓦解。直到约1880年为止，美国的民主不单是乡村的，其基本观念也带有扬基（Yankee）②和新教色彩，到那时为止形成的移民聚居区，规模很小，分布也较零散，难以对国家公共生活的规划产生大规模的全国性影响。然而，工业化的兴起带来了当时人眼中的“移民入侵”，一场持续了四十年的大规模欧洲移民潮。这些移民主要是农民，其宗教、传统、语言的复杂度，甚

① 揣文意，作者大概指建筑工人因工业技术的发展而不得不进行罢工、争取工伤赔偿等运动，而令资方利益受损，音乐家们则在现代通信技术下发展起流行音乐，引起老派人士的不满。——译者

② 扬基：Yankee一词广为人知而含义不明，一译“扬基佬”，但语含贬义，与文中中性色彩不符，多为欧洲人对美国人的称谓，或美国南方对北方人的称谓。本书译作“扬基”或“扬基人”，指18、19世纪经由新英格兰和纽约来到美国的盎格鲁-撒克逊新教徒，“扬基地区”指这些人分布的地区。作者认为，“扬基人”这个群体具有一种独特的政治文化，对19世纪美国主流道德价值的塑形有首要作用。——译者

9 至仅仅就人口数量而论，都决定了同化不是一件容易的事。美国本土人口对这场移民大潮的反应，对平民主义和进步主义产生了很大影响。移民的需求和本地人的情绪，两相冲撞之下，产生了两种有着根本差异的政治伦理体系，它们的性质和相互影响我已进行过简要阐述。第一种建立在扬基-新教的本土政治传统，以及中产阶级生活的基础之上，主张并要求公民持续地、无私心地参与公共事务；这套伦理认为，和从前相比，政治生活在满足个人需求之余，更应该超越个人需求，在更高的程度上符合普遍原则与抽象规律；这套伦理也表达了一种普遍的感受，即认为政府天然地应当努力敦促个人生活的道德化，而经济生活也应当致力于个人品格的砥砺与发展。另一套体系则以移民的欧洲背景为基础，移民们对于独立的政治行动不甚熟悉，对于等级和权威却相对熟悉些，由于背井离乡的身份，他们也常常面临各种紧急需求；这套伦理认为个人的政治生活理所当然地是生发于家庭的需求，基本上将政治和公共关系解释为一组私人义务，认为比起忠实于抽象的法律或道德规则，稳固的私人效忠关系更为重要。移民、大佬和城市机器的政治生活，便主要建立在这套价值体系之上。从很多方面来讲，上述两套规则之间的对立深深影响了进步主义时期的各种冲突，对立的双方中，一方是道德高尚的新教社会改革领导者，另一方则包括大佬、职业政客和移民大众。这些冲突的根源，既然不仅仅是政治上的意见不合，而且是道德乃至宗教上的分歧，则这一时期的冲突尽管实质上如此温和，却引发了如此强烈的敌对态度和如此彻

10 底的误解，也就不足为怪了。

扬基地区乡村社会形成的那些政治价值和关于政府的观念，

深刻地受到了实业精神(entrepreneurship)和个人成功理想的影响。从相对意义上讲,美国政治史上的“左翼”——也就是支持民众事业和社会改革的那部分力量——一直得以不必涉及与封建传统和顽固贵族势力的斗争。这里既没有资产阶级性质的革命传统(美国革命其实是一个严守法规的、社会意义层面较为保守的事件),也不存在19世纪末西方所有大国内部那种常见的无产阶级运动(proletarianism)和社会民主主义。美国政治反抗传统的基础,在于经济、政治领域中的反垄断和反特权运动,以及各种反对社会分化,反对压抑才智和品格的发展,还包括反对窒塞个人上升渠道的活动。在美国,由于实现了相当程度的社会平等,并保证了一个较为可观的最低生活标准,反抗的目标往往不在于社会民主和社会平等,而是要求更多的机会。世纪之交的那个世界是一个尚且属于个体实业却正在消逝之中的世界,这些实业普遍规模有限,那时的生活则是一种去中心化的,或者说组织化程度不高的生活;对于这样一个世界,即便是在改革派中,多数人也都怀有一种熟悉的亲切感。进步主义时期的商业生活,以及一定程度上的政府生活,都已开始从一种个人主义的形式向一种严苛的企业规训转变,并且展现出了一种管理型的、官僚化的前景。改革者抗议时局的方式,常常是要求维持正在消逝的机会,而不是去增强这种业已存在的组织化趋势。大多数来自扬基-新教背景的美国人,不论他们是改革派还是保守派,都希望经济上的成功更多地与个人品格挂钩,希望经济制度不仅仅是一套旨在提供丰富产品与服务的 11
体制,而且是一套行之有效的刺激与奖励机制。然而,不论是大公司和粗鲁的财阀,还是诡计多端的政治大佬,似乎都对上述欲求不屑

一顾。在大公司里,成功与品格和努力的关联度似乎是相当可疑的;至于财阀的行为方式,你会发现它与公民责任和个人自律简直是背道而驰。竞争的通道似乎正在被一步步关闭。整个社会都面临着威胁——这威胁并非来自经济萧条,而是源于社会和道德的退化,以及民主制度的没落。这并不是说那个时代的人们已完全陷入绝望;因为他们相信,正如罪人可以洗心革面并得到拯救,只要公民觉醒起来,担负起他们的责任,国家也是可以得到救赎的。这种满怀希望的情绪一直延续到第一次世界大战,进步主义的种种变革便是在这一情绪下完成的。

改革史上的下一个阶段——新政,本身即是令进步派忧心忡忡的那个过度组织化的世界的产物。走向管理,迈向官僚制,以及无所不在的规模化发展的趋势,其影响是如此深远,以至于改革事业本身都不得不与之保持一致。不仅如此,随着新政的推进,改革的领导权不得不逐渐与一个有组织的工人阶级分享,其规模之大,已经足以提出重大的要求和行使巨大的政治权力。城市移民大众、政治大佬、劳工领袖,以及知识分子和行政官员们的政治和道德准则,如今与旧传统下的经济道德规范发生了冲突。一些社会阶层,和诸多不同类型的社群,对于进步主义时期程度相对有限的改革是持赞许态度的,现在却发现自己面临着一个令人困惑的新处境,尤其是在大萧条最严重的几年过去以后,身边无所不在的新事物越来越令他们心烦意乱。以往的美国社会,与经济生活相联
12 系的是人的品格,以及这个国家得天独厚的创业自由和机遇;而新政,凭着其务实的气质和对结果的孜孜以求,似乎已经让美国人与从前那个社会拉开了前所未有的距离。

平民党人和进步派都试图去坚持乡村生活中的一些价值，去保存个人的实业精神和个体的机遇，以及在这一环境下培育出的品格类型，以便维系一种同质化的扬基文明；在这些努力中，我发现很多是倒行逆施和虚妄之举，一小部分甚至是恶毒的，大多都是富于喜剧意味的。这样说，并不意味着这些价值本身是荒谬或不好的。一种亲近自然和土地的生活理想，对于深入体验乡土和村镇生活的向往，对独立自强的个人形象的推崇，甚至是维系一个伦理上更为同质化的国家的愿望（尽管它也激起了自命不凡和恶意仇外的各种情绪）——所有这些理念都不该受到轻视或鄙夷；并且，对于那些最为深切地依恋这些理念的人们来说，它们的衰落是一场必须予以尊重的悲剧经历，即便是那些需要借助想象力才能感同身受的人们，也应当做到这一点。如此一来，我对这些古老的农业和实业理想的评论，目的便不在于将它们视为终极价值而加以贬抑，而是想建立某些防卫机制，以防止它们在政治上被滥用——这种滥用的现象到今天仍时有发生——从而或许间接地提供某种方法上的见解，对这些理想中直到今天仍不乏其意义的那部分加以挽救。

我发现，我对平民主义—进步主义的传统已经是持批判态度的了——若是十五年前来做这样一项研究，我的批判态度不会如此强烈。但我说的是批判，而不是敌视，因为很大程度上我是站在内部来批判的。我的成长，我的政治情感的形成，都是在进步主义改革的传统下完成的，实际上，美国大多数知识分子都处在这一传统之中。或许，由于在历史上的大多数时期，美国在政治上是一个 13

如此一以贯之的保守国家，因而其主要的智识传统则正好相反，是所谓的“自由主义的”——即大众的、民主的、进步主义的。然而，尽管是一个保守主义的民族，我们却未能形成一套良好而富于韧性的传统，以有助于我们直率地在保守主义原则下思考问题。诚如莱昂内尔·特里林（Lionel Trilling）在《自由主义的想象》（*The Liberal Imagination*）一书中所言，极少例外地，我国的保守派从未试图通过观念——而不是行动——来表达自身；他们只是表现出一些“愤怒的精神姿态，以展现他们的观念”。一般认为，美国商人在政治上应当是一个保守派。保守派的美国政客一般都会享有广泛的认可，往往长期担任官职，常常对公共福祉有一种使命感，尽管我们经常把最高评价留给那些具有自由主义改革派色彩的政客。实际上，一名具备足够天赋的保守派政客——西奥多·罗斯福是最好的例子——既能够享有大型利益集团的尊重和财政支持，又能在公共事务中满足一切保守派的愿望，还能利用进步主义的话语赢得改革派的赞许，从而最大限度地扩大他的影响力。然而过去一段时期，保守派的知识分子，以及那些试图以某种合理的信念为其行为提供支撑的保守派政客们，却淡出了思想的主流，也与他们原本想要有所接触的主流公众拉开了距离。美国保守派与自由派之间的批判性交流似乎已被阻塞，其结果是两方的人都对自己的智识立场产生了一种过度的自满。自由派在缺少了一个强大而讲求理据的保守主义批评者之后，为了完成知识分子追求的那种智力训练，不得不转向自我批评，然而比起来自保守派的那种强劲而入木三分的反对，自我批评的价值便等而下之了。

14 这种情况在我们的时代有所变化，或许自 1890 年代以来，这种变化还是头一次发生；一些迹象表明，自由派开始发现：吸收保守派的优点，乃至采用保守主义的话语，是一件既自然又方便的事。他们发现，自己对于哪些事物应当保存，比对哪些事物应当改变要清楚得多。1952 年，美国知识分子对于阿德莱·史蒂文森(Adlai Stevenson)这位审慎而冷静的绅士所怀有的巨大热情，便是这种保守主义的最显著证明。在其竞选过程中，史蒂文森本人便已察觉，我们时代的自由派已经变成了货真价实的保守派。这一判断的真确之处，不在于说自由派从意识形态上已彻底转向保守主义(实际上，从情感和忠诚方面来讲，他们仍主要倾向于自由主义)，而是由于自由派感到，在可预见的未来，坚持我们拥有和学到的东西于我们更为有益；当我们试图为这个陷入可怕僵局的两极化世界寻找一条出路时，与其摧毁过去二十年达到的社会成就，放弃美国传统中所有那些最优秀的东西，沉浸在一种自欺欺人的虚伪中，批评那些我们不应该批评、实际上也无法批评的东西，还不如坚持我们切实掌握的东西。

平民主义—进步主义传统处处带有保守主义的气息，我对这一传统的批评无疑也部分地是对这种情绪的一种回应。我不喜欢将这些批评与我们时代的“新保守主义”(New Conservatism)联系起来，这个词是如此时髦，以至于令我感到不舒服。“新保守主义”这个词的使用，对我来说只是表明了美国人在面对那些坦率的保守主义观念时，仍然是何等地不安。我认为保守主义的所有精华部分都是古已有之的，并且美国保守主义者中那位最杰出的人物——约翰·亚当斯——也会这么说，如果他能说的话。在我看来，大肆宣扬所谓的“新保守主义”，太像是一种过度愚蠢的推销方

式。从本质上讲，“新保守主义”是向那些要求不断变革的美国人
15 缴械投降的一种方式，因而从一开始就背离保守主义了。我们美国人喜好一切被贴上“新”或“大”的标签的东西，然而保守主义的最有价值之处，却在于对过去的感知，以及对思想、施政、方法和意义的细微差别的感知，而这些都是可以被称为“小”的东西。如果说“新保守主义”当中有什么吸引我的地方的话，其实就是以往的自由主义，只不过那自由主义已经历过逆境的磨炼、时间的锻造，以及一种日益增强的现实感的调制。因此，我在本书中对平民主义—进步主义传统进行的批评，其实是为了指出这一传统的局限，并帮助它从多愁善感和志得意满的状态中走出来——简言之，要让它继续担负起一项使命，这项使命已被它的反对者们推卸得一干二净，因此它的支持者们必须责无旁贷地承担起来。

公平起见，也必须指出——实际上，如果可能的话，我是要在此强调——凡我所注意到的自由主义传统的失败之处，大多也是美国整体政治文化的失败，且这失败也应当为美国的保守主义者们所共享。这些失败中最为突出和普遍的一项，乃是一种对道德运动的狂热倾向，如果这种倾向不能靠着冷静和常识加以克服的话，后果将是严重的。埃里克·戈德曼(Eric Goldman)在他关于美国改革史的著作《与命运会合》(*Rendezvous with Destiny*)中，批评进步派知识分子宣扬一种道德相对主义，具体来讲就是把所有的道德判断说成是特定场所和特定历史情境的产物，如此最终让人们对道德判断的意义不再有信心。“我们改革者的真正问题在于，”他引用J.艾伦·史密斯(J. Allen Smith)的话说，“是我们把改革变成了一场针对标准的圣战。我们打烂了所有的标准，以

至于到今天不论是我们还是任何人，都不再有任何标准。”在我看来，这一指控放在我们当代的一些自由派身上倒是切中肯綮，尤其是数年前那些被称为“极权主义自由派”(totalitarian liberals)的人——这些人自诩自由派，却不以要求他人尊奉的文明标准来自 16
律。他们让那些被认为具有“历史进步性”(historically progressive)的运动免于道德判断，却以道德来判断所有其他的运动，尤为甚者，他们否认苏联政治中的暴行和专制，或者说予以特别的纵容，尽管在法西斯国家中他们能够轻易识别出同样的行为，并予以心安理得的谴责。这样的事情固然令人悲哀，但就美国历次现代改革运动中的多数而言，这种失败却并非典型，对于从 1890 年到 1917 年间的平民主义—进步主义思想来讲，就更不典型了。我对那段时期的进步主义的批评与史密斯正好相反——进步派的最典型特点并非破坏或粉碎了标准，而是建立了一套不可能实现的标准，简言之，他们成了某种道德绝对主义的牺牲品。道德相对主义与道德绝对主义之间的界线，有时很可能是相当模糊的，因为只要在其中任何一条路上过度地坚持不懈，都将引发同样的实际后果——政治生活的残酷无情。

不论是我们国家的能力还是弱点，很大程度上都源自于一个事实，即面对生活中的邪恶，美国人总是难于忍气吞声。我们总是不厌其烦地让自己置身于与邪恶的战斗中，总是要求变革、进步和修正，对于人性的条件终将持续不断地加于我们的限制，却常常缺乏足够的感知。每当遇到与技术发明、生产效率，或涉及满足需求和提供安逸的能力这类与“物”相关的事情时，这股绝不安于现状的劲头便体现出最高的价值，并产生了最成功的效果。在这个领

域内我们超过了所有其他民族。然而，一旦涉及道德和政治问题上的人和制度，这股永不衰竭的、有着绝对化倾向的劲头的局限，便很快显现出来了。在所谓美国政治的草根层面，有着一种广泛存在的趋向，那就是人们相信——我必须赶紧补充一句，大多数美
17 国人一般来说不会屈从于这一趋向——存在某种重要的且从本质上来讲十分简单的斗争，这场斗争的焦点则是一些具有阴谋论色彩的单独势力，可能表现为“金虫子”(gold bugs)[①]、天主教会、大公司、腐败政客、酒业集团和酒馆业，等等；人们相信，对这类邪恶力量不仅应当加以约束、制衡和管控，简直应该及早地加以清除。人们广泛地相信存在某种技术，能够除尽这些邪恶，但对于那种技术究竟是什么却莫衷一是。我们的政治和智识领袖们普遍地怀有这样一种假设，即人民对事物的判断必然是正确的，因而他们不应该去教育公众，或是去对他们那些不可能实现的要求泼冷水，而是要假装这些要求都是合理的，并想方设法对民众加以安抚。

于是，我们总是周期性地陷入某种号称是道德改革运动的精神狂欢之中：百折不挠地将人民从“金虫子”们的压迫下解放出来，重建绝对意义上的大众民主，或是在商业中重建绝对诚信的竞争，让酒馆和酒精从国家的生活中永远消失，砸烂政治机器并终结腐败，或是实现一种绝对的、总体的、终极的安全，以免受战争、间谍和一切外部世界事态的侵扰。卷入上述这些绝对主义运动的并不

① “金虫子”：指19世纪末美国顽固地坚持只有黄金能够作为货币标准的那些人，多为大公司集团和社会上层。——译者

总是同一类人，但所有这些人的确共同制造出了某种绝对主义狂热的氛围。通常来说，困扰这些人的问题某种意义上确实是存在的，对这些问题也常常可以采取某种措施，并且在很多历史案例中，也的确采取了一些措施。我国改革传统的优点在于，它总是第一个指出我们经济体制中存在的真实且严重的缺陷，并且自告奋勇地加以改进。它的局限在于经常在真实与不可能的边界之上进
退彷徨。我相信，这一描述对进步派这一代人是尤为真切的。想 18
要实现民众的直接统治，打碎政治机器，以及尽可能地超越代表制政府的这一代人，竟然同时也是在全国厉行禁酒，并试图在全世界为民主消除威胁的一代人，这并非一件偶然的事。

我相信这一点是很清楚的：即我并不是想说平民主义运动和进步主义运动是愚蠢的和破坏性的，而是正如生活中的很多事物一样，它们也有着让人捉摸不定的特点。我丝毫不怀疑它们在美国政治史主流中的重要价值。长期以来，美国一直存在着一场针对某些势力的斗争，这些势力仅仅看重经济生活的组织和对我国自然资源的榨取，却很少去思考人性的代价，对他们行为的受害者也缺乏同情。自杰斐逊式和杰克逊式民主的时代开始，一直到平民主义、进步主义和新政的时代，自由主义传统始终在美国政治中发挥着作用，首先是扩大美利坚这座宏富矿脉的受益者的人数，其次是让这个国家的运转更趋人性化，并对承受伤痛的人们加以安抚。要是没有这一持之以恒的反对、抗议和改革的传统，美国的制度便只会是一片蛮荒丛林——在某些时间和地点它就是那样——也很可能发展不出像现在这样一套出色的生产和分配体制。我们只需就一个主题追溯历史——即税收史的各个方面——便能很快

发现自由主义传统对于我们的巨大意义，它一直在不断地将社会发展成本向那些最具承受力的人们身上转移。五六十年前，改革和同情心尚未对我们的社会制度产生重要影响。而今天，以改革和异见为一方，以务实的利润追逐、投机钻营和推销巧智为另一方，这两股相互对立的势力之间已经发生了一种无心插柳的、断断
19 续续的、常常怀有敌意的合作，结果是这个社会在无数的方面已被改变和柔化了。由于进步主义传统对于达成这一结果的意义已是如此明确，今天我们才有可能放心大胆地提出一些批判性的评论，而不必担心有损于其价值的完整性了。

为改革设计一些理想方案，这当然是可行且必要的，然而若期待历史会按一条直线去发展，以令这些方案实现，就显得有些违背常理了。自由派知识分子，由于在政治信仰上往往持有极度理性化的体系，总是期待人民大众能顺理成章地与他们享有共同的信念，因为在历史上一些特定的时刻，人民的行动与知识分子的信仰是一致的。不仅如此，知识分子还总是千方百计地试图与人民打成一片，以便消除长期困扰他们的那种孤立感，他们也总是习惯性地在民众身上投入过多的感情。因此，他们总是一次又一次地夸大民众改革运动与政治自由主义庄严原则之间的契合度。他们以一种更符合自身心愿的方式，重新绘制了大众反叛的图景。他们不但选择忽略大众运动中似乎常常不可避免的种种非自由主义(illiberalism)因素，甚至无视历史进程本身的复杂性。在理论上，我们或许会认为，多数情况下我们能够在那些可以成功纠正社会中的邪恶与弊政的改革，和那些实际上只会增添或加重上述弊端的变革之间做出区分。大众运动却并非总是按照这样的区分来运

行，人们也常常难以判断，一场运动会在什么时候超出对各种重要和必要改革的诉求，而沦落为一种怨愤的表达，这怨愤之所及是如此广泛，不仅囊括了社会中的全部邪恶与流弊，而且洒向了整个社会本身，包括其中一些较为自由主义和人道主义的价值。当你读到莱因哈德・卢辛(Reinhard Luthin)近期关于20世纪美国煽动
活动的研究，[①]或是阿尔伯特・D. 柯万(Albert D. Kirwan)关于 20
密西西比州政治的论文——《乡下人的反抗》(*Revolt of the Redneck*)时，你一定会注意到这种关于非自由主义与改革并存的现象的大量证据，以及这一现象在我国历史上的普遍性。

我相信，这些观点也适用于20世纪美国改革运动的历史。比如，我们趋向于对平民主义和进步主义做一些联想，认为它们可被视为新政时期那些更为有效的改革的先驱。但实际上，正如我在最后一章所讲的，进步主义时期的精神与新政大异其趣。两者之间的确存在真实的相似性与连续性，这一点我并不想加以否认或减损，但我自己的兴趣更多地被吸引到了平民主义和进步主义的一方——尤其是平民主义——因为此二者似乎对我们时代这种古里古怪的冒牌保守主义(pseudo-conservatism)有着强烈的影响。在历史上的某个时期，平民主义—进步主义传统很大程度上变质了，变得褊狭粗鄙，暴躁易怒。由于在本书中我主要关注1917年以前的时期，而这一变质的过程则基本上发生在1917年之后，甚至1930年以后，因此我并不打算对这一转变做细节上的探讨。尽

① 莱因哈德・卢辛(1905—1962)：美国历史学家，以对林肯的研究著称。该“研究”指卢辛1954年发表于《美国历史评论》的论文《美国历史上的一些煽动家》(Some Demagogues in American History)。——译者

管如此,我想对任何一部描写一战以来美国政治运动的史学研究著作来讲,上述转变都是一个亟待考察的主题。我在处理关于改革的这一段早期历史时,力图揭示这一点:要实现从改革到反动这一叛离过程,根本无须向美国公众的政治情感中注入任何全新的东西,对他们一直以来具有的某些特性加以培养便已足够了,对中西部和南部而言尤其如此。

美国生活中的这些特性——比如孤立主义,以及常常与之伴随的极端民族主义,对欧洲和欧洲人的憎恶,种族、宗教方面的本土主义恐惧症,对大公司、工会运动、知识分子以及东部沿海地区
21 及其文化的仇视——人们发现并不总是与改革相悖,有时也奇怪地与改革交织在一起。美国生活中最为有趣、研究得却最少的一点是,改革的要求总是不断出现。其中很多改革都致力于解决一些真实存在的问题,同时总是伴随着强烈的道德信念,疾恶如仇简直成了一条道德信条。我国政治生活中这一特性的历史,从未在民间层面得到研究,但该特性确实反映在了我们政治领导人的才具上。比如,查尔斯·A. 林德伯格(Charles A. Lindberghs)[1]和马丁·戴斯(Martin Dieses)[2]这两对父子就体现了这一特性,两位父亲都是平民党人或进步派中的孤立主义者,儿子则成了极右翼势力中的主将。透过一些西部和中西部参议员,如伯顿·K. 惠

① 老查尔斯·A. 林德伯格(1859—1924)为瑞典移民,担任过明尼苏达州国会众议员,反对美国参加一战。其子小查尔斯·A. 林德伯格(1902—1974)早年是 20 世纪美国最著名的飞行员,二战期间反对美国参战,成为德国纳粹的支持者。——译者

② 老马丁·戴斯(1870—1922)和小马丁·戴斯(1901—1972)都是得克萨斯州国会众议员。——译者

勒(Burton K. Wheeler)、杰拉德·P. 奈(Gerald P. Nye)[1]、林恩·弗雷泽(Lynn Frazier)[2]和威廉·莱姆克(William Lemke)[3],以及南方政客,如汤姆·沃森(Tom Watson)[4]、"干草叉"本·蒂尔曼(Pitchfork Ben Tillman)[5]、科尔·布利兹(Cole Blease)[6]、詹姆斯·K. 瓦达曼(James K. Vardaman)[7]和休伊·朗(Huey Long)[8]等人的从政履历,也能看出这一特性。文学界也有代表,如杰克·伦敦(Jack London)[9],新闻界的代表人物则有威廉·伦

① 杰拉德·P. 奈(1892—1971):北达科他州政客,1925—1945 年间担任该州国会参议员。早年曾是追随罗伯特·拉福莱特的进步派,二战期间主张孤立主义。——译者

② 林恩·弗雷泽(1874—1947):北达科他州政客,因为替草根阶层发声而在 1917 年当选州长,但 1921 年在任期上被民众罢免,是美国第一个被民众罢免的州长。但从 1923 年起,弗雷泽继续担任国会参议员达 24 年之久。——译者

③ 威廉·莱姆克(1878—1950):北达科他州共和党政客,长期担任国会众议员,代表平民党人和进步派的观点,但在新政期间与罗斯福总统发生政见分歧。——译者

④ 汤姆·沃森(1856—1922):早期平民主义运动领袖,晚年转变为攻击黑人和天主教徒的本土主义者。——译者

⑤ "干草叉"本·蒂尔曼(1847—1918):南卡罗来纳州政客,早年曾领导该州平民主义改革运动,晚年成为顽固的白人优越论者。因其观点激进,曾扬言自己愿变身一柄"干草叉",叉起格罗弗·克利夫兰这一袋子"牛肉",而得此绰号。——译者

⑥ 科尔·布利兹(1868—1942):来自南卡罗来纳州的民主党政客,从政初期为白人佃农和工人争取权益,晚期则成为了一名极端白人优越论者。——译者

⑦ 詹姆斯·K. 瓦达曼(1861—1930):密西西比州民主党政客,早期在州政坛代表平民党人声音,同时也是顽固的白人优越论者,有"白人大酋长"的绰号。——译者

⑧ 休伊·朗(1893—1935):路易斯安那州民主党政客,早年是激进派平民主义者,因质疑新政的保守性而与小罗斯福分道扬镳,主张对经济进行高度的公有化改革,1935 年被刺杀。——译者

⑨ 美国小说家杰克·伦敦(1876—1916)是一位同情底层民众的作家,但同时是一名种族主义者,对加利福尼亚州亚裔尤其不友好。——译者

道夫·赫斯特(William Randolph Hearst)[1]。

我们都曾被告诫,应当把年轻的异见者随年龄增大而变得保守看成一件较为“自然”的事;然而我感兴趣的现象却与此不同,因为它涉及的并非从一种政治立场向另一种立场的演变,因为改革与反动一直是同时存在的;如果把这一特性理解为一种时间中的演变,那么这种演变其实并不涉及任何个人性情的真正变化。毫无疑问,对一个社会做出有益且公正的批评,或是破坏性地背离该社会的根本价值,要在这两者之间画出精确的界线,这并非一件易事。一些人的生活——实际上包括一些政治运动——似乎离这条线非常之近,他们在一生中也曾不止一次地来回跨越这条线。昨天的改革背后的心理冲动,今天固然也能为改革服务,然而也可能
22 被用来为反动服务。

我完全清楚,过度强调今日自由派心中的那些政治思潮与昨日改革思想的相似性和连续性,是一件非常危险的事——危险就在于因过度聚焦于当下,而丧失了对历史真实性的恰切感知,以及因过度夸大某种洞见,反而令其超出了有效的适用范围。尽管平民主义中包含了许多荒唐愚蠢的劣迹,却并不能斩钉截铁地说它是现代威权主义运动的先行者;至于进步主义,尽管它时常致力于提出“大众民主”(mass democracy)这类大成问题的观念,也不是我们时代那些最能妖言惑众的谬见的直接先驱。当我们思忖从1890年到1917年这段时期的历史时,有一点必须牢记于心,即那

---

① 威廉·伦道夫·赫斯特(1863—1951):美国新闻出版商,旗下有《纽约日报》(*New York Journal*)。赫斯特是进步主义运动中一个非常活跃的人物,但一战后转保守,持孤立主义和反共立场。此人据称是电影《公民凯恩》的原型。——译者

个时代有一种我们在极权主义兴起之后再也体会不到的纯真(innocence)与轻松(relaxation)。杜利(Dooley)先生①是那个时代的最敏锐的评论家之一,他非常清楚地看出了该时代的这一特点,在进步主义热潮最为汹涌的时刻,他说道:“你听到的声音不是什么革命的第一声枪响。那不过是美国人民在掸地毯呢。”

尽管如此,历史中总有一些复杂性是我们对过去的传统印象所未能捕捉到的,而在我们这一代人完成对前代改革者肖像的绘制之前,也需要对我们的政治传统有更进一步的了解。为此,我希望我的探究能成为一支序曲,或提供一剂刺激,以推动对美国改革运动的更深入的研究,而不要被当成一种做盖棺论定的企图。

① 杜利先生:美国记者、幽默作家芬利·彼得·邓恩(Finley Peter Dunne)创造的一个虚构人物,是一个爱尔兰裔酒吧男招待。邓恩借该人物之口对各种时势加以幽默而敏锐的评论。尽管常常讽刺西奥多·罗斯福,杜利的时事评论却受到罗斯福本人的青睐,成为白宫了解民意的一条重要渠道。——译者

第一章　农业神话与商业现实

一、自耕农与神话

23　美国出生在乡村，如今则已搬进城市。这个国家的政治价值和观念，打从一开始就自然地受着乡村生活的塑造。早期的美国政治家——通常是位乡村文人——如果想让自己为平民百姓所接纳，也不得不采用那些种地的庄稼汉们听得进去的话语；即便是代表城市居民的政治家，也明白他的听众当中，有很大一部分都是在农场上长大的。然而，那些就农民和农业问题进行谈话和写作的有识之士——多为教士、诗人、哲学家、作家和政治家，他们对美国农业的欣赏，与那些实际劳作的农民的喜好，却不尽相同。比如说，那些颇能识文断字的人们，总是对美国乡村生活那一种与商业、金钱无关，自给自足的特点，怀有一份无法抗拒的欣赏。对他们来说，那是一种理想的生活。托马斯·杰斐逊和埃克托尔·圣·让·德·克雷夫科尔（Hector St. Jean de Crèvecœur）这样的写作者夸赞自耕农民，并非推崇其抓住机遇发财致富的能力，而是欣赏他们劳动的勤恳，他们的自立自强，他们率直的平等精神，以及他们创造并安享一种小康生活的能力。然而多数情况下，农民自己实际上很乐于去挣钱，他们那种自给自足往往是被迫表现出

来的，其原因不是由于交通和市场的匮乏，就是不得不为了扩大经营而节约存钱。因为，早期的美国尽管是一个农业社会，却很快就 24
开启了商业化进程，商业化目标在美国农业各个阶层中的推广，也和在其他群体中一样迅速。这个社会变得越商业化，便越能找到理由在想象中去坚持那些非商业化的农民价值。随着人们渐渐以一种商业化的农业，取代了作为一种自给自足式生活方式的农业，他们也更多地在逝去的事物中找到了亮点。当农民的孩子们迅速搬进城镇，整个文化对它那富于乡村色彩的往昔也有了越来越浓的怀旧之情。培育出美国人心灵的基本环境，是一种怀念乡村日子的离愁别绪，以及一系列有关乡村居民和乡村生活的观念，我有意地将这些观念称为农业神话(agrarian myth)①。这个关于农业的神话，也是美国人对存在于他们想象中的、早年的纯真岁月致以的某种敬意。

同任何观念的集合一样，农业神话无法用一句话定义出来，但它所由以组成的那些主题，的确构成了一种清晰的风格。这一神话中的英雄便是自耕农民，其中心的观念便是：自耕农是理想的人，理想的公民。除了对农民所独有的美德，以及乡村生活特有的价值不吝赞誉之词，信奉这一神话的人们还认为，农业作为一份独一无二的生产性职业，对社会发挥着独一无二的功用，因而也应当受到政府的特别关注和保护。拥有一小块农地，在家人的

① 我在这里用的“神话”一词，并非简单地指一个虚假的观念，而是指的这类观念：它们如此有效地体现了人们推崇的价值，以至于对人们感知真实世界的方式产生了深刻影响，从而也影响了人们的行为。在此意义上，神话的虚假和真实的程度是不断变化的。农业神话便随时间的推移而变得越来越虚假。

协助下辛勤劳作的自耕农,便是那个朴实的、正直的、独立的、健康快乐的理想人类的化身。由于在他居住的地方,可以与仁慈的大自然进行亲密交谈,他的生活也被认为具有某种健全性(wholesomeness)和高尚感(integrity),而这是城市里那些堕落的人们不可能具备的。他的这种幸福状态不光是物质上的,也是道德上的;这种状态不仅仅关乎私人,同时也是公民美德的根本
25 来源;它不仅是世俗的,也具有宗教的意涵,因为正是上帝创造了大地,并召命人来耕种它。正因为自耕农被认为既快乐又正直,也正因为他拥有自己的土地,即是说在社会中拥有了一个安全的、享有所有权的立足之地,他也被认为是最好的、最可靠的公民。当杰斐逊写到“小地产者对一个国家而言最为宝贵”[①]时,背后便是这样一种信念。

农业神话刚出现时并非一种大众观念,而是一个文学概念,是上流阶级的一种先入为主的见识,这些人受过古典教育,读田园派诗歌,心血来潮时便牧养些牛羊,往往还坐拥一座种植园或几处乡村地产。在美洲,这一神话被清晰地建构起来,并被广为接受,是18世纪下半叶的事。该神话在欧洲和美洲几乎同时形成,其传扬者们从古典作家那里得到了权威和话语——如赫西俄德、色诺芬、加图、西塞罗、维吉尔、贺拉斯,等等——这些人的作品构成了良好古典教育的主体读物。众多古代先贤对农政的这种颂扬,包含着

① *Writings*, ed. by Paul L. Ford (New York, 1892—1899), Vol. VII, p. 36. 关于是由杰斐逊构建起了农业神话的完整说法,见 A. Whitney Griswold: *Farming and Democracy* (New York, 1948), chapter ii。

某种道德力量，而那个学识宏富的农业贵族群体，由于与工业阶级的冲突变得越来越频繁，对这一道德力量自然非常欢迎。在法国，“重农学派”(Physiocrats)宣扬农业是财富的唯一真正来源。而英国的乡村实业家们，既已对畜牧业和农业的改进有相当兴趣，对农政的颂扬当然也合乎他们的胃口。他们在詹姆斯·汤姆逊(James Thomson)[1]的《四季》(*Seasons*)中，以及德莱顿[2]翻译的贺拉斯的作品中找到了共鸣：

> 那底层的人是多么幸福，
> 他的生活卑贱且贫穷，可又是多么富足，
> 生活在宁静的乡村，
> 无案牍之劳形，也与世无争，
> 更无那刻毒的催债者来叫门。
> 如是，在邪恶之孽种散播之前，　26
> 生活着美好时代的先贤，
> 他们赶着自家的牛，拖着犁铧，
> 在辈辈相传的土地里耕种庄稼。

“实际上，”塞缪尔·约翰逊在1751年宣称道，“几乎没有一位

① 詹姆斯·汤姆逊(1700—1748)：英国诗人、剧作家，《四季》是他的诗集。——译者

② 约翰·德莱顿(1631—1700)：英国诗人、剧作家、翻译家。——译者

作家不曾赞颂过乡村隐居生活的快活。”[①]

举凡工业和商业化农业日益取代小农经济的地方，尤其是在乡村生活正因圈地运动而惨遭隳坏的英国，这类文献都极为丰赡。奥利弗·哥尔德斯密斯(Oliver Goldsmith)[②]的经典表述，“被遗弃的乡村”(The Deserted Village)，一百多年后成了美国平民主义作家和演说家们最乐于引述的语汇。农业神话主要通过英国人的经历，以及一些英国的和古典时期的作家，传到了美国，并在那里同众多其他文化舶来品一样，最终在新环境下展现出了全新的面貌。在美国，杰斐逊、克雷夫科尔、托马斯·潘恩、菲利普·弗雷诺(Philip

① 引自 Paul H. Johnstone:“Turnips and Romanticism,” *Agricultural History*, Vol. XII (July 1938), p. 239。这篇文章以及该作者的“In Praise of Husbandry”, ibid., Vol. XI (April 1937), pp. 80-95，为整个农业传统提供了一段出色的简史。

可将德莱顿所译贺拉斯诗篇类比于本杰明·富兰克林的年鉴，引自 Chester E. Eisinger:“The Farmer in the Eighteenth Century Almanac”, ibid., Vol. XXVIII (July 1954), p. 112:

噢，他可真快活呀！人类之中最快活！
既不受谁的奴役，也从不妄自尊大，
不必看谁的脸色，也不必奴颜婢膝，
去讨显贵们的欢心，哪怕什么也落不下；

虚名，还是权力的浮华，都诱惑不了他，
抑或那雄心壮志的虚夸，或是对财宝
的贪得无厌，还是在糖衣炮弹之中
纵情于奢华，他唯是坚不可摧地
扎根于世代传下来的田地间，
傲然挺立，不可动摇。

② 奥利弗·哥尔德斯密斯(1728—1774)：爱尔兰小说家、剧作家、诗人。《被遗弃的乡村》是他的一部诗集。——译者

Freneau)[①]、休·亨利·布雷肯里奇(Hugh Henry Brackenridge)[②]，以及乔治·洛根(George Logan)[③]等人宣扬了这一神话，在那以后，一大批出生于18世纪，但主要生活于19世纪的作家们也加入了这一行列。[④] 这一神话的象征性具有如此的感染力，以至于连 27
亚历山大·汉密尔顿这样一位农民利益的主要反对者，也不得不在其《关于工业的报告》(*Report on Manufactures*)中策略性地承认“在对国家供给方面，土地耕种是最主要也最可靠的资源，……相比其他产业类别来讲，它理所当然地应当排在第一位”。[⑤] 而本杰明·富兰克林，尽管作为生活在城市里的一位世界主义者，也曾说到对于国家摄取财富来讲，农业是“唯一诚实的方式。……在农业中，人们在地里播种之后，能收获一种真实的产出，那简直是一种永不停歇地上演的奇迹，是人的意愿经上帝之手的实现，作为对人们朴实生活和正直行事的一种奖励”。[⑥]

在18世纪的知识阶层当中，农业神话其实也具有普遍的吸引力。无论是在宣传农业技术改进的小册子中，还是在经济学书籍中，抑或是田园诗以及政治哲学里，都能看见这一神话的影子。它兼具了尚古主义(primitivist)和理性主义的内涵，几乎与所有人的

① 菲利普·弗雷诺(1752—1832)：被称为“美国革命的诗人”。——译者

② 休·亨利·布雷肯里奇(1748—1816)：美国作家、律师，曾担任宾夕法尼亚州高等法院法官，是匹兹堡大学的创办者。——译者

③ 乔治·洛根(1763—1821)：宾夕法尼亚州农场主，也是医生和政治家。——译者

④ 这一神话在18世纪美洲的流行程度，见于Chester E. Eisinger："The Freehold Concept in Eighteenth-Century American Letters," *William and Mary Quarterly*, third series, Vol. IV (January 1947), pp. 42-59。

⑤ *Works*, Vol. III, pp. 215-216.

⑥ *Writings*, ed. by Albert H. Smyth (New York, 1906), Vol. V, pp. 200-202.

脾性都相适宜。一些作家用它表达对生活和自然的一种朴素的、直接的、动人的情感；另一些人则将“农业至上论”(agrarianism)[①]与一种严格的自然权利哲学相联系。将自然权利学说应用于土地所有制，在美洲尤为普遍。从洛克的时代开始，便有了这样一种普遍观点：土地是社会的共同财富，每个人都有使用的权利——即杰斐逊所说的“耕种土地的基本权利”；由于合法所有权的真正标准是对土地的占有和使用，因而花费在耕作土地上的劳动，便赋予了劳动者以土地的所有权；由于政府是为了保护财产权而建立起来的，因此那些经营土地的有产者们的财产，在享受政府的促进和保
28 护上便有着特别的正当性。[②]

如我所言，农业神话起先是流行于受教育阶层的一种观念，然而到了19世纪初，它已经成为了一则大众信条，[③]成了这个国家

① “农业至上论”：19世纪流行的一种推崇农业的思想，这一思想认为乡村社会优于城市社会，独立农民优于工资工人，认为农业生活方式最有益于塑造现代社会价值。该思想对法国重农学派的主张有继承也有发展。——译者

② Chester E. Eisinger：“The Influence of Natural Rights and Physiocratic Doctrines on American Agrarian Thought during the Revolutionary Period,” *Agricultural History*, Vol. XXI (January 1947), pp. 12-23. 可参见Griswold前文引书，pp. 36-45。

③ 当然，说那些种地农民的真实想法，与政治家和其他舆论制造者们告诉他们的正好相反，这不过是一种似是而非的猜测。艾辛格(Eisinger)提到(“The Farmer in the Eighteenth Century Almanac,” p. 108)，即便在18世纪，农民历书的编辑者们也倾向于忽略农业方面的实务，而发布了大量田园诗章，其中当然不乏一些熟悉的农业主题。显然这些编辑们认为，比起为这些农民如何经营农场提供建议，更容易也更加重要的是对其在社会中扮演的角色的重要价值加以确认。如果农业神话的诸多论点对农民们没有吸引力，那么所有那些与他们对话、为他们发声的人们，必定对他们有着严重的误解。关于农业神话如何在19世纪为一位重要的编辑所接受的出色论述，见Roland Van Zandt：“Horace Greeley：Agrarian Exponent of American Idealism,” *Rural Sociology*, Vol. XIII (December 1948), pp. 411-419。关于这一神话在爱默生思想中的地位，见Douglas C. Stenerson：“Emerson and the Agrarian Tradition,” *Journal of the History of Ideas*, Vol. XIV (January 1953), pp. 95-115。

政治风俗和全国性意识形态的一部分。这一转变的根源可以远溯自美国革命；在很多美国人看来，这场革命是一群走上战场的农民对帝国取得的胜利，革命似乎是对自耕农在道德和公共性方面的优越性的一种确认，农业神话也在这场革命中被编织进了革命激发出的爱国情怀和共和主义理想之中。更重要的是，在宪政体制下的第一次党派斗争中，这一神话也起到了举足轻重的作用。杰斐逊派攻击联邦党人时，曾一次次地声言自耕农的道德优越性。在杰斐逊派的思想里，家庭农业和美国民主有着不可分割的联系，[①]杰克逊时代那些民众理念的倡导者们，则从杰斐逊派那里继承了这一思想。到了 1840 年，甚至更趋保守的辉格党也采用了这一对平民百姓具有吸引力的话语，并在很大程度上通过虚构出一 29
个居住在小木屋里的总统候选人，而赢得了总统选举。

不仅如此，杰斐逊派还让农业神话成为了一项大陆发展战略的基础。[②] 他们中的很多人希望内陆地区的大量空置土地能够在一个无限期的未来确保自耕农的优势——继而确保杰斐逊主义的优势和国家的健康。在他的第一次就职演说中，杰斐逊宣称美国是“一个被上帝选中的国家，拥有子子孙孙万世千秋享用不尽的空间”。跨阿勒根尼山区的开放，禁止奴隶制进入这一地区，以及路

① 可比较格里斯沃尔德(Griswold)的观点，他认为杰斐逊关于小农“是一国中最宝贵的群体”这一看法，是“美国关于家庭农业的政治理论中的一条经典表述……（杰斐逊）关于民主是由家庭农业组成的共同体这一理念，继续影响了现代立法者，并通过他们影响到了全体选民，特别是在他们考虑乡村生活的时候”。前文引书，pp. 45-46。

② 农业神话作为各种政治举措和战略的源头，对这一历史的精彩展示，见于 Henry Nash Smith：*Virgin Land*（Cambridge，1950），Book Three，“The Garden of the World”。

易斯安那领地的购买，构成了大陆战略的最初几大步骤，而该战略的制定正是为了建立一个以小农经济为基础的内陆帝国。许久之后的《宅地法》(Homestead Act)，则意图将小房产主的大陆开发运动推向完成，尽管遭到南方短暂的阻挠(南部是全国唯一反对永久地产权[freehold]这一理念的地区)。《宅地法》的本意在于“明文规定一个建立在无限制产权(fee-simple)基础上的帝国”[1]，却归于失败；我们将看到，这一失败成了平民党人不满的根源之一，也是农业神话渐渐为商业现实所打破的一个重要表现。

然而总体来讲，这个神话还是有很大影响的，因为在19世纪上半叶的美国，国内民众主要由识字且享有政治选举权的农民组成。对这一人数上占统治地位的群体来说，该神话自然是一种无
30 害的恭维，因而也成了那些乡村编辑和政治家们的标准语汇。[2]尽管农民对于所谓的非商业化的生活方式并无太多好感，但当他们听到自己拥有独特的美德，对国家有着无可替代的贡献，自然也只会感到高兴。他们绝不会介意听说，比起很多看上去生活较他们更为优渥的人们，他们的生活从本质上要更道德，更符合上帝的意旨。并且很多情况下，那些恭维他们的编辑和政客们也并非虚情假意。这些人的早年生活往往也是在某个小村庄或农场上度

---

① Henry Nash Smith: *Virgin Land*, p. 170.

② 实际上，农业方面的发言人长期以来分为两类。一类是恭维者，常常来自政客和新闻界，这些尚农主义者(agrarians)抱着政治的目的，其主要方式是强调农民的重要性，以及他们在社会中的角色的崇高性。另一类是自我批判者，常常是一些农业编辑和农业专业人士，他们不是尚农主义者，但是农业从业者。他们的目的不是政治的，而是经济的和技术上的。这些人指出了农民的粗心大意和颟顸无知，指出他们的不幸多是自己造成的，他们必须靠学习科学知识和改进生产方法来自救。

过，并且，那些他们不得不说的话，也在他们自己心中——如同在很多同样生活在城镇里的人们心中——激起了一种关于早年岁月的怀旧情愫，甚至他们那由于抛弃了家乡故土和童年情窦而残留心中的负疚感，在说出这些话后也得以释怀。[①] 起初，这一想法的确让他们问心无愧：既然农业神话是根据很大程度上自给自足的自耕农的生活而构建起来，那么它就不仅仅是对一个理想的确认，也是对现实的一种陈述。

奇怪的是，当农业神话越来越显出其虚构性之后，却被更加广泛而坚定地信奉起来。起初对这一神话的宣传，还带有一种亲和的坦诚，那种伪善的意味是后来才染上的。杰克逊时代流传下来这么一幅版画：画中，宾夕法尼亚州州长约瑟夫·里特纳(Joseph Ritner)身靠一柄粗糙的犁铧，站在一道犁沟的尽头。这幅画并没有假意地展示州长真在犁地——他穿一条宽大的裤子，上身是丝绒背心，高高的黑色海狸皮帽子被精心地搁在旁边草地上——然而这幅图的确提供了某种暗示，既表明他早年的乡村岁月，又表现了他如今社会地位之高。与此相对，约莫一个世纪以后，加尔文· 31
柯立芝则矫揉造作地拍摄了一组照片，表现他在佛蒙特州压制干草垛的情景。其中一张照片上，总统端坐于一架压草车上，身穿一件开领白衬衫，崭新的劳动裤下面一双锃光瓦亮的黑皮鞋；在他身后，他的特工皮尔斯·阿罗(Pierce Arrow)站在车踏板上，显然在

---

① 这类乡愁，是美国最受欢迎的乡村诗人詹姆斯·惠特科姆·赖利(James Whitcomb Riley)作品的一大主题。哈姆林·加兰(Hamlin Garland)《康庄大道》(*Main-Travelled Roads*)(Boston，1891)中的一些短篇故事，表现了因从乡村迁入城市而产生的负疚感。

等着一个当口儿，催促总统赶紧结束他那虚假的乡村劳动。[1] 第二张照片比第一张要显得更加矫揉造作，这一事实本身构成了一个尺度，表明当这一神话离农业的实际情况越来越远之后，也变得愈加空洞了。一名作家把这称为“农业原教旨主义”(agricultural fundamentalism)，[2]直到进入 20 世纪很多年以后，美国很多精英分子仍对其保持着一份仪式性的尊重。尽管柯立芝本人对 1920 年代农民的真实问题相当冷漠，他仍说过这么一段话：“无数的经验证明，当这个国家的主要兴趣转向制造业和贸易以后，农业便趋于停滞乃至倒退。”[3]无独有偶，伯纳德·巴鲁克(Bernard Baruch)是一名都市金融家，其与农业的主要接触仅限于身兼一处乡村地产的非本地(absentee)所有人，他也同样指出：“在我国的所有产业中，农业是最伟大的，从根本上说也是最重要的。城市只是国民生活之树的枝蔓，其根系则深扎于土地之中。我们所有人的繁荣和衰落都取决于农民。”[4]

柯立芝和巴鲁克不过是追随者，整个 19 世纪，数十万乡村出身的年轻人已经设立了范例：他们歌颂和赞美农业，但对于把务农
32 当成一份职业，却唯恐避之不及，宁愿到乡镇和城市中去谋自己的差事。尽管不乏赞美田园牧歌的传统，却没有什么能够阻挡男孩

---

① 关于政治中残留的农业神话，见罗杰·巴特菲尔德(Roger Butterfield)这篇有趣的文章：“The Folklore of Politics,” *Pennsylvania Magazine of History and Biography*, Vol. LXXIV (April 1950), pp. 165-170；图片可见于 166—167 页之间。

② 约瑟夫·S. 戴维斯(Joseph S. Davis)曾在一篇文章中提到过这一遗风，见“Agricultural Fundamentalism” in *On Agricultural Policy* (Stanford, 1939), pp. 24-43。

③ Ibid., p. 38.

④ Ibid., p. 25.

们离开农场；对农业人口来说，也没有什么能够掩盖这一连续不断的、无休无止的迁移，不光指迁往远西部的农场，也包括向城镇地区的迁徙，不管是东部还是西部的城镇。这一点在1840年以后尤为明显，这一年标志着一轮长期的大规模"乡村向城市"迁徙的开端，农场上的孩子们开始抛弃他们父母一辈的生活，向城市进发，而按照农民的理论——如果说事实并非如此的话——进入城市的他们是必将陷于贫困和罪恶的。乡村的报刊上满是一些社论、诗歌和小故事，表达着这一悲哀的主题："孩子们，别离开农场！"此外还有一些关于农民应当如何教育子女的建议，目的是让务农这样一种生活方式能够吸引他们。[1] 一则典型的这类小诗是这样写的：[2]

伟大而繁忙的西部，对谁都是引诱，
忙碌的集市也是如此，
但是孩子们，财富可不是一天造就，
一步步来，切莫心急！

银行家与股票商固然腰缠万贯，
日进斗金，莫不如此；
哈！可是想想那些诡诈和欺骗，

① Albert J. Demaree: *The American Agricultural Press, 1819—1860* (New York, 1941), pp. 86-88, 183ff.; Richard Bardolph: *Agricultural Literature and the Early Illinois Farmer* (Urbana, 1948), pp. 162-164.

② Quoted by Bardolph, op. cit., p. 164 n.

放慢脚步，切莫心急。

唯有农场最安全，也最可靠；
田园里果实累累，黍谷满仓，
你将像山间的风一般自由呼啸，
凡目力能及之处，你便是王。

顶好是长久地扎根这农田，
这里利润丰美，尽管悄无声息；
孩子们，记住，这里没有任何风险，
33 放慢脚步，切莫心急。

在这些形形色色的呼吁中，土地被人格化地想象为一位母亲，商业则是个妓女，而抛弃祖祖辈辈的生活方式，则是一种背叛，必将招致上天的惩罚。1849 年，当《平原农民》的一名报道者错误地赞誉城市里的奢靡、“精致的社会”和经济机遇后，受到了严厉的批评，人们谴责他忽视了另一些事实，即城市生活“压抑、奴役和摧毁了我国成千上万年轻人的生活，使他们不知不觉间已沦为牺牲品，他们的生活将走向挥霍、不计后果的投机，以及最终的犯罪”①。这些警告当然是徒劳。纽约州的农业改革家杰西·比尔(Jesse Buel)写道：“每年都有成千上万的年轻人扔下犁铧，也抛开了他们

① Paul H. Johnstone: “Old Ideals versus New Ideas in Farm Life,” in *Farmers in a Changing World*, U. S. Department of Agriculture Yearbook (Washington, 1940), p. 119. 这份关于美国农民身份认同之变迁的精辟研究令我获益良多。

父辈那份正直的职业，他们之所以能心安理得地这样做，理由是农业并不是一条通往财富、荣誉和幸福的道路，且这一理由常常还为那些糊涂的父母们所默认。这样的情况还将延续，除非我国的农业经营者能够在社会上获得某种地位(rank)，就他们从事的那份志业的重要性，以及他们的人数来讲，这一地位是他们应得的，这一地位也只有依靠才智和自尊自重方能取得。”①

社会地位！这便接近于问题的核心了，因为农民已深刻地意识到，不仅世界上最一流的商品只能在城市获得，城市上流和中等阶层的人们享用这些商品的机会也要比他们多得多，更为严重的是，相比于这些城市居民，他们正在丧失自己的地位(status)和外界的尊重。农民认识到，尽管他们在形式上得到了尊重，但那尊重背后却是很多城市人的某种鄙夷。不久之后，在农业刊物上那些对乡村生活的颂歌中，再也找不到那种怡然自得的轻松语调，它们转而呈现一种鲜明的“针对真实或臆想出的侮辱而摆出的自我防卫姿态”。② “我们国家有这么一群人，”一位农民作家在 1835 年 34
抱怨道，“他们把土地耕作者看得低人一等……认为这些人的能力也就只配得上讨论一枚熟土豆，或是一块熏猪肉的好坏。”城市被描述为遍地是放高利贷者、花花公子和纨绔子弟，以及满脑子欧洲思想的达官显贵，农民在这些人眼中就是乡巴佬儿。一位作家用一系列令人眼花缭乱的复杂隐喻，谈到“那些穿着英式宽衣大氅的花蝴蝶们，在农民们面前翩然飞舞，大快朵颐着由从农民们眉梢滴

① Quoted by P. W. Bidwell and John I. Falconer: *History of Agriculture in the Northern United States* (New York, 1941), p. 205.

② Johnstone: “Old Ideals versus New Ideas,” p. 118.

下的汗水浇灌出来的累累果实”。[①]

城市市场的增长激化了这种敌意。像殖民地时期的新英格兰这些地区，小城镇与邻近乡村之间已经建立了一种密切联系，形成了一个跨越城镇边界的利益乃至行业共同体，其城乡敌对态势还不太严重；然而在那些未曾确立过村镇(township)规划，独立农场的存在更为普遍的新区域，这种敌对则颇为尖锐。随着定居地的西进，城市市场的扩大，自给自足的农民变得更加稀少，他们被迫为自己所恐惧和猜忌的城市进行商业化生产，他们开始颇为有道理地将自身看成一个行业和经济群体，而不再是一个乡邻共同体中的成员。在平民主义时代，城市对很多农民来说完全是一个外部领域，而农业作为财富来源的首要性这一点，也被言辞激烈地重新申说着。“大城市依赖着我们宽广而肥沃的草原，”布赖恩在他的“金十字架”(Cross of Gold)演说中宣称道：“烧掉你们的城市，保留下我们的农场，你们的城市又将变戏法儿般地重新生长出来；可是如果毁掉我们的农场，则野草将长满这个国家每个城市的街道。”从农业神话所滋育的信念之中，生发出了这样一种观念，认为
35 城市是乡村的一种寄生物。布赖恩代表了一批人，这些人世世代代信奉这样一种观念：农民是一种得到神的赐福的尤为特殊的创造物，在一个农民占多数的国家里，农民的声音便是民主的声音，是美德本身的声音。农业神话让农民相信，他们自身并非城市中野蛮生长的商业实业和投机买卖这一整体秩序的一个组成部分，他们既不共享这一秩序的性质，也没有义务分担其风险，他们不过

① Johnstone: “Old Ideals versus New Ideas,” p. 118. 两则引文皆出于此。

是一些生活在田园，却为一场在远方策划的阴谋所负累的无辜受害者。认定自身是无辜受害的平民，这一观念构成了整个农业抗争史，实际上是整个平民主义思想史的底色。

对农民来说，将来自每个人的口头尊重，与他们发现自己所处的社会地位和经济处境两相对照，结果是令他们既困惑，又愤怒。改善他们的经济地位常常是可能的，尽管这方面常常是发生得太少也太迟；然而要阻止乡村价值与传统的凋零，阻遏那种愈演愈烈的、否定早期尚农主义中乐观地表达出的那些道德义务的趋势，这却是超出任何人的能力的。如同我们将会看到的，正是农民本人的命运导致了乡村价值的式微。和所有善良的美国人一样，他们从一开始也在天真地追求进步，从而加速了他们自己的很多价值的衰亡。在世界其他地方，乡村阶级常常是朝向过去的，是传统的坚守者和社会稳定的维护者。美国农民却只会面向未来，美国土地的故事实际上成了一项对未来的研究。当美利坚作为一个国家诞生之际，克雷夫科尔曾欣喜于美国没有封建制度的历史，也没有工业发达的当下，美国不存在一个王室的、贵族的、神权的或是君主制的权力，也没有一个手工业阶级，因此他热情鼓舞地总结道：“我们是世界上现
存的最完美的社会。”在这里，农民首先面临着这样的讽刺：美国是 36
世上唯一一个这样的国家——它生就完美，却仍渴望着进步。

二、农民与现实

农业神话究竟多大程度上是虚假的？当它于 18 世纪在美国形成之时，它所包含的那一套观念的确反映了美国农业生活中的

很多现实。几乎从最初开始，殖民地农业中就含有一些商业成分，但也大量存在着这一神话所颇为推崇的那种独立自耕农，这些人的生活高度自给自足，并传递给子女一种手艺人式的随机应变(improvisation)的能力，以及一种家庭手工业的传统。在很长一段时间内，农业的商业化潜力被各种严苛的障碍所阻滞。只有那些靠近河流和城镇的农民才具备足够的交通条件。由于工业人口稀少，国内市场也相当有限，乡村居民的食品很大程度上依靠自给自足。南方以外的地区，由于工资劳动力的短缺，农业生产被限制在家庭农场的规模。19 世纪初，美国人多数还都生活在森林地带，刚刚越过阿巴拉契亚山脉的边缘，站在横穿大平原这条通衢大道的起点——未来半个世纪，去往西部的定居者们将在这条大道上络绎不绝——这时，自耕农绝非一个虚构。

当然，农业神话的早期赞颂者们也知道商业化农民的存在，只是独立的自耕农更吸引他们的注意力。他们羡慕拥有农场的家庭能够生产和消费那些丰裕的天然产品，并认为家庭农场将一直是多种经营的、很大程度上自给自足的单位——从它产生之初便是如此。杰斐逊远不是一个底层的自耕农，其物质需求也绝谈不上
37 简单，但即便是他，也在相当程度上达到了自给自足的理想状态。同很多种植园主一样，他在他的奴隶中划出一批人来，固定地充当工匠；尽管种植园主杰斐逊的奢侈品需要进口得来，但作为农民的杰斐逊，连同他的全部“下人们”的生活必需品，则都从他自己的土地上产出。[①] 这也是那些推崇自耕农的理论家们设定的目标。自

① Albert J. Nock: *Jefferson* (Washington, 1926), pp. 66-68; 比较 Wilson Gee: *The Social Economics of Agriculture* (New York, 1942), p. 39。

耕农在家中生产出几乎所有生活必需品，无须再购买什么东西，一年到头只花极少的一笔钱，因此不必依赖于市场，也不太需要其他任何帮助。自耕农自己也同样极其看重这一自给自足的状态，以及这样一种生活所能攒下的积蓄，然而他之所以看重，更多是视其为一种使他得以最终参与市场的途径，而不是一种回避市场的方式。杰斐逊时期的一位农民说道："靠着我干农活儿，农场为我和我的家人提供了一份良好的生活；刚过两年时间，农场已经让我存下了一百五十银元，因为我一年花掉的钱从没超过十美元，这些钱用来购买盐、钉子之类的。吃的、喝的、穿的，没有一样是买来的，因为农场把一切都提供了。有了这些积蓄，我就有钱用来投资了，买几头牛，再养肥卖掉，利润颇丰。"这就是自给自足对典型家庭式农民的意义："利润颇丰"。商业主义从那时起便开始入侵美国的"阿卡迪亚"[①]了。[②]

自殖民地时期以来，就在自耕农的眼前，北美定居区内一直存在着各种关于农业取得商业化成功的富于吸引力的范例：比如南方的烟草、水稻和靛蓝种植园主，中部殖民地的谷物、肉类和畜类出口商。在美国，仿效的风气出奇地强盛，机会也极为丰富。农民们清楚，如果没有现金，他们将很难摆脱拓荒者和小木屋生活的艰辛困苦。自给自足后，便能攒下积蓄，有了积蓄就可以买更多的土地、牲畜和家禽，以及更好的工具；就可以竖起谷仓和筒仓，修建更 38
好的居所，并完成其他种种修缮工作。到了农闲时节，农民还经常

① 阿卡迪亚(Arcadia)：古希腊伯罗奔尼撒半岛上的一个地方，当地居民与文明世界相对隔绝，以过着简朴和田园式的生活著称。——译者

② Quoted by Griswold, op. cit., p. 136.

离开农场，去增添他的现金收入，早期有狩猎、捕鱼、伐木等途径，后来则包括对铁路的养护和修补工作。为了将商品作物(cash crop)运往市场，农民对便捷的交通方式格外渴求，这一点，连同他们对公路和运河的需要，对国内政治产生了持续影响。同时农民也大声呼吁，为了销出美国商品，要确保河流入海口的畅通，这些声音也一次又一次地决定了早期共和国的对外政策。

从 1815 到 1860 年之间，美国农业的特点发生了转变。除了在一些零星的例外区域，独立自耕农在商业化农业无休止的扩张下近于绝迹。本土工业的兴起为农业提供了一个国内市场，与此同时国外需求也上升了，一开始是对美国的棉花，接着是对各类粮食的需要。一个由公路、运河和铁路组成的网络，把种植园主和西部拓荒农民同这些新兴市场连通起来，而东部的农民，在西部竞争的刺激下，则开始对邻近城市进行更精细的开发，以便为产品寻找销路。随着农民向平坦而富饶的大平原进发，他们觉察到了使用机械的可能性，森林地区是没有这种可能的。不久后，他们便操持着马拉式机械收割机、带钢刃的犁铧、小麦和玉米播种机、脱粒机等机械，开始在大平原上耕作了。商品作物让自耕农转化成了某种小型企业家，而马拉式机械的产生，则让犁铧这一朴实无华的旧式农业象征显得过时了。如今，就早期农业作家们提到的贸易的“腐蚀性”而言，农民已不能独善其身了。他们仍拥有属于自己的土地，在此意义上，他们固然仍旧是“独立的”。他们仍是旧式传统下艰苦劳作的那一类人。然而他们已不再靠种植或手艺来满足全部需求了：他们集中精力种植商品作物，越来越多地开始从乡村商店中购买生活必需品。为了充分利用机械化的好处，他们尽可能

多地购买土地。为了充分实现机械化，他们开始借钱。既买不到 39
也借不着时，他们便租赁：到了1850年代，伊利诺伊州那些负担不起机器和大型谷仓的农民，已开始雇佣拥有机器的流动工人来完成打谷作业。西部各州从自给自足转变为商业化农业的时间各不相同，每个州也难有一个精确的日期，但俄亥俄州大约是在1830年完成，印第安纳、伊利诺伊和密歇根等州则在二十年后实现了转型。在整个大西北地区，农民的生活为农业工人、银行、商店、中间商、马匹和机械所包围，而其祖辈的生活很可能是与世隔绝、自给自足的；如果说这一转变过程到1860年仍未结束的话，内战带来的需求则令其大功告成。正如《平原农民》在1868年记载的：“认为农民应当生产所有他需要的东西，一年的剩余就是他的所得，这种老观念已是过去的事了。和所有其他产业一样，农业因分工而得到了改进，每个农民按照土壤、技术、气候和市场的特殊性，种植最适宜的作物，再凭借得来的收入购置其他必需品。”①

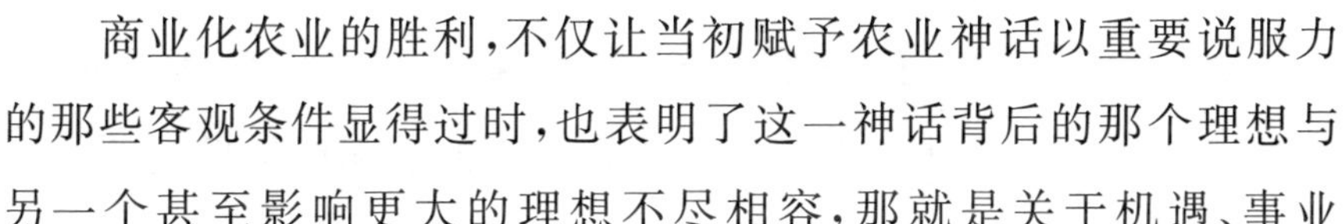

商业化农业的胜利，不仅让当初赋予农业神话以重要说服力的那些客观条件显得过时，也表明了这一神话背后的那个理想与另一个甚至影响更大的理想不尽相容，那就是关于机遇、事业

① Quoted by Paul H. Johnstone: “On the Identification of the Farmer,” *Rural Sociology*, Vol. V (March 1940), p. 39. 关于这一农业转型，见 Bidwell and Falconer, op. cit., pp. 126-132, 164-165, chapters xiii, xix, xxiii, and Everett E. Edwards: “American Agriculture—the First 300 Years,” in *Farmers in a Changing World*, esp. pp. 202-208, 213-222, 228-232。关于外国市场，见 Edwin G. Nourse: *American Agriculture and the European Market* (New York, 1924), pp. 8-16，关于家庭产业的消失，见 Rolla M. Tryon: *Household Manufactures in the United States, 1640—1860* (Chicago, *1917*), chapters vii and viii。

(career)和自我成就之人(self-made man)的观念。美国生活中有这么一股力量,它曾让杰克逊式平等主义成为可能,也曾为农业浪漫神话中的平等主义主题注入了最充足的吸引力,这股同样的力
40 量,已在这个国家释放出了一种历史上可能从未有过的创业热忱,一种对商业、利润、机会和进步(advancement)的激情。如果自耕农家庭想要维持农业神话所讴歌的那份简单与朴素,则它必须不断表现出一种与传统生活相适应的特点。然而扬基农民(Yankee farmer),由于不断地受到身边无处不在的"成功热"的濡染,开始受到一种个人动机的触动,这种动机倾向于敦促个人去超越传统。按照戴维·里斯曼(David Riesman)广为人知的术语来说,他们已不是传统导向的(tradition-directed)人,而是内在导向的(inner-directed)。[①] 农业神话在情感上推崇土地上的劳作和朴素的生活,然而主导乡村生活的加尔文主义氛围却暗示,美德最终是通过成功和物质财富而获得嘉奖的。

站在人们所熟悉的农业颂歌的角度来看,最大的讽刺莫过于,正是那种人们认为几个世纪以来为自耕农的支配地位提供了支撑的绝佳内在特质(interior),破坏了自耕农的精神,并以一种商人的精神,甚至是赌徒的精神取而代之。廉价土地带来的结果是粗放而随意的耕种。新拓荒土地价格的日益攀升,则令人们倾向于

---

① David Riesman: *The Lonely Crowd* (New Haven, 1950). 尽管如此,需要指出的是,虽然"职业"(career)的观念早在内战前便已为乡村年轻人所熟知,但此时这一观念带有强烈的扬基理智主义的色彩,尚未对商人群体表现出推崇。农场上的男孩子们被鼓励去学习发明家、科学家、作家、哲学家和军事人物。所有这些当然都指向城市生活。见 Johnstone: "Old Ideals versus New Ideas," pp. 137-138。

及早变现和频繁迁移，从而把一个小型实业家变成了土地投机商。早在 19 世纪末，美国农业方面的写作者便已注意到，美国农民热衷于购买比他们能合理耕作的数量更多的土地。乔治·华盛顿曾略带歉意地向阿瑟·扬（Arthur Young）[1]讲述美国农业的状况，承认："这个国家的农民的目标，如果可以称他们为农民的话，不是从土地上获得尽可能多的产出——尽管土地是便宜的，或者说过去是便宜的——而是制造出尽可能多的劳力，因为劳力是昂贵的； 41
结果是大量土地被开垦出来，但没有一块能得到精耕细作，如同它应当得到的那样……"[2]这一倾向随着横贯大平原的快速开发而显得更为突出。1818 年，英国移民莫里斯·伯克贝克（Morris Birkbeck）在伊利诺伊州写道，商人、专门职业者和农民，无一例外地都将收入和积蓄投入购买未开垦的土地。"农民不打算对现已拥有的土地进行精耕细作，宁愿将所有积蓄用于购买更多土地。在一个定居地区，这种投机若经过细心打理，回报率平均能达到百分之十五。如此，为了拿到那百分之十五的收益，在生产出维持生计的必需品之后，谁还会去辛苦地务农呢？如果仅仅投资土地便可获得如此高的利润，谁又愿意把钱借贷出去呢？——哪怕那样也能收取百分之十五的利息。因此，几乎各行各业的所有人，手里都没有什么活钱。"[3]

土地价值频繁地大幅增长，让美国农民习得了一种经济繁荣的心态，并使得他们将盈利边际（margin of profit）更多地置于土

① 阿瑟·扬（1741—1820）：英国农学家、经济学家。——译者

② Bidwell and Falconer, op. cit., p. 119.

③ Ibid., p. 154; cf. pp. 82-83, 115, 116.

地增值而不是农作物贸易上。很少有人能抗拒这种靠土地发家致富的诱惑,因为这些土地的价值可能十年之内便轻松翻个三四倍,下一个十年再翻一番。[①] 如果可以将积蓄或贷款投入新的土地,在既有土地上精耕细作似乎就显得极端保守了。美国发展出的是这样一个农业社会,该社会中最受青睐之物不是土地,而是土地价格。1830 年代,托克维尔便已发现了美国农业的这一重要特征:"几乎所有的美国农民都把农业和某种贸易结合在一起;大多数人
42 把农业本身就当成一种贸易。美国的农民极少安分于他已经占有的土地:尤其在远西部地区,农民将土地变为耕地,是为了再次售卖,而不是耕种;他建立一座农庄,是考虑到随着人口的增长,乡村的光景将很快大变,便可以将其卖个好价钱……由是,美国人便把他们那种商人特质带到农业中来了;他们对贸易的激情,在农业中便也表现得和在其他行业中一样充分。"[②]

投机的癖好,以及对更多新土地的渴望,让美国农民对迁徙有着一种强烈的热情;这一点不仅通过农业中的那些失败者表现出来——如同一种流俗之见所认为的——而且也表现在成功的农民身上。对那些发展不够理想的农民来说,新土地有时或许起到了一个安全阀门的作用,然而对那些靠着投机发展得不错的农民而言,或是对那些刚刚开始其务农"职业"的人们而言,新土地同样构成了一个风险阀(risk valve)——一个对巨大的美国土地泡沫加以充分开发的机会。就这样一种不以精耕细作著称的农业传统而

---

① Benjamin H. Hibbard: *History of Agriculture in Dane County, Wisconsin* (Madison, 1904), pp. 195 ff.

② *Democracy in America* (New York, ed. 1899), Vol. II, p. 644.

言，农民的流动性产生了严重影响：在这个土壤条件极其多样化的国家，农民经常根本没有机会去熟悉土地的性质；在对土壤的规划、施肥和补给上面，他们做得都很糟糕；为了现款和单一作物制度，他们忽视了农作物的多样性。[①] 农民们对土地或乡土没有什么感情；受铁路、地产公司和其他农民的影响，他们倒是发展起了一种关于乡村“快速发展”(boosting)的浮夸的亢奋心态；乡村里 43
看不到建立在家系感情基础上的村民交往和村社精神，却蔓延着一种行业乐观主义，其基础是一种对土地价格暴涨的希望。[②]

因此，在相当真实而深刻的意义上，美国没能发展起(一些地方除外，主要在东部)[③]一种鲜明的“乡村”文化。如果乡村文化意味着对土地的一种饱含感情的、手艺人式的献身，一种传统的、前资本主义的观念，一种传统导向而非职业导向的人格类型，一种致力于村族事业并习惯性地倾向于村社集体行动的乡村共同体，那么不管是大平原还是大草原，都不存在这种乡村文化。与欧洲广泛存在的农业生产实践相比——就此而言，或者说与农

① 关于市场导致的农业流动性和农业机械化的一些讨论，见于 James C. Malin: “Mobility and History,”*Agricultural History*, Vol. XVII (October 1943), pp. 177-191。关于内战后美国农业的总体特征，散见于 Fred A. Shannon: *The Farmer's Last Frontier* (New York, 1945)。

② 作为一名经济学家，索尔斯坦·凡勃伦(Thorstein Veblen)不单描写农民，还和他们朝夕相处，他对“独立农民”和“乡村城镇”有透彻论述，参看 *Absentee Ownership* (New York, 1923), pp. 129-165。

③ 可将 Arthur F. Raper 在 Carl C. Taylor et al.: *Rural Life in the United States* (New York, 1949), chapter xxvi 一章中关于这些地方的人们的描述，与旧式自耕农的类似肖像相对照。一位对农民转型前后都有所观察的作者提供了关于该转型的一份精彩描述，见 Rodney Welch: “The Farmer's Changed Condition,”*Forum*, Vol. X (February 1891), pp. 689-700。

业神话的原型相比——美国农业的不同之处不仅仅在于它为市场而生产，而且在于它是如此地具有投机性，如此地具有流动性，如此地机械化，如此地“进步主义”(progressive)，如此彻底地为商业精神所浸染。

移民来的农民们由于曾在真正的农业价值背景下生活，常常对美国农业的风俗感到迷惑不解。马库斯·汉森指出：“举例来说，日耳曼裔美国移民父亲的雄心壮志，是看到儿子们在成年之时，也各自在一块农场上建立起家庭，并与他自己的农场相毗邻。与儿子、女婿和侄子们完全接管一个镇区(township)[①]，这并非全然实现不了的理想。为达到这一目的，这位未来的族长将不辞辛劳地苦挣家业。他将毗邻的农场一块块买过来，农场以前的主人
44 们则汇入了开赴更远方的西部的人潮。从前没有用处的密林地带和沼泽地都被开垦出来，以备耐心而持续地耕作。‘日耳曼人一来，扬基人便走’，这句地方谚语在各地的差别，不过是看侵入者是瑞典人、波希米亚人，还是其他移民群体。然而美国本土那些当父亲的，却不会为他的后代做这样的事。他的理想是成为一个自我成就之人。他作为‘最初的殖民者’来到此地，靠一把斧子开辟了一个农场；那么儿子们也应当如此。他或许会留下其中一子，给年事已高的父母做个帮手；其他儿子们则都会被打发出去，越过高山大河，去西部开创一份父亲在他自己的时代曾达成的业绩。如是，

① 镇区：美国东北部、中西部多数州中的一个县的再分区域，具有相当于地方政府的地位，但各镇区政府的权力有差异。——译者

家规导致了流动性。”[①]移民们不断涌入，且预备着在那些已然开垦出来但未经良好耕种的土地上定居，这有力地促成了扬基人最后横跨大陆的行动。[②]

美国农业和欧洲农业的另一大区别，在于它所哺育的那种乡村生活和政治文化。在欧洲，典型的农业经营者和土地所有者，要么是拥地自耕小农(small peasant proprietors)，要么是殷实的地主，后者往往持传统和保守的观念，同政界及军队有密切联系。美国农民的财产不像那些达官显贵们那般豪富，但也不像小农们那般寒酸，他们在心理上是新教徒的、资产阶级的，在政治上则偏小资产阶级而非传统主义气质，因而他们的社会观念与欧洲乡村的各个阶级也都不一样。欧洲土地有限，因此也昂贵，劳动力则丰富且相对便宜；在美国，土地和劳动力的比例正好相反。欧洲的小农生活在乡村，同一个家庭世世代代都依赖同一块土地过活，于是精耕细作和完全杜绝浪费就很有必要，如此才能以数量有限的土地养活不断增加的家庭成员。农妇和儿童也要参加劳动，其参与程度之深是扬基人绝对达不到的——北美拓荒初期的艰苦条件下除外；如此连续不断地耐心劳动，使得精耕细作成为可能，同时土壤的肥沃度得以保持。由于有大量劳动力在有限的小块土地上耕

① Marcus Lee Hansen: *The Immigrant in American History* (Cambridge, 1940), pp. 61-62.

② Ibid., pp. 63-71. 我并不想暗示说移民在每个方面都是更优秀的农民。他们在土地耕作上更为细致，然而在对机械化和农业科学的利用方面，则不如扬基人敏锐。这样的局面维持了很长一段时间。参看 John A. Hawgood: *The Tragedy of German-America* (New York, 1940), chapter i, esp. pp. 26-33; Edmund de S. Brunner: *Immigrant Farmers and Their Children* (New York, 1929), chapter ii。

作,对机械的需求并不迫切,也几乎不需要大规模的流动资本。多样化耕作,自给自足,以及对一种较低生活标准的接受,也都降低了这一类需求。这样一种农业体制非常需要经营技巧,然而主要是类似手艺人和传统土地耕作者的技巧。乡村生活提供了一种共同体和合作环境,一个知识和学问的储存库,以及一种为了规避风险而共同行动的基础。

在美国,土地的充足和劳动力的稀缺决定了农业向粗放型发展,这种农业类型对土壤是一种浪费,也鼓励使用机器来耕种大面积的土地。农民对昂贵机器的需要,对更高生活水平的希望,以及他宁愿负债以获取广阔土地的习惯,都造成了对现金的迫切需求,并诱使农民竭尽所能地去开发他那份最有前途的也是唯一的资产:蕴藏在他土地中的、有待开发的价值增值。这种条件下,成功所需的经营技巧与其说是手艺人式的,倒不如说是商人式的。美国农业的主要形式是在广袤土地上经营一个孤零零的田庄。频繁的迁徙以及村社生活的匮乏,让农民和他们的家庭享受不到共同体的好处,也减少了联合和合作的机会,最终使得美国农民形成了一种普遍多疑的、几乎具有自我摧毁性的个人主义,并长期以此闻
46 名,"格兰其"等组织想要与之斗争的正是这种个人主义。[①] 美国乡村社会的典型产物,并不是自耕农或村民,而是一些脾气暴躁的乡村小商业主,他们十分勤苦地劳动,不断地从一处迁移到另一处,把土地用来投机,不依靠任何他人过活。

① 前文引书中曾对美国和欧洲农业进行过绝佳的对比,见 Wilson Gee, op. cit., chapter iii。

三、边疆还是市场？

美国农民在农业世界里可谓异乎寻常，他经营着一个机械化、商业化的农业单元，其面积比其他地方常见的小型自耕农地要大得多；尽管如此，他却是在将这块土地当作一份家庭企业（family enterprise）来经营，这种农业类型的前提预设是：家庭不单能提供必要的资本和管理人才，还能提供绝大部分的劳力。可是，虽然这一预设体系对于自给自足式农业（subsistence farm）和小型自耕农业是适用的，对商业化农业却绝对不够。[①] 作为一个生意人，农民相当讲求实际；他试图按照一套冷静而现实主义的自利策略来行事。可是作为一家之主，农民却感到他不仅在用他的资本投资，同时也在用他的妻子和孩子们的辛勤劳动来投资，当他的农场陷入风险时，他的家庭也会陷入风险——一句话，在这个受无情铁律支配着的世界上，他孤身一人经营着一份私人产业。正是从农民的这种处境出发——透过农业神话的朦胧光晕看去——1890 年代那些农业政治领导者才渐渐发展出了一套政治话语，以及一套指导政治行动的观念。农业的商人立场指向了商业世界的常规战略：联合、合作、压力政治（pressure politics）、游说，以及旨在达成具体目标的渐进性行动。然而农业神话的陈腐见识却指向了不同的方向：宽泛的政治目标，意识形态化的大众政治，第三党运动，与“金钱势力”（money power）的斗争，以及乡村、城市里所有劳动者

① Malin：“Mobility and History，”pp. 182 ff.

47 的联合行动。当世道长期艰难不振之时，农民便倾向于拒绝自己的商业角色，以及自己作为这个角色的失败，回到那个受损害的小自耕农的角色上去。如此，他将自己和那些对他来说无关痛痒的剥削方式的受害者们区分了开来。正如一位南方记者针对棉花带乡村地区的情况所说的："这些土地所有人是如此地贫困和悲苦，以至于竟忘了他们本身就是资本家……他们两手如此地疲乏，精神如此地疲敝，以至于他们想象着自己与雇农们处在同样的境况下。"[1]

因此，美国农民具有一种双重特性，理解我国农民运动的路径之一，便是观察在给定的时间点上，农民双重性格中的哪一种占据了主导。我的观点是，不论是平民党人的话语，还是现代自由派对农民反叛那种姑息宽容的观点，都源自农民生活中的"软"的一面——即是说源自农业"激进主义"和农业神话——而自平民党运动消退以来产生的大多数农民组织，则主要以"硬"的一面为基础，即是说这些组织系建立在农业改进、商业规则和压力政治的基础之上。平民主义自身也有硬的一面，尤其在农民联盟（Farmers' Alliance）和平民党的早期，可是随着 90 年代经济萧条的加剧，这个面向变得越来越不重要，而为了得到"银币"这个万灵药，其他议题全都被放弃了。

---

① 引自 C. Vann Woodward: *Origins of the New South* (Baton Rouge, 1951), p. 194。1880 年代末期，当农民不满尚未达到顶点时，农民联盟这类农民组织只发展出了有限的一些计划，这些计划的出发点是经济上的自我谋利；到了 1890 年代，当不满达到高峰时，则促成了一场全国性的第三党运动。

我们关于平民主义历史意义的绝大多数看法，是在对边疆和
内陆帝国开拓进程的研究中形成的。这一路径将注意力集中在了
农业发展中的一些重要问题上，却忽略了另外一些问题。对弗雷 48
德里克·杰克逊·特纳这样的写作者来说，大平原上的农民作为
边疆传统的传承者是至为重要的。在特纳看来，如果说“美国曾对
人类精神的发展史有过独特而宝贵的贡献……”，[①]则边疆，或者
说西部，正是这些贡献的主要源头。就此而言，平民党人的主要关
切在于这一事实：“他们是拓荒者的后代，他们要坚持不懈地改造
当前的社会环境，使之适合于他们古老的理想。”[②]尽管特纳也时
常论及农民的资本主义和投机主义特性，但并不觉得这些东西特
别重要，他更看重农民在传承自耕农传统，和传承“本土美国人那
古老的拓荒理想”[③]上起到的作用。特纳发现，平民党人的思想和
拓荒者传统的最大区别，在于平民党人越来越感到，为了实现那个
古老的理想，必须寻求政府的帮助。他对这一思想变迁的解
释——实际上是对整个1890年代农业反叛的解释——便是边疆
理论，以及所谓“自由”土地耗尽的理论。“一个地区发展的失败，
不再能够通过在新边疆占据新土地而得到补偿了，”他在1896年
写道，“人们对新定居社会的环境越来越感到陌生和困惑……边疆

① Frederick Jackson Turner: *The Frontier in American History* (New York, 1920; ed., 1947), preface, p. ii; cf. pp. 221, 266.

② Ibid., p. 155.

③ Ibid., p. 148. 另一位作者也对定居区的商业化特性做了归纳，注意特纳的评论，p. 211。也许应当指出的是，特纳本人并非平民党人。他对平民党人“财政主张上糟糕的严整性”颇有微词，尽管他也认为，去要求“一个初级社会对发达社会商业利益的复杂性具备一种富于才智的认识”，那也是强人所难。Ibid., p. 32.

的机遇已不复存在。人民普遍不满，要求政府代表他们展开更多行动……这个由诸多异质人群组成的民族——他们的理想和社会利益呈多元且相互冲突之势——如今已不再肩负填充这个大陆广
49 袤空间的任务，于是再度陷于两手空空，艰难地在生活中求取平衡。"[①]边疆的消失和公共土地的枯竭促成了农业反叛，这一观念也在约翰·D. 希克斯的权威历史著作《平民党叛乱》一书里得到了学术支持。希克斯的结论是，由于不安分和不得志的人们开始向西部进发，早期的农民不满得到了缓解，这一过程不仅为西进者创造了新的机遇，也减轻了那些留在故土的人们的压力。然而到了 90 年代，"随着土地拓殖完毕，边疆的消失，这个安全阀门关闭了。边疆推进到头了。不安分和不得志的人们开始更加频繁地表达他们的情绪，可是能够逃离苦海的人却越来越少了。"[②]

认为西部和边疆精神缔造了美国民主，而平民主义乃是这一精神的逻辑产物，这一结论是特纳学派留下的一份颇具误导性的遗产。南部在平民主义运动中扮演的决定性作用，很快揭示出了这一观点的局限性。就堪萨斯州而言看似令人满意的说法，对于佐治亚州就完全不适用。南方平民主义尽管与边疆精神相去甚远，在名气上却至少堪与西部平民主义并驾齐驱，同时代表着 19

① Frederick Jackson Turner: *The Frontier in American History*, pp. 219-221; cf. pp. 147-148, 218, 276-277, 305-306.

② John D. Hicks: *The Populist Revolt* (Minneapolis, 1931), p. 95; cf. also p. vii，原文如下："农民在美国历史上的角色一直很重要，但成熟的农民运动开始出现，是在西部已开发到一定程度，不再拥有大量便宜土地之后。"然而 1870 年代的格兰其运动，尽管可能不被认为是一次成熟的农民运动，却早在 1890 年代边疆消失很久之前，就已揭示出了乡村地区的剧烈动荡。

世纪 90 年代农民反叛运动中更为激进的一翼。[1] 此外，作为一个整体的“西部”，其对农民反叛的支持度也被夸大了，人民党在 1892 年和布赖恩在 1896 年的得票都说明了这一点。[2] 平民主义只有三个集中的发生地，全都分布在乡村地区。这三个地方都各 50
有一种占主导的农产品，其价格遭受了灾难性的下跌：南方基本以棉花为主；横跨西北部四个州的一条狭长地带，包括堪萨斯、内布拉斯加和南、北达科他州，主要作物是小麦；以及几个主要出产白银的山地州。白银的情况比较特殊，尽管从战略上讲也很重要，此处暂且按下不表；需要指出的是，诸山地州中存在的那些主张自由银币的平民主义，与农业平民主义其实相去甚远，它只不过是一种“银币至上主义”(silverism)。在很多其他地方，农民的不满也已强烈到了一定程度，足以支撑起一个独立的、势力相当可观的平民党，或者说足以在 1896 年为布赖恩赢下一个州的选票，这些地方农民的不满，大体上是与主要商品作物的出口形势，以及沉重的抵押债务负担成正比的。

将内陆边疆当成平民主义发源地这一普遍倾向，忽略了外部世界农业状况的重要性，后者与南部和西部的平民主义都是紧密相关的。对边疆的迷恋，在美国体现为某种智识上的孤立主义。[3]

---

① Woodward: *Origins of the New South*, p. 200; cf. pp. 277-278 论及了南方平民主义更为持久的影响力。

② See chapter iii, section 1.

③ 关于“空间关闭”之执念的误导性影响，特纳在 1910 年的论断可充一例，该论断认为“因人口导致的粮食供应压力已经浮现”，见特纳前文引书，p. 279。这一时期，由于世界农业生产的总体饱和，美国在世界市场上也正在迅速失去空间。Nourse, op. cit., pp. 28-42.

关于1890年代农业危机的原因，更宏观也更重要的答案不能仅从美国西部找，而要到国际市场上去找。尽管平民主义常被认为几乎只与国内事务和内陆边疆相关，然而实际上整个欧美世界当时都因一场农业危机而受到了震动，这场危机绝不止步于国界，在其肆虐的某些国家中，甚至根本不存在什么内陆边疆，不管所谓“边疆的终结”是真实的还是想象出来的。“几乎在所有地方，”一位英国观察家在1893年宣称，“尤为明显的是在英国、法国、德国、意大
51 利、斯堪的纳维亚半岛和美国，从前天性那般保守的农业人士，正变得日益不满，宣称他们从文明化过程中得到的好处比社会上所有其他人群都要少，并在筹划着剧烈的变革行动。”①

19世纪的最后三十年，国际交通与传播领域发生了一场革命。以蒸汽动力为基础的运输和航运第一次在国际贸易中充分发挥了作用。1869年，苏伊士运河开通，同时第一条横跨大洲的铁路在美国完工。欧洲与美国之间的海底电缆于1866年连通，与南美洲的则在1874年开通。一个复杂的电报与电话网络在世界范围内覆盖开来。阿根廷、澳大利亚、加拿大和美国西部被开拓出来的大片大片的土地，如今已在同一个世界市场内被耕种，而农业技术的进步，也让那些适于大面积、机械化种植的土地得到了充分开发。农业领域的经济萧条从前是地方的或以某一国为边界的，如今成了国际性的；与此相对应的是农民的不满也国际化了，而从

① Quoted from *Spectator*, Vol. LXX, p. 247, by C. F. Emerick, “An Analysis of Agricultural Discontent in the United States,” *Political Science Quarterly*, Vol. XI (September 1896), p. 433；关于农业变迁的国际面向，一系列有价值的同时代文章可见于同书，pp. 433-463, 601-639；Vol. XII (1897), pp. 93-127。

1870 年代初到 1890 年代几乎未曾间断的国际农产品价格的下滑势头，更是在不断地加剧农民的不满。[①] 美国的粮食产地中，农民不满表达得最为激烈的地区，对农作物出口的依赖度也最高，这一 52
事实绝非偶然。[②]

将农民不满的骤然加剧归因于美国农业体系中用于扩张的自由土地的短缺，这种解释似乎已难以令人信服了。很多美国人，包括一些平民党人的代表，在 1890 年代的确对他们想象中的公共土地即将消失的问题表示过忧虑。[③] 但在那些对农业问题感兴趣的人们中间，也有一派乐观主义的观点，认为由于新土地即将耗尽，农业经济的扩张也将降温到一定程度，造成已开垦的土地价格开始大幅上升，从而解决已定居的农民们的问题。[④] 尽管如此，关于

① 关于这场传播革命的文献综述，见 Lee Benson："The Historical Background of Turner's Frontier Essay,"*Agricultural History*, Vol. XXV (April 1951), pp. 59-64。此处论点最初是在下文中首先提出的：James C. Malin："Notes on the Literature of Populism,"*Kansas Historical Quarterly*, Vol. I (February 1932), pp. 160-164；"传播革命"这一术语最先见于 Robert G. Albion："The 'Communication Revolution'," *American Historical Review*, Vol. XXXVII (July 1932), pp. 718-720。亦见于 Hans Rosenberg："Political and Social Consequences of the Great Depression of 1873—1896 in Central Europe,"*Economic History Review*, Vol. XIII (1943), pp. 58-73。

② 小麦种植者年毛收入的 30%—40%依赖出口市场，这一数字在棉花种植者那里则是 70%，猪肉和肉制品生产者约为 15%—23%。见 Frederick Strauss："The Composition of Gross Farm Income since the Civil War," National Bureau of Economic Research *Bulletin* No. 78 (April 28, 1940), esp. pp. 15-18。

③ 参看 Senator William A. Peffer as quoted by Elizabeth N. Barr in William E. Connelley, ed.：*A Standard History of Kansas and Kansans* (Chicago, 1919), Vol. II, p. 1159; Hamlin Garland：*Jason Edwards* (Boston, 1892), p. v; Mary E. Lease：*The Problem of Civilization Solved* (Chicago, 1895), pp. 177-178。

④ 关于公共土地即将枯竭的这种臆想，一份极佳的记述可见于 Benson, op. cit., pp. 59-82。

土地资源枯竭的一整套观念已被重新检视，并被发现是具有误导性的；事实上，当边疆于 1890 年代经历了所谓的“消逝”之后，很长时间内依然有大量可用的新土地存在。从 1890 年到 1900 年这十年，是农民不满最为尖锐的十年，可是这期间建立了 1,100,000 个新农场，比上一个十年多了 500,000 个。1890 年，全国各地的农民组织在佛罗里达的奥卡拉（Ocala）集会，讨论如何提出他们的需求，在那以后的二十年中，全国农业版图上共增加了 1,760,000 个
53 新农场和 225,600,000 英亩新耕地。[①] 实际上，1890 年以后民间按照《宅地法》及其后续法律所占有的土地，要比 1890 年以前多。当然，这些新占有的土地中，相当大比例只适宜畜牧和旱作，然而土地的利润并非仅仅与土壤化学构成和土壤湿度相关，也与土地耕种的经济环境相关；20 世纪最初一些年的市场条件，使得耕种这些相对贫瘠的土地获得的利润，比在经济萧条时期耕种肥沃得多的土地都要来得高。最后，1890 年代以后加拿大也提供了更多的肥沃土地，美国农民去占有这些土地时可一点儿也没犹豫。1914 年，加拿大官方估计有 925,000 名美国人穿越国界，迁移到了阿尔伯塔和萨斯喀彻温省，这一切发生于在此之前的十六年。[②]

① A. W. Zelomek and Irving Mark: “Historical Perspectives for Post-War Agricultural Forecasts,” *Rural Sociology*, Vol. X (March 1945), p. 51; cf. *Final Report of the Industrial Commission* (Washington, 1902), Vol. XIX, pp. 58, 105-106; Benjamin H. Hibbard: *A History of the Public Land Policies* (New York, 1924), pp. 396-398.

② Marcus L. Hansen and J. Bartlet Brebner: *The Mingling of the Canadian and American Peoples* (New York, 1940), pp. 219-235; Paul F. Sharp: *The Agrarian Revolt in Western Canada* (Minneapolis, 1948), pp. 1-8, 17.

1890 年以后，依然存在大把机会去获取新土地和开垦新农地，[①]事实上也有不少人在 90 年代成功抓住了这些机会。至于说农民对于扩大生产变得心生畏惧，那并非由于土地的缺乏，而是因为国际农业的萧条让 1890 年代成了一个不利于建立农场的时期。

把自由和廉价土地的终结当作激化农民不满的主要原因，这 54
一观念暗示这类土地的供应将有助于减轻他们的不满，以及暗示迄至大约 1890 年，《宅地法》起到了这部法案通过时人们希望它发挥的作用。然而《宅地法》从未成功地创造出一个农业改革者们曾经梦想的那个内陆永久地产权（freehold）帝国。该法规的实施不力，以及从投机商和铁路公司那里遭受到的破坏，如今已广为人知。从 1860 年到 1900 年间，每一个由一名诚实的农民依法取得所有权并加以经营的农场背后，便约有九个农民是从铁路公司、投机商，乃至政府本身那里购来土地的。[②] 由于享有无限制"买进"这项直到 1888 年才废除的特权，投机商们掌握了大面积的土地，他们对西部乡村社会造成的破坏，绝不仅止于以不菲的价格将"自

① 迟至 1913 年，当戴维·F. 豪斯顿（David F. Houston）成为了威尔逊的农业部长，他发现"我们的可耕地中被耕种的土地不到 60%，在这些被耕种的土地中，能够产出合理的回报的更是不到 12%"。*Eight Years with Wilson's Cabinet*（New York, 1926），Vol. I，p. 200.《宅地法》下公民取得土地所有权的记录中，最大的数字来自 1913 年，几乎是在边疆宣布消失的四分之一世纪之后。第一次世界大战期间，即便是在那些已被长期拓殖的州，要取得大面积的农作物耕地也并非难事。见于 Lloyd P. Jorgensen："Agricultural Expansion," *Agricultural History*，Vol. XXIII（January 1949），pp. 30-40。

② Fred A. Shannon：*The Farmer's Last Frontier*（New York, 1945），pp. 51, 55. 香农（Shannon）估计，那段时期共有 3,730,000 个农场被建立起来，但只有 400,000 个是依照《宅地法》的条款而建立起来的。

由”土地转移到农民手里。他们将移民驱赶至比边疆还更偏远的地带；他们一手造成了所谓的“投机商荒漠”(speculators’ deserts)——所有人缺席的、无人耕种的大片土地——从而加剧了人口分布的离散性，使公路和铁路的运营价格远远高于原本所必需；他们逃避缴税，从而破坏了地方政府财政，也限制了地方的发展；他们激化了我国乡村文化中所有典型的罪恶，并使得土地价格居高不下，从而令相当大比例的农业人口长期陷于佃农处境。[①]

自由宅地与廉价土地的希望本身，具有自我拆毁(self-defeating)的特质。按照《宅地法》，自由农场合法所有权被授予前需有五年的居住期，这一前提预设使得拓殖唯有以逐步和稳定的方式才能
55 进行，这也是自耕农神话的原则之一。该法律没有为美国农民的流动习惯留下任何余地。[②]《宅地法》下罚没地产的申报手续，其数量是惊人的。假如西部被自耕农民以一种渐进的方式拓殖，这些自耕农不受投机商的侵扰，过上了一种如神话中所描绘的生活，则《宅地法》的效果又将如何？这不过是一种乌托邦式的揣测而已。事实是，《宅地法》成了投机主义和资本主义势力的一场胜利，在该法律下，廉价和自由的土地与其说缓解了农民的不满，不如说是火上浇油。《宅地法》提供的希望不过是在西部地区完成快速拓殖的一种诱饵，在这些地区，拓荒者们发现的不是那个想象中的农

① Paul Wallace Gates：“Land Policy and Tenancy in the Prairie States,”*Journal of Economic History*, Vol. I (May 1941) , pp. 60-82; see also in his “The Homestead Act in an Incongruous Land System,”*American Historical Review*, Vol. XLI (July 1936), pp. 652-681.

② Malin：“Mobility and History,” pp. 181-182. 关于《宅地法》的不当运行，参见 Roy M. Robbins：*Our Landed Heritage* (Princeton, 1942), part III。

业乌托邦，而是一片充斥着高成本、低收益和抵押债务的蛮荒之地。

相对廉价的土地，在一个遍地投机的社会中所具有的自我拆毁特性，通过同时代的一份精深研究完美地展现了出来，即阿瑟·F.本特利对内布拉斯加州一个小镇的研究。该镇最早的开发是在1871—1872年。最初的日子里，土地价格还不高，该镇曾有过一段快速开发的繁荣期，农民只要有了好收成，便能享有较高的利润率；这激励着他去购买和耕种更多土地，多到超过他能够妥善经营的数量。土地价格的迅速飙升，刺激着他尝试以抵押贷款的方法预先获得收益。他竭尽所能地筹集贷款，用这笔资金弥补短期损失，或是用于进一步的投资或投机。据本特利观察，“的确，农民可能常常因过高的利率和债权人的贪婪而蒙受损失；然而使他陷入麻烦的更为常见的原因，倒并非借贷者的贪婪，而是他实在太过乐观，相信自己背负债务是安全的，假定农作物和土地的价格未来都会大涨，足以覆盖当前的开支。”[①]无论如何，这位颇具代表性的 56
美国农民很快发现自己陷入了一种脆弱的境地，一年的坏收成，或是土地价格上涨的一次短暂停滞，比如1890—1891年这一次，都足以将他逼向破产的边缘。那些来得早的，从政府那里获得土地的农民，如果在土地经营上具备一定技术，同时不必背负沉重债

① Arthur F. Bentley: *The Condition of the Western Farmer as Illustrated by the Economic History of a Nebraska Township* (Baltimore, 1893), p. 46；关于西部拓殖的投机性及充满风险的特质可能与“借贷者的贪婪”同等重要，一份切实的证据可见于 Allan G. Bogue: “The Land Mortgage Company in the Early Plains States,” *Agricultural History*, Vol. XXV (January 1951), pp. 20-33。

务，便会过得不错；而那些迟来一些，从铁路公司手中取得土地，又在土地经营过程中犯了一些常见错误的，则堕入了窘境。[①] 迄至1892年，也就是本特利完成其研究的这一年，他的结论是，对一个有意购买土地的人来说，如果他的资本不足以立即买下他的农场，并在以后的若干艰难时期将其保住的话，那么“在当前的土地价格和农业环境下，他与其在内布拉斯加投资和经营农场，简直不如干脆把钱扔掉；除非，他具备非同一般的精力和能力”。[②]

很明显，西部的平民主义及相关的其他很多事物，是一个农业急剧扩张的时代的产物，那也是世界农业史上最伟大的时代之一。1870年到1900年间产生的新的农业用地，比此前美国历史上产生的总和还要多。[③] 到1880年代中期，土地价格的一轮暴涨势头已然成形，正是这一势头的终止构成了西部平民主义的直接背景。

堪萨斯州的经历很能说明问题。这轮暴涨原本是以农产品价格的提高为基础的，然而到了1885年却已呈现出人为性通货膨胀的态势。通货膨胀席卷了乡村，价格的迅速飙升让那些迟来者不得不以令人绝望的虚高价格购买土地，或是为土地贷款；那些新兴的小市镇也未能幸免于难，所有这些市镇“都因为公共设施[和]公用事
57 业建设而背负了达到极限的债务”。[④] 正如一位州官员后来所回忆的，“在跨过密西西比河或密苏里河时，我们中的多数人身无分

① Bentley, op. cit., pp. 46, 68, 76, 79, 80.

② Ibid., pp. 69-70.

③ 自1870年到1900年，农业用地从407,735,000英亩增长到了838,593,000英亩。

④ William Allen White: *Autobiography* (New York, 1946), p. 187.

文，却拥有的一笔巨大的财富，那就是希望和勇气……发家致富的急切心情让我们成为了借贷者，借贷引起了价格暴涨，价格暴涨则让人疯狂，堪萨斯州成了一座占地 80,000 多平方英里的精神病院。”[①]铁路公司、报刊界和政府官员们也在推动这轮价格的暴涨；然而到了 1887、1888 两年之间的那个冬天，价格突然崩溃了——部分是由于该州西部三分之一地区的旱灾，部分因为农产品价格停止了上涨，部分也是因为这轮暴涨所依赖的那种一厢情愿的(self-created)信心已然破灭。

《宅地法》和“无限制产权”帝国的创立者们所依据的那些前提预设，系来自农业神话，可是甚至在《宅地法》通过之前，这些预设便已过时了。他们信赖大自然的仁慈，信奉那种一成不变的、非投机性的、自耕农式的拓殖方式；他们期待着土地能够真正无条件地流入绝大多数拓荒者的手中；他们想当然地认为，农场上出产的丰厚财富，足以让美国农民那种天然的优越性一如既往地保持下去。这些预设同早在 1862 年以前便已启动的工业革命，以及即将到来的交通和传播革命是格格不入的；甚至大平原的一些自然特性，如强风、沙尘暴、干旱和蝗灾等，也与这些预设不相称。至于农民，由于身处商品作物和商业化农业的束缚之中，既不会也不能仅仅按农场出产的富庶程度来衡量其繁荣与否，而要以其产品的交易价

① Quoted in Raymond C. Miller: *The Populist Party in Kansas*, ms. Ph. D. dissertation, University of Chicago, 1928, p. 22; ef. Miller's article: “The Background of Populism in Kansas,” *Mississippi Valley Historical Review*, Vol. II (March 1925), pp. 474-485; Hicks, op. cit., chapter i. 后文对这种投机的背景提供了一份很好的简述。

值来衡量,即是看他能用农业产品换来多少物资和服务。于是他
58 的生活水平,连同他家庭的生活保障,便有赖于他的商业地位,后
者则取决于世界市场的演变起伏。[①]

我强调农民的商业角色,并不是要否定他们处境的艰难,以及他们苦难的真实性与严肃性;这些苦难包括因通货紧缩导致的债务增长,高企的信贷成本,不平等的税负,铁路公司的歧视性运价,[②]以及不合理的物流和仓储收费,等等。然而,要更好地理解平民主义,就不能将其看成边疆传统的产物,而要将其视为美国企业家激进主义(entrepreneurial radicalism)这一悠久传统中的一个事件,这一传统至少可以上溯至杰克逊时代。[③] 平民主义是在

① 农民自身并不满足于听说他们的生活水平已经提高,因为他们还指望着获得一些商业福利。失望是与希望成比例的。农民短期内可以忍受边疆环境的艰苦,但也生活在期待与希望之中,为了一份光明的未来,这些初来乍到者能够接受一时的牺牲。然而一旦过了这个阶段,他便设想着自己的生活水平得到极大提高,一想到仅仅是这一点也能让他满意时,他便怒从心头起。参见 Bentley, op. cit., p. 87; Henrietta M. Larson: *The Wheat Market and the Farmer in Minnesota, 1858—1900* (New York, 1926), p. 167。

② 关于运价对于农民处境的背景性作用,西奥多·萨卢托斯(Theodore Saloutos)强调了一个早先由小查尔斯·F. 亚当斯(Charles F. Adams Jr.)提出的保留观点:"历史学家总是将农民的困境至少部分地归因于昂贵的运价,然而大量数据确凿地显示,运价在 19 世纪下半叶经历了大幅下降,然而农民的收入却与运价的下降一点也不吻合。很多农民将农产品价格的下降归因于被认为是过高的运价,然而如此他们就忽略了一个事实,即正是实际上较低的运价使得他们能够与市场接触,而从前这被认为是不可能的……在其他很多国家,这一运价都会被认为是相当低的。"Theodore Saloutos: "The Agricultural Problem and Nineteenth-Century Industrialism," *Agricultural History*, Vol. XXI (July 1948), p. 167. 运价问题还可参见 Shannon: *The Farmer's Last Frontier*, pp. 295-302。

③ 关于对杰克逊式民主的企业家解释路径,参看 Review by Bray Hammond, *Journal of Economic History*, Vol. VI (May 1946), pp. 78-84; Richard Hofstadter: *The American Political Tradition* (New York, 1948), chapter iii。

一个高度异质化的资本主义农业社会之中，一些重要农业部类在面临残酷剥削，以及不利的市场和价格环境等条件下，力争恢复其利润的一场运动。它是作为美国农业史上一次转型的一部分而出 59
现的，在这场转型中，商业化农民开始抛弃从前的思想和行为习惯，这些习惯乃是由经久不衰的农业神话和农民自身的现实处境共同塑造而成。美国农民很早便已在商业社会中养成了唯利是图的目标感和投机性格，但却仍在践行着一种竞争性的个人主义——在那些产业和资本最为发达的生产部类当中，这种个人主义早已显得过时。然而商业社会中的另一些东西，农民们却学习得很不够，比如营销手段、联合策略，以及通过压力政治进行自我保护、自我发展的技巧。农民的双重身份问题依然未得到解决。在跨入 20 世纪的时候，他们一方面仍然受着自耕农传统的影响，另一方面也对自己未来的商业化形象有了越来越清晰的体认。

第二章　平民主义的民俗学

一、两种国民

60 内战结束后那一代人的时间，是一个大规模经济开发与严重浪费并存，社会溃烂，人心不古的时代，这一时期美国政治生活的显著标志，是一种自鸣得意的心态。尽管一直存在少数的心怀不满者，但在工业增长和大陆开发不可逆阻的现实中，这些人几乎湮没无闻。平民党运动往美国政治生活中重新注入了一种能有效激发政治义愤的能力，从而标志着这一时期开始终结。短期看来，平民党人没得到他们想要的结果，但他们释放出了一股批评和抗议的洪流，自那以后，这股洪流浸透了美国从 1890 年代到第一次世界大战之前的所有政治事件。

与平民党人同时代的知识分子对他们往往敷衍而轻蔑，未能认真听取他们的诉求，稍后的历史学家们却又毫无保留地肯定他们的成就，对他们的局限常常视而不见。现代自由派们认为平民党人的苦难是真实的，其主张发人深思，其动机令人钦佩，因此常给予平民党人事件以高度评价，韦切尔·林赛(Vachel Lindsay)[①]

---

① 韦切尔·林赛(1879—1931)：美国诗人，被认为是现代“吟唱诗”的创立者之一。——译者

这些言过其实的辞令便代表了这种心绪：

> 来自大平原的复仇者，高山上的雄狮，
>
> 布赖恩，布赖恩，布赖恩，布赖恩！
>
> 这位伟大的行吟诗人，讲起话来如同摧城炮雨，
>
> 他用那些西部的巨石，把普利茅斯的小石子儿碾为齑粉！ 61

我国平民主义的历史中，的确包含了很多美好的、有益的元素。尽管平民主义传统中有着一些被严重忽视的缺陷，但这并不意味着那些被认为与之相关的美德全都经不起推敲。在美国，一些现代政治运动主张联邦政府有责任促进公共福祉，平民主义正是这类运动中有实际重要性的第一个；实际上，平民主义也是第一个对工业化带来的问题进行严厉抨击的运动。平民党人提出的那些控诉、要求和具有预言性的谴责，在很多美国人心中激发了潜藏已久的自由主义，也令很多保守主义者在震惊之余，发展出了一种新的灵活性。平民党人政治方案中那些“激进”的改革计划，大多数后来被证明要么是无害的，要么是有益的。至少在美国生活的一个重要领域内，一些南方平民党领导者尝试了相当激进且富于人道主义色彩的改革——建立一条跨越旧有种族界线的人民阵线——只是因为长期的用人不察，致使这些领导者后来也失去了支持。宽泛地讨论平民党人的意识形态对他们是不公平的，因为他们对美国政治生活最有建设性的贡献，乃在于他们那些具体的改革计划，至于其对世界的宏观认识，却是其最为幼稚和虚弱的地

方。此外,任何试图指出平民党人思想错误的表述,如果不能认识到这些思想诞生过程中的艰难险阻,都将是严重的疏忽。然而,任何人如果过分美化我们对平民主义传统的叙述,也将带来一些不易察觉的问题。以往关于平民党人运动的著作,对其中表现得相当突出的地方主义便很少着墨;能揭示出其与本土主义、民族主义的关联的,就更少了;提到其反犹主义色彩的则根本没有。

平民党人的冲动表现在一系列观念中,这些观念体现了我所说的“农业至上论”中“软”的那一面。如果我们想要再现平民主义
62 的精神,就必须考察这些经常呈现于政治文献中的观念。若将这些观念抽离其完整语境,也就是它们出现在其中的那些论辩文章,毫无疑问会对它们过度简化;甚至,如果使用那些对思想史家来说唾手可得的语言来命名它们,也可能得出一种错误的推定,即这些观念具备某种事实上显然不具备的规范性和连贯性。然而,比起毫无标签,拥有一些哪怕较为表面化的标签,毕竟还是更可取的,为此我们可以列举出平民主义意识形态的以下主题:关于存在一个黄金时代(golden age)的观念;自然和谐的概念;关于社会冲突的二元理论;阴谋论的历史观;以及货币问题第一位的教条。最后一点我将在讨论自由银币议题时涉及。本章我主要分析其他几个主题,并揭示它们是如何在农业神话的传统下形成的。

平民党人的乌托邦存在于过去,而非未来。在农业神话中,国家的康宁取决于农业阶级在其中占据统治地位的程度,这一预设就确立了往古时代的优越性。平民党人的眼睛是往回看的,他们

向往那个失落的乡村伊甸园，向往19世纪早期那个美利坚共和国（republican America），那时节没有太多百万富翁，也看不到太多乞丐，劳动者前途光明，农民生活富足，政治家们会对人民的意愿做出回应，也不存在什么金钱势力。[①] 平民党人的目的——尽管他们不曾明确地如此表达——是恢复工业化和农业商业化之前的一般环境。因此很自然地，他们承袭了杰克逊式民主的传统，重新 63
采用了这一杰克逊派的口号——“人人权利平等，无人享有特权”，1896年的很多宣传标语也同1836年的选战口号高度一致。[②] 1896年平民党的总统候选人詹姆斯·B.韦弗将军，早年曾有过民主党人和自由土壤党人的身份，他出生于杰克逊与合众国银行激战的年代，在被共和党短暂吸引之后参加了绿背党人运动，后来又投身平民主义。他的《行动的召唤》一书发表于1892年，该书对商业公司提出了控诉，读起来颇似杰克逊派的论战檄文。哪怕是在当时，人民党（People's Party）[③]还充满希望的时候，韦弗也没有提出任何关于未来的宏大计划，只是对晚近一段的历史发出感慨，慨叹经济压迫愈演愈烈，贫富差距的日益加深，并呼吁读者去“做一

① Thomas E. Watson: *The Life and Times of Andrew Jackson* (Thomson, Ga., 1912), p. 325. 本书提到：“所有史家和政治家们都同意，在我国历史的最初半个世纪时间内是没有穷人的。从不曾有人设想过存在着一个贫民阶级，也没有人见过一个乞丐或是流浪汉。”参见 Mrs. S. E. V. Emery: *Seven Financial Conspiracies Which Have Enslaved the American People* (Lansing, ed. 1896), pp. 10-11。

② 注意沃森（Watson）对杰克逊派观念饱含深情的研究。Watson, op. cit., pp. 343-344.

③ 本书中，人民党（People's Party）和平民党（Populist Party）基本同义，人民党就是平民党人的政党。——译者

切力所能及的事情，以遏止我们时代这些触目惊心的势头”[1]。

按照农业神话，自然是慈爱的。美国被赐予了大量肥沃的土地和富饶的矿藏，这份恩赐的“自然”结果就应当是人民的繁荣富足。如果人民未能享有繁荣，那必定是因为受到了人性的贪婪和过错的粗暴拦阻。“也就是说，艰难时世，”一位流行作家如此说道，“与破产一道，导致了懒惰和饥饿的蔓延；至于当前环境下发生的罪恶、苦难和道德滑坡，鉴于其非自然的特性，其与任何自然法则都不相符，更非任何自然法则的结果，则其根源也必定在于那些不明智的、贻害无穷的立法——历史已证明，在世界历史上的各个时代，这类立法都带来了相似的结果。当前的任务，便是要通过人性化的立法来纠正这些错误，选择和建立一套与神的法则相一致、而不是相悖离的政策和体制。”[2]通过假定存在一种美好的然而其

64 运行已为人类法律所扰乱的自然秩序，平民主义作家们再次追溯到了杰克逊主义传统，后者的倡议者们也强调应尊崇“自然”法则，因为那是社会公正的前提。[3]

与慈爱的自然相近的另一个观念，是生产者阶级之间在利益上的天然和谐性。在平民党人的思维里，农民和工人之间、庄稼汉和小商人之间不存在根本冲突。任何群体中，总免不了有几个道德败坏的个人，但作为生产者的大多数人的基本利益是一致的；世

---

① James B. Weaver: *A Call to Action* (Des Moines, 1892), pp. 377-378.

② B. S. Heath: *Labor and Finance Revolution* (Chicago, 1892), p. 5.

③ 关于杰克逊思想传统中的这一倾向，见 Richard Hofstadter: “William Leggett, Spokesman of Jacksonian Democracy,” *Political Science Quarterly*, Vol. XLVIII (December 1943), pp. 581-594, and *The American Political Tradition*, pp. 60-61。

间仍有掠夺的恶行，其根源在于处在权力最高位的那一小部分寄生虫，他们正是这些行为的发出者和认可者。平民党人反对这样一种观念，即认为社会是由大量异质的、常常彼此冲突的利益群体所组成，也就是麦迪逊在《联邦党人文集》中所说的那种社会多元论（social pluralism）；相反，他们虽并非多么正式地，然而却是相当持久地主张某种社会二元论（social dualism）：尽管他们清楚社会是由很多个阶级组成，但他们认为从实用的角度出发，只需要做一种简单的区分。这个国家有两种国民。如“赤脚”杰瑞·辛普森（Sockless Jerry Simpson）所说，“这是一场抢劫者和被抢劫者之间的斗争”[①]。“今天这个国家上演的斗争当中，只存在两股力量，”一份平民党人宣言如此宣称道，“一方是由众多垄断企业、金钱势力、大托拉斯和铁路公司的老板们组成的联盟，它们试图通过这样一些法律，以达到其压榨人民以自肥的目的。另一方则是农民、工人和小商人，以及所有其他生产财富并承担税负的人们……在这两股力量之间没有中间地带。”[②]布赖恩在其著名的反对废止《谢尔 65
曼购银法》（Sherman Silver Purchase Act）[③]的演讲中说道：“一方是美国的公司利益，有钱人的集团，累积的财富和资本，它们专横、傲慢，毫无悲悯之心……在另一方则站着无数群众，是他们给了

① Elizabeth N. Barr: “The Populist Uprising,” in William E. Connelley ed.: *A Standard History of Kansas and Kansans*, Vol. II, p. 1170.

② Ray Allen Billington: *Westward Expansion* (New York, 1949), p. 741.

③ 《谢尔曼购银法》：1890 年由参议员约翰·谢尔曼（John Sherman）推动的法案，规定联邦政府每年以可兑换黄金的纸币，购买 450 万盎司的银币，以满足西部农民、矿主和债务人的要求。该法令的实行并不理想，还引起政府黄金流失，于 1893 年被废止。——译者

'民主党'这个党以名称，该党也正应为他们发声。"[①]人民与利益集团的对立，公众与财阀的对立，劳苦大众与金钱势力的对垒——这一居于中心地位的二元对立以各种各样的形式表现出来。这一简单社会分类法的推论是，既然以往金钱势力误导人民的伎俩已被公之于众，则对他们的胜利应是轻而易举之事，因为在数量上人民处于绝对优势。"世界上没有任何力量能够打败我们，"韦弗将军在 1892 年选举的乐观主义日子里这样说道，"这是一场劳工和资本之间的战斗，而劳工在人数上占据绝对多数。"[②]

66 平民党人面对的问题显现出了一种颇具误导性的简单易行：战胜不公正，解决所有社会弊病，似乎都聚焦在了这场针对一个孤立的、人数相对较少然而异常顽固的利益集团——即所谓金钱势力——的圣战之上。"金钱势力被摧毁以后，"佩弗参议员说道，"谷物和其他商品的投机行为便将被终止；因为这世上最坏的那批人的生意将被破坏，投机者的主力部队将被清除。待到那些大的分赃政客们的权力被翦除干净，再去制服那些小政客，也就容易了。那些紧扼国家咽喉的人们一旦被消灭，剿灭寄生虫也就易如

---

① Allan Nevins: *Grover Cleveland* (New York, 1933), p. 540; Heath, op. cit., p. 27. 后一本书中有如下文字："世界上始终存在两个阶级的人民，一个阶级靠着诚实的劳动为生，另一个阶级靠剥削那些诚实的劳动者为生。"试比较堪萨斯州州长卢伟林(Lewelling)的话："战线两边的两大势力已经形成：形式和外观或许有所不同，但背后都是同样的致命冲突，比如主人和奴隶，领主和附庸，国王与农民，暴君与农奴，地主和佃农，债主和债务人，组织化的贪婪与分散、无助的穷人们的拮据生活。"见于 James A. Barnes: *John G. Carlisle* (New York, 1931), pp. 254-255。

② George H. Knoles: *The Presidential Campaign and Election of 1892* (Stanford, 1942), p. 179.

反掌了。”[1]鉴于旧式政党正是排斥人民，令其长期游荡于荒野的主要手段，人民党的那些宣传家坚持认为唯有建立一个新的独立政党，才能完成上述任务。[2] 随着银币问题越来越突出，成立第三党的想法渐渐退去，对某种一揽子解决方案的需求开始表现为另一种形式：要彻底击败金钱势力，唯有一个议题至为关键，那就是货币议题。“当我们在宪法框架下恢复了货币制度后，”布赖恩在他的“金十字架”演说中说道，“所有其他改革才有可能进行；可是……如果我们解决不了货币问题，则其他任何改革也完成不了。”

经过这么一表述，胜利的条件虽然变得简单了，却没有变得容易；此外，认为平民党人的思维一贯都是乐观的，也是一种误解。实际上，他们常常表现出一种深深的忧虑。如同平民党人所感受到的，斗争本身的尖锐性，达成妥协方案的渺茫前景，全体国民中某种调和性政治集团（intermediate groups）的缺失，以及财阀统治（plutocracy）下的残忍和绝望——所有这些似乎都在暗示：假如人民无法和平地取得这场斗争的胜利，结果将只能是财阀的全面胜利，以及民主制度的全面消亡，并且很可能是在一段流血和无政府时期之后。“我们正在逼近一场严重的危机，”韦弗宣称道，“如果当下财富所有者和财富生产者之间的紧张关系久久得不到纾解，则最终必将演变成可怕的灾难。时下普遍存在的不满必须尽快得到释放，不满的根源也必须消除。”[3]“我们的集会，”1892 年的

① William A. Peffer: *The Farmer's Side* (New York, 1891), p. 273.

② Ibid., pp. 148-150.

③ Weaver, op. cit., p. 5.

平民党政纲如此说道，“是在这个国家濒临道德、政治和物质毁灭
67 的边缘之际。腐败主宰了投票箱、立法机关和国会，甚至法官群体也被玷污。人民的道德也堕落了……报纸大量被收买或封口，民意受到阻塞，商业领域完全沦陷，家园背负着抵押贷款，劳工陷入赤贫，而土地都集中到了资本家的手里。城市里，劳动者组织起来保护自己的权利被剥夺了，来自海外的赤贫劳力拉低了他们的工资，一支不受我国法律承认的、一心只为金钱的军队被建立起来，朝他们开枪，他们的生存环境正迅速地向欧洲的状况滑去。成千上万人辛苦工作的成果被明目张胆地盗窃，为少数人累积起了巨额的财富，这在人类历史上简直是无先例的；而这些财富的拥有者，反过来却蔑视共和国，构成了自由的威胁。”这些境况都预示着“文明的崩解，或是一种绝对专制的建立”。

对一场隐隐迫近的大灾变的普遍恐惧，在伊格内修斯·唐纳利(Ignatius Donnelly)精彩的小说《恺撒之柱》(*Cæsar's Column*)中得到了最充分的表现。这本以笔名发表的作品是一部幻想小说，很可能受到了早些年贝拉米名噪一时的乌托邦小说《回顾》(*Looking Backward*)[①]的影响，后者在19世纪的最后十年吸引来了一大批模仿者。[②]《恺撒之柱》不仅受到平民党运动一些主要领导者的赞誉，也受到了身份背景各不相同的其他很多人的称赞，如

---

① 《回顾》：美国作家、记者爱德华·贝拉米(Edward Bellamy，1850—1898)发表于1888年的乌托邦幻想小说，作者借助小说主人公站在公元2000年的遥远视角，提出对19世纪末美国社会问题的一种社会主义解决方案。该书对于社会主义在19世纪末的广为传播影响甚大。——译者

② See Allyn B. Forbes："The Literary Quest for Utopia,"*Social Forces*, Vol. VI (1927), pp. 178-179.

吉本斯主教(Cardinal Gibbons)[1]、乔治・卡里・埃格尔斯顿(George Cary Eggleston)[2]、弗朗西斯・E.威勒德(Frances E. Willard)[3]和朱利安・霍桑(Julian Hawthorne)[4]等[5],最终成了九十年代初读者最多的书之一。唐纳利笔下的乌托邦与其他人有所不同。尽管在该书草率的结尾处,确实描述了一个遥远的、位于非洲某处的乌托邦,但故事主体却是讲述了一个残暴冷酷的反乌托邦,与贝拉米的故事简直掉了个个儿。唐纳利似乎是在明尼苏达州1889年那个极其腐败的州议会会期结束以后,[6]在极度失望的时刻
获得了这部小说的灵感,令他挥之不去的想法是,如果当前社会各 68
种最坏的趋向继续在未来存在一个世纪,结果又将是什么?故事发生在1988年,与乔治・奥威尔较为晚近的反乌托邦小说中的时间只相差四年,这引起了从文学以外的角度对两部作品的比较。

唐纳利的主人公和讲述者是个外国人,一个有瑞士血统但居住在非洲乌干达的牧羊人,此人来到纽约旅行,在一系列书信中报道了他的见闻。和贝拉米的描绘很相似,纽约是众多科技奇迹汇

① 吉本斯主教:本名詹姆斯・吉本斯(1834—1921),美国天主教会高级教士,1877年起任巴尔的摩大主教,直至去世。1886年被升为红衣主教(cardinal)。——译者

② 乔治・卡里・埃格尔斯顿(1839—1911):美国作家,曾在《大西洋月刊》(*Atlantic Monthly*)上连载其作为一名邦联士兵的经历,后集结为《一个反叛者的回忆》(*A Rebel's Recollections*)出版。——译者

③ 弗朗西斯・E.威勒德(1839—1898):美国教育家、戒酒运动改革者、女性选举权运动先驱。1877年起担任"女性基督教戒酒联盟"(Women's Christian Temperance Union)主席,直至去世。——译者

④ 朱利安・霍桑(1846—1934):美国作家、记者,作家纳撒尼尔・霍桑之子。——译者

⑤ E. W. Fish: *Donnelliana* (Chicago, 1892), pp. 121-122.

⑥ Ibid., pp. 119-120.

集的中心。这个外国人乘着飞艇来到纽约，发现这里的夜晚灯火通明，跟白天一样熙熙攘攘。街道为玻璃屋顶所覆盖；街道下面是城市地铁系统，乘客们坐电梯下到地下，赶乘既没有烟雾也没有噪声的电动火车。装有空调系统的酒店，楼顶是提供珍馐美味的餐厅，“美目盼盼的女子……穿着翠叶妆成的衣裙，在餐厅里来回穿行，如同伊斯兰教天堂里的仙女一般。”[①]

然而这种奢华的生活，是以大众的沉重苦难为代价的，它掩盖了激烈的社会冲突。1988 年的世界受一个由财阀巨头们组成的核心委员会统治，这些人为了弹压潜在的反对者，可谓不择手段。他们常年雇佣一支“魔鬼”舰队，后者驾驶着载有毒气炸弹的飞艇四处巡弋，只要哪里出现大众反抗的迹象，财阀们便会毫不犹豫地下令镇压。人民自身也变得同样冷酷无情——“上层的残忍导致了下层的残忍”。农民“不再是组成从前华盛顿、杰克逊、格兰特和谢尔曼等将军麾下军团的那些诚实的自耕农……而是他们残酷无情的后代——凶残的农奴，抑或残忍而嗜血的佃农”。[②] 但社会冲
69 突的主要承受者却是城市劳工，一群操多种语言的沉默寡言的大众，一群忧闷郁结而营养不良的人。这位来自乌干达的旅行者从一次谈话中知晓(唐纳利将自己所处时代一些杂志上的真实文章载录此处)，早在 1889 年，很多作家便已对事态的这种可能性提出了警告。事态并非不可避免，然而贪婪和愚蠢让统治阶级对灾难的警示视而不见。掠夺式的商业行为，对选民的贿赂，以及财阀们

① *Cæsar's Column* (Chicago, 1891), p. 327.

② Ibid.

对工人、农民的剥削，这些乱象直到 19 世纪末都未能得到遏制，最终引起了无产阶级的起义。起义被农民扑灭了，因为他们贷款抵押物的赎回权尚未被剥夺，尚自保留着作为有产者和商人的地位。而到了故事发生的时代，当作为社会现存秩序的支撑者之一的农民也被摧毁以后，统治者所倚靠的便只有炸弹、飞艇和一支唯利是图的军队了。

唐纳利设计的情节跌宕起伏，中间还穿插了两段俗气的爱情故事，但这些并未让小说增色多少；这部作品还到处充斥着一种被压抑的情色风格，当然这在那一时期的通俗写作中是颇为常见的。故事的高潮，秘密的革命组织“毁灭兄弟会”(Brotherhood of Destruction)，在收买“魔鬼”舰队后发动了起义，继而开始了一轮灭绝人性的抢掠和屠杀，这一情节很可能是模仿了法国大革命的恐怖时期，然而相较之下后者显得苍白失色且毫不血腥。统治阶级的成员被强令搭建起一座柴火堆，随后自己在火堆上被烧死。太多无辜的人被残杀，以至于尸体的处置引起了严重的卫生问题。起义三位领导人之一的恺撒(他自己最后也被砍了头)，下令将尸体堆积，再以水泥覆盖其上，铸成一座巨大的锥形柱状建筑，作为起义的纪念碑。城市最终被焚毁了，但还是有一支上流人士组成的遗民逃了出来，乘坐飞艇逃往非洲的群山，在一群知识分子精英的指导下建立了一个基督教社会主义国家，平民主义关于土地、交通和财政的计划，都在这个 70
国家成为了现实，而一切利润则被宣布为非法。

毫无疑问，这个故事想要展现的是：如果改革者的警告被无视，人民的不满得不到缓解，将会发生什么。然而，相比本书对未来那种生动而骇人的预测，更可怕的是书中弥漫的那种虐待狂式

的、虚无主义的气质。这或许是一部幼稚的小说，可是站在 20 世纪中期看去，这部小说却丝毫不令人可笑：从它那触目惊心的一瞥中，人们看到了失败的民众起义可以变得多么丑恶。《恺撒之柱》发表时，对于大多数人民承受的那种折磨和压迫，美国的改革阵线还没有真切的感受。时局已经在一些人身上催生出一种绝望的情绪，唐纳利的小说便是这样一部绝望的作品。这部小说发表在这样一个时代，在当时很多人的眼里，一场社会大浩劫已迫在眉睫，甚至到了今天，这也是一本令人坐立难安的书，尽管就其预言意旨来讲它显然是一部二流作品。

二、历史阴谋论

唐纳利小说中的斗争双方，即财阀统治者的委员会和“毁灭兄弟会”，都被意味深长地描绘成了秘密组织——根本无视“兄弟会”拥有数百万成员这一事实。平民党人的思维也有这样一种特征，他们热衷于秘密筹划和密谋会议。事实上，一种广为流传的平民主义观念认为，内战以来的全部美国历史可以理解为国际金钱势力的一场彻头彻尾的阴谋。

这种看待事物的方式之所以流布甚广，或可归结为这样一种共同的感受，即农民和工人不仅深受“利益集团”的压迫，而且这种压迫是处心积虑的、有意识的、持续不断的，是带有极端的恶意的。将自身所处时代的局势看成是一场阴谋的结果，也不单是平民党
71 人独有的观点。每当政治、社会冲突尖锐之际，这种思维方式便常常浮现。该思维对一些特定的人群有特别的吸引力，具体来

说——我相信——就是那些只受过低层次教育的人，这些人获得信息的渠道极为有限，[1]并且被完全排除于权力中心之外，以至于他们感到自己处于掌权者无休止的操控下，没有任何自我保护的能力。更有一类大众抗议运动，为那些有偏执倾向的鼓动者提供了宝贵机会，让这些人得以将他们的精神障碍转化为一种职业资本。[2] 他们的机会在于能够把自己的思维方式强加给他们所领导的运动。当然，说历史上根本没有阴谋这种东西，也是不足信的。任何与政治策略相关的东西，都可能要求某种秘密的特质——至少一段时间内是如此——从而很容易被说成带有阴谋色彩。腐败本身就带有阴谋的性质。在此意义上，"动产信贷公司"（Crédit Mobilier）事件[3]便是一个阴谋，蒂波特丘地事件（Teapot Dome affair）[4]亦复如是。如果说在这个问题上我们对平民党人似乎显

① 关于这一点值得指出的是，多年以后，当接触真实信息的条件更为成熟，大众关于"金钱势力"的批判中的幻想成分就变少了，真实成分则增多。

② 比如，参看玛丽·E. 利斯在其著作开头对于一系列神秘的国际暗杀事件的评论。Mary E. Lease: *The Problem of Civilization Solved* (Chicago, 1895).

③ "动产信贷公司"事件："动产信贷公司"于1852年在法国成立，是世界上第一家创业银行（entrepreneurial bank），其宗旨是有目的地运用资本来推动经济发展，为现代金融资本主义的先驱。1864年，同名公司在美国成立。1867年，该公司与"联合太平洋铁路公司"联合，对国会议员进行贿赂，使得国会给予太平洋铁路的大笔捐赠中约2300万美元的资产落入私人腰包。1872年这一丑闻被公之于众，大批公司经理和国会议员受到查处。——译者

④ 蒂波特丘地事件：哈定政府时期的一件政治丑闻。1921年，根据一项行政命令，哈定将一批海军储备油田（包括怀俄明州的蒂波特丘地油田）从海军部划归内政部管理，内政部长阿尔伯特·福尔（Albert Fall）却将这些油田转租给其私人朋友，以权谋私获利数十万美元。1923年案发，福尔被控受贿罪。"水门事件"之前，"蒂波特丘地丑闻案"被认为是美国历史上最为重大的政治腐败案件，该案严重损害了哈定政府的信誉。——译者

得过于迁就，则我们有必要提醒自己的是，平民党人看过了太多的贿赂与腐败，尤其是铁路公司干的那些勾当，以至被迫相信存在着一套通过阴谋行径来处理事务的行为方式。的确，阴谋论之所以被如此广泛地接受，是因为其本质常常是真实的。可是，说历史上有阴谋存在，跟说历史实际上就是一场阴谋，这两者之间是有巨大差别的；去发掘历史上发生过的那些阴谋行为，绝不等同于去编织一套一劳永逸的社会解释结构——这结构的基础没有别的，就是
72 一系列的阴谋诡计。

当阴谋并不存在的时候，那些相信阴谋论的人们就必须将其发明。现代史上最著名的例子有两个：一个是“锡安长老会纪要”(Protocols of the Elders of Zion)[①]的伪造，另一个是斯大林政权时期对所谓“托洛茨基-布哈林-季洛维也夫”(Trotzkyite-Bukharinte-Zinovievite)集团的明目张胆的捏造。这些发明是虚假可笑的。在美国的政治论争史上，也存在着一个阴谋论式指控(conspiratorial accusations)的传统，且人们对这些指控似乎深信不疑。一度，杰斐逊看上去真的相信联邦党人在密谋君主制的复辟。部分联邦党人则相信杰斐逊派密谋毁灭基督教。很多北方人声称，吞并得克萨斯的运动，以及对墨西哥的战争，都是蓄奴者的阴谋。早期的共和党领导者，包括林肯在内，都指控斯蒂芬·A. 道格拉斯(Stephen A. Douglas)阴谋使奴隶制成为一项全国性的

① “锡安长老会纪要”：20世纪初一部关于犹太人试图掌控全球经济与媒体，从而建立全球霸权的流传甚广的小册子。于1903年首先发行于俄国，出版者声称该纪要出自19世纪末的一次犹太长老会议。尽管这份文献的真实性大有可疑，却广泛地被20世纪上半叶各国的反犹势力用作宣传，以为各国的反犹政策张本。——译者

制度。内战前的一些政党如“一无所知党”(Know-Nothing)和“反共济会运动”(Anti-Masonic movements),都几乎完全建立在阴谋论意识形态的基础之上。几年前,“奈委员会”(Nye Committee)①也曾试图证明,我国参加第一次世界大战是一帮银行家和军火生产商阴谋的结果。至于今天,在我们身边一些妄想家和政治术士的眼中,则不仅是我们之参加第二次世界大战,甚至整个过去二十多年的历史也都带有了阴谋论的色彩。② 73

然而,即便将这些背景考虑在内,平民党人的思维仍显示出一

① 奈委员会:1934—1936年,由共和党参议员杰拉德·奈(Gerald Nye)主导的参议院关于军火生产的特别调查委员会。其对美国参加一战的阴谋论解释,意在敦促美国在二战前的国际秩序中保持中立。——译者

② 这种阴谋论妄想症的结果之一是这样一个神话,认为1933年对苏俄的承认是新政派阴谋的结果。小保罗·博勒在一篇相当有意思的文章中提到,一些大肆申斥对苏俄的承认是一桩阴谋的人,1933年以前正是承认的倡议者。Paul Boller, Jr., “The ‘Great Conspiracy’ of 1933: a Study of Short Memories,” *Southwest Review*, Vol., XXXIX (Spring, 1954), pp. 97-112.

里奥·洛温塔尔和诺贝特·古特曼的《撒谎的先知》一书,是一部关于当代极权主义鼓动家的出色研究。读这本书时,令我印象深刻的是其研究对象表现出的思维方式,与一些平民主义作家的思维方式有着相当的相似性,这些作家包括埃默里夫人(Sarah E. Van De Vort Emery,1838—1895,19世纪八九十年代美国著名公共作家。——译者)、“硬币”哈维(William Hope “Coin” Harvey, 1851—1936,以主张货币双本位制闻名。——译者)、唐纳利和利斯夫人等。在这类鼓动大众的行为中,似乎存在着一些超越具体历史时期的持续主题。洛温塔尔和古特曼在书中那些鼓动家们身上总结下来的,同时也为平民主义文献所反映的共同主题,包括以下内容:关于历史的阴谋论观念;对纵情享乐有一种挥之不去的担忧,而那被认为是财富群体的专属;对两党政治冷嘲热讽;认为世界正走向一场巨大灾难;对银行家与其他高级财阀们的贪婪和其他个人罪恶有一种排他性的关注,却疏于对社会体制进行结构性分析;反犹主义和仇外主义;推崇本土居民的简朴和平民的美德。当然,洛温塔尔和古特曼列举的主题中,也有一些是在平民主义文献中找不到的,与我们自己时代的状况反倒更为契合。见 Leo Lowenthal and Norbert Guterman: *Prophets of Deceit* (New York, 1949)。

种非同寻常的强烈倾向，惯于将一些相对来说与人为因素无关的事件解释成带有高度的人为性。平民党人那种强烈的痛苦感受，在非人为性的解释中难以得到透彻的表达，唯有他们当中那些养成了成熟智识习惯的人除外。毕竟，城市才是培育智识复杂性的家园。农民居住在远离外部世界的地方，他们的命运也由此注定。农民也被指责为异乎寻常地多疑，[①]此外，他们艰难的生存状况，也令其思维难以建立在非人为性因素的基础之上。或许，在塑造平民主义思维方面，乡村地区的中产阶级平民主义领导者们（平民主义虽是一场农民运动，却不是由农民所领导）要比农民本身发挥的作用更大。总之，在平民党人的思维中，原本习见于乡村通俗剧中那种截然对立的纯粹美德和绝对的恶，已被投射到了全国乃至全世界的范围。在他们的思维中，农民并不是充满风险的经济体中饱受威胁的一个投机商——他自己其实正是这个经济体的一员——而毋宁是一个受到伤害的自耕农，这伤害来自那些侵入乡村道德生活的外来者。恶人是必要的，并且被打上了乡村通俗剧中恶人身上寻常可见的那种烙印，他离人们熟悉的情境越是遥远，
74 其恶行也就越容易被夸张得失实。

一场金钱势力针对普通人的阴谋正在进行着——仅仅这么说还不够。因为这场阴谋早在内战结束后就已经开始了。说这场阴谋发端于华尔街，那也是不够的。这是一场国际阴谋：它发源于伦

① Frederick L. Paxson: "The Agricultural Surplus: a Problem in History," *Agricultural History*, Vol. VI (April 1932), p. 58; cf. the observations of Lord Bryce in *The American Commonwealth* (New York, ed. 1897), Vol. II, pp. 294-295.

巴第街(Lombard Street)[①]。伊格内修斯·唐纳利为1892年人民党政纲撰写的序言是平民主义官方观点的一份简要表述,他在其中说道:“一场针对全人类的巨大阴谋正在两个大洲被组织起来,且正迅速向全世界扩张。如果这场阴谋不能被立即加以应对并挫败,则它必将预示着严重的社会骚乱、文明毁灭,或是绝对专制的建立。”1895年的一份由十五位人民党领导者签署的宣言写道:“早在1865—1866年,欧洲和美洲的黄金赌徒们便已开始策划一场阴谋。……约莫三十年来,这些阴谋家一直设法让人民在不那么重要的问题上争吵不休,他们自己则怀着不依不饶的热情,追求着他们的核心目的。……每一种背叛行径,每一种权术资源,‘国际黄金圈子’那个秘密集团所掌握的每一种手段,都得到了充分利用,目的就是要对人民的繁荣,以及国家在金融与商业上的独立性,给予沉重的一击。”[②]

阴谋论背后的金融机理其实很简单。那些持有债券的人们,希望他们的债券以黄金而不是一般货币来兑换,因为黄金的价值更高;那些以放贷为生的人们,则希望他们的商品产生尽可能高的溢价,方式是提高商品的稀缺性。这两类人采用的策略带来了恐慌、萧条和破产,他们的财富则继续增值;这些经济灾难为他们提供了大把机会,可以通过商业并购和“强制占有抵押品”(foreclosures)等方式将他人的财富占为己有。因此,利益集团实际上乐于看到艰难时世,甚至主动促成之。绿背党人很早便已开

① 伦巴第街:伦敦一条与商人、银行家和保险业联系紧密的街道,相当于美国的华尔街,其历史可上溯至中世纪。——译者

② Frank L. McVey: *The Populist Movement* (New York, 1896), pp. 201-202.

75 始宣扬这一论点，并坚持认为一种合理的“法定货币”(legal-tender)将能够打破那些“夏洛克们”①的垄断。他们要求每个人获得 50 美元的通货，但这一要求直到人民党崛起时也未能落实，于是很快被一个不那么“激进”的要求取而代之，那就是自由铸造银币。然而绿背党人和自由银币派的共同观念，是认为货币缩水是一种有意的压榨，是那个“盎格鲁-美利坚黄金托拉斯”的一项蓄谋已久的阴谋。拿出一部九十年代的平民主义文献，人们只要随便翻到一处，都能看到这种阴谋论。无论是在平民党报纸上，银币派召开会议的记录上，还是在由“美国复本位制联盟”(American Bimetallic League)发行的海量小册子文献上，抑或是国会关于货币问题的讨论中，都能看到这种论调；此外，一些大众畅销书也流露出了这种阴谋论，如 S. E. V. 埃默里夫人的《让美国人成为奴隶的七大金融阴谋》(*Seven Financial Conspiracies Which Have Enslaved the American People*)，以及戈登·克拉克的《夏洛克传：银行家、债券持有人、行贿者和阴谋家》。

埃默里夫人的书第一次出版是在 1887 年，题词献给“一个正在消亡的共和国中那些受奴役的人民”，该书取得了极高的发行量，尤其在堪萨斯州平民党人当中。埃默里夫人认为，内战以前的那段时期美国曾是一个经济上的伊甸园。人的堕落是从战争本身开始的，其时“华尔街那些金钱帝王们”确信他们可以利用战时的物资紧缺，通过操纵货币来对其同胞趁火打劫。“通过控制货币，

① 夏洛克：角色出自莎士比亚戏剧《威尼斯商人》，为一犹太商人，此处泛指贪婪的商人。——译者

这些人可以随心所欲地掌控国家商业的兴衰，通过贸易的渠道，他们既可以放出温馨生活的水流，传播和平、幸福和繁荣，也可以阻断这股水流，让国家工业完全瘫痪。”①华尔街那帮人手中掌握着这一强大的为善力量，但却选择了为恶。林肯关于发行绿背纸币的战时政策对他们造成了巨大威胁——实现充足货币供应有了可能性。于是，这些“夏洛克”们会聚一堂，“策划”了一个为他们手中的黄金制造需求的阴谋。② 该书剩余的内容是对 1862 年到 1875 76
年间所通过七项法规的叙述，这些法规被认为是那个一直延续的阴谋的一部分，其总体影响是一步步地收缩了国家的货币，直到最后国家的工业被挤压成了一捆钢筋一般。③

埃默里夫人的言辞毫无疑义地表明，这个密谋一直带有强烈的目的性，它被描述为“极端恶劣的抢劫”，且是通过“最灭绝人性的手段来达成”。④ 她对所谓“1873 年之罪”，也就是银币废止问题的阐释最为明晰，提供了一份相当详尽的叙述，也构筑了关于该问题的一则标准的“绿背党-银币派”(greenback-silverite)神话。根据绿背党人和银币派的说法，一位来自英格兰银行(Bank of England)、名叫欧内斯特·赛德(Ernest Seyd)的代理商，于 1872 年带着 500,000 美元来到美国，用这些钱在国会搞到了足够的支持，

① Emery, op. cit., p. 13.

② Ibid., pp. 14-18.

③ 这些法规包括：1862 年的“例外条款”(exception clause)；1863 年《国家银行法》(National Bank Act)；1866 年开始的绿背纸币的收回；1869 年 3 月 18 日推出的“加强信誉(credit-strenthening)法案”；1870 年的偿付国债；1873 年银币使用的废止；1875 年销毁残损的纸币。

④ Emery, pp. 25, 43.

继而确保了废止银币法规的通过。由于这项法律规定只能以黄金支付,因此可以大大提升由英国资本家们持有的、占美国债务总额4%的债券的价值。埃默里夫人将1873年大恐慌,这一年发生的大量破产,以及其他一系列的人为灾祸都归结到了这项法规上:"谋杀、疯狂、自杀、离婚、酗酒,以及所有形式的犯罪和不道德,都是从那一天开始,再以最为令人惊愕的速率发展至今的。"①

"硬币"哈维,是整个这场货币争论中流传最广的单独文献——《"硬币"的金融学校》(*Coin's Financial School*)一书的作者,此人也发表了一部名为《双国记》的小说,此书将历史阴谋论融
77 入了一则乡村通俗故事。在这个故事中,富有的英国银行家罗思男爵(Baron Rothe)策划了银币在美国的废止,部分为了他本人财富的增值,但同时也是为了防止美国国力超过英国。他说服了一位美国参议员(很可能是约翰·谢尔曼[John Sherman]②,银币派最讨厌的人物之一)在一场选举中与银币派为敌,活动资金由英国提供。男爵的工作当然是成功的,他还将一个名叫罗加斯纳(Rogasner)的亲戚兼助手派到了美国,此人在整部故事中鬼鬼祟祟,就像迪昂·鲍西考尔特(Dion Boucicault)③的戏剧中那些坏人

① Emery, pp. 54-55. 对这个故事更加详尽的叙述,见Gordon Clark: *Shylock: as Banker, Bondholder, Corruptionist, Conspirator* (Washington, 1894), pp. 88-99。

② 约翰·谢尔曼(1823—1900):美国政治家,历任美国国会众议员、参议员,美国财政部长、国务卿等。谢尔曼是1873年铸币法案的主要推动者,是金本位的极力主张者。其兄为美国内战中战功仅次于格兰特的威廉·特库姆塞·谢尔曼(William Tecumseh Sherman)将军。——译者

③ 迪昂·鲍西考尔特(1822—1890):爱尔兰演员、剧作家,以通俗剧闻名,《纽约时报》曾称他为"19世纪最著名的英语剧作家"。——译者

一样，总是对自己咕哝着如下的话：“我来这里是为了毁灭美国——康华利也不如我在行。为了它对我们国家的侵害和羞辱，为了我们国家的荣耀，我要把刀子深深插入这个国家的心脏。”[①]作者捕风捉影地勾画了一幅格兰特政府的腐败背景，在此背景下，罗加斯纳开始收买美国国会，并笼络了一批美国经济学教授为金本位主张背书。他还爱上了一位颇为自重的美国佳丽，然而在她身上的企图却遭遇了挫折，因为她已爱上了一位来自内布拉斯加州的年轻英俊的银币派众议员，此人相貌竟与威廉·詹宁斯·布赖恩极其相似！

平民党人阴谋论的一个大体上为人所忽略的特征，是它在言语上总是表现出某种反犹主义色彩。1890 年以前存在于美国的微弱的反犹主义潮流，便与货币和信贷问题有关。[②] 到世纪末，反
犹主义这股潮流则已变得较为显著了。[③] 尽管在亨利·亚当斯 78
1890 年代的信件中也能发现一些玩笑性的同时也较为笨拙的反

① W. H. Harvey: *A Tale of Two Nations* (Chicago, 1894), p. 69.

② 反犹主义言辞的大量出现，在美国似乎有着一段相当长的隐秘发展史。1837 年经济恐慌期间，很多州都拖欠了债务，其中很多债务由外国人持有，我们发现密西西比州州长麦克纳特(McNutt)便通过抨击罗斯柴尔德男爵来为这一行为辩护：“他血管里流着的是犹大和夏洛克的血，他把他这两个同胞的素质汇于一炉……”引自 George W. Edwards: *The Evolution of Finance Capitalism* (New York, 1938), p. 149。同样地，我们也看到撒迪厄斯·斯蒂芬斯(Thaddeus Stevens)在其对绿背纸币运动的早期呼吁中，也对“罗斯柴尔德、戈德史密斯家族(Goldsmiths)，以及其他一些金融巨头”进行了抨击。见 James A. Woodburn: *The Life of Thaddeus Stevens* (Indianapolis, 1913), pp. 576, 579。

③ 见于 Oscar Handlin: “American Views of the Jew at the Opening of the Twentieth Century,” *Publications of the American Jewish Historical Society*, no. 40 (June 1951), pp. 323-344。

犹主义，表明对犹太人的偏见在平民党文献之外也存在，然而将犹太人与放高利贷者和“国际黄金集团”等同起来的，却主要是平民主义作家，这也是这一时期美国反犹主义的中心主题。“夏洛克”这个符号无处不在，本身很难作为反犹主义存在的证据，然而对罗斯柴尔德家族的频繁提及，却表明对于很多银币派来说，犹太人是历史阴谋论的一个有机组成部分。“硬币”哈维笔下的罗思男爵明显就是罗斯柴尔德本人；而那个罗加斯纳（欧内斯特·赛德亦然？），则是在最粗劣的反犹主义传统下产生的一个反面角色。“你在你的领域的确非常出色，”在故事的高潮部分，有人对罗加斯纳如此说道，“在商业领域，你拥有代代相传的天赋；在算计、谋略和歪门邪道上，你同样拥有代代相传的天赋。”[①]在令人印象深刻的插图本《“硬币”的金融学校》中，有这样一幅漫画，画上是一幅世界地图，一只大章鱼用触手控制了全世界，这只章鱼盘踞在英伦诸岛，漫画的标题则是：“罗斯柴尔德家族”。[②] 在平民党人的鬼神学(demonology)中，反犹主义与英国恐惧症是一同出现的。

在为自由银币进行的大战中，反犹主义的音调常常公开被唱起。比如，在 1892 年第二届全国银币派大会（Second National Silver Convention）上，一位来自新泽西州格兰其分会的代表便毫
79 不犹豫地提醒与会者，要警惕那些代表“华尔街和欧洲犹太人”的

---

① Harvey：*A Tale of Two Nations*，p. 289；该书第 265 页还有这样一句话：“我们的祖先……总是去占有最符合他们喜好的女人，不管她来自哪个种族，难道不是这样吗？”

② Harvey：*Coin's Financial School* (Chicago，1894)，p. 124；一场著名的对犹太人的抨击，见于 James B. Goode：*The Modern Banker* (Chicago，1896)，chapter xii。

政治候选人。[①] 玛丽·E. 利斯将格罗弗·克利夫兰描述为“犹太银行家和英国金派的代理人”。[②] 在《恺撒之柱》中，唐纳利也把居统治地位的财阀委员会的领袖——卡巴诺公爵（Prince Cabano），描绘成一个犹太富商，其相貌不是雅各，就是以撒；“毁灭兄弟会”的三位领导者之一也是一位从俄国流亡的犹太人，在末日大屠杀中他携一百万美元潜逃而去，打算用这些钱“在世界的废墟中重铸犹太人古代的辉煌”。[③] 阴谋论学派的一份更加详尽的文献，将罗斯柴尔德家族对美国的统治力，追溯到了林肯和约翰逊时期财政部长休·麦卡洛克（Hugh McCulloch）与詹姆斯·罗斯柴尔德男爵（Baron James Rothschild）的一次交易。“罗斯柴尔德与美国财政部的这场交易，最可怕的部分并非金钱的损失，哪怕这损失已然高达几亿美元；最可怕的是这个国家开始听命于英国的指使，一如英国早已长期听命于该国犹太人的指使。”[④]

---

① *Proceedings of the Second National Silver Convention* （Washington，1892），p. 48.

② Mary E. Lease：*The Problem of Civilization Solved*，pp. 319-320；cf. p. 291.

③ Donnelly，op. cit.，pp. 147，172，331.

④ Gordon Clark，op. cit.，pp. 59-60；关于反犹主义与阴谋论主题的联系，见 pp. 2，4，8，39，55-58，102-103，112-113，117。在平民党人的反犹主义中，有一种多少带有自知之明的，甚至表示歉意的意味。唐纳利小说中的一个人物称“当今世界的精英几乎全都有着希伯来血统”，他的解释是，若干世纪以来犹太人遭受的严重迫害强化了这个种族的内部选择过程，留下的“全都是身体健壮的、头脑灵活的、有深谋远虑的和意志顽强的……而现在，基督教世界正在流着血和泪，为了他们那些偏狭而无知的祖先对一个高贵种族造成的痛苦偿还孽债。到了自由和公平竞争的时代，犹太人成了竞争中的主宰，非犹太人对他们是又恨又怕。”*Cæsar's Column*，p. 37. 在另一个奇特的故事中，唐纳利让犹太人重建了巴勒斯坦圣地并使之繁荣昌盛，算是对他们进行了补偿。*The Golden Bottle* （New York and St. Paul，1892），pp. 280-281.

80 这些言论后来成了这场运动中的普遍观点，且并未止步于平民主义，而是汇入了更为宽广的政治反抗潮流。1896 年大选来临之际，美联社的一位记者注意到，圣路易斯平民党大会上发生了“一件令人震惊的事情”，那就是“对犹太种族的非同寻常的歧视。走进这个城市里的任何一家旅馆，都会听到对犹太人的最难听的指斥，不论是对犹太人这个群体，还是对世界上特定的一些正好较为富有的犹太人。”[①]这则报道或许言有过之，然而银币派的主张与反犹主义之间的关联的确在日益加深，以至于布赖恩不得不在一次竞选演说中暂停下来，向芝加哥那些犹太裔民主党人解释称，他和他的那些银派支持者们对罗斯柴尔德家族行为的谴责，“并不是在攻击一个种族；而是在对贪婪和欲望加以抨击，而这是没有种族和宗教界线的。”[②]

描述平民党人的反犹主义特征，很容易发生舛讹，强度也很容易被夸大。因为平民党人的反犹主义完全是口头上的。那是一种表达方式，一种语言风格，而不是一种策略或计划。它并没有走向制定排外法律，更没有发展到暴乱或是集体迫害。毕竟，从 1880 年代末到 1890 年代初，犹太裔人口在美国相对来说还不算太多，其中大部分又远在平民党人势力范围之外。然而，说这一偏见仅仅停留在某个群体对某些特定符号的使用，并不意味着这些人对

---

① Quoted by Edward Flower: *Anti-Semitism in the Free Silver and Populist Movements and the Election of 1896*, unpublished M. A. thesis, Columbia University, 1952, p. 27；关于这一时期反犹主义的发展，以及有些犹太人媒体的反应，这篇论文很有启发性。

② William Jennings Bryan: *The First Battle* (Chicago, 1897), p. 581.

这些符号的选择毫无意义。平民党人的反犹主义确有其重要性——它是一种表征，表明了平民党人心灵中有着某种可能包藏祸患的轻信气质。绿背党-平民主义传统很大程度上激发了现代美国大众的反犹主义——这么说并不过分。[1] 从撒迪厄斯·斯蒂 81
芬斯（Thaddeus Stevens）[2]和“硬币”哈维到库格林神父[3]，再从布鲁克斯和亨利·亚当斯兄弟[4]到埃兹拉·庞德（Ezra Pound）[5]，在

① 这里我将大众的反犹主义与上流阶层的反犹主义区分开来，前者与一些政治议题相联系，后者则是各种各样自命不凡的现象。凯里·麦克威廉斯在处理美国早期的反犹主义时，仅仅将其作为一种上流阶层的现象，这典型地反映了平民主义得到的纵容和迁就。在他对反犹主义兴起的历史叙述中，根本没有提到绿背党人-平民主义传统。见 Carey McWilliams：*A Mask for Privilege*：*Anti-Semitism in America* (Boston，1948)。只有少数作者察觉到在早期的平民主义传统和后来的反犹主义者之间有某种联系，丹尼尔·贝尔是其中一个。Daniel Bell：“The Grass Roots of American Jew Hatred,”*Jew Frontier*，Vol. XI (June 1944)，pp. 15-20；另见 Handlin，op. cit。犹太人被塑造成了资本主义和城市主义的双重符号，因为这些“主义”自身都过于抽象，不能成为完美的憎恶对象。*Commentary*，Vol. VI (October 1948)，pp. 374-378.

② 撒迪厄斯·斯蒂芬斯（1792—1868）：美国著名众议员，废奴运动领袖之一，1860 年代美国共和党激进派重要代表人物。1854 年，为了给反奴隶制运动争取更多支持，斯蒂芬斯曾加入以排外的本土主义著称的“一无所知党”。——译者

③ 库格林神父：查尔斯·爱德华·库格林（1891—1979），美国罗马天主教教士，是最早使用广播接触大众听众的教士之一，1930 年代其每周的广播布道最多时吸引了三千多万听众，其布道有强烈的法西斯和反犹主义倾向。——译者

④ 亚当斯兄弟：亨利·亚当斯（1838—1918），美国作家、历史学家。布鲁克斯·亚当斯（1848—1927），美国历史学家、政治学家。两人是美国第六任总统约翰·昆西·亚当斯的孙子，第二任总统约翰·亚当斯的曾孙。亚当斯家族的这两兄弟都有强烈的反犹情结，亨利表现得尤为明显。这两人的哥哥小查尔斯·弗朗西斯·亚当斯（1835—1915）也是一位历史学家。——译者

⑤ 埃兹拉·庞德（1885—1972）：美国诗人、批评家，早期现代主义诗歌运动的代表人物之一，影响了包括 T. S. 艾略特、乔伊斯、弗罗斯特和海明威等一批诗人和小说家。庞德受一战的冲击而对资本主义世界幻灭，1924 年移居意大利，从此支持墨索里尼和希特勒的法西斯主义，二战期间大肆批判罗斯福政府和犹太人，1945 年曾被美国军队在意大利以叛国罪逮捕。——译者

反犹主义与对金钱和信贷的执念之间，始终存在着某种怪异的联系。我相信，一部完整的美国现代反犹史，应当揭示出它极其丰富的平民主义血缘，但此处我只需指出如下一点：不管是布赖恩和三K党在20世纪的非正式联系，还是托马斯·E.沃森（Thomas E. Watson）在“里奥·弗兰克案”[①]中的行为，都不完全是偶然的。[②]而1920年代亨利·福特那臭名昭著的反犹主义，以及他对“华尔街”的仇视，则是一个深受平民主义观念濡染的密歇根农场小伙所
82 具有的怪癖。[③]

三、好斗的气质

平民党人的阴谋论，以及与之相联系的对英国和犹太人的恐惧感受，是一个更大、更复杂的感觉趋向的一部分，那就是对陌生

① “里奥·弗兰克案”：里奥·弗兰克是美国亚特兰大某工厂一犹太裔监工，1913年被控谋杀了一名13岁女童工，该案引起全国关注。弗兰克两年后被私刑处决，使该案成为美国反犹主义重要案例之一。今天研究者的普遍共识是对弗兰克的指控不实。——译者

② 沃森的表现见 Woodward, *Tom Watson*, chapter xxiii。

③ Keith Sward: *The Legend of Henry Ford* (New York, 1948), pp. 83-84, 113-114, 119-120, 132, 143-160. 尤其是在145—146页写道：“福特之所以能将平民主义的理论与资本主义的实践很容易地结合在一起，原因在于他从农民反叛的旧政纲中继承下来的，基本上是那些最无害也最不激进的条目。和很多从前的绿背党人一样，迪尔伯恩镇（Dearborn）《独立报》（*Independent*）的这位发行人也受着‘金钱’之鬼魅与‘种族’之邪灵的缠绕。他政治思想的精髓之处尽是这类迷信。”关于一位来自山地州的参议员对平民主义传统的影响的更详尽的阐述，参见 Oscar Handlin's astute remarks on Senator Pat McCarran in “The Immigration Fight Has Only Begun,” *Commentary*, Vol. XIV (July 1952), pp. 3-4。

人的恐惧和怀疑，颇富悲剧意味的是，这一趋向至今仍笼罩着美国本土主义者(nativist American)的心智。尽管这一感觉趋向并不局限于平民党人和布赖恩派，但的确在他们身上表现得尤为突出。所有来自远方和国外的人，都遭到怀疑和厌恶——甚至包括美国同胞，如果他们碰巧是城里人的话。以往农业神话中关于城市乃道德腐化之渊薮的观念，达到了一个新高峰。芝加哥是坏的；纽约，这个华尔街银行巨头们安家的地方，距离更远，自然更坏；伦敦就离得更远了，那么就比纽约还要坏。随着城市的扩大，城市外来移民的增多，这种深植于传统的怀疑也变本加厉了。早在1885年，堪萨斯州的传教士乔赛亚·斯特朗就出版了在西部有着众多读者的《我们的国家》一书，该书认为城市是未来的一个大问题，几乎可以说是国家身上长出的某种可怕的恶性肿瘤。[①] 哈姆林·加兰回忆他1880年代末第一次到芝加哥游览的情景，那时他到过的最大市镇不过是伊利诺伊州的罗克福德，他很自然地认为芝加哥必定到处是小偷。“如果城市有几英里那么宽，”他合计着，“那么从火车站到我的酒店，怎么才能不受到袭击呢?”这类过度的恐惧，通过与城市的接触是可以得到缓解的，但其他恐惧在与城市的接触中被强化了——尤其当农民不得不面对城市里的物价时。[②] 刺激本土主义偏见的另一个因素是移民，由于其对劳动力的需求几乎无所餍足，那些城市制造业主饱受指责。“我们已经成为世界的 83

① Josiah Strong: *Our Country* (New York, 1885), chapter x；关于城市的影响，见 Arthur M. Schlesinger: *The Rise of the City* (New York, 1933)。

② Hamlin Garland: *A Son of the Middle Border* (New York, ed. 1923), pp. 269, 295.

熔炉，”托马斯·E.沃森写道，“造物的糟粕都被扔到了我们身边。我们的一些主要城市似乎更具域外风情，而不像是美国。旧世界中最为危险和腐朽的力量侵入了我国。他们在我们中间植入的罪与恶，既令人厌恶又令人恐怖。这些哥特人和汪达尔人究竟为什么要来到我们的海岸呢？主要的责任在于那些制造业商人。他们想要廉价劳动力，并且，对于他们那种毫无心肝的做法可能对未来产生的后果，他们也丝毫不关心。”[①]

盎格鲁-撒克逊民族中，不论平民还是贵族，都很难在平等和信任的基础上接受其他民族。其他民族是供操纵的对象——这种操纵常被说成是善意的，但也是强硬的。玛丽·E.利斯这位内陆平民主义的权威代言人，因建议农民们“少种植一些粮食，多制造一些麻烦”而闻名；她在1895年写了一本书，标题颇为迎合大众的心理——《已经解决的文明问题》，美国人在种族上高人一等的优越感在这本书中得到了相当微妙的展示。利斯夫人认为，两个巨大的灾难正逼临欧洲和美国——无政府主义恐怖可能统治全世界，俄国专制主义则可能在世界范围内建立起来。据她说，规避这两大灾难的仅有希望，“是有史以来世界上最大规模的种族迁移，使得世界人口稠密地带的半数居民得以流动开来，从而为全球一半的人类提供‘自由家园’(Free Homes)。”[②]她所提出的建议，实际上是对世界各民族的一次大规模的重新安置，在此过程中，东、

① Watson: *Andrew Jackson*, p. 326; cf. *Cæsar's Column*, p. 131:“美国人那些愚蠢的祖辈们准许数以百万计的外国人进入他们的国土，占有他们的公共土地，令他们自己的子孙一无所有，还美其名曰‘国家发展’哩。”

② Lease, op. cit., p. 17.

西半球的热带地区将全都被白人种植园主所接管，当地的黑人和东方人沦为“土地耕种者”。经过漫长的时间推演，高加索人[①]在世界上占据了道德和智识的优势，目前为止，这个备受青睐的种族 84
被证明很适合担任“地球的管理者，并且从手工劳动中解放了出来”。[②] 但白种人的管理远非对劣等民族实施不顾法律的强制，而是一桩善举；这一善举将面向那些在饥饿和苦难中挣扎的农奴和苦力，通过对他们进行管理和监护，解决他们的生计问题，同时将其从异教世界中解救出来。对这一变动他们必将“欢呼雀跃”。[③]

除了政府监督和补贴下的殖民，利斯夫人还提出了一项宏伟计划，她坦率地称为对世界的“瓜分”(partitioning)；在该计划中，日耳曼民族和拉丁民族将组成两个种族色彩鲜明的邦联，英帝国和俄国将由其他几个强大的国家加以牵制和平衡。美国在世界上的角色，是担任“美洲多国联邦”(federated American republics)的领导者。加拿大应当被兼并——古巴、海地、圣多明各和夏威夷也是如此。拉丁美洲各国将提供肥沃土地，以供美国的过剩人口殖民——美国已经没有公共土地可供分配给公民了——北美人口中将“大量输入亚洲人，以为其种植园提供劳动力”。利斯夫人认为，和亚洲人一样，拉丁美洲的人们毫无疑问地也将在此过程中获利，因而也应为此感到欢喜。不仅如此，他们其实早就应对美国心怀感激：“多年以来，我们时刻准备着挺身而出，为保护拉丁美洲免受

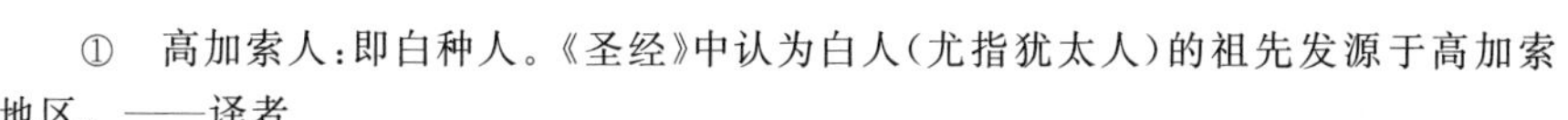

① 高加索人：即白种人。《圣经》中认为白人（尤指犹太人）的祖先发源于高加索地区。——译者

② Loc. cit.

③ Ibid., pp. 31-32, 34, 35.

欧洲的入侵而贡献财富和热血。难道他们不应把这个大陆的领导权双手奉上,以此作为报答吗?若是他们不给,我们便应强夺!我们应当参照欧洲列强,在美洲完成尽可能多的吞并,尽可能多地建立保护国。”①

在写作这本书时,由于一种异乎寻常的多疑倾向,利斯夫人的
85 天真和想象力被发挥到了极致;这本书自然不如《“硬币”的金融学校》和《恺撒之柱》那样流行和具有代表性,尽管它的作者是平民主义政治文化土生土长的苗裔。利斯夫人关于“世界政治”(*Weltpolitik*)的独特理念,她关于热带殖民地的具体观点,在平民主义思想中并不常见。然而她书中的一些其他设想,在平民主义思想中却相当普遍——自以为是地认为盎格鲁-撒克逊人高人一等且乐善好施的想法,对于新的扩张地域的需求,对英国的仇恨,对俄国的恐惧,②对城市大众作为潜在无政府主义者的担忧,等等。

利斯夫人的书中充溢着的民族主义狂热,也表现出了平民主义某种奇特的两面性。表面上看来,平民党人运动与布赖恩派民主党发出了一种强烈的反军国主义(anti-militarism)和反帝国主义的音调。平民党人反对大规模的常备陆军和大规模的海军建设;他们中的大多数人支持布赖恩对占领菲律宾的抵制。他们将军队看成是民主的威胁,将帝国主义的战利品看成是金融家和“君

---

① Lease, op. cit., pp. 177-178.

② 鉴于这是19世纪的一种普遍现象,没有必要把利斯夫人拔高到预言家的高度。

主制拥护者们”(monarchists)的收获,而与人民无关。[①] 然而他们主要反对的是制度化的军国主义,而不是战争本身,反对的是帝国主义,而不是沙文主义(jingoism)。在一派平民主义言论的光泽之下,他们实际上是高度民族主义且好战的。本土主义思维所坚决反对的并非战争本身,而是与欧洲各国政府进行合作,不管为了什么目的。[②] 我们时代的人们,如果对塔夫脱参议员和麦克阿瑟 86
将军的反欧态度感到不解,或是对他们一会儿支持冒险的侵略性政策,一会儿又拥护近乎和平主义(或是反军国主义)的政策感到困惑,可以在平民党人的心理那里找到一个富于启示性的先例。

① 关于在这个问题及其他问题上大众情绪的表达,见 W. H. Harvey: *Coin on Money, Trust and Imperialism* (Chicago, 1900)。

② 最好的例子就是美国的货币双本位制运动。要到 1870 年代,国际金本位制才能说已近于成形,并且是在长期价格下降的“大萧条”(指 1870 年代的全球性经济萧条。——译者)的前夕成形的。几乎从一开始,世界各地的银币利益集团的欲望,连同那些视银币为一种提高总体价格水平的办法的群体,便在西欧几乎所有地方掀起了倡导货币双本位制的运动。英国这样一个商业中心和债权国,显然是不希望其债权被以贬值的货币来偿还的,然而即便是在这里,也有不少地位显赫的政治家支持双本位制;这一时期两位最伟大的经济学家,杰文斯和马歇尔,也都严肃考虑了这个问题。然而除了在美国,所有地区的双本位制运动都把国际行动看成是建立双本位标准的好办法;而唯独在美国,银币利益集团坚持寻求单方面行动的可能性。关于美国将单独行动以保持银币价格的这一预期,构成了其他地方行动的障碍。1870 年代以来,美国那些寻求建立国际双本位制标准的保守派政治家们始终处在两难的境地,一方面他们要与其他国家看齐,另一方面国内银币集团早已不耐烦,随着时间的推移更是变得越来越粗暴,以至于反对单独行动就像是叛国一样。参见 J. B. Condliffe: *The Commerce of Nations* (New York, 1950), chapter xii, “The International Gold Standard”; Jeannette P. Nichols: “Silver Diplomacy,” *Political Science Quarterly*, Vol. XXXVIII (December 1933), pp. 565-588。关于银币合理论(silverism)与孤立主义之间的联系,见 Ray Allen Billington: “The Origins of Middle Western Isolationism,” *Political Science Quarterly*, Vol. LX (March 1945), esp. pp. 50-52。

平民党人把为了人性的战争和为了征服的战争区分了开来。前者他们认为是合法的，可是要对两者加以严格区分，对他们来说显然也有难度，并且他们也非常乐于被鼓噪进入一场正义的战争，如同古巴战争的情况所表明的那样。19 世纪早期的美国大众心态，尤其在民主党阵营，对欧洲、拉丁美洲的共和运动是强烈支持的。随着九十年代的到来，以及对外部世界强烈反感的滋生，大众心态的重心也似乎有所变化，对被压迫和革命中的人民的同情，作为一种主导心态成了过去式，现今的主导心态转变成了对那些人民建立的政府的憎恨。人民和政府之间总是存在着某种对立，这
87 一点对平民党人而言是毋庸置疑的，而在欧洲，哪怕是最民主的政府，看上去也总像是君主制的复辟。①

《恺撒之柱》取得成功以后，唐纳利又写了另一部题为《金瓶子》的幻想小说，上述心态冲突在该书中得到了生动表达。这个故事的第一部分无须赘言：主要描述了堪萨斯州一个名叫伊弗雷姆·贝尼泽特(Ephraim Benezet)的人的生活，他幸运地得到了一个可以把金属变成金子的瓶子；毫不奇怪，这让他有了解决他本人以及这个国家的财政问题的能力。不久他便被选为总统，在挫败了一桩刺杀他的图谋，并制止了一个银行家企图发动内战的计划后，他发表了一篇极为出色的就职演说。他告诉美国人民，妨碍他们提高到“更高水平的伟大和幸福”的，就是旧世界。美国被“用一条韧带联结在了一具死尸之上——这具死尸就是欧洲！”这就引出了一项关于对欧洲穷苦移民关闭大门的呼吁，因为这些人会被美

① See Harvey's *Coin on Money*, *Trusts*, *and Imperialism*, passim.

国资本家利用，以压低美国劳动者的工资。“通过明智的法律和公平的条件，我们本可以将我国土地耕种者的生活提升到中产阶级的水平，然而大量其他大陆的穷苦人拉拽着他们的衣服，拖累着他们。我们国家就像一个安全阀，让旧大陆的不满有了一个发泄之处。一旦这个阀门关闭，不消二十年，欧洲的每一个君主都将被推翻。……旧世界的人民既然不得不在饿死和反抗暴君之间做出选择，则必然会推翻他们的压迫者，并把他们撕得粉碎。”紧随其后的是对欧洲各民族推翻统治者的呼吁。欧洲各国的反应是宣战，在随之而来的严重国际冲突之中，美国作为一个主动进击的解放者登陆欧洲。贝尼泽特总统最后自然取得了胜利，甚至仅仅通过让他们识字便解放了俄国人。为了维持和平，他还建立了一个世界 88
政府。①

由此看来，平民主义和沙文主义在1890年代的美国同时壮大起来，并非事出偶然。排外型民族主义的兴起是全国性的，绝不仅仅局限于平民党人势力强盛的地区；然而在全国各阶层人口当中，民族主义在平民党人身上确实表现得最为突出。并且正是在沙文主义议题上，全国支持布赖恩和平民党的地区，在黄色报刊(yellow press)和众多政治领导者的协助下，实现了与城市大众的和睦友好，他们从未通过经济议题达成过这种成功。甚至保守派政客们也意识到了，尽管他们和内陆地区的民众之间缺乏实现和

① Ignatius Donnelly: *The Golden Bottle*, pp. 202 ff. 唐纳利在他的前言中说道：“如果任何人愚蠢到认为人民党的胜利意味着对整个世界宣战，我将感到遗憾。”然而我们在这里关心的并非平民党人在这个世界上的目的，那毫无疑问是相当纯真的，我们关心的是唐纳利的幻想所揭示出来的情感。

谐的基础,在战争中却能够找到统一的基础。

首当其冲的,对平民党人来说也是他们首要的敌人,便是英国——黄金势力的中心。《“硬币”的金融学校》以一篇更出色的抨击英国的檄文作为结尾:“如果有人认为我们必须采用英国人选定的金属来铸造我们的钱币,而且在这个问题上无权做任何独立选择,那就让我们来试试看是否真有这回事罢。不去尝试便告放弃,这可不是美国人的风格。如果事情真是那样,就让我们在‘合众国’前面缀上‘英格兰’的字样,让我国从此在世界民族之林中除名。对英国的战争,将是地球上有史以来最为民众所支持的战争……人类发动的最为正义的战争。”[①]共和党的一些领导者,1890 年曾试图通过《谢尔曼购银法》来安抚“银币派”当年高涨的情绪,到了 1894 年这个多事之秋,为了争取西部民意,这些人又做出了一个战略性的举动。5 月 2 日,伦敦召开了一个有关货币双
89 本位制的非官方会议,布鲁克斯·亚当斯和科罗拉多州的沃尔科特参议员代表美国的双本位支持者出席了会议;十五名杰出的参议员,其中包括几位共和党显要,以电报的方式通告了他们对国际货币双本位制的批准。洛奇参议员在参议院提出,假如英国不同意双本位制,便将通过一项针对她的歧视性关税(discriminatory tariff),以迫使其接受;这一策略的精打细算之处在于,它将西部一些“银币派”沙文主义者与恐英派们联合在了一起。[②]

① *Coin's Financial School*, pp. 131-132.

② Nevins, op. cit., pp. 608-609.

这项动议最终被克利夫兰派民主党人挫败了，但到了第二年，便轮到民主党对沙文主义情绪来加以利用，他们在委内瑞拉事件[①]中表现出了高度的好战性，这是克利夫兰政府为数不多的真正得到民众支持的举措。[②] 西海岸的一份报纸说出了很多美国人的心声："只要我们的金融制度不改变，我们就是英国的俎上肉，[战争]是我们的唯一出路。"[③]"战争是个好东西，哪怕我们战败，"来自内华达州的银币派参议员威廉·M.斯图尔特(William M. Stewart)这样宣称道，"因为它将让我们摆脱英国银行的统治。"[④]一名众议员，来自一个平民党势力强大的州，给国务卿奥尔尼写信，祝贺他魄力十足的外交决策堵住了平民主义和无政府主义的枪管。[⑤] 美国驻哈瓦那领事还力劝奥尔尼在古巴战争中采取强硬的仲裁或干预政策，以便让政府和支持优质货币(sound-money)的民主党人[⑥]站在一条战线上；如此，要么可以因停止暴行而加

---

① 委内瑞拉事件：19世纪以来，委内瑞拉与英属圭亚那的边界划定一直有争议。1885—1886年，英国突然在原争议边界的基础上将边界西移，如此原属委内瑞拉的30万平方英里领土将归属圭亚那，背后的原因是该地域发现了金矿。英委关系开始恶化。1895年，国务卿理查德·奥尔尼依据门罗主义，提出美国有权介入该争端的解决，美英陷入外交上的紧张。该事件以1897年美英签署一项条约，确定英国保有这块殖民地60年而告平息。——译者

② 关于这一事件背后的国内压力，见 Nelson M. Blake: "Background of Cleveland's Venezuela Policy," *American Historical Review*, Vol. XLVII (January 1942), pp. 259-277。

③ James A. Bames: *John G. Carlisle* (New York, 1931), p. 410.

④ Nevins, op. cit., p. 641.

⑤ Alfred Vagts: *Deutschland und die Vereinigten Staaten in der Weltpolitik* (New York, 1935), Vol. I, p. 511.

⑥ 即金派民主党人。——译者

分,并因此收买古巴的人心,要么便能"赢得一场战争的胜利,如果说会发生战争的话。若是后一种情况,则战争的狂热,民众的踊跃
90 参军,众多失业者获得工作机会,都将大大有助于人民的心智从他们无病呻吟的痛苦中转移开去,而以往人们曾错误地认为'自由银币'运动也能收到这样的效果。"①

委内瑞拉问题解决后,沙文主义者们的注意力转向了古巴。受压迫的古巴人的境况,很容易让这个国家的平民党人有物伤其类之感,于是他们也加入了国内主流,呼吁政府实行积极干预政策。布赖恩败选后,银币派活跃的地区由于国内议题受阻而产生的民间挫败感,似乎在古巴问题上找到了排解渠道。他们终于找到了一个可以击败"金虫子们"的议题。不论是大公司和银行共同体,还是克利夫兰与麦金利政府,对于全国普遍流行的圣战狂热都无甚好感,保守派与平民党人在媒体上更是一直激烈地彼此攻伐。华尔街被指责对与人性攸关之事一贯地漠不关心;另一方面,平民党人则被指控在支持战争的遮掩之下,夹带着通货膨胀政策的私货。明确的一点是:"主张干预古巴的国会领导者们,多数来自南部、西部那些平民党人和银币派势力最强的州。"②并且,麦金利之所以在很多共和党人的游说下向民众的战争要求低头,原因之一是在 1898 年显得尤为突出的一种普遍恐惧,即担心民主党人在下

① Vagts, op. cit., Vol. II, p. 1266 n.

② J. E. Wisan: *The Cuban Crisis as Reflected in the New York Press* (New York, 1934), p. 445;关于这场危机与 19 世纪 90 年代公共情绪的关系,见 Richard Hofstadter: "Manifest Destiny and the Philippines," in Daniel Aaron, ed.: *America in Crisis* (New York 1952)。

次总统选举时，将祭出“自由银币！ 自由古巴！”（Free Silver and Free Cuba）这一极具煽动性的标语，作为他们的战斗口号。[①] 沙文主义并不局限于某一个阶级、地区或政党；然而平民党人控制的地区确是沙文主义的先锋，他们制造了强大的舆论压力，结果是带 91
来了一场毫无必要的战争。战争结束后，当发起这场运动的经济和心理气候都已不复存在，他们的势力也便归于瓦解和迷茫。他们中的多数人，在支持战争之后又加入了反帝国主义事业，以放弃战争果实来体现其高风亮节。托马斯·E. 沃森是少数自始至终反战的平民党人之一，他后来坚持认为“西班牙战争冲垮了我们，军号的声音淹没了改革者的声音”。[②] 事实上，改革事业的弹性本是非常强韧，不该被一场短期的战争永久地摧垮；然而在这一时期，“自由古巴”的确取代“自由银币”成了公众兴趣的焦点，等到改革再次抬起头来时，已是一张不同的脸了。

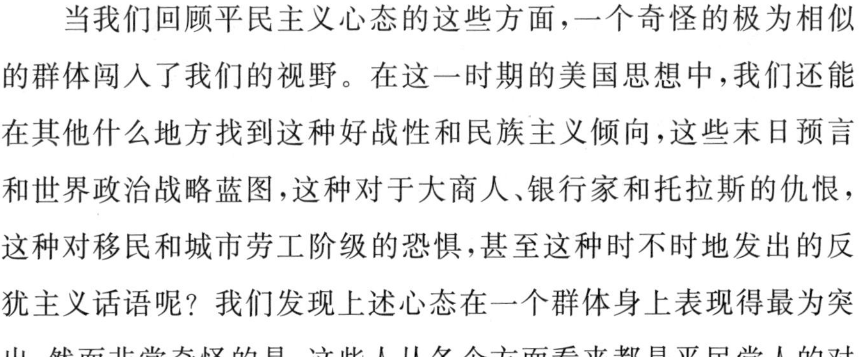

当我们回顾平民主义心态的这些方面，一个奇怪的极为相似的群体闯入了我们的视野。在这一时期的美国思想中，我们还能在其他什么地方找到这种好战性和民族主义倾向，这些末日预言和世界政治战略蓝图，这种对于大商人、银行家和托拉斯的仇恨，这种对移民和城市劳工阶级的恐惧，甚至这种时不时地发出的反犹主义话语呢？我们发现上述心态在一个群体身上表现得最为突出，然而非常奇怪的是，这些人从各个方面看来都是平民党人的对

① Vagts, op. cit., Vol. II, p. 1308 n.

② Woodward: *Tom Watson*, p. 334.

立面。从1880年代末期到1890年代，美国东部出现了一个帝国论(imperialist)精英小团体，总体来讲这批人和曾经的“中立派”[①]是同道，其代表人物都是一些可靠而令人尊敬的人物，如亨利·亚当斯和布鲁克斯·亚当斯、西奥多·罗斯福、亨利·卡伯特·洛奇(Henry Cabot Lodge)、约翰·海(John Hay)，以及阿尔伯特·J.贝弗里奇(Albert J. Beveridge)。当银币派公开地、激烈地冲着银行家和犹太人发泄怒火时，布鲁克斯·亚当斯和亨利·亚当斯兄弟也在他们那阴郁挖苦、玩世不恭的私人信件中表达着同样的感受，还带着一种奇怪的反讽意味，承认他们与当下那些暴民还真有些亲缘性。平民党众议员和报刊叫嚣着与英格兰和西班牙的战
92 争，罗斯福和洛奇也做了同样的事，利斯夫人提出了她那瓜分世界和去热带地区殖民的宏伟计划，罗斯福、洛奇、贝弗里奇和马汉这些人则制定了更为现实主义的计划，目的在于占领市场和扩张领土。正当平民党读者们回味着唐纳利的末日论故事时，布鲁克斯·亚当斯和亨利·亚当斯也在为他们心目中那文明终结之日的即将来临而叹惋不已，甚至以乐观主义著称的西奥多·罗斯福，对于“布鲁克斯·亚当斯对于我们未来的至为晦暗的展望——金元充斥、高利贷者横行、资本主义凌驾一切”——都心有戚戚焉。利斯夫人曾写道：“我们的工业世界需要一个拿破仑，以鼓动和教育的方式领导人民清晰地认识到他们所处的境况，以及可能的改

① “中立派”(Mugwumps)：国内有译者将该词译为“独立派”，此处改译为“中立派”。一方面强调“中立派”自身立场的不偏不倚，一方面区分于1870年代同为共和党内的派系Independents，该词译为“独立派”当更为恰当。——译者

革措施。”[1]就在她写下这些话后不久，罗斯福和布鲁克斯·亚当斯便谈起了“八小时工作制”运动面临的威胁，以及关于这个国家即将被托拉斯控制者“奴役”的危险，他们还半开玩笑地说起，罗斯福可能最终将领导“那些情绪激烈的各阶级来一次伟大的总爆发，从而至少给‘经济人’以暂时的打击”。[2]

这个帝国论精英团体中的那些绅士们，不光在学识和家世上 93
比平民党人高出很多，他们还看不起后者。我相信，这两股完全不同的社会力量之所以奇怪地在相似的观念下会聚一堂，可以如此解释：即不论是帝国论精英，还是平民党人，都因为工业化的进展而备受冷落乃至于羞辱，于是二者都起而反抗工业和金融资本家对这个国家的统治。那些绅士们认为，他们这个阶级和群体原本拥有权力和地位，现在却被暴发户般的制造商人、铁路商人，以及

① Lease, op. cit., p. 7. 托马斯·E. 沃森于1902年写了一部冗长的传记《拿破仑传：简述他的人生、性格、奋斗和成就》(*Napoleon: a Sketch of His Life, Character, Struggles, and Achievements*)。该书中，拿破仑这个“来自不起眼的科西嘉岛、身无分文的毛头小子，这个凭着自己在性格、天赋和意志力上的巨大力量，让整个世界为之震撼的盖世英雄”，被冷静地描述为“伟大的民主暴君”。在另一个场合沃森还说道：“当今之世，不管是哪一个铁路大亨，哪一位出身草根却在资本和劳工的宏大运动中成长为佼佼者的自我造就之人，都能在自己的性格中找到拿破仑的特点；那百折不回的目标感，那孜孜不倦的恒心，谋划时的隐忍，奔向胜利时的冷静……”——以至于沃森的传记作者曾提出这样一个问题：当平民党人赞美铁路大亨们的美德，对贪得无厌的资本家的形象加以美化，以供人民膜拜时，他究竟在干些什么呀？“这难道不是犹太人和腓力斯丁人崇拜着同样的神祇吗？就好像这两个阵营唯一争执不休的，是在赢得的所有战利品中，谁应该多分得一些？”Woodward, op. cit., pp. 340-342.

② Matthew Josephson: *The President Makers* (New York, 1940), p. 98. 约瑟夫森这本书的前三章对帝国论精英进行了淋漓尽致的刻画。丹尼尔·阿隆对布鲁克斯·亚当斯也有过富于启发的分析，见 Daniel Aaron: *Men of Good Hope* (New York, 1951)。

最有权势的银行家族夺去了，他们要拿回属于他们的东西。平民党人则要求农业利润的回升和大众政府的重建。这两个人群都感到自己在工业文化中郁郁不得志，且面临同样的敌人。他们在无数的问题上有着分歧，但都有着强烈的民族主义倾向，并且在九十年代那绝望和焦虑的氛围中，他们都欢迎战争的到来，只要那战争能让金钱势力摔下马来，或者至少给它制造一些麻烦。当然如果能推翻现有的政治结构就最好了，那将为长期在野的农民领导者们，以及雄心勃勃的绅士们创造新的机遇。然而，如果说这一时期产生了现代威权主义运动的先驱或相似物，那就有夸大其词的危险了。这个时代比我们的时代要更加纯真，也更为幸运，和 20 世纪那更加晦暗的现实比起来，1890 年代的很多事件都呈现出一种喜剧色彩。最后，人们看到的是一场很小的战争和一场迅速的胜利；当农民和绅士们最终在政治上联合以后，产生的只不过是一场温和的进步主义改革；那个骑着白色战马前来的人，原来不过是曾活跃于校拳击队的一位哈佛大学毕业生，他满脑子充斥着的尽是些陈词滥调，对玩玩民主的游戏倒是满心欢喜。

第三章　从悲情到平价

一、失败里的成功

在对 1890 年代农民反叛的解释中，普遍存在着一种矛盾。一 94
方面，反叛的失败一次又一次地被说成是美国农民被最终打败。约翰·希克斯在他关于这场运动的历史的研究中称，平民党人进入了"一场斗争的最后阶段，这是一场旷日持久的，也许正在输掉的斗争——即把农业美国从工业美国那张正狼吞虎咽的血盆大口中拯救出来的斗争"；另一位历史学家也认为平民主义"是美国农业利益集团的最后一次联合行动……是扎根土地上的农民反击工业化文明的最后一次尝试，后者很快便要将他们彻底征服了"。①可是另一方面，你也能毫不费力地列出一个庞大的单子，单子的内容是那些从前被嘲笑，然而在布赖恩败选后不到二十年便已得到执行和落实的平民党人提案。这单子自然体现了平民主义的长期力量，也表明平民主义时期的农业运动，其实对进步主义改革的黄

① *The Populist Revolt*, p. 237; Louis Hacker in Hacker and Kendrick: *The United States since 1865* (New York, ed. 1949), p. 253. 相似的观点可见于 Woodward: *Tom Watson*, p. 330。

金时代影响甚巨。[①] 一场运动，其提出的方案从长期来讲取得了如此广泛的成功，然而就这场运动所代表的阶级而言，何以又最终
95 成了一场灾难性的失败呢？

两种观点都有正确的成分。平民主义和布赖恩主义，的确是将农民两面性中那所谓“软”的一面纳入全国性大众运动的最后尝试。然而若就此下结论，认为这类改革的消失意味着农业的总体和最终失败，则充其量只是体现了现代自由派对农业挽歌的悲情(pathos)的一种致敬罢了。平民主义与布赖恩主义失败后，以及那些农业宣传语汇淡退之后，农民运动的“硬”的一面——由于有农业商业化作为现实基础——反而发展得更加强劲和旺盛。正是在麦金利击败布赖恩以后的二十年内，农业经历了现代和平条件下最为繁荣的一段时期，当然这是指在 1945 年以前；同样是在这二十年内，农业在全国立法的层面上也取得了最伟大的成果。

一场建立在农业意识形态旧日话语基础上的政治运动的失败，不能等同于作为一种经济利益的商业化农业的失败。显然没有人会认为，假如布赖恩在 1896 年成功了，这个国家的工业化进程，以及相应的乡村农业人口数量的下降趋势，就会发生显著的停滞。然而，尽管平民主义运动失败了，却的确可以说它激发了一股农业结构变革和农民反抗的潮流，这股潮流后来逐渐影响了全国。取得这些胜利的必要前提，是农业市场环境和国家政治气候发生了变化。以第三党意识形态政治为基础，试图将“农业至上论”发

---

① Hicks: *The Populist Revolt*, chapter xv; Hacker and Kendrick, op. cit., pp. 257, 352-353.

展成为一场大众运动的尝试已经过时了，取而代之的只能是在既
有政党体制的架构下，开发现代压力政治和游说活动的方法。在
我国农业政治的发展历程中，平民主义实际上表现为一段过渡时
期：它最后一次重申了一系列旧有的思维方式，但也昭示了某种新
方向。对于美国农业中那些领军人物来说，他们既受到了平民主
义所取得成就的激励，也从平民主义的失败中吸取了教训。平民 96
主义绝不是农民的最终失败，而是美国在发展高效农业组织的进
程中，迈出的那犹疑不决的第一步。

美国农业组织（agrarian organization）一直在两种发展方案之间徘徊不定：其中一种方案主要以地方和区域问题为基础，落实方式以非党派行动为主，另一种则以更广泛和更具综合性的目标为基础，一般通过第三党行动实现。1870 年代格兰其运动的重点在各州，只是在 1875 和 1876 这两年，当其威望和会员人数都显著下降时，该运动才战战兢兢地触及了全国立法。[①] 标志着平民党发端的各种“农民联盟”，最初也只是一些商业、教育和社会组织，且通常带有明确的非党派色彩。同格兰其运动不一样，“农民联盟”运动迅速而坚决地走向了政治行动，及至 1880 年代末农民大量参与进该运动后，发展成一场第三党运动的可能性已经非常高了。最初，平民党人在 1890 年州选举和国会选举中曾取得过让人印象深刻的成功，之后他们怀着更大的热忱投入了 1892 年总统选举的组织工作。南方的“联盟运动者”（Alliancemen）主要通过民主党

① Solon J. Buck: *The Granger Movement* (Cambridge, 1933), p. 122.

开展工作；然而1892年格罗弗·克利夫兰获得民主党人提名，表明两大党都已掌握在了并不同情农民的保守派手里，这为一场全国性的第三党运动铆足了势头。

往第三党政治的方向发展，似乎已成为"联盟运动者"实现目标的一条切实可行的道路。他们与之战斗的势力太过强大，他们试图解决的问题也太过复杂，以至于借助任何弱于联邦政府，或是覆盖面不如联邦政府广阔的机构，都很难取得成功，而两大党对他
97 们的诉求却又令人沮丧地不理不睬。农业神话教会了"联盟运动者"一点，即任何不能促进农业阶级利益的政府都是失败的。这一神话也将农民运动领导者们从对当时占主导的"自由放任主义"观念的笃信中解放了出来，让他们可以毫不犹豫地宣扬任何可能让农民获利的联邦举措，不管是将交通设施的所有权收归政府所有，还是政府仓储(government warehousing)的建设。

然而为了取得成功，美国的第三党领导者们必须寻求一些不同的行事方式，而不能照搬适用于两大党的方法，因为在这些方法下第三党总是失败。从来没有一个第三党曾实现对政府的掌控，或是取代两大党中的一个。(即便是共和党，也是在某个旧大党控制的区域上产生，自创生之日起便是一个新的大党，而非由一个第三党壮大而来。)第三党常常在我国政治中发挥重要作用，但与占统治地位的两大党所起的作用不同。① 一直以来，大党都是为互

① 参看 John D. Hicks 的一篇观点敏锐的文章："The Third Party Tradition in American Politics,"*Mississippi Valley Historical Review*, Vol. XX (June 1933), pp. 3-28；另见 Arthur N. Holcombe：*The Political Parties of Today* (New York, 1924), chapter xi；关于小党的类型，见 Arthur M. Schlesinger：*The American as Reformer* (Cambridge, 1950), pp. 54ff。

惠互利(patronage)而不是原则而生;它们的目标是将各种利益联结成为一个尽可能庞大的联盟,以夺取权力;一旦获得权力,其目标又转为让党内各利益集团达成普遍满意的妥协,以便长期占有权力。小党一般与某种特殊观念或特别利益联系在一起,并且总是通过一些坚定而鲜明的方案和原则来表达自己的立场。它们向来的功能不是赢得选举或施行统治,而是激发、培育和催生新观念,为我国的政治生活提供某种动力因素。一旦某个第三党的诉求具备了足够的大众性,这些诉求便将被两大党的其中一个,或被两党同时采纳,这个第三党也便销声匿迹了。第三党就像蜜蜂:一等完成了叮刺,它们便死去。

按其原则被采纳的程度来看第三党,会发现它们在历史上取 98
得了相当显著的成功。即便是不起眼儿的“反共济会党”(Anti-Masonic Party)[①],也曾为我们的政治体制带来了取代党团会议(party caucus)的全国代表大会(national convention)制度。内战前的自由党[②]和自由土壤党在力推将奴隶制问题带入政治中心方面取得的成功,也是尽人皆知的。社会党(Socialist Party)和社会主义观念在进步主义时期发挥的道德和智识影响力,也尚未得到充分的认识。一股相对较小的势力通过第三党行动往往能发挥广泛的影响,这方面,人民党——或是平民党——便是突出案例。

① 反共济会党:1820年代末产生,是美国出现的第一个第三党。该党以“反共济会”为“单一议题”,1830年代后多数党员加入辉格党。——译者

② 自由党:活跃于1840年代,主张废奴主义的早期政党之一。该党从“美国反奴隶制协会”(American Anti-Slavery Society)分离出来,其与“协会”的分歧在于认为美国宪法是反奴隶制的,“协会”则持相反的观点。——译者

如果第三党的领导者们一直接受这样一个预设，即第三党注定将以某种“名胜实败”(failure-in-success)的结局为归宿，就不会有发起改革的勇气和决心。人民党的创立者们是如何看待他们正为之奋斗的事业的，这已无从考证，然而平民党运动初期在地方上取得的一些成功，以及韦弗将军在1892年总统选举中获得的超过一百万张的选票，似乎误导了那些创立者们，让他们相信自己未来有机会成为大党。可是今天的历史学家们已清楚地看到，那种机会是何等渺茫。1892年韦弗将军获得了总票数的8.5%，为了较好地评估他的支持率，我们应记住这个数字更接近于德布斯在1912年达到的5.9%，离拉福莱特在1924年达到的16.6%则还有一定差距。值得注意的另一点是，平民党候选人所能得到的支持具有高度的区域局限性。在一些平原州和高山州，以及南部的六七个州，韦弗得到了强有力的支持。然而在控制着选举人团55%票数的很多州，包括西部的艾奥瓦、威斯康星和伊利诺伊州，向东到新英格兰和大西洋中部地区的所有州，往南及于弗吉尼亚，平民党简直可以说毫无声息，在所有这些州中得到的支持不及总票数的5%。韦弗仅在九个州获得了超过三分之一的选票，且其
99 中好几个州的人口都很少。一句话，平民党人确实有足够能力在一些州对两大党的地方选情造成影响，或是在参议院内组织一个小集团，但也仅此而已。

人民党在吸引力上的这些局限性是不难理解的。这场第三党运动的区域被限定在农民不满最为强烈的州，这些州以种植单一作物的商品化粮食农业为主，高度依赖出口市场，且面临着特殊的交通运输问题，以及居高不下的抵押负债率。在所有其他地区，除

了人口稀少的山地州，平民党运动的势头都很弱。一些宣传文献歇斯底里地把平民党人描述成无政府主义者，或社会主义者，对此中产阶级常常信以为真，对平民党人不是嘲弄便是惧怕。劳动者们在投票时未能形成一个有意识的阶级；劳工骑士团已渐入黄昏，美国劳工联合会（American Federation of Labor）则尚在襁褓中，这两个组织以外谈不上有任何劳工运动存在。[①] 东部的农民自身面临着严重的问题，也怀着强烈的不满，他们视西部农民为竞争者和对手，感到平民党人的提案并非为满足他们的需求而设计。[②] 然而，对平民主义表现出的区域局限性最具决定意义的，或许是它在老西北地区的农业带诸州争取支持者时遭到的失败，就在十年前或是十五年前，这些州还是农民抗议运动的中心地区。到了
1892 年，艾奥瓦、伊利诺伊和威斯康星等州早已度过其投机型发 100
展（speculative development）的高峰期；在格兰其时期，这些州便已同铁路商、中间商们清了账，如今比起远西部地区，它们的苦难要轻多了。最重要的是，乳业这一繁荣且收益更快的产业，以及更

① 伊利诺伊州的经验表明，当劳工的阶级意识强烈到足以成为一个独立政治角色的时候，他们常常倾向于某种集体主义方案，而这与平民党人的一般观念是不相容的。参看 Chester McA. Destler：*American Radicalism*，*1865—1901*（New London，1946），chapters viii，ix，xi；Daniel M. Feins：*Labor's Role in the Populist Movement*，*1890—1896*，unpublished M. A. thesis，Columbia University，1939。

② Lee Benson：*The New York Farmers' Rejection of Populism*：*the Background*，unpublished M. A. thesis，Columbia University，1948. 美国农民在意识形态上有很多共同点，然而美国农业具有高度的异质性，以至于农民们的具体利益常常是直接冲突的。关于农民们在具体利益上的差异，参看 Herman C. Nixon：“The Cleavage within the Farmers' Alliance Movement，” *Mississippi Valley Historical Review*，Vol. XV（June 1928），pp. 22-33。

为稳定的玉米-生猪联合产业——这两个产业都不像小麦和棉花那样高度依赖于出口和海外市场——已经在很多地方替代了小麦种植。[①] 一个可观的地方城镇市场已在这些州中成长起来，农业从总体上来讲更加繁荣了。不但 1892 年的韦弗失去了这些州的支持，哪怕是四年后的布赖恩，在一场严重的经济萧条中打着一个大党的旗号来竞选，也未能拿下伊利诺伊、艾奥瓦、明尼苏达和威斯康星这几个州，并且最终因为选民支持不足而输掉了选举。在这些州中，乳牛和生猪业的稳步发展对农民运动势头所起到的缓和作用，丝毫不亚于马克·汉纳用来收买人心的资金。

平民党人在 1894 年国会选举和州选举中达到了实力的最高点，然而一些迹象表明，作为一股第三党势力，这场运动已经在走
101 下坡路了。尽管两大党在全国层面上仍受着保守派的控制，但在

① 在西部，小麦作物的普及率与第三党行动的重要性之间实际上几乎有着某种直接的联系。关于农业多样化和乳业、玉米-生猪农业的发展所带来的社会稳定效应，一份出色的阐述可见于 Chester McA. Destler："Agricultural Readjustment and Agrarian Unrest in Illinois, 1880—1896," *Agricultural History*, Vol. XXI (April 1947), pp. 104-116。还可参见 Benton H. Wilcox："An Historical Definition of Northwestern Radicalism," *Mississippi Valley Historical Review*, Vol. XXVI (December 1939), pp. 374-394；Benton H. Wilcox：*A Reconsideration of the Character and Economic Basis of Northwestern Radicalism*, unpublished Ph. D. dissertation, University of Wisconsin, 1933, pp. 56-58，关于西北地区各地差异的富于启发的讨论，也散见于本文。还可参见 Clyde O. Ruggles："The Economic Basis of the Greenback Movement in Iowa and Wisconsin," *Mississippi Valley Historical Association Proceedings*, Vol. VI (1912—1913), pp. 142-165，尤其第 154—157 页，叙述了农业多元化和乳业的发展如何在前些年妨碍了绿背党的主张获得支持，一如其后来对平民主义造成的影响。关于艾奥瓦州的繁荣情况可参见 Herman C. Nixon："The Populist Movement in Iowa," *Iowa Journal of History and Politics*, Vol. XXIV (January 1926)，尤见 pp. 3-45, 68-70, 99-100, 103-107。

地方层面上它们是灵活的，足以在平民党人占优势的地带对这场第三党运动加以阻截。在堪萨斯州，平民党人本已在1892年取得了决定性的胜利，足以令他们牢固地把控州议会，可是该州的共和党人很快将平民党人骗进了一场徒劳无功的“立法战争”，导致后者最终未能完成任何重要立法。[1] 其他地区——比如明尼苏达州和内布拉斯加州——的经验表明，一旦平民党人制定出一些旨在解决本地农民问题的计划，则这些议题不是被两大党处心积虑地挪用过去，从而令当地平民主义运动的能量被抽干，便是被他们自己导入一些不完善的立法运动，而这些立法根本无法在怀有敌意的保守主义立法院存活下来。[2] 在南部，黑人问题被有效地加以利用，以将公众注意力从改革转移开去。1893年以后，平民党人也不得不搜肠刮肚地寻求一个综合性议题，以令自身形成一种全国性的广泛吸引力，他们试图将各地区的力量汇集起来，以对两大党颇为稳固的全国性领导地位构成挑战。

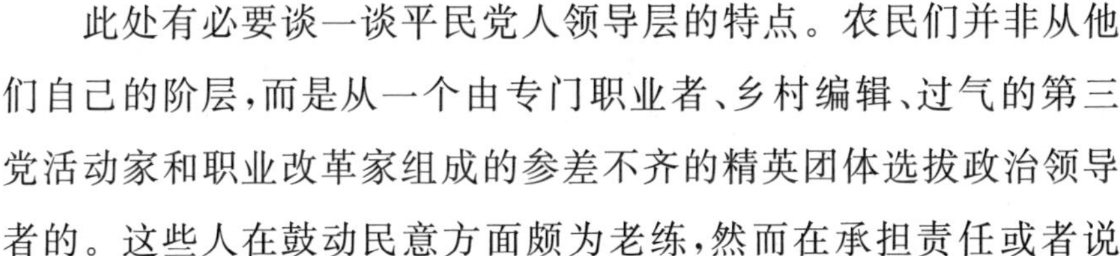

此处有必要谈一谈平民党人领导层的特点。农民们并非从他们自己的阶层，而是从一个由专门职业者、乡村编辑、过气的第三党活动家和职业改革家组成的参差不齐的精英团体选拔政治领导者的。这些人在鼓动民意方面颇为老练，然而在承担责任或者说

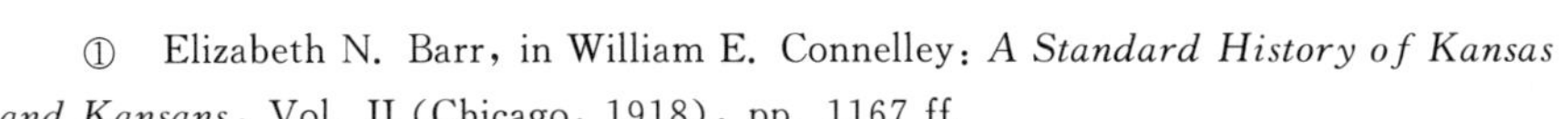

① Elizabeth N. Barr, in William E. Connelley: *A Standard History of Kansas and Kansans*, Vol. II (Chicago, 1918), pp. 1167 ff.

② Hicks: *The Populist Revolt*, chapter x；关于明尼苏达州的情况，参见 Hicks: “The People's Party in Minnesota,” *Minnesota History Bulletin*, Vol. V (November 1924), pp. 547 ff。

102 掌握权力方面,他们的经验却很少。[1] 值得特别注意的是,这场“激进”运动的领导层里充斥着一大批生于杰克逊时代的老人,一些身经百战、两鬓斑白的老兵,他们从格兰其运动、绿背党人运动和反垄断运动一路走下来。他们中的很多人,比如韦弗将军,对匡扶正义有深沉的热情;但也有投机分子或狂热分子,苦于未能在现有政治机器中为自己谋得一个职位而已。很多人长期以来饱历了令人倦怠的失败,在他们看来,九十年代的危机似乎意味着一个新时代的到来,第三党运动终于有了成功的希望。正如大党领导者们所知晓的,他们极其渴望成功,这让他们对诱惑没有太多抵抗力:他们可能很容易地被说服放弃其改革计划的大部分内容,只要那能让他们赢得选举。

平民党领导者们还面临着一个长期困扰他们但绝非他们自身过错的劣势:资金匮乏。很多人尚未体悟到的一点是,平民党人可

---

① 哪怕是在农业人口众多的艾奥瓦州,从 1844 年到 1938 年之间被选派到国会的 419 名议员中,也仅有 15 人出身农民。其他代表都来自专门职业(其中 309 名为律师)和商业领域。在这 15 位农民议员中,12 人是在 1844 年到 1890 年间选出的,3 人出自 1932 年到 1938 年——无一人出自 1890 年到 1932 年期间。Johnstone:“Old Ideals versus New Ideas,” pp. 156-157. 关于领导层的问题,亦可参看 Hicks: *The Populist Revolt*, pp. 151-152。

对唐纳利文件加以考察会发现,在明尼苏达州农民联盟的组织工作中,乡村中产阶级扮演了重要角色。农民都太忙了,无暇顾及竞选演说或组织工作,而那些将务农放在次要位置,以其他商业利益为主业的人们——比如那些向农民转卖商品,因而对农业繁荣有一定依赖性的小商人们——却有时间来承担这些任务。对他们来说,把鼓动选民和推销商品这两件工作结合起来是可能的。运动领导者的缺乏,让那些乡村狂热分子迎来了一个机遇,让他们的观念有了一个相当不错的职业发挥场所。有鉴于此,人们也不太能够确定平民主义思想中那些较为极端的表征,究竟是代表了农民自身,还是只能代表这些乡村鼓动家。

使用的资金数额之少，从一开始便已注定了他们的运动——由于生存所迫，而非因腐败所致——将被廉价地出卖。在银币利益群体那里，他们找到了买家。必须牢记的是，农民的热情常常是慷慨的，在金钱上却往往难以做到慷慨。不夸张地说，让那些贫困交加的农民拿出哪怕五分钱来也不是一件容易的事，而无论是“农民联盟”、人民党，还是那些充当运动喉舌的不计其数的小报刊，全都是小本经营。举例来说，1890 年“农民联盟”声称拥有一百万农民会 103
员，可是“联盟”出纳官当年度的报告显示，会员费的总金额仅为 11,231 美元。要知道哪怕每个会员缴纳五美分的会费，总额也该有 50,000 美元啊！[1] 1895 年，艾奥瓦州的平民党人因多方筹措竞选资金无果，最后只得增收一笔每人五分钱的捐税——如此也只收到了 317 美元。[2] 有时，一些家道殷实的农民倒也愿意乃至渴望出一份力，可几乎完全无法办到，因为他们土地虽多，收入却少。他们中的一位写信对伊格纳休斯·唐纳利说道：“……1881 年 8 月 29 日以来我所付出的辛勤劳动，使我陷入了这样一个窘境，没法为世界上最正义的事业拿出一个子儿。除非在一种条件下——就是你能帮我找到一个人，让他按每英亩 35 美元的价钱从我这里买 240 英亩土地（共 8400 美元）上的庄稼。那样我就可以拿出 800 美元……不只是这 800 美元，我还可以继续当牛做马地工作，直到我们赢得胜利的那一天。”[3]平民党成立之初，可用于政治竞

① Orville M. Kile：*The Farm Bureau Movement*（New York，1921），p. 28.

② Nixon：“The Populist Movement in Iowa，” p. 81；还可比照第 82 页的哀挽词。

③ A. L. D. Austin to Ignatius Donnelly，June 19，1896，Donnelly Papers.

选的物资的确少得可怜。在1891年,一些平民党领导者相信,假如他们有几千美元可供花销,他们就能让肯塔基州选举中的所有平民党候选人当选。[①] 到了第二年八月初,明尼苏达州选举中的平民党人仅筹集到了400美元,尽管以质押品形式捐献的、尚未募集到的款项金额要大得多。[②] 平民党人寄望于1892年在阿肯色、
104 佐治亚和佛罗里达这三个州筹集2000美元选举资金。[③]

从1889年到1893年期间发生的三件事为银币运动提供了巨大推力。1889到1890这两年间,银币运动活跃的六个西部州——包括爱达荷、蒙大拿、北达科他、南达科他、华盛顿和怀俄明州——都被接受加入了联邦,参议院内的银币小集团大大扩张了。1893年经济萧条来临,那些一直以来承受着因价格下滑而导致的最严重后果的地区,陷入了更加艰难的境地,同时人们对以往的一些补救措施开始发生了兴趣。同一年发生的联邦财政危机,以及《谢尔曼购银法》在格罗弗·克利夫兰要求下的撤销,也进一步激怒了那些银币通货膨胀论分子,促使西部那些银矿利益集团开始

① H. E. Taubeneck to Donnelly, July 2, 1891.

② Donnelly to K. Halvorson, August 5, 1892.

③ Taubeneck to Donnelly, July 27, August 4, 1892. 同样的困难在"农民联盟"的组织工作中也曾构成困扰。"我组织'联盟'的过程中遇到的最大障碍,就是钱包里连五十美分也没有,"一位"联盟"组织者写信告诉唐纳利。另一位则说道:"……一些地方的资金是如此捉襟见肘,以至于想找到7个愿意拿出50美分的人都是一件难事。"一个农民来信说:"我们农民确实很穷,可我想我们每人出个10美分还是没问题的。"Letters to Donnelly, June 10,11, 1890, July 18, 1891. 唐纳利文件中随处可见这样的例证。由于无力为"联盟"的讲座提供薪水,"联盟"领导者们做了这样的尝试,即在讲座的场所设一个保险代销处,讲师们可以兜售保险并将收入归为己有。在明尼苏达,这个办法引起了对这类保险公司的一番争夺。

采取行动。

自由铸造银币这个理念并非专属于人民党，在人民党的政治纲领中，这一条也算不上多么“激进”。比如，堪萨斯州共和党人的政纲中就长期包含自由银币的主张，两大党在国会中也都分别有一个银派小团体。众议院在撤销《购银法》时，占一半的民主党众议员还为一项未能成功的支持自由银币的修正案投了赞成票。毕竟，黄金单本位制在美国也直到1870年代才成为一项政策，在1890年代初，尚可将自由银币说成是向一项旧政策的回归，而不是一次剧烈的革新。自由银币的理念继承了美国货币通胀论的旧旗帜，从内战到绿背党人运动，这面旗帜一直飘扬。尽管自由银币理念此前曾饱受冷嘲热讽，在九十年代的民众思想中又被当成独
一无二的万灵药，但值得注意的一点是，从债务人的角度看来，不 105
管银币通货膨胀这项政策有多少不足，它却绝非一无是处。

然而，对那些最为坚定的平民主义激进派来说——其中包括亨利·德马雷斯特·劳埃德（Henry Demarest Lloyd）[①]等人，他们希望把平民主义运动打造成美国社会民主运动的第一步——自由银币理念却无异于一个陷阱，一种妄念。平民党人最初的政纲涵盖了一系列旨在应对土地、交通和金融等核心问题的改革；一些人力挺这一较为平衡的纲领，要求交通设施收归政府所有，以及政府对农业信贷实行补贴；在他们看来，自由银币是一种危险的执念，

① 亨利·德马雷斯特·劳埃德（1847—1903）：美国早期“耙粪派”记者、进步派政治活动家，长期任职于《芝加哥论坛报》，以其对标准石油公司发家史的揭露闻名。——译者

可能过度占据公众的注意力，从而不利于全方位的改革运动。[①]然而大多数“实际的”(practical)、对成功极端渴求的人民党领导者——比如韦弗将军，以及来自伊利诺伊州的人民党终身主席赫尔曼·陶贝内克(Herman Taubeneck)——则认为自由银币这一议题能让这场第三党运动扩大其选民基础。于是政党成了派系争锋的战场，少数派希望坚持最初的、最“纯粹”的平民党政纲，包括那些被认为是极端激进的、集体主义的计划，多数派则希望靠银币取得成功。

由于平民党领导人的所有决策都以银币议题为核心，一切便成了对如下这一前提的赌博：即在 1896 年以前，无论是马克·汉纳的共和党还是格罗弗·克利夫兰的民主党，都不会接受自由银币议题。在此前提下可以合乎情理地推定，两党内部为数众多的银派势力都将脱党(共和党内的银派后来确实脱党了)。据估计，随后所有的银派势力将联合为一个新政党，该党将在事实上居于大党的位置，而人民党领导者们一定会在这个党内扮演主要角色。简言之，人民党的领导者们试图将银币议题构建成一座桥梁，以把他们自身同两大党内的银派势力联结起来。他们的确成功地建起
106 了一座桥梁，可是到了最后，桥上车辆行进的方向却与他们所期望的相反。

正是在此意义上，一场有组织的银币运动的重要性凸显出来了。目前还没有关于这场运动的历史著作问世，人们关于这场运动的见解也只是建立在颇为零散的证据基础上；然而有理由相信

① 参看 Miller：*The Populist Party in Kansas*，pp. 144-147，162。

的是，银币运动的组织策动是我国历史上最出色的营销工作之一。哪怕以当时的标准看来，这项工作中可用的资金也相当匮乏。然而确有一笔可观的经费可资利用，那就是不满者的力量，这场运动也确实对其进行了充分利用。运动组织者们为一批编辑、政客和小册子作者们提供了津贴；他们还在联邦的几个州中组织了一年一度的银派代表大会；通过“美国复本位制联盟”这样的机构，运动在各地有接受能力的听众中传播了这样一个观念，即仅仅使用自由铸造银币这单独一个应对办法，这个国家所有的根本问题便都能得到解决。

摆在人民党领导者们面前的问题，是应当与银派势力分庭抗礼，反对他们在改革运动中强推一项单独的议题呢，还是应当顺时应势，加入银派这一曲气势恢宏的合奏？接受银币议题就意味着降低其他议题的声调，这不仅是因为“自由银币”这粒万灵药风头正劲，大有取代其他议题之势，也因为一旦接受银币议题，就要向保守派们（比如那些银矿矿主们）寻求支持，而这些人并不支持平民党人的其他议题。讲求实用的领导者们倾向于与银派合作。如同陶贝内克在一封信中对唐纳利所说的，领导者中有不少人害怕一旦他们在这场银币运动的浪潮中置身事外，人民党就成不了一个代表左翼的新政党，而将仅仅沦为“一个即将被组织起来的伟大第三党的前身，一如废奴党[①]（Abolition Party）之于共和党”。[②]

随着时间日益临近1896年芝加哥民主党全国大会，平民党人

① 原文如此，应指1840年代的自由党。——译者

② Taubeneck to Donnelly, January 29, 1894, Donnelly Papers.

越来越清楚地看到，和他们预计的相反，银派势力在大党中取得了
107 优势地位。当民主党人以超过三分之二的票数通过一项赞成自由银币的政纲后，平民党人考虑提名从共和党内分裂出来的银派、参议员特勒[①](Teller)作为候选人；然而当特勒本人也支持了布赖恩以后，平民党人已陷于势单力孤之境。他们唯一的议题——自由银币——如今落入了布赖恩和民主党人之手。如果他们提名一位本党候选人，并强调他们自己的政纲，则不仅他们的多数选票将肯定流向布赖恩，而且——他们是这么想的——更加危险的是，可能带走足够多布赖恩的选票，从而令他败选，而让麦金利胜出。如果他们支持布赖恩，则他们作为一个政党的地位就肯定到头了。胜利的呐喊最终占据了上风，同时也是联合派(fusionists)玩弄一系列手段的功劳，在圣路易斯召开的平民党全国大会宣布支持布赖恩，完成了自杀。[②] 对平民党中不少成员来说，这真是一味苦涩的药；其中包括那些坚守原则的改革者，他们对“自由银币”这颗万灵药的局限洞若观火，但最受打击的还是南方平民党人，因为他们的党组织是在最顽固、最穷凶极恶的南部民主党人的牙缝之间建立

---

① 亨利·M.特勒(Henry M. Teller，1830—1914)：科罗拉多州国会参议员，切斯特·阿瑟总统任期内曾任内政部长。——译者

② 关于银派势力要的策略，参看 Elmer Ellis：*Henry Moore Teller* (Caldwell, 1941) and “The Silver Republicans in the Election of 1896,” *Mississippi Valley Historical Review*, Vol. XVIII (March 1932), pp. 519-534。关于银币运动和联合(fusion)运动，可参见 Hicks：*Populist Revolt*, chapters xi-xiv；Woodward：*Watson*, chapters xvi, xvii；Destler：*American Radicalism*, chapter xi；Nixon：“Populist Movement in Iowa,” pp. 67-100；Fred E. Haynes：*James Baird Weaver* (Iowa City, 1919), chapter xvi；Hicks：“The People's Party in Minnesota,” pp. 548-558；Barnes：*Carlisle*, pp. 263-264 and chapter xvii, esp. pp. 433, 448。

起来的。

亨利·德马雷斯特·劳埃德坚持认为，大多数平民党人私下里都会承认“他们很清楚，银币问题不过是改革事业中最不重要的一部分”，并且“很多人丝毫不掩饰他们的这一看法，即自由银币根本就不是一项改革”。“平民党的代表们，”劳埃德抱怨道，“非常明白他们之所以能走到现在这一步，离不开银矿矿主们提供的大量金钱和政治资源。”然而他的结论是，党代表们恪守正直品性的意志，他们改革计划的完整性，也因为他们对成功的极度渴望，以及 108 
对各方改革势力走向分裂的恐惧，而备受摧残。[①] 他在私下里提到，自接受银币议题以来，平民党人早已铺就了自己走向毁灭的路：“我们教导大众，称‘银币’是最重要的议题，那么他们根据常识，自然会将选票投给就这一议题给出承诺的最强大的政党。”他清楚地看到，改革政党的领导权已完成了相当程度的集中化，但他似乎未能理解到，农业运动在历史上从来就是如此的：“奇怪的是，新的改革政党，也就是人民党，在大佬支配、集团统治和拉帮结派方面，比以往两大垄断政党是有过之而无不及。这个党本是‘复决权’和‘创制权’的专属代表，却因为将该党的全国主席设为终身制而显得有些自欺欺人——没有任何其他政党这样做过！我们的‘创制权’和‘复决权’运动，就像我们的善心一样，[②]最好先用在我

① Henry Demarest Lloyd: “The Populists at St. Louis,” *American Review of Reviews*, Vol. XIV (September 1896), p. 303.

② “Charity begins at home”是英语中的一则谚语，意为“行善由己及人”，此处用为双关。——译者

们自己身上!”①

那些与劳埃德和沃森同气相求的作者们,也或隐晦或公开地谴责人民党不该为了“自由银币”这个梦幻泡影(will-o'-the-wisp),放弃了他们原本全面而清晰的改革计划。他们指出了一些后来成为法律的平民党计划,以证明早期改革方案的完备性:“包括铁路监管、所得税改革、货币和信贷部门的扩张、参议员直接选举、创制权与复决权、邮政储蓄银行体系,甚至是有高度争议性的财政分库(subtreasury)计划。”就在短短二十年间,这些改革计划一一成为现实,让我们有理由认为这场第三党行动到头来还是比
109 较成功的。它改变了其中一个大党,对另一个也产生了重大影响,并且在不太长的时间内就看到自己的计划变成了法律。谁是最后的胜利者呢?银矿矿主们未能实现银币的自由铸造,而韦弗、陶贝内克和唐纳利们的白骨很快湮没在黄沙之下,默默证明着第三党领导者们沦为牺牲品的宿命角色。往前迈进的是理想本身,那些“纯粹的”平民党人只能看着他们的政纲一条一条地被两大党变成法律,而就在不久之前,他们在这些大党领导者们眼中还像疯子一样。组建第三党绝不是一种取得官职的方式,可是只要有耐心,它却是一个成就事业的好途径。②

① Caro Lloyd: *Henry Demarest Lloyd*, Vol. I, pp. 259-260; cf. chapter xii, passim.

② 使得人民党的最终成功成为可能的条件之一是如下事实,当该党成立时,两大党的民众实力多年以来一直维持着一种非常脆弱的平衡。1880 年、1884 年和 1888 年的总统选举中,两大党大众选票总数的百分比相差不到百分之一,1892 年也仅有百分之三的差异。两党在选举人团的票数差异也微乎其微。由于双方差距如此之小,两大党都不敢忘乎所以地放弃任何一个重要人群的选票,因此,两大党的其中之一较早地向平民主义情绪让步,这种可能性是很大的。

二、黄金时代及其后

就在麦金利和汉纳令美国各方农业势力遭受惨痛失败的两年后，商业化的美国农民进入了一段有史以来最长的持续和平繁荣的时期。“美国农民的日子，”西奥多·罗斯福总统的乡村生活委员会在 1909 年这样说道，“从来不曾过得像今天这般好，我指的不仅仅是他们赚钱的能力，还包括他们生活的舒适和便利程度。”①于是，颇具讽刺意味的是在工业化对农业取得“决定性”胜利之后，美国农业的黄金时代反而到来了，后来的农业利益集团在为国家农业政策寻求目标时，总是充满怀旧地回望那个时代。

在一个农业人口因工业化、城市化的进展而大幅减少的时代，110
这一农业繁荣是如何实现的呢？答案便是，美国工业和城市的崛起不但没有阻碍商业化农业的繁荣，反而对其有极大的促进作用。不仅如此，在美国农业的黄金时代，虽然农民的数量日益减少，农民的政治和经济地位却一年比一年显著地提高了，毗邻城市的地区尤其如此。

显然，导致这一变化的一个至关重要的原因是价格形势的好转。农民状况的改善首先源于一种令人厌恶的资源——黄金。1897 年以后，国际黄金供应的增加带来了一次通货膨胀，这正是农民原本希望通过银币来实现的东西。总体价格水平在 1896 年以前的三十年一直持续走低，在 19 世纪最后几年却陡然提升，尽管第

① *Report of the Commission on Country Life* (1909; ed. Chapel Hill, 1944), p. 36.

一次世界大战期间有所回潮，但战后又继续上升。从 1896 年到 1909 年，美国的小麦从每蒲式耳[①] 72 美分涨到了 98 美分；玉米从每蒲式耳 21 美分升至 57 美分；棉花则从每磅 6 美分涨到了 14 美分。

然而除了黄金的增加，美国城市本身也拯救了美国农民。就在黄金时代这些年头，农民也在迅速失去其大部分的海外市场，无论其生产的是何种作物。[②] 使他保持生意兴隆的，也正是令他在政治上被湮没的新形势——城市人口的激增。在 1890 年，有 5,737,000 个农场为 22,100,000 的国内城市人口供应农产品。三十年后，农场数量只增加了 711,000 个，城市消费者却增加了 32,000,000 人。农场数量虽相对减少了，但变得更大、更高效、更
111 加机械化，它们越来越多地为国内市场生产，出口则越来越少，其所处的交通和金融环境都较过去更加稳定和便利了。的确，乡村社区扩张的速度已不如从前。然而这种更加缓慢和健康的扩张速度，本身也构成了乡村繁荣的一个因素。至于乡村的过剩人口，则在飞速发展的城市里找到了一个开放的安全阀（safety valve）。很多难以适应乡村简朴生活的农民子弟都进入了城市，去谋一份工作或是开辟自己的事业。[③]

---

① 蒲式耳：美国体积和容量单位，一蒲式耳约等于 35 升。——译者

② See E. G. Nourse: *American Agriculture and the European Market* (New York, 1924).

③ 城市增长成为农民不满的安全阀这一观点的首次阐发，是在 Fred A. Shannon: "A Post Mortem on the Labor-Safety-Valve Theory," *Agricultural History*, Vol. XIX (January 1945) and *The Farmer's Last Frontier*, pp. 356-359。这一观念对我来说有着重要价值，但我很难同意香农教授的结论，他认为 1890 年代农业的困窘可以通过如下假说来获得解释，即"城市发展正在进入一个较为静止的状态"，因此城市这一安全阀正在关闭。正好相反，1890 年以后城市继续保持一个相当高的增长率，这一增长对农业的复苏起到了巨大作用。

商业化农民生存境况的改善，引起了各种农业组织在主导观念上的一场重大革新，让它们对如何促进自身的利益有了新的想法。一战前黄金供给的增加，自然使得货币问题不再居于首要位置，该议题在九十年代的农业思想中是最为重要的。绿背党人、平民党人和布赖恩派对社会问题的解决办法，都着眼于货币的数量，其核心主张是通过立法行为来增加货币总量，新路径则是要通过降低和控制农业产量本身，来实现价格的稳定和提升。

很明显，农业科技和农地面积的发展速度已经超过了世界购买力的增长速度。人们越来越意识到，随着世界市场上农产品的饱和，农业问题的核心已经变成农业配送和销售环节上的耗损、低效率与浪费。[①] 两大新兴农民组织于1902年成立，即“美国均平 112
协会”（American Society of Equity）和“农民联合会”（Farmers' Union），这两大组织的出现指明了新的需求：控制农产品的数量，以及改进农产品的销售流程。两大组织的领导者们推动强化了对生产的控制，以及通过制定库藏规划，对市场上的产品过剩加以抑制。[②] 这些市场销售规划对后来“新政”期间的一些政策，以及设立“常平仓”（ever normal granary）的理念，都很有启发，只不过这些早期运动的设计者们希望以自愿社团的方式，而不是在政府主导下来做这件事。

---

① 参看一篇重要的文章，James C. Malin：“The Background of the First Bills to Establish a Bureau of Markets, 1911—1912,” *Agricultural History*, Vol. VI (July 1932), pp. 107-129。

② 关于这两大组织的讨论，参见 Saloutos and Hicks：*Agricultural Discontent in the Middle West, 1900—1939* (Madison, 1951), chapters v and viii。“美国均平协会”创立者的宣言另见于 J. A. Everitt：*The Third Power* (Indianapolis, 1905)。

应对农产品价格的另一个办法，来源于农民和城市进步派对中间商盘剥之恶的一种共同的新认识——他们都开始关注生活成本过高的问题。城市里的民众领导者们，认为只要不再让中间商们贪得无厌地“攫取”利益，农民就能生产更多农产品，将其以更低的价格卖给消费者，并获得更多收入。由于农民联合会长期倡导这类观点，1911 年，一些呼吁在农业部下设一个市场署(Bureau of Markets)的议案开始在国会得到大量同情和关注。最终结果是在 1913 年设立了一个独立的市场局(Office of Markets)，该局后来并入农业经济署(Bureau of Agricultural Economics)；也是在这一年，戴维·F. 休斯顿(David F. Houston)被任命为农业部长，农业部的工作也因为全国农业领导者们观念的变化而做出了调整；此前，农业部的几乎所有工作都集中在如何指导和帮助农民提高产量，如今则致力于在农产品的销售环节为农民提供越来越多的信
113 息和引导。①

关注销售的一个必然结果是农民合作社的发展，从乳业这类组织性较强的产业，该制度开始向其他产业扩展开去。同很多其他事物一样，1890 年代对农民合作社来说也是一个转折点，在接下来的二十年取得了长足进展。数据并不总是值得信赖，但 1925 年农业部注册在案的 10,803 个经销和收购组织中，仅有 102 个是

① 参看 John M. Gaus and Leon O. Wolcott: *Public Administration and the United States Department of Agriculture* (Chicago, 1940), pp. 30-47; Edward Wiest: *Agricultural Organization in the United States* (Lexington, Kentucky, 1923), pp. 175 ff. A. C. True: *A History of Agricultural Experimentation and Research in the United States* (Washington, 1937), pp. 213, 233-234。

在1890年以前成立的。1890年到1895年这段时期成立的农业协会，比以往成立的所有协会都要多，而从1895年往后一直到1920年代初，新成立协会的数量更是一年高过一年。到了1928年，所有与农民相关的商业组织——包括信贷机构、互助保险机构、公用事业机构，以及负责销售和收购的合作组织——共计达到约58,000个。[1]

传统上，农民总是对托拉斯和垄断企业怒不可遏，可如今他们发现自己也在开始受反托拉斯法的约束——这也是他们业已成为现代商人的显著证明。以往几十年里，没有人会怀疑农民的反垄断精神，现在他们却越来越成为《谢尔曼法》的靶子，不管那是否公平。从1890年到1910年间，很多人都曾尝试过对农业销售合作社的主管或工作人员提起诉讼，尽管从未有人被定罪操控价格，但合作社的法律地位一直备受质疑，直到几个州在法律条文中对其加以明确阐述。[2] 依照1914年《克莱顿反托拉斯法》(Clayton Anti-Trust Act)的规定，当涉及全国性反托拉斯法律时，农民和劳工组织享有豁免权。1922年的《卡珀-沃尔斯特德法》(Capper-Volstead Act)进一步阐明了合作性销售组织(co-operative marketing associations)的法律地位。然而，针对农业合作社的这 114
些起诉的真正意义在于这一事实，即农业领导者们的工作重心已不在于传统的与大公司组织的斗争，而在于以商业组织为典范，建

① 关于合作社和其他组织的发展，见 R. H. Elsworth: *Agricultural Cooperative Associations*, U. S. Department of Agriculture Technical Bulletin No. 40 (Washington, 1928), esp. pp. 2, 6-8。

② Saloutos and Hicks, op. cit., pp. 63-64, 288.

立他们自己的组织。

与农民对销售和组织的关注相伴随的，是一种新出现的对专家的尊重。从1862年《莫里尔赠地学院法》(Morrill Land Grant College Act)通过之日起，直到19世纪末，农民对于被他们蔑称为“书本农业”(book farming)的东西怀有一种根深蒂固的敌意，在“莫里尔法案”实施下的那些赠地学校里，修习工程的学生往往五倍于学农的学生。[1] 进入20世纪初，农民的态度迅速发生了转变，应用科学开始对很多人的思维发生影响。M. L. 威尔逊[2]回忆道：“1902年我前往埃姆斯(Ames)学农时，在我艾奥瓦州的乡邻中间，我并非第一个大学生，但确实是第一个入读农学院的青年。十到十五年以后，修习农学已变成一件寻常的事，只要你出得起学费。一些农民开始养成记账的习惯，计算开销，琢磨哪里赚了，哪里亏了。更多的农民开始按照农业期刊上‘饲养员支招’(Feeders' Hints)这类专栏的指导，科学饲养牲畜。苜蓿被作为牧草引入，农民对土壤的含氮量需求也有了更多了解。奶农们开始大量饲养产奶量更高的荷尔斯泰因种乳牛。越来越多的农民迫不及待地接受了耐寒且抗条锈的小麦品种。饲养生猪的农民们也改进了畜牧品种，并让家畜接种了霍乱疫苗。最后，农民们还提出了配备农业顾问(county agents)——一批经过严格训练的，致力于将科技成果传授

① I. L. Kandel: *Federal Aid for Vocational Education* (New York, 1917), pp. 98-106. 有关各州对莫里尔赠款的早期利用，参看 Earle D. Ross: *Democracy's College* (Ames, Iowa, 1942), chapter iv。

② M. L. 威尔逊(1885—1969)：在富兰克林·罗斯福和哈里·杜鲁门两位总统时期担任过美国农业部副部长，对联邦农业政策做出过重要贡献。——译者

给农民的专家——的需要。”[①]长期以来，商业化农民对他们这个行当里的科技问题总是漠不关心，这种日子如今到头了。 115

与农民在市场地位和生产技能上的变化相对应的，是他们政治处境的变化。1890 年代的农业组织不得不在一个不友好的氛围下工作，在其他阶层和行业中缺少强大盟友。到了进步主义时期，他们的孤立处境已不复存在，政治气候的转暖使得一些从前的农业改革方案有了通过两大党来实现的可能。因此，除 1924 年支持拉福莱特竞选的一些人之外，农民对于全国性第三党行动的理念总体持一种冷漠态度。（在州和地区层面，“无党派联盟”[Non-Partisan League]和明尼苏达“农工党”[Farmer-Labor Party]这样的组织还在试图开展独立政治行动，甚至仍在宣扬以往平民党人那种对抗情绪和话语。）

随着第三党行动沦为明日黄花，以及城市化的勃兴，农业至上论的整个策略发生了根本变化。一个世纪以来，由于农民在数量上占多数，那些宣扬农业至上论的理论家常常引述多数统治原则，以及关于农业至上论与民主之间存在着一种内在和必然联系的观念。[②] 农民的政治运动是为了实现或确保广泛的大众民主，农民的思维中掺杂着对组织化权力的强烈怀疑。如今，随着国民经济中农业板块的缩小，农民不再关心多数统治，而开始越来越主张少

① M. L. Wilson in O. E. Baker, R. Borsodi, and M. L. Wilson: *Agriculture in Modern Life* (New York, 1939), pp. 224-225. 很可能是在这些事实发生一段时间以后，威尔逊才看出了这些变化。

② 关于这一主题，以及关于现代农业政治，可参见 Grant McConnell: *The Decline of Agrarian Democracy* (Berkeley, 1953), chapter i。

数派行动——最后实际上是主张少数统治。因为对那些成功的农民来说,少数统治才是拯救之道。20 世纪美国政治的一大突出特征是:尽管农业人口的数量相对减少,他们在政治上的实力却大幅提升,随着他们人口数量的一天天减少,他们却变得更有凝聚力、
116 表达力和执行力了。[①] 1870 年,这个国家有收入的人口中从事农业者占 53%,到了 1945 年,这个数字仅为 15%;然而作为一个阶层,上层精英农民在 1945 年的政治影响力却比 1870 年要大得多。

农民政治势力的提升是以他们数量的减少为基础的。在 1896 年败北后的很长一段低谷期内,工业化、城市化经历了"无情"的发展,农民在此期间——用农业神话的幽怨语调来说——被"摧垮"了;然而也正是工业化和城市化的推进,使得年复一年地,农民在我国立法机关中得到代表的程度渐渐趋于超出比例。美国的立法进程是在一个充满约束的、过时的选举体制框架下完成的,该体制长期以来一直将城市选民置于乡村的掣肘下,不论是在州层面还是全国层面。由乡村代表控制着的立法机关,有时甚至不让美国城市管理它自己的事务。拿康涅狄格州来说,哈特福德市

① 因此,在谈及国会中的支农集团(Farm Bloc)时,西奥多·萨洛托斯评论道:"非常奇怪的是……当农民的数量降至历史最低点时,他们在政治上却来到了顶峰。" Saloutos and Hicks, op. cit., p. 341. 需要指出的是,对于很多后来的农业领导者,平民主义成了一所培养领导才能的学校。平民主义不仅教会了他们哪些事情无法做到,还将他们的注意力引向了立法行动的可能。那些受到平民主义运动的鼓动,又在其中得到历练的人们,在日后的"农民联合会"、"均平协会"和"无党派联盟"等组织中扮演了重要角色。Ibid., chapter ii, and pp. 117, 221; Edward Wiest, op. cit., p. 475. 关于日后有平民党背景的农业领导者,参见 Gilbert C. Fite: "John A. Simpson," *Mississippi Valley Historical Review*, Vol. XXXV (March 1949), pp. 563-584, and Theodore Saloutos: "William A. Hirth," ibid., Vol. XXXVIII (September 1951), pp. 215-232。

(Hartford)有166,000人,科尔布鲁克镇(Colebrook)仅547人,可是二者在众议院都拥有两名议员。拥有4,125,000名城市居民的洛杉矶县在加州议会拥有一名参议员,而仅有13,560名乡村居民的因约(Inyo)县竟也有一名。全国层面的这类不公平现象也表现在国会中。人口达908,403人的一个俄亥俄州选区,只拥有一名众议员;而一个只有148,147名居民的南达科他州选区,也拥有 117
一名众议员。在得克萨斯州,一个人口达802,000人的城市选区和一个只有226,000人的乡村选区,在国会中有着同等的影响力。这种不公的最极端形式表现在参议院。1940年,参议院里25个面积较小的州,总人口约25,200,000人,拥有50个席位,与此同时,23个面积较大的州,总人口数虽达到了106,500,000人,却仅有46个席位。即是说,19%的美国人便足以选出参议院中的多数派,剩下的81%却成了少数派。分布在南部大西洋海岸、南部内陆地区和高山地带——大体上涵盖了所有农业地区——的24个州,总人口只占全国的35%,却在参议院拥有一半席位。要更加清晰地理解农业地区的政治实力,还应考虑到,参议院的议事规则会让坚定的少数派拥有更大权重。① 我们的政治讨论中,很多内

① 关于我国政治体制中的这一问题,自然已有大量文献。我的结论来自两份论述,见 Richard L. Neuberger: "Rotten Boroughs and Our Lawless Lawmakers," *The Progressive*, December 1951, pp. 22-24, and Senator Paul Douglas's speech in the Senate: "The Surrender to the Filibuster," *Congressional Record* for March 17, 1949。也可参看 George A. Graham: *Morality in American Politics* (New York, 1952), pp. 96-109。关于农业问题的讨论,或许有必要指出的一点是,随着大量乡村非农业人口的出现,乡村地区过度被代表(over-representation)的现象与农民的过度被代表还不是一回事。乡村地区的大量非农业人口同样被过度代表了。应该补充指出的是,城市保守派始终支持着这一过度被代表的态势。

容涉及大城市里的“机器”，以及它们在政治上的影响。相形之下，对于国会中乡村集团的过度权力，公众给予的注意力却少得可怜，这也是我国农业传统强大魔力的一种体现。

然而，我在这里的主要关切并不在于揭示乡村立法权力对我们时代产生的影响，而是提请读者注意：1896 年以后，农民发现自己完全可以利用他们日益超乎比例的受代表度（growing over-representation），以及他们在政治、经济事务上不断提高的组织能力，来实现一些其实是已拖延了太久的改革。1900 年之前和之后
118 一段时期的对照是最令人印象深刻的。从 1865 年到世纪之交的漫长岁月，是价格下降、农民陷于长期困顿的时期，农民在这段时期没有得到联邦政府的太多同情，也没能迎来太多旨在为他们提供救济的立法举措。[①] 然而到了 20 世纪初，不论是在西奥多·罗斯福的“公平施政”（Square Deal）还是伍德罗·威尔逊的“新自由”（New Freedom）时期，都完成了大批重要的农业立法。联邦政府对农民提供日益增长的服务的一项举措是增加农业部的预算，

① 内战期间，共和党主导通过了三项法律：《宅地法》、《莫里尔赠地学院法》，以及关于设立农业部（尚未达到内阁层次）的法律，这些法律都显示出了该党对农业发展的重视。然而从通过这些法案的 1862 年到这个世纪末，立法领域显得相当沉寂。与农业相关的最重要的立法是 1887 年的《哈奇法案》（Hatch Act），该法案建立了一个处于赠地学院指导下的农业试验站（agricultural experiment stations）体系。这项立法日后被证明有着深远的意义。1889 年的一项法案则将农业部提升到了内阁级别。关于这段时期农业立法的简要介绍，参看 Arthur P. Chew：*The Response of Government to Agriculture*（Washington，1937）；cf. Donald Blaisdell：*Government and Agriculture*（New York，1940）。

1920 年的预算额度是 1890 年的三十倍。[1] 一些让农民获益甚多的联邦法规，如 1906 年《赫伯恩法案》(Hepburn Act)通过后开始的对铁路企业的有效监管，以及有关个人所得税的宪法修正案的通过，都是从前平民党人那些提案的一种延续。

关于为促进农业而特别制定的法规，可以开列出一张熠熠生辉的单子。其中最重要的是那些旨在扩大农业信贷规模的法律：《联邦农业贷款法》(Federal Farm Loan Act)和《1916 年国家粮仓法》(Warehouse Act of 1916)[2]，后者体现了平民党人“财政分库”构想的一些特点。也有一些教育方面的法律，如 1914 年通过的《史密斯-利弗法》(Smith-Lever Act)，该法案意在为农民创设精细化的示范教育体系；以及 1917 年的《史密斯-休斯法》(Smith-Hughes Act)，确立了关于农业职业教育的补贴制度。此外还有一些针对农产品的营销、评级和标准化生产的立法，如 1906 年的 119
《食品和药品监管法》(Pure Food and Drug Act)，1907 年的《肉类检查法》(Meat Inspection Act)，1916 年通过的《谷物标准法》(Grain Standards Act)、《棉花期货法》(Cotton Futures Act)[3]和《乡村邮政道路法》(Rural Post Roads Act)[4]，等等。

① Wiest, op. cit., pp. 31 ff., esp. p. 35；关于农业部架构和职能的演变，见 Gaus and Wolcott, op. cit., chapters i-v。

② 该法案规定，凡加入美国联邦储备体系的银行，可以农民的农作物为抵押向农民发放贷款。联邦建立若干粮仓，在农民还款前对抵押中的农作物加以储藏和保管。——译者

③ 该法案授权联邦政府规定棉花品种的特定细节，以打击棉花市场上的投机操纵行为。——译者

④ 该法案规定联邦应就各州兴修邮政道路划拨财政补贴，以保证道路质量。——译者

进入1920年代，尽管国会支农集团和院外游说集团实力强劲，两项涉及农业定价的重要方案，即“平衡补贴”(equalization-fee)计划和“出口退税”(export-debenture)计划，还是被扼杀了。农民操控有效联邦行动的能力之所以下降，主要原因是受到了柯立芝总统的坚决否决。从1950年代的视角看来，1920年代立法成果相对贫乏的现象，不过是农民政治实力的一次短暂的低潮。到二十年代末，农民们起码已经使以下观念得到了广泛承认，即农业“是一种特殊的国家利益，需针对其制定特殊的公共政策”。[1]这一观念在新政时期完成了制度化，政府自身走到前台，完成了民间农业团体的那些未竟事业——为农业生产者们建立起了控制价格的全国性组织。

农业游说集团的最高成就是确立了“平价”(parity)[2]原则，使之成为国家政策的一个目标。“平价”这一概念的内涵是：政府可以合法地制定政策，将乡村利益群体生产的商品维持在某一价格水平，从而令其保有一定的购买力，这一购买力的水平应与该群体在现代历史上最繁荣的时期，也就是1909—1914年所谓的“基本时期”(base period)相当。[3] 以为有了这些政策，美国农业生产者

① Griswold, op. cit., p. 150.

② parity一词在经济学上一般译成“平价”，支农集团争取的正是农民的“购买力平价”。然而本章之中作者对parity一词的使用，并不局限于字面的或经济学上的意义，而是指农民自19世纪以来从pathos到parity的社会地位的转变，以及parity如何成为20世纪美国政治文化中的一个重要概念，其含义要超出经济学范畴，与平等、民主等观念相关，故译作“均平”，只在明确为经济学用法的地方仍译为“平价”。——译者

③ 关于这一概念的内涵的讨论，见John D. Black, *Parity, Parity, Parity* (Cambridge, 1942)，关于这一概念的历史，见该书第5章。

们便自始至终享受着上述那样一种平价收入，这种思路固然颇具误导性，然而要说在这一原则下，支农集团成功地为商业化农民在联邦政策领域争取到了一种其他任何阶层不曾享有过的优待权，则概乎确凿无疑。让国人接受这条原则，以平价补贴的形式，为政 120
府支付名单(government payroll)上的六百万农民争取到数十亿美元的收入，已堪称农民利益群体取得的伟大胜利了。然而，直到战火连天的1942年，支农集团的索要能力(exacting power)方才以一种最令人吃惊的方式显现出来——国会在《紧急价格控制法案》(Emergency Price Control Act)中写入了一个条款，禁止物价管理局(OPA)[①]针对任何农作物商品，强制执行一种低于110%的平价上限。结果是很多农产品的最低价格都高出了消费者的最高购买能力。于是消费者支付了最高价格，政府却发现自己不得不通过对生产者发放补贴，来填补两个价格之间的差额。支农集团这种强行索要的现象，已超出了平价举措本身的上限，被罗斯福总统指斥为一种“对社会中某个群体加以特殊照顾的行为”；这一现象是美国农业政治实力的突出体现，诚如A.惠特尼·格里斯沃尔德(A. Whitney Griswold)所言，美国农业已“从慈善机构的救助对象之一，发展成了一股有能力求取自身利益的政治势力，其求取利益的能力之盛，竟至于能与战争时期的国家首脑分庭抗礼”。[②] 二战以来，历届政府在平价议题上可谓极尽临深履薄。于是在布赖恩败选半个世纪以后，一方面，农业神话继续将农民描述

① OPA：全称为Office of Price Administration，成立于1941年。——译者

② Griswold, op. cit., p. 157; cf. Black, op. cit., chapters iv, xviii, and passim.

成在“工业化美国的饕餮巨口间”挣扎着生存，另一方面，却又正是这个工业化社会在不断地生产出社会盈余，为那些商业化以后的农民提供补贴。①

三、“乡下佬”的消失

121 在平民党人的时代，美国农民的双重身份问题尚未得到解决，与此同时，农民在其软性农业传统和硬性商业角色之间也进退失据。20 世纪的经济、政治和社会变迁，让农民更倾向于坦率地接受他们的务实角色。可以确定的是，农业观念和平民党人的话语延续了下来，在一些地方至今仍鲜活如初，可却罩上了一层越来越坚固的保守主义外衣。这种保守主义的最明显表征之一，是农民将自己与所有劳动者视同一体的传统正在迅速消逝，富有农民(substantial farmers)越来越倾向于将自己设想成商人和雇主。随着农业的机械化程度越来越高，以及浆果、鲜果和蔬菜作物比以往更依赖于流动性农业劳动力，富有农民也不再将他们的工人看成寻常劳力和农民新手(apprentice farmers)。不同的地方，这一变化过程发生的时序不同，但变化的速率在世纪之交明显加快了。“‘帮工’(help)这个老式词语已被弃之不用，”1890 年，马萨诸塞

① 这里同样体现了一个观点，即当一个经济体中工业部类规模大而农业规模小时，农民将获利。城市在社会生产中所占的比重更大，就更有能力以补贴的方式让农民中的精英阶层获利，但如果农民数量更多、城市居民较少，就会是相反的情况。加拿大西部的农民比美国农民更为激进，原因之一就在于此。这个问题上的一份富于启发意义的比较研究，可见于 Seymour M. Lipset: *Agrarian Socialism* (Berkeley, 1950)。

州的一位农民注意到，“‘劳工’(labor)一词在使用中也有了特别的含义。”[①]农民对于新型农业劳动力(agriculture labor)的看法相当阴暗，对他们来说那仅是一个如何对其加以规训的问题，以及构成生产成本的一个新要素。[②] 平民党人有这样一种信念，城镇和乡村地区所有的劳动人民构成了一个单一的受压迫阶级，他们认为自己与所有行业的劳动者都是一样的，不论是农业还是其他领域。“财富应归那些创造了财富的人们所有，”他们1892年的政纲里写道，“乡村和城市的利益是一致的；他们的敌人也是共同的。”在19世纪农民的语汇里，“劳工”这个词适用于城市或乡村的所有手工作业，迟至1860年，一位拥有240英亩土地，其中80英亩正 122
在耕种的威斯康星农场主，在接受人口普查员的采访时，仍将自己归类为一名“农业劳动者”(farm laborer)。[③] 这种技术性错误表明某种精神联系尚未完全被消解。早先，农民认为城市里的“技工”(mechanic)就是羽翼未丰的手艺人，和他自己没有什么两样，同为权贵和剥削阶级的牺牲品。劳工骑士团对平民主义的兴趣表明，这种感受是相互的。可是进入20世纪以后，工人中发展起了稳定的工联主义(trade-unionism)，农民则学会了更加务实的技能，并且越来越倾向于将自己看作劳动力的雇佣者，两个群体之间的彼

① La Wanda F. Cox：“The American Agricultural Wage Earner, 1865—1900,” *Agricultural History*, Vol. XXII (April 1948), p. 100.

② Johnstone：“Old Ideals versus New Ideas,” pp. 147-152.

③ Joseph Schafer：*The Social History of American Agriculture* (New York, 1936), pp. 199-200.

此认同很快崩解了。[①] 尽管在一些特殊议题上，劳工和农民还能实现零星的、地方性的合作，然而一种明显的紧张感已然在两个群体间浮现。农民的工作时间很长，因而，城市工人缩减工时的要求难以在他们那里引起共鸣；同时，由于对城市里的生活成本茫然无知，他们常常认为劳工的薪资要求太过分了。此外，由于商业宣传和保守派领导者们的影响，农民更是将劳工薪资的提高，看成日常
123 生活中物价高涨的一大原因。工会的实力越是壮大，农民对劳工的同情便越少。正如一位研究乡村习俗的学者所言："一个世纪以前，美国农民对城市的怀疑主要集中于富人和权贵阶层，而今天，他们却倾向于把失业者的无所事事，以及产业工会的斗争策略，看成是城市腐败的最突出代表。"[②]

就那些富有的和组织化的农民（也只有富有的农民实现了组织化）来说，他们的社会同情心的确变得更加冷酷了。[③] 以一种颇

---

① 在现代农业中，尽管雇主-雇工式商业关系不断发展，人们仍时常以农业神话的模式去对乡村生活中的这个方面加以描述。一名众议员在 1939 年就农场上的劳资关系描绘了这样一幅图景："旨在满足生活必需的农业，与产业化的农业相比，其习惯和风俗都大不一样。在前者中，农民和工人天天见面，相互的接触频繁。很多情况下，他们在一张桌上吃饭。他们的孩子们就读于同一所学校。宗教仪式上，他们的家庭在一道躬身礼拜。他们聚在一起，就我国经济、政治生活中的问题展开讨论。农民和他的家庭，以及工人，共同组成了一个工作单元。每到艰难时日……农民和工人必须肩并肩地站在一起，面对共同的敌人。如是产生了一种在工业中看不到的利益上的团结。要想消除劳工的苦恼，这种团结比所有法律都要来得有效。"Harry Schwartz: *Seasonal Farm Labor in the United States* (New York, 1945), p. 4.

② Ibid., p. 152; cf. Saloutos and Hicks, op. cit., pp. 258-261.

③ 参看 McConnell, op. cit., p. 149，按该页中的图表显示，在所有的农业组织中，包括较为"激进"的农民联合会，其成员主体都由经济地位较高的农民构成（其次是中间阶层的农民），而底层农民在这些组织中则几乎可以忽略不计。

为令人动容的方式，平民党人曾诉诸普世性原则：他们总认为自己是在为所有劳苦大众——当然也包括所有农民——而工作。事实上，美国农民的利益是如此多元化，以至于哪怕就在他们中间，普世性也难以达到；然而，平民党人对这一观念的口头上的尊奉，至少可以视作他们对农业民主传统坚定信念的一个证明。随着平民主义的消退，以及美国农业在 20 世纪的显著商业化，农民运动的基调也彻底转变了。主旋律已不再是劳工或是农业群体的普世性，而是特定农作物、特殊技术、特别问题、特殊地区，以及最重要的，一个特殊的农民阶层。对于在财富积累过程中承受损失、遭到排挤，从而与致富机会失之交臂的那些农民们的利益，现代农民组织不但没有报以同情，简直经常表现出巨大的敌意——唯有农民联合会是值得注意的例外。[①] 那些在土地贫瘠地区劳作的农民，124
那些土地被大地产主买断而无力重新置地的农民，那些因信贷困难、沉重的地租、种族歧视和政治选举权被剥夺而身处困境的农民，以及那些拖家带口，在各地区、各农业带之间流浪奔波的迁徙农业工人，都被商业化农民弃之不顾了——尽管正是上述那些群体，使得季节性水果、蔬菜作物的种植在劳工成本最低、雇主责任最低的条件下成为了可能。最后结果是，美国农业共同体中，一半的人根本无法从美国生活所特有的物质和社会福利中分一杯羹，而对于这个相当庞大的人群，商业化农民长期以来都抱着一种咄

① 农民联合会一方面和其他现代农业组织一样，推行了大批务实项目，但它也在继续表达着平民主义观念，并支持自由主义政策。关于该组织活动的一份出色简介，见 Carl C. Taylor：*The Farmers' Movement*，*1620—1920*（New York，1953），chapter xiv。

咄咄逼人的、毫不友善的态度。针对这一问题,最重要的有组织行动来自移垦管理局(Resettlement Administration)和农场保障管理局(Farm Security Administration),[①]然而这些行动遭到了农场局联盟(Farm Bureau Federation)[②]中那些游说人员和幕后操纵者的毫不妥协的反对,且最终为他们所扼杀。[③]

正是在20世纪的最初一些年,美国商人们开始对农业运动中的反商业话语感到忧心,同时也看到了农业繁荣给他们带来的好处,于是开始有意识地向农民示好,并与之建立起了一种和睦关系,这一关系至今仍是美国政治的一个典型特征。这一趋向发端于地方层面,主要与农业改革家西曼·A. 纳普(Seaman A. Knapp)的活动有关,此人的主要工作是在农民中推广展示课教育(demonstration education)。纳普的目的是让农民开始重视学习正确的种植技术,以及一些特定作物与家畜的管理办法。纳普发现,鉴于大多数农民在这个问题上极为保守,要想说服他们,有必要请一些地方实业家、商人和银行家来帮忙,因为这些人的商业利益是与农业繁荣休戚相关的。这些商人果然以拒绝发放信贷做威
125 胁,农民便不得不配合,于是,相当多的在技术上极端守旧的庄稼汉,被以这样的方式逼迫着走向了进步主义农业。铁路公司及时

---

① 移垦管理局、农场保障管理局:前者设立于1935年,主要职能是让农民向好的农业区移居,1937年改名为农场保障管理局,归属于农业部。农场保障管理局的主要职能是保护最弱势、最贫困的农民及其农场,该机构常常被农场局联盟批评为将美国农业引向集体化。——译者

② 农场局联盟:一个由大型农场家庭组成的非官方独立组织,一般简称"农场局"(Farm Bureau),该组织为所有阶层的农业生产者发声。——译者

③ For this story see McConnell, op. cit., chapters viii, ix, x.

参与了进来，它们与各农学院密切合作，派出一列列装载着教育展具的农用列车，从乡村地区穿行而过。银行家们同样产生了兴趣。美国银行家协会(American Bankers' Association)下成立了一个“农业发展与教育委员会”(Committee on Agricultural Development and Education)，目的是在农民和银行家之间建立亲善关系，以促进农业繁荣，因为农业繁荣将哺育出“更加幸福和富足的人民”。银行家们也开始发行一份公关报纸——《银行家与农场主》(*Banker-Farmer*)。紧随银行家加入进来的是农机生产商，他们通过“全国器械与车辆协会”(National Implement and Vehicle Association)开展活动；最后，全国性的铁路、产业和商会组织也都加入进来。1914 年通过的《史密斯-利弗法》建立了一个庞大的全国性农业展示教育机构，该法案背后便是商业游说势力这一强大后盾。[①]于是，通过对农业科技和教育的支持，美国商界促进了农业的繁荣，这为商业和农业的联盟奠定了基础，这一联盟至今牢不可破。

商业利益集团和农学院试图让农民接受一种务实的理念，对此，很多农民反响热烈。总体上，美国商业的注意力正在从增加产品数量、兴建新工厂，转向市场运营和销售技术、企业整合、内部管理以及市场的联合经营，农业部门也产生了类似的兴趣。1907 年，一名订阅者来信对《华莱士农民》(*Wallace's Farmer*)杂志的

---

① 关于商业界参与这场运动的出色简介，见 McConnell, op. cit., pp. 29-33。关于展示课运动，参见 Joseph C. Bailey: *Seaman A. Knapp* (New York, 1945), chapters ix-xii。

编辑说道："不要老是告诉我们怎样提高生产，如何销售我们的产
126 品这个话题不是更好吗？"[①]这里我们看到了新型农业组织的关键，也是农业部新型工作方式的关键，实际上也是整个农业"新时代"的关键。

19 世纪末，大多数农业报刊和农业组织出版物都谈论着同样的主题，那就是敦促农民把自己当成一个商人，在管理和销售工作中对商人的方法加以效仿。其实甚至在内战前，这样的声音就时有所闻；但到了此时，这些声音已组成一曲平稳而浩荡有力的合唱。"时代不同了，"早在 1887 年，一份南方的农业报纸便宣称，"如今的农民必须既是一个商人又是一名农学家。……他必须记下农场的账目，知道他有多少开销，他种庄稼的成本是多少钱，最后利润又是多少。"在一篇题为"作为商人的农民"的文章里，作者表达了相似的观点："……谁销售得最好，谁就将取得最大成功。……农民应当关注并研究市场，研究一切商品的买家和卖家的行事方式，学习'成功销售'的艺术。"[②]1904 年，《康奈尔乡民报》(*Cornell Countryman*)上的一位作者宣称道："如今，务农的主要目标已不再是维持生计，而是赚钱。为了这个目标，农业就该像所有其他生产性行业一样，以商业为基础来经营。"同样是这份报纸，认为在农学院举行的"农民研习所"(Farmers' Institute)集会，实

---

① Saloutos and Hicks, op. cit., p. 56.

② Johnstone, op. cit., pp. 143, 145.

际上是“一个由商人参加的商业会议”。[①]

新型农民组织的领导者们不再为卑微的、受剥削的自耕农说话了，而是鼓励农民们像工业巨头们那样去行事——缩减生产、保存剩余产品、控制市场，从而像美国均平协会的领导者们说的那样，把农业置于“一个安全的利润基础之上”，保证其利润“与其他产业能够达到的水平相当”。[②] 1919 年，规模最大、影响力最显著 127
的农业组织——农场局联盟——成立了。从一开始，该组织表达的就是最保守和最富有的那些农民的观点，并且因其在全国范围内与农业部所派驻的县级官员们联络密切，它从一开始就与农业部建立起半官方的联系。就在该组织成立之时，《华莱士农民》杂志的主编、后来在哈定时期任农业部长的亨利·C. 华莱士（Henry C. Wallace）发表了一次颇有影响的演讲，他在演讲中敦促：“本联盟要想成立，就必须立刻把自己当成一个真正的商业性组织来行事。**这并不是说把工作移交给由农民组成的委员会去做。每个方面的工作都必须由专家负责**。每个方面的工作，都应当招募合众国最有资质的人员来管理。本联盟绝对不能退化成为一个教育机构或社会机构。必须让它成为这个国家最有影响力的商业机构。”[③]人们期望联盟的成员单位也像商人一样，雇佣专家来工作；它们以丰厚报酬聘用了资深的领导层和强大的游说团队，还将一些并非农民，或主要兴趣在农业之外的人们吸收为会员，乃至吸纳

① Johnstone, op. cit., p. 145. Cf. Everett, op. cit., p. 42: “What the farmer wants to produce is not crops, but money.”

② Saloutos and Hicks, op. cit., p. 114; cf. pp. 113-115.

③ Orville M. Kile: *The Farm Bureau Movement* (New York, 1921), p. 123.

进了决策层。[①]

对已然致富的农民们来说，经济地位上的转变也发生在他们的社会生活中，尽管后一种转变可能不那么明显，也不那么彻底。前面我提到过，除了在很少一些地区，19 世纪的农民缺少一种民间文化和民间社群。于是，农民在身体、社会和文化上，都强烈感受到了一种与世隔绝，农民的妻子们在这方面的感受或许更为强
128 烈；格兰其、“农民联盟”和“肖托夸”（Chautauquas）[②]这些组织之所以出现，一个目的正是为了弥补农场生活中的这些缺憾。[③] 20 世纪经历了如此巨大的社会变迁，以至于富有农民和与之收入相当的城市群体之间的文化差异，一定程度上已经不存在了。早期的农民无法享有一种真正的民间文化，如今的农民则有丰富的渠道去接触现代大众文化。乡村免费邮递、邮购商品目录册、优质道路、机动车辆、乡村电气化、电话和广播，以及电影，都在短时间内一一出现，使得农民能够接触到的娱乐文化与城市中产阶级居民比起来毫不逊色。以往关于农民的那种“乡下佬”的刻板印象早已

① Saloutos and Hicks, op. cit., p. 273；关于一些主要农场组织的记载，见 DeWitt C. Wing：“Trends in National Farm Organizations,” *Farmers in a Changing World*, pp. 941-979。应当补充的一点是，农民合作社的领导者们的待遇，比不上这些出色的国家游说者。

② 肖托夸：19 世纪末 20 世纪初美国流行的一种乡村教育运动，肖托夸集会同时也具备乡村地区娱乐、文化传播的功能。——译者

③ 值得注意的是，肖托夸运动这一 1880 年代兴盛起来的乡村风俗到 1920 年代中期已然偃旗息鼓，因为此时的农民早已不再是与世隔绝的状态了。见 Victoria Case and Robert Ormond Case：*We Called It Culture* (New York, 1948), and Henry F. Pringle：“Chautauqua in the Jazz Age,” *American Mercury*, Vol. XVI (January 1929), pp. 85-93。

过时，农民自身尤其难以忍受这一标签。1921年，一份面向富有农民的期刊策划了一个专栏，以一批全国知名漫画家的创作为基础，推出了一个漫画与评论系列栏目，主题是"农民究竟是什么样子"；这些漫画家们的普遍共识是，以往关于农民那种身材瘦削、胡须满鬓、戴一顶旧草帽的乡巴佬式的漫画形象，已经不再恰切了，如今的农民看上去和随便一个生意人并没什么两样。[①]

由于这些变迁，美国乡村地区最富裕和最贫穷的人们中间，在生活水平和外貌仪表上开始展现出一种差异，与城市里的贫富差异如出一辙。一方面，贫苦农民和流动工人生活在令人绝望的穷 129
困潦倒之中，另一方面，成功的农场主们却有了足够的财力去追逐炫耀性消费（conspicuous consumption）的时髦，以及加入美国人对于各种奢侈玩意儿的迷恋。在乡村杂志上打广告的汽车制造商，会如此描述其产品："一款拥有王室般奢华的机动车……设计得完美无瑕，制造得美轮美奂——如同驰骋在'和平大道'（Rue de la Paix）[②]上一般地时尚"；而农业杂志的记者，会对"农场局联盟"的大会做如此报道："望着这……人头攒动的、成千上万的农场主和他们的娇妻美眷，富丽堂皇，而往往穿着入时，便像是观赏着一

① 该系列栏目始于 Freeman Tilden 这篇文章："What a Farmer Really Looks Like," *Country Gentleman*, Vol. LXXXVI (July 2, 1921), pp. 6-7。随后以漫画的形式在该刊物接下来的各期连载，直到1921年12月17日的最后一期。研究美国历史文物的学者们将在这些漫画中发现一件有趣的事，即那些专以制造刻板印象为务的人们，如何有意识地、处心积虑地去消除他们曾经制造出的一个作品。这些漫画家们抛弃旧印象的意愿，与他们炮制新印象的能力并不相符。他们在漫画中写下的批语表明，人们仍广泛地持有那个古老的观念：归根到底，农民是宇宙的道德中心。

② 和平大道：巴黎市中心一时尚购物区。——译者

次盛大的世界博览会，或是在别的某个游乐中心流连徜徉。”①

此等气象，较1890年代的氛围已大异其趣，相去自耕农时代的古老图景就更远了。这对乡村消费心态的影响，从以下两则引文可以窥见一斑。1860年，当玛丽·E.利斯这个未来堪萨斯州的演说家还是个小姑娘的时候，一份乡村杂志曾描摹这样一幅画面，目的是对想象中的某个城市女郎那讲究而做作的仪态加以讥刺：“缓慢地，(她)在她的精致小床上支起身子，打两个哈欠，只因为不得不在早得如此令人生厌的时候起床。当她懒懒地站起来，噢！一幅尽善尽美的美人形象映入我们眼帘：瘦得皮包肉，瘦得皮包骨，瘦得皮发白，臀部瘦瘦的，腿也瘦瘦的，全身都瘦瘦的，头发掉了光光，牙齿也掉了光光。好一个光芒四射的人间佳丽！……穿衣服的典礼即将开始了。先将牙医精心制作的假牙含入口内；再把卷卷的、迷人的假发套戴上她那‘按古典美学气质雕刻而成的头颅’。然后，那些个凸显女性美的支件儿被各安其分地穿戴起来；裙箍儿，裙撑儿，应有尽有，有条不紊地穿上身。继而，便要往略泛菜色的脸上扑一层厚厚的洁白粉底，再抹上一晕‘新鲜的玫瑰红’；最后，还要把一件‘美得追魂夺魄’的晨衣，覆盖在她那匀称和谐、无与伦比的胴体之上。”可以把这段描述，同1935年4月这一期《爱达荷农民》(*Idaho Farmer*)中为农民的妻子们给出的美容提示相对照：“要保持手掌温润如玉，顶好是能让最精美时新的布料

130 也相形见绌。指甲也要细心修剪，但不要涂以浓烈的、色彩鲜艳的

① Johnstone, op. cit., p. 162; William M. Blair in *New York Times*, December 16, 1951.

指甲油。淡雅而柔和的色调，更有益于让肌肤保持年轻。指尖的色泽，应当和你嘴唇的红色光泽相映得宜，还要注意检查你的粉底和口红，考虑到在夏日的阳光底下，它们是否和你皮肤的颜色搭配适当。”①

尽管这些广告并没有告诉我们，有多少乡村女性——哪怕在富有农民中——能有时间去摆弄色调淡洁、清雅的指甲油，但我们看得出来，不论是广告客户和杂志社，还是大多数乡村女性，都不再认为在一份乡村杂志上讨论这些话题是一件滑稽的事了。这种事例的出现本身就是意义重大的。听到这些关于玫瑰色指尖如何保养的小建议，玛丽·利斯这位习惯于面对身着褪色棉服、表情令人生厌的农妇听众们的演说家，会不会气得从坟墓里坐立起来？这我没有答案。利斯更多地是想为农民和他们的家庭争取一些生活中的美好事物——在她的时代，那就是美国人的标准化生活。可是标准是因时而异的；而农民一旦踏上战场，就很难准确判断他们将会走到哪一步。历史的辩证法之中，到处充斥着怪诞之事和巧妙设计的反讽，其中便包括这样一些反叛(rebellions)——反叛者到头来变成了他们的反叛对象。

---

① For both quotations, Johnstone, op. cit., pp. 134, 162.

第四章　地位革命与进步派的领导者

一、财阀与“中立派”

131 平民主义绝大部分是属于乡村和地方上的。进步主义时代发生的这场骚动却是城市的、中产阶级的和全国性的。归根到底，使得进步主义区别于平民主义的是这一事实，即城市中产阶级不仅参与了这场抗议运动，并且夺取了领导权。当从前追随布赖恩的那批人仍在为一些特定改革而斗争时，他们发现，为数众多的、一直以来对他们持强烈反对态度的一批人，如今成了他们的同路人。随着改革的要求从农民延伸至中产阶级，从平民党进入两大党，这种要求变得更加强烈，也更受重视了。以往，平民党人的敌人还可以将他们诬蔑为狂热的无政府主义者，尤其是考虑到不论是平民党人还是无政府主义者，成千上万的美国人根本连见也没见过。然而想要对进步派(progressives)的形象也做如此的歪曲，却是不可能的，进步派在全国每一个地方都大量存在且充满活力，所有地方的人都看得见他们，感受得到他们，也同情他们。

早先作为一个孩子，后来则是作为一名青年记者，威廉·艾伦·怀特(William Allen White)曾亲身经历过绿背党和平民党传统下的社会氛围，在其《自传》里他回顾了这些经历，可能略微有一些夸张。作为一名纯正的中西部中产阶级公民，他的结论是“那几次农民运动吸收了太多游手好闲之徒（ne'er-do-well）和不务正业之辈——破产农民，不入流的律师和医生，潦倒落魄的教师，以及 132
一些满身戾气、喜怒无常的神经过敏症患者”。多年以后，当他分析 1912 年雄驼党运动（Bull Moose movement）的参加人员时，却发现“构成这场运动的主流和最坚固的核心的，是‘小资产阶级’（*petit bourgeois*）”：“这是一场由小商人、专门职业者（professional men）、富有农民、来自组织化劳工上层的熟练工匠……小有成就的乡镇中产阶级公民，有钱给谷仓上油漆的农民，收入不菲的铁路工程师，以及一些乡村杂志的编辑们所共同发起的运动。”[①]

怀特认为他自己就是一个很好的例子。用他自己的话说，1890 年代他曾是“统治阶级的一个孩子”，且是“一个意志坚定的反动青年”，他同堪萨斯州的其他青年共和党人站在一起反对平民党人，并通过他那一句尖利刺耳的反平民党人的责问——“堪萨斯州究竟怎么啦？”——获得了全国性的名声。到了进步主义时期，他则成为了最杰出的改革宣传家之一，他是那些著名的“耙粪者”的朋友和同道中人，一名满腔热忱的进步党人（Bull Mooser）。怀特代表了那个生活安逸的上流阶层，他本人乃是这个阶层中的一个有代表性的、受人尊敬的发言人，他所经历的心理转变，也发生在了这个阶层的大多数人身上；这个阶层从前诬蔑平民党人和布赖恩是疯子，其后却将平民党人的大批改革计划窃为己有，诚如怀特所言，这个阶层的领导者们“趁平民党人在河里游泳之际，把他

① *Autobiography*, pp. 482-483.

们的所有衣服都偷走了,除了'自由银币'这条破内裤"。[1]

很明显,全国多数地方都已普遍感受到政治与经济改革的必要性。但与此同时,一种更为隐秘的趋势也在发生,这一趋势发端于美国政党体制所具有的灵活性和机会主义特征:为了有效地抵制改革的要求,政党开始对改革计划进行部分地吸收。尽管布赖恩派民主党人在相当程度上继承了平民主义的精神,并部分继承
133 了平民党人的改革计划,西奥多·罗斯福却将布赖恩的议题改头换面后加以窃取,使得后者的影响力始终难以扩大。这样一来,进步主义变成了一场全国性的、跨党派的运动,民主党人与共和党人,乡村和城市,东部、西部和南部,都在这里被联结起来。在从前支持布赖恩的乡村地区和城市里的新兴改革运动之间,一种有效的联合已然建立起来,假如不存在这种联合,进步主义的广泛散播、迅猛势头都将是不可能的。这场运动的精神传播得如此之广,以至于在1912年三足鼎立态势下的总统竞选斗争中,居于"保守派"候选人位置的塔夫脱总统所得到的民众票数,还不及威尔逊和罗斯福这两位"进步派"候选人的一半。

1900年以后,平民主义和进步主义趋于融合,但细心的研究者会发现进步主义时期存在着两股大的思想脉络,其中之一主要受平民主义遗留思想的影响,另一股则主要是城市生活的产物。毫无疑问,进步主义的重要特征之一是它对城市问题怀着一种新鲜的、至为真切和饱含同情的关注——包括劳工和社会福利、市政改革,以及消费者权益等问题。然而,这个时代取得的那些具有全

① 引自 Kenneth Hechler: *Insurgency* (New York,1940), pp. 21-22。

国性影响、经国会行动方能达成的成就——如关税和财政立法、铁路和托拉斯的监管，以及其他类似改革——都得依赖那些来自农业地区的参议员的投票，这些成就最终得以实现的形式和程度，也深受这些参议员意愿的影响。

尽管将平民主义和进步主义思想截然分开不啻于歪曲事实，可是中产阶级的改革热忱，以及专门职业者和高学历群体所做出的贡献，确实让进步主义思想比过去的平民主义思想显得更为开明，更加温和，也更加复杂了。不仅如此，由于产生于一个更加富庶的时代，进步主义也不像平民主义那般充满怨气了。除了在少数高度关乎实务（pragmatic）的议题上存在一些内部争议，在绝大多数社会议题上平民党人的思想趋向统一，且这一思想是相当顽
固而狭隘的。进步派则一般都理解社会议题的复杂性，内部分歧 134

也更为普遍。实际上，典型的进步派在很多议题上往往持两种观点。关于大公司，进步派们一方面认为它们太易于为那些毫无道德原则的人们所操纵，从而对社会构成一种威胁；另一方面，很多进步派又非常明白这一点：即新的产业、金融组织方式是社会进化的产物，有它好的一面，因此又应当加以保护。在移民问题上，进步派常常怀有和平民党人一样的偏见，也像平民党人那样畏惧族群的混合，可是在一定程度上，他们又总是对自己的情感加以克制，感到对移民负有一种责任，同时也认识到移民的归化是一个必须通过人性化和具有建设性的方案来加以应对的实际问题。在劳工问题上，进步派们一方面感到——或许比九十年代大多数平民党人的感受都更为真切——工会实力的增长已经确凿无疑地构成一个问题，甚至对他们构成了一种威胁，但他们同时也看到了，劳

工组织的兴起是城市大众真实需求的一种反映，而这些需求是必须以某种方式加以满足的。对于大佬、机器和城市生活中的腐败问题，进步派们也和平民党人一样，认为它们恶贯满盈；可是他们也乐于承认——或许承认得有些太过爽快了——很大程度上，他们自己对于这些邪恶的存在也负有责任。和平民党人一样，进步派也常常义愤填膺，可是他们的愤怒带有更多责任感的特质，有时甚至带有某种负罪感，同时在这愤怒的背后，也有着更强大的组织、立法和执政能力作为支撑。然而为避免对平民党人不公正，必须指明的一点是，总体来讲，平民党人在 1890 年代表现出的胆魄和创造力，是进步派所不具备的，并且，进步派的大多数政治活动，都不过是在将十五年前，乃至二十年前平民党人提出的方案变成法律。

奇怪的是，进步主义这场反抗运动几乎全都发生于一段持续
135 和总体繁荣的时期，即便考虑到 1907 年短暂的经济恐慌和 1913 年的商业下行，这一点也依然成立。在 1890 年代中期的危机年月里，很多中产阶级本已满意地接受了以汉纳和麦金利为首的保守派领导层，可是在接踵而至的那段幸福日子里，中产阶级却团结在了两党中的进步派领导者们的身边，为他们提供支持。这一事实对历史学家提出了挑战。中产阶级身上发生的这一次非同寻常的觉醒，究竟是因为什么？为什么它会发生在一段总体繁荣的时期？——尤其考虑到多数中产阶级都从这繁荣中受益了，这更需要我们做出解释。经济上的不满对于进步主义运动起到了多大作用？改革又在多大程度上发端于其他因素？

诚然，对进步主义的支持来自一个异质化的公众，构成公众的不同人群对应着不同的改革诉求。然而此处我考虑的是进步主义领导层内一个主要和关键的群体，不管是在政治上、思想上，还是财政支持上，这场运动都高度依赖于这一群体的贡献，进步主义的诸多理念很大程度上也是由这群人构想出来的。我的论点是，这个广义上可以称为“中立派”类型的人群后来之所以变成了进步派，主要并不是因为经济剥削，而是因为他们是一场地位变迁运动的受害者，这一变迁就发生在19世纪的最后十年和20世纪初。简言之，在相当大的程度上领导了进步主义运动的这批人，他们承受的时代苦难并非源自财富的缩减，而是由于社会威望和权力的分配模式发生了变迁。

回到1870年前后，那时财富、地位和权力在美国的分布还相当分散，中等收入的人也足以享有相当高的威望和影响力，在很多小地方这一现象尤为普遍。在那个地方性名望还颇具分量的年代，小店商、制造业主、杰出的律师、编辑和牧师，都算是地方上名声响亮的人物。由于任何全国性的权力和声望来源都还遥不可 136
及，地方社会上的骨干人物享有举足轻重的影响力，也就不难理解了。亨利·亚当斯对于他家乡近郊的回忆，也适用于整个美国：“回到1850年，甚至直到更晚些时候，新英格兰社会仍受着专门职业行会的主宰。律师、医生、教授和商人都属于上流阶层，他们从不以个人身份行事，倒像是一群神职人员，一种专门职业就是一个教会。”①

内战以后这一切都变了。大城市的飞速发展，大型工业厂矿

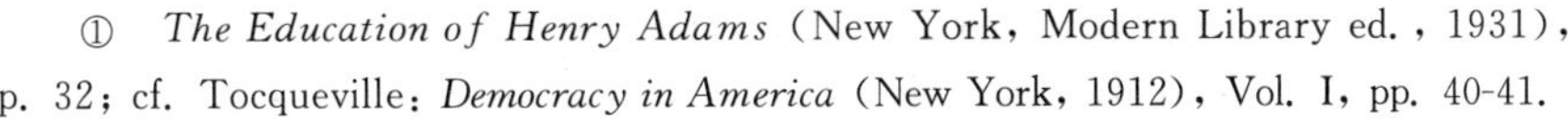
① *The Education of Henry Adams* (New York, Modern Library ed., 1931), p. 32; cf. Tocqueville: *Democracy in America* (New York, 1912), Vol. I, pp. 40-41.

的建设，铁路网络的修建，公司作为最重要的企业形式的崛起，都剧烈地改变了原来的社会，也使得权力和声望的分配方式发生了革命性的变化。整个 1840 年代，全国找不出二十个百万富翁；可是到了 1910 年，在参议院坐着的百万富翁很可能就不下二十个。[①] 1880 年代末，这一变化过程便已成为媒体经常忧心忡忡地加以评论的主题。1891 年，《论坛》杂志发表了托马斯·G. 希尔曼写的一篇关于“正在崛起的亿万富豪”的文章，引起了广泛讨论，作者在文中估计，当时的美国已经有 120 位身家超过千万美元的富豪。[②] 鉴于人民对财富阶层的批评愈演愈烈，《纽约论坛报》(*New York Tribune*)于 1892 年公布了一份关于 4047 位所谓的百万富翁的名单，第二年，人口调查局(Census Bureau)的一名统计学家发表了一份关于财富集中趋势的研究，在其中他估计，9%的家庭
137 占有着这个国家 71%的财富。[③]

---

① Sidney Ratner：*American Taxation* (New York，1942)，pp. 136，275.

② Thomas G. Shearman：“The Coming Billionaire，”*Forum*，Vol. X (January 1891)，pp. 546-557；cf. the same author's “The Owners of the United States，” ibid.，Vol. VIII (November 1889)，pp. 262-273.

③ Ratner，op. cit.，p. 220. 西德尼·拉特纳不光发布了《论坛报》上那一份名单，在 1902 年的《纽约世界年鉴》(*New York World Almanac*)中也编入了一份，此外还在他的一本著作中提供了一篇很有价值的介绍性文章，见 *New Light on the History of Great American Fortunes* (New York，1953)。写作《论坛报》上那篇文章的主要目的，是向那些批评关税的人们证明，最富有的人中的绝大多数是来自那些并没有从关税保护中获益的商业。对《论坛报》上这份名单的分析，可参见 G. P. Watkins：“The Growth of Large Fortunes，”*Publications of the American Economic Association*，third series，Vol. VIII (1907)，pp. 141-147。从这一时期关于财富集中化的警示中，诞生了美国第一批关于国民财富和收入的研究。关于这批研究的一份综述，见 C. L. Merwin：“American Studies of the Distribution of Wealth and Income by Size，” in *Studies in Income and Wealth*，Vol. III (New York，1939)，pp. 3-84。

新一代的富人，那些奢靡浮华、腐败堕落的有钱人，大公司的所有者，正在超越“中立派”这个类型的人——老一代的士绅、在某个行当里闯荡多年的商人、小型制造业主、从业良久的专门职业者，总之是一些过去年代里的民间领袖。这个家世悠久、通常受过大学教育的阶层，在地方社会上有着古老的家系渊源，往往拥有一些家族实业，在政治领导能力方面有深厚家传，同时还是爱国社团和上流俱乐部的会员，也在慈善和文化机构的管理委员会中任职，或许还曾领导过一些民间改良运动；可如今，在许多的城市和成百上千的城镇——以东部为甚，也适用于全国——这个阶层在国家基本政治、经济决策方面的影响力却正在失去，大有被晾在一旁的味道。无论在个人事业上，还是在社会活动中，他们都发现自己总是受着一些新兴公司的代理人、立法机关的腐败议员、特许经营权的买家，以及政治大佬的爪牙的掣肘、妨碍和压制。他们发现，在这场不公平的斗争当中，自己良知上的审慎、对名声的看重，以及自己的社会威望本身，反而成了一种约束。毫无疑问，他们眼中的美国并非缺乏机遇，只不过对于那些以最高标准来要求自己的人来说，要获得最佳的机遇确实太难了。从严格的经济学意义来讲，这些人作为一个阶层并没有变得更穷，可是和那些财富和权力的新贵比起来，他们的财富和权力的确已经相形见绌。他们的势力已然消殒，这一点他们自己也明白。

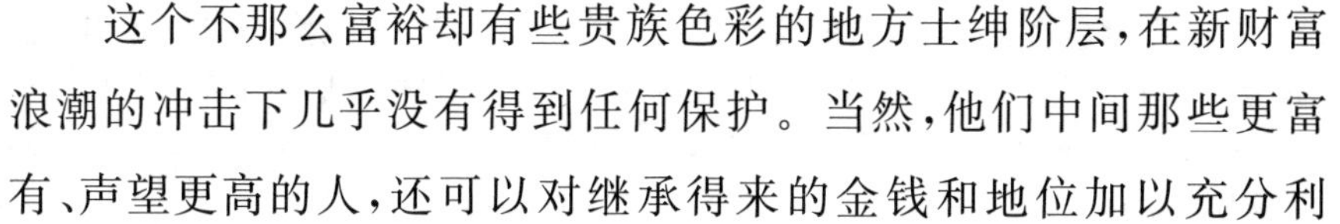

这个不那么富裕却有些贵族色彩的地方士绅阶层，在新财富 138
浪潮的冲击下几乎没有得到任何保护。当然，他们中间那些更富有、声望更高的人，还可以对继承得来的金钱和地位加以充分利

用;何况,不管是在商业还是其他领域,任何事业只要能请得这些人来装点门面,自是平添了一份资本,而他们也乐于将这份资本赞助出来。新贵们的确常常试图以联姻的方式进入士绅们的圈子,或从后者手中买取社会地位,就像他们从大佬们手里买来立法和特许权一般。可就士绅群体而言,这充其量只能算一种静态的自我防卫,在绝对意义上保全了自己,在相对意义上却仍在一年年地衰弱下去。并且即便是这种程度的自卫,也只是在一些他们已长期占优势、知名度很高的地方,他们才有把握实现。而当所有人都认识到声望的作用场域已经像商品市场一样扩展到整个国家时,小地方的声誉就不像从前那般重要和让人满足了。对士绅阶层来说,与地方上的大佬或运输业巨头们周旋,哪怕是在他们的家庭世代享有名望的小城镇,也是一件令人心烦的事;[①]如今这件事就更加难以承受了,因为同当代的范德比尔特、哈里曼、古尔德、卡耐基、洛克菲勒和摩根这些家族比起来,所有的财富、事业成就和声

① 在西部和南部,更加为人所憎恶的是外地的铁路或产业公司。相比进步主义时期而言,这种地方性的憎恶近年来已经越来越显得有害和缺乏建设性。西摩·M.李普塞特(Seymour M. Lipset)和莱因哈德·本迪克斯(Reinhard Bendix)已经指出,在美国的中小城镇,地方上流阶层——由于生活高度依赖于全国性大公司——只有在自己的家乡才称得起上流;这些人对他们经济上的弱势,以及将本地的权力拱手让给外人,怀着深深的怨怼。"全国的小实业家和小商人们,在大工业和大规模工联主义之间陷入了两难,并感受到了对自己的威胁。对地方精英的分裂和地方经济实力下滑的感知,为某种既批判大公司又批判大工联主义的意识形态提供了肥沃土壤。"见"Social Status and Social Structure," *British Journal of Sociology*, Vol. II (June 1951), p. 233。

望都变得更加不起眼、更加微不足道了。[1] 139

对于地位革命的上述这些背景，“中立派”这类人很早就做出了反应，但这种反应与后来他们那些“进步派”继承者的行为有很大不同。整个七十年代、八十年代和九十年代，商业和专门职业中的“中立派”上层人士，一直在表达着他们对机器政治、腐败，以及商业界干预政治事务的粗暴形式的厌恶之情。这个类型的人通常是共和党人，但又有着高度的独立性，哪怕脱党也在所不惜，只要他们觉得自己的原则遭到了背叛。他们第一次有组织的亮相，是在 1872 年那一次注定夭折的共和党自由派运动中，但他们最重要的时刻还是 1884 年，当得知詹姆斯·G. 布莱恩(James G. Blaine)获得党内提名后，从共和党脱党的行为；很多人相信正是他们的这个举动，使得在一场双方实力接近的总统选举中，胜利的天平开始向克利夫兰倾斜。

在这数十年中，“中立派”这一类人最活跃的地方主要是波士顿，一个财富和良知的发展都已趋于成熟的中心，马萨诸塞州中一

① 地位革命发生的年代，也是大量爱国社团成立的时期，这一点也许有着深刻含义。从 1783 年到 1900 年间成立的 105 个爱国社团中，34 个成立于 1870 年以前，71 个在 1870 年到 1900 年之间成立。相当多的美国爱国社团非常看重家族在美国的居住时间和谱系脉络，通常尤其重视在美国革命这样一些全国性事件中的参与度。地位革命期间爱国社团和家系社团的增多，表明很多有着古老家世的美国人虽然在现时代失去了地位，却可能通过追溯家族在过去的荣耀而得到了令人欣慰的补偿。当然，大多数这类社团成立于民族主义情绪爆发的九十年代；但民族主义爆发本身，似乎也与地位变迁有着相当微妙的心理学关联。对那些拥有巨大财富，却缺乏爱国主义和积极进取的民族主义精神的人，西奥多·罗斯福这样的人是如此鄙弃，这一点是很值得注意的。关于爱国社团成立的细节，参看 Wallace E. Davies: *A History of American Veterans' and Hereditary Patriotic Societies, 1783—1900*, unpublished doctoral dissertation, Harvard University, 1944, Vol. II, pp. 441 ff。

些如雷贯耳的名字都在“中立派”之列；[①]但在纽约这样的大都市，他们的活跃度也很突出，甚至在印第安纳波利斯和芝加哥这样的中西部城市也有一定声势。虽然如此，“中立派”身上仍显著地体现了新英格兰地区的文化观念和传统——甚至是“老英格兰”的传
140 统。他们之中多数是有盎格鲁-撒克逊血统的新教徒，一般祖籍在新英格兰地区；但即便是那些非新英格兰籍的，也倾向于去新英格兰的历史中寻得他们在文学、文化和政治上的范型(models)，以及道德理想主义的楷模。他们关于治国的理念，乃以“建国之父”们树立的崇高典范为标的，或是由白银时代(silver age)那些伟大的论战型政治家，如韦伯斯特、萨姆纳、埃弗里特[②]、克莱和卡尔霍恩等设定的。他们理想中的领导者，是一个家道殷实、受过良好教育、品格高尚的人物，他需要足够富有，以抵御所谓“粗俗的物质主义”的侵蚀，他需有古老的家世渊源，不管是就其在地方社会上还是整个美国历史上而言。他们认为唯有这样一类人，才能把国家利益和改善人民生活的事业置于个人利益和政治机会主义之上。但也正是这样一类人，正如亨利·亚当斯一直不厌其烦地抱怨的，在美国政治生活中却难于得到一个职位。毫无疑问，“中立派”这类人有能力在大产业、大公司中谋到职位——他们中很多人确实

① 尤其是小查尔斯·弗朗西斯·亚当斯(Charles Francis Adams, Jr.)、爱德华·阿特金森(Edward Atkinson)、穆尔菲尔德·斯托里(Moorfield Storey)、莱弗里特·索顿斯托尔(Leverett Saltonstall)、威廉·埃弗里特(William Everett)、乔赛亚·昆西(Josiah Quincy)、托马斯·温特沃斯·希金森(Thomas Wentworth Higginson)。

② 爱德华·埃弗里特(Edward Everett)：(1794—1865)，美国内战前重要的政治家，曾任国会参议员、马萨诸塞州州长、驻英大使、国务卿等职，还曾担任哈佛大学校长。为前注中威廉·埃弗里特之父。——译者

在其中任职——他们也常常被延请出山，为诸多行业的品位带来了提升。可是，他们总是屈身于一些并非由他们主动创始的事业，或者说，他们常常感到自己岗位上的工作与其最高理想之间尚有不少距离。他们已不再一言九鼎，不再享有往日的尊荣。他们感到了一种被剥夺感，这剥夺与其说是经济上的，不如说是道德上的。

在他们的观念里，自己已彻底地被一群最为粗野的新人赶下了舞台。事实上，镀金时代那些伟大的商业领袖，早年生活一般都是颇为安逸乃至尊贵的，[①]但“中立派”们仍一厢情愿地坚信那些
商业巨头就是暴发户和乡巴佬，他们和改革派一样，乐此不疲地对 141
大商人加以尖酸的讽刺。要想知道“中立派”想象中的工业巨头是何等形象，只需去读一读世纪之交那些“现实主义”作家描写商人的社会小说，比如威廉·迪恩·豪威尔斯(William Dean Howells)[②]、H. H. 博耶森(H. H. Boyesen)[③]、亨利·布莱克·富勒(Henry

① See William Miller: “American Historians and the Business Elite,” *Journal of Economic History*, Vol. IX (November 1949), pp. 184-208; “The Recruitment of the American Business Elite,” *Quarterly Journal of Economics*, Vol. LXIV (May 1950), pp. 242-253. C. Wright Mills: “The American Business Elite: a Collective Portrait,” *Journal of Economic History*, Vol. V (Supplemental issue, 1945), pp. 20-44. Frances W. Gregory and Irene D. Neu: “The American Industrial Elite in the 1870's,” in William Miller ed.: *Men in Business* (Cambridge, 1952), pp. 193-211.

② 威廉·迪恩·豪威尔斯(1837—1920)：美国现实主义作家、文学批评家，被称为“美国文学院院长”(The Dean of American Letters)。曾担任《大西洋月刊》主编。代表作有小说《塞拉斯·拉帕姆的发迹》(*The Rise of Silas Lapham*)、《来自奥尔特鲁里亚的旅客》(*A Traveler from Altruria*)等。——译者

③ H. H. 博耶森(1848—1895)：挪威裔美国作家，最重要的作品是《居纳尔：挪威故事集》(*Gunnar: A Tale of Norse Life*)。——译者

Blake Fuller)[①]和罗伯特·赫里克(Robert Herrick)[②]等人的作品。工业家被认为既无学识也无教养,缺乏责任感,缺乏信仰而腐朽堕落,丝毫谈不上文雅和任何意义上的高贵。亨利·德马雷斯特·劳埃德有一次在评价"强盗大亨"(robber baron)时说道:"正如麦考莱预言的那样,我们的文明如果被毁灭,则毁灭者并非来自下层的野蛮人。我们的野蛮人来自上层。一代人的时间内,我们那些赚钱高手们便已纵身一跃,坐上了连国王们也闻所未闻的权力宝座。**权势和财富总是不断涌现,为新的一代人提供了机遇。缺少文化、阅历、自尊,乃至所在阶层里代代相传的忠告的约束**,这一帮利欲熏心之徒以为他们是波流,殊不知其不过是浮沫;以为他们创造了商业,殊不知其乃商业之衍生物。对他们来说,科学不过是大自然为辛迪加们提供的一份不断更新的投资项目清单,政府不过是喷涌出各种特许权的水池,世界上的国家不过是成群结队的消费者,而'一百万'这个词,则是专为他们而创设的一种新的财富计量单位。他们要求取得一种不受控制的权力,这种权力且应是隐蔽的、不为人知的、永久的。自从他们开始索要这种权力以来,他们成功的可能性在持续不断地增大,哪怕'一个亿'也不会让他们餍足,他们的欲望是无止境的。"[③]

① 亨利·布莱克·富勒(1857—1929):美国短篇小说家,大概是芝加哥地区最早拥有全国性声誉的作家,也是最早在作品中探讨同性恋问题的作家之一。——译者

② 罗伯特·赫里克(1868—1938):美国小说家,最出色的作品是《生活之网》(*Web of Life*)。——译者

③ Henry Demarest Lloyd: *Wealth against Commonwealth* (New York, 1894, ed. 1899), pp. 510-511;黑体为本书作者所加。其他作者关于财富统治的典型描述,可见劳埃德的长篇引文:"Plutocracy," in W. D. P. Bliss, ed.: *Encyclopedia of Social Reform* (New York, 1897), pp. 1012-1016。

然而，典型的“中立派”不同于劳埃德，其经济和政治观念是保守主义的。毫无疑问，他鄙视新一代有钱人中那些最为寡廉鲜耻 142
之辈，一如他鄙视为有钱人提供便利的那些机会主义的、贪赃枉法的、卖官鬻爵的政客们。可是对于镀金时代日益显露出的最为严重的一些流弊，他却不是断然忽略，就是心安理得地予以接受，将其看成生存竞争、大众懒惰和缺乏计划的必然结果。[1] 一般来讲，他教条化地信奉当时盛行的“自由放任”（*laissez faire*）经济学理论。他在经济方面的主张无外乎关税改革和“优质货币论”（sound money）——那些其财富建立在商业行为和专门职业，而非制造业和其他新兴行业基础上的群体，更倾向于接受这两个主张——他在政治上的主张则是建立一个诚信、高效的政府，以及文官制度改革。他是一个经典意义上的“自由主义者”。他认为，关税改革对于正在崛起的大规模商业联合是最佳的矫正措施。在他眼里，第一流的媒体人和哲学家是 E. L. 戈德金（E. L. Godkin）这样的，此人是《国民》（*Nation*）和《纽约晚邮报》（*New York Evening Post*）的编辑，一位年高德劭的自由贸易论者。最受他欢迎的政治家是格罗弗·克利夫兰，因为后者将关税描述为“托拉斯之母”。在他的思维中，大多数尚可疗救的经济病症，通过自由贸易都能药到病除，正如他们也相信，政府的本质便在于由正直而有能力的工作人员诚实公正地展开工作。

布赖斯勋爵曾评价“中立派”运动，称其“影响之所以如此重

---

① 关于这个“学派”观点的有代表性的分析，见 Alan P. Grimes: *The Political Liberalism of the New York NATION, 1865—1932* (Chapel Hill, 1953), chapter ii。

大，与其说是由于它的选票实力，不如说是由于参与者们的才智和社会地位”。[①] 事实上，将“中立派”同选票实力的源头隔离开来的，不是别的，正是智识和社会地位。如果说他对掠夺成性的资本主义及其政治同盟持批判态度，那么对“激进的”农民运动以及领
143 导运动的那些“煽动家们”，对那些在“流动代表们”（walking delegates）[②]的领导下对雇主造反的城市工人们，以及对城市移民和那些将他们领进美国市民生活的重重迷雾之中的“道德败坏的大佬们”，他更是鄙夷地加以反对。他是一个不折不扣的宪制主义者，可是美国政治的命运也令他成为了一个同样坚定的精英主义者。他既然看到了普选权的后果，便对这一制度的益处产生了怀疑。[③] 为了抗拒财阀统治而向大众求助，在他是一件不可能的事，而在与地方大佬的斗争中，求助于大众则往往是徒劳。“中立派”与人民割裂开来，与他自身的不善社交和缺乏经验有关，但也与他那种坦率的保守主义观念有关。如果他向大众寻求支持，那也是以一种精英主义的方式。

进步主义在世纪之交发生的条件之一，是“中立派”与大众支持之间的绝缘状态结束了。从前的障碍消失了，本章的宗旨正是阐明个中原因。“中立派”是如何找到了一批追随者，此事说来话长，但这里需要指出的是，除非“中立派”这一类人自身发生一定程

① *The American Commonwealth*, Vol. II, p. 45；关于“中立派”这一类人的简短性格素描，见 pp. 45-50。

② “流动代表”：指美国工会派驻地方或厂矿，以确保工会守则得到实施的人员，以及代表工人与雇主谈判的工作人员。——译者

③ Grimes, op. cit., chapter iii.

度的转变，那种情况是不可能出现的。要想发起一场足以主导进步主义时期政治生活的运动，“中立派”的后继者和接班人们必须挑战他们父辈的观念，调整上一辈人对“自由放任”教条的信奉，以一种令人刮目相看的、对民众政府的热忱，替代以往的精英主义偏见，从而在处理社会不满群体的诉求时展现出更高的灵活性。

然而，如果说哲学和风气已经改变，社会的格局和苦难却依然如故。“中立派”已经扩大了他们的群众基础。举例来说，在两大党内的进步派领导者中，常能发现很多家境殷实之人，这些人的背景很容易让人回忆起上一代的“中立派”。诚如乔治·莫里教授所 144
言，“美国历史上没有哪一次改革得到过这么多富人的支持。”[①]诸如乔治·W. 珀金斯(George W. Perkins)[②]、弗兰克·芒西(Frank Munsey)[③]这样的人，其加入进步主义运动可能被认为更多地是削弱了改革的锐气，则这些人暂且不提，像查尔斯·R. 克兰(Charles R. Crane)[④]、鲁道夫·施普雷克尔斯(Rudolph Spreckels)[⑤]、E.

① George Mowry: *Theodore Roosevelt and the Progressive Movement* (Madison, 1946), p. 10.

② 乔治·W. 珀金斯(1862—1920):1912 年协助罗斯福组织进步党的主要人物。珀金斯原为摩根家族集团的高层顾问，与大公司利益联系紧密。珀金斯对“好托拉斯”(good trust)理念的信奉与罗斯福的“新国家主义”相合，但为进步党中持激进反托拉斯立场的一翼所忌惮，是进步党中的分裂因素，因此作者称其“削弱了改革的锐气”。——译者

③ 弗兰克·芒西(1854—1925):纽约媒体人，通过将杂志通俗化、大众化而致富，是 1912 年罗斯福竞选资金的主要提供者。——译者

④ 查尔斯·R. 克兰(1858—1939):继承了大笔遗产的美国富豪、商人，阿拉伯专家，与美国政治、外交高层有密切来往。——译者

⑤ 鲁道夫·施普雷克尔斯(1872—1958):夏威夷糖业巨头克劳斯·施普雷克尔斯的继承人。——译者

A. 法伦(E. A. Filene)[①]、平肖兄弟(Pinchots)[②]和威廉·肯特(William Kent)[③]这些富甲一方的改革者,也可以视为例外而忽略不计。然而即便撇开上面这些人,考察这一时期改革者的生平和背景时,那些家资远高出一般水平的改革者的人数之巨,尤其这些改革者的后代所保有的财富,仍会令人大吃一惊。目前为止,还没有关于两大党内改革领导者的研究,但关于1912年进步党(Progressive Party)领导者们的全面信息已经很能说明问题了。在对全国上下260位进步党领导者的背景和工作经历进行考察时,阿尔弗雷德·D. 钱德勒注意到,他们中的绝大多数人来自城市中产阶级。他们几乎全是本土出生的新教徒,并在相当高的程度上具有专门职业者和大学毕业生的背景。余下的则是商人,且是一些规模极为庞大的企业的所有者。农民一个也没有,工会领导人只有一个,大型工业和交通企业的白领阶层和领薪经理群体则完全没有代表。由此可以想见,他们当中多数人的前期政治经历主要来自地方政治。但总体上,正如钱德勒观察到的,他们"极少有任何接受制度性规训(institutional discipline)的经历。在此意义上讲,他们虽居住在城市,却绝不像典型的城市人。除了极少

① E. A. 法伦(1860—1937):美国商人、慈善家,美国信用合作社体系的奠基人之一。——译者

② 平肖兄弟:指吉福德·平肖(Gifford Pinchot, 1865—1946)和阿莫斯·平肖(Amos Pinchot, 1873—1944)兄弟,前者曾在西奥多·罗斯福时期担任第一任美国林业局局长,后曾当选宾夕法尼亚州州长。后者为律师、改革家。两兄弟的父亲是纽约州的一位成功商人。——译者

③ 威廉·肯特(1864—1928):美国商人、政治家,曾担任代表加利福尼亚州的国会众议员。——译者

数例外，所有这些人都是自己给自己当老板，从前、以后皆是如此。在人生的大多数时间，他们为自己工作，从事律师、商人和其他专门职业。进步派领导者们是一些个人主义者，他们不曾经历过制度性的规训和控制，尽管有着十足的城市背景，他们所代表的理念 145
却来自那个旧式的、乡村的美国。”[①]乔治·莫里对加州进步派的考察是仅有的一份可供参照的研究，其间包含相当多的类似结论。“按当时流行的话来说，”一般意义上的加州进步派，“是个‘家底不错的’(well fixed)人，他通常是个共济会员，几乎肯定是他们所在城镇商会的一员。……他显然是一名保守派共和党人——至少 1900 年以前是这样——对麦金利及其历届共和党前任们赞赏有加。”[②]

尽管在有钱的改革派中，一些人是白手起家的，如约翰·P.

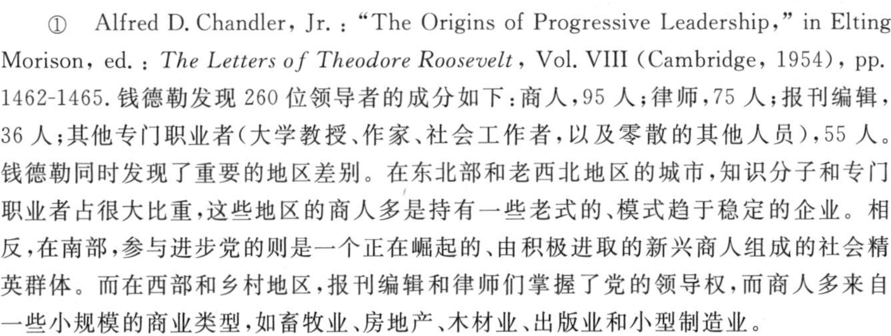

① Alfred D. Chandler, Jr.: “The Origins of Progressive Leadership,” in Elting Morison, ed.: *The Letters of Theodore Roosevelt*, Vol. VIII (Cambridge, 1954), pp. 1462-1465. 钱德勒发现 260 位领导者的成分如下：商人，95 人；律师，75 人；报刊编辑，36 人；其他专门职业者（大学教授、作家、社会工作者，以及零散的其他人员），55 人。钱德勒同时发现了重要的地区差别。在东北部和老西北地区的城市，知识分子和专门职业者占很大比重，这些地区的商人多是持有一些老式的、模式趋于稳定的企业。相反，在南部，参与进步党的则是一个正在崛起的、由积极进取的新兴商人组成的社会精英群体。而在西部和乡村地区，报刊编辑和律师们掌握了党的领导权，而商人多来自一些小规模的商业类型，如畜牧业、房地产、木材业、出版业和小型制造业。

② George Mowry: *The California Progressives* (Berkeley, 1951), pp. 88-89; 可集中看一下该书第四章，这一章对 47 位进步派领导者提供了一份极富启发意义的简要介绍。这些人中四分之三受过大学教育。律师 17 名，记者 14 名，独立商人和房地产从业者共 11 人，还有 3 位医生，3 个银行家。关于这个群体的意识形态，莫里注意到他们主要反对“巨型企业所代表的那种缺少人情味的、高度集中化的、似乎享有特权的财富。(他们)眼里装着一个往昔的美国，想要在政治、经济和社会生活的所有领域重申乃至重现以往那些个人主义价值。”Ibid., p. 89.

奥尔特盖尔德(John P. Altgeld)[1],底特律市市长、密歇根州州长黑曾·平格尼(Hazen Pingree),托莱多的改革派市长塞缪尔·("金则")·琼斯(Samuel[Golden Rule]Jones),[2]但更多则是第二代乃至第三代的财产继承人,著名的比如汤姆·约翰逊(Tom Johnson)[3]和约瑟夫·费尔斯(Joseph Fels)[4],这些人的社会地位已不复当年的辉煌,其财富在偿清债务之后多已缩水。一定意义上,进步主义意识形态总是在"有责任感"和"无责任感"这两种财
146 富之间做出区分,且明显带有一种愤懑之气,正如那些因为长期家境优渥,在花钱上力求合理与节制的人,对那些得意忘形的一夜暴富之辈,也总是嗤之以鼻。

与进步派同时代的一位才华横溢之人,沃尔特·韦尔(Walter Weyl),在他那本极富洞察力然而今天几乎已被人遗忘的《新民主》一书中谈到,这种对财富类型的区分在美国城市中随处可见:"……不仅如此,随着财富日益累积,在先富和后富起来的人们之间,一道情感裂缝在扩大。从前在辛辛那提,人们将'操刀客'

① 约翰·P.奥尔特盖尔德(1847—1902):美国政治家,1893—1897年任伊利诺伊州州长。奥尔特盖尔德是德国移民,早年从事律师和房地产业。——译者

② 黑曾·平格尼(1840—1901)鞋匠出身,以经营制鞋厂致富。"金则"琼斯(1846—1904)发迹于租采石油,因其合伙成立的一个石油公司为标准石油公司收购而发财。——译者

③ 汤姆·约翰逊(1854—1911):美国工业家、政治家,1901—1909年任克利夫兰市市长,是进步主义运动的重要人物之一。约翰逊的父亲在内战前是肯塔基州富有的农场主,但在内战中破产。汤姆后来通过其父与杜邦公司的旧交情发展起了自己的生意。——译者

④ 约瑟夫·费尔斯(1857—1914):美国富翁、慈善家。为德国犹太裔移民,到美国后靠肥皂业发家。——译者

(stick-'ems)(其实就是肉联厂工人)同已经致富的'藏刀客'(stuck-'ems)区分开来,就像今天人们把纽约那些功成身退的富翁们,同克利夫兰、波特兰、洛杉矶和丹佛那些正在崛起中的、充满朝气的富翁们区分开来一样。一条优质铁路背后那些身家百万、富得流油的股票持有人,对于偷伐木材者不会有太多同情,尽管可能他们自己的财富也不过是在几代人之前,通过抢劫火车或贩卖奴隶及牙买加朗姆酒积攒起来的;与此同时,棉花生产商们那些谈吐文雅的后代,对于新近才通过特许权的买卖赚得'一票'(pile),继而跻身他们圈子里的那些人,也是不给好脸色的。当财富因历经了岁月而变得圣洁以后……它便煞有介事地转头反对那些新的、不道德的攫取财富方式,后者却是那些想要出人头地的人们能想到的不多的办法。在维持财阀统治的斗争中,老一代的富人不算是忠诚的盟友;他们总是倾向于支持一些即便不是民主的,至少也是带温和改革性质的计划。……在那些财富正被激烈争夺的城市,财阀与民众之间的战斗进行得如火如荼,而在那些财富分布已然板结化,由此带来一种缓冲效应的城市里,战事就要温和一些。财产继承的逻辑与此类似。一旦财富从原初的积累者那里传递开去,对财产积累方式的宣传便开始变得低调起来。"①

不仅如此,韦尔还意识到,在大多数心怀不满的公众看来,美 147
国财阀阶层最令人恼恨的地方,并不在于它在经济上对公众大肆抢掠,而是在于它令公众显得无足轻重;公众感到恼恨的是,对于那种建立在炫耀性消费和生活时尚之上的社会声望,他们原本还

① Walter Weyl: *The New Democracy* (New York, 1914), pp. 242-243.

可以竞逐一番,可是新的财阀把标准拉高到了如此铺张奢靡、斯文扫地的地步,以至于所有其他人都没有底气去比上一比。这一点不仅对于全国范围内的财阀来说是真实的,每个社区、每个行业内部的财阀也同样激起了某种模糊的愤怒感;在美国人对财阀阶层的几乎是普遍的仇视中,韦尔发现"最为奇特的一点是,相比从前,尽管多数人的生存状况是变得更好而非更糟了,他们心里却越来越苦涩。绝对意义上讲,这些人的生活水平并未下滑,只是增速相对减缓了。他们抗议财阀阶层增长得太快,以致吞噬了周边邻里的发展。增长是正确的,也是合理的,可是据说增长的速度一旦达到某个程度,就必定是不道德的。……财阀阶层之所以被痛恨,相当大的程度上并非因为它的所作所为,而正是因为它本身。……人们所主要憎恶的,是财阀阶层存在的本身,以及我们那些富有的同时代人'存在'的本身。我们那些过度有钱的邻居,导致了我们自己人格的相对萎缩(deflation)。当然,财富的消费环节与其生产环节一样,其间都存在一些'不具竞争力的群体',年收入两千美元的人,既没有必要像古尔德一样去花钱,也不必效法古根海姆。[①] 可是在所有地方,我们都既能看到百万富翁的善举,也能看到他们的恶行,只是两者都令我们同样地怒不可遏。我们这些踽踽独行的瘦马,注定被他们动力强劲的汽车甩在身后。我们必定要吃他们的尘土。

"我国财富的不断等级化(infinite gradations)(财阀的存在必

① 古尔德为生活骄奢的商人,古根海姆为公益人士和慈善家,下文所谓"善举"与"恶行"。——译者

然带来这种等级化）催生了一种狂热的竞争性消费，增加了发生大规模社会摩擦的可能性，也制造出了一种敏感的社会情绪。……我们正在制造出各种新的贫困——没有汽车、没有游艇、没有纽波特的小别墅。最为精致琐碎的奢侈品也变成了必需品，一旦丧失 148
便痛苦难耐。今天，即便处在社会等级体系中相当高的位置，依然会有诸多不满。……

“正是由于这些原因，人们认为财阀阶层应当为旧时代下那种平等的消失负责。……我们工业的发展，原来一直在让前进的区间变得越来越小。卓越成就的内涵变得更加难以企及，更加光彩夺目；目标也被定得更高、更精确。尽管律师、医生、工程师、建筑师，以及其他专门职业者的收入已高于以往所有时期，但年薪十万美元的律师毕竟是凤毛麟角，相形之下，成千上万的律师仍靠着一千美元的年收入养家糊口。竞争领域的拓宽，使得人与人之间的差异也扩大了，成功与失败之间的对比变得更加明显，结果便是社会充斥着不平等和不满。”①

二、专门职业者的异化

每当现代社会发生重大变革之时，大部分知识分子、专门职业者和民意塑造阶层（opinion-making classes），总能看清事态的走向，于是全情投入他们认为代表着进步和改革的那一方。罕有哪一次历史运动，这些阶层在其中起到的作用比在进步主义

① Walter Weyl, op. cit., pp. 244-248.

运动中还要大。无疑，这些知识分子和专门职业者之所以支持进步主义事业，一部分原因和中产阶级里的其他成员是一样的，然而他们所在职业本身发生的显著变化，社会的日益复杂化，以及地位革命给他们的社会地位带来的改变，也在影响着他们对事物的看法。

从前，在1870年代和1880年代的诸多产业和政治冲突中，这些声名显赫的意见领袖们，在绝大多数议题上几乎都毫无保留地
149 支持极端保守主义立场。比如，新教牧师就是一个"庞大的、几乎永难攻破的捍卫现状的防线"。[①] 多数大学教授都宣扬"自由放任主义"的伟大真理，以及社会达尔文主义的保守主义辩护理论，对工会和社会改革者则大加斥责。除了极少偏远城镇上的一些代表着不满农民和小商人的发言人，律师们对现状也是满意的。媒体也几乎从不添乱，除了偶尔某个新闻主编发起一场偶然的运动，但针对的也常常只是某个地方议题。从1890年代开始，这些专门职业者渐渐抛弃了内战以来那种顽固的保守主义，汇入了自由主义抗议的主流，甚至在道德和智识上成了这一派的领袖；接下来的两个十年里，这一势头更是越来越明显。发生这种反转的原因很复杂。然而，如果说专门职业者们的观点发生了转变，开始信奉新的理念，这并不只是因为他们认为国家面临问题的性质已经改变——实际上，就1897年以后的美国生活而言，很多方面的问题都已不似从前那般尖锐了——而是因为，他们开始注意到一些以

① Henry F. May: *Protestant Churches and Industrial America* (New York, 1949), p. 91.

往忽略了的东西，而以往漠不关心的事物也开始激起他们的愤慨。在这里，我感兴趣的倒并非美国社会外部环境的改变，而是专门职业者们自身的社会态度和内在心理状态，弄清何以他们当中如此多的人成了改革运动的顾问和牛虻(gadflies)[①]。专门职业者的异化(alienation)的确是一系列事态变迁的产物，但在这些事态当中，地位革命的影响必须被高度重视。行业之间固然各有不同，然而在财阀阶层面前，所有声称拥有学识和技能的人们都有着一种屈辱和愤愤不平之感。

对照1870年代与1890年代教士阶层的心态，可以一窥变化的幅度。1873年大恐慌之后的艰难时世，最终引发了波及范围甚 150
广的劳工骚乱，高潮便是1877年的全国铁路大罢工，此时新教媒体表现出了一种血腥的反动。劳工被描述成“野兽”和“亡命之徒”，一些教派报纸甚至建议，如果用棍棒没法降服劳工，就应该用大炮和机关枪把他们剿灭。在1880年代的历次社会冲突中，牧师们的态度仅仅稍微缓和了那么一点。到了1890年代，一个人数很少的自由派开始对罢工表露出了一种温和得多的观点，尽管对于像1894年美国铁路工会(American Railway Union)策动的普尔曼大罢工(Pullman strike)这样的事件，主流教派的报纸依然持完全敌视的态度。然而到了这个时期，一场深刻的观念转型已经启动，而基督教社会主义和社会福音等理念也给各大宗派的大批教士们的世界观带来了深刻变化。自1895年以降，乃至于整个进步主义时期，“由[早期的社会福音派]那代人提出的学说，逐渐主导

① 牛虻：在伏尼契同名小说中，牛虻比喻矢志不渝的革命者。——译者

了美国新教中最有话语权的那些派别。”①

教士很可能是地位革命中最彻底的失败者。19 世纪最后三十年，在美国社会和智识生活中发生的那场影响深远的世俗化运动中，教士和大多数中产阶级一样，在诸多外在表现上持续衰退，比这更严重的是，他们作为道德和智识领袖的地位本身也遭受了重创。一方面，教众里的那些富人的态度，时常让他们感觉到敌意和被冒犯。② 另一方面，他们又看见教会正大面积地失去劳动者阶级的支持，而这是极其危险的。在所有领域，他们观点的重要性
151 都已大不如前。宗教本身的重要性也一年不如一年，甚至牧师们作为社区道德与智识领袖的资格，如今也不得不与科学家和社会科学家们分享。比如说在内战前，高等教育主要是由他们在掌控。现在这一位置则渐渐被由商人、银行家和律师组成的校董事会所占据，③商业巨头们出资兴建了一批更加世俗化的新型大学，接踵而至的是社会科学家，他们的话语渐渐夺去了一部分从前由教士阶层享有的权威。大学的学术，在很多领域都彰显了进化论科学的崭新的、日益增长的权威，而牧师们却似乎只有继续宣扬过去的教条。

① May, op. cit., pp. 202-203.

② 一个有趣然而并不具有代表性的案例，发生在纽约市圣乔治（圣公会）教堂(St. George Episcopal Church)首席神父 W. S. 雷恩斯福德和他的教区委员 J. 皮尔庞特·摩根(J. Pierpont Morgan)之间，见 Rainsford: *Story of a Varied Life* (Garden City, 1924), p. 281。

③ 1860 年，在厄尔·麦格拉思对私立院校的抽样中，教士构成了董事会的 39%；到 1930 年，则仅及 7%。参见 McGrath: "The Control of Higher Education in America," *Educational Record*, Vol. XVII (April 1936), pp. 259-272。整个进步主义时期，在学院和大学校长职务上，教士也渐渐为世俗人员所取代。

教士群体威望的总体下降，从这一点看来最为明显，即在城市的复杂生活环境中，以及1897年以后持续上涨的价格水平下，新教教派的世俗管理者们竟然连辖区内牧师们的生活水平也难以保障。不仅教士作为意见引领者的地位在人们心中大打折扣，对于教众们期待其在圣职上完成的艰巨任务，他们也越来越感到力不从心，在一些豪富的教区委员面前，甚至表现得唯唯诺诺。①

鉴于上述情况，对于教士转向改革和社会批评这一现象，便
可公允地如此解释：那并不仅仅是出于他们对社会问题的大公 152 
无私的观照，和他们想要推动世界进步的真诚愿望，而也与这一事实相关，即他们自身就是地位革命的受害者，因而对于那些和他们一样失去地位的群体提出的问题，自然抱有一份理解和同情。1890年以后，教士群体对社会福音运动日益蓬勃的热情，从很多方面看来都像是这么一种努力——即教士们想通过实现在尘世的领导权，来在一定程度上恢复他们因社会地位的颠覆以及社会的世俗化进程而失去的那些精神性的影响力、权威和社会威望。

① 1918年，《文摘》(*Literary Digest*)杂志的一份调查显示，在170,000名牧师之中，仅1671人因收入高于3000美元而上缴所得税。1920年，“跨教派世界阵线”(Interchurch World Movement)的一次调查发现牧师的平均年收入是937美元。*Christian Advocate*, Vol. XCV (July 22, 1920), p. 985。教士们业已深知，如今他们的工资比很多技术工人都要低，尤其是泥瓦工、管道工、泥水工和砖匠。关于教士们的收入，见 *Homiletic Review*, Vol. LXXXVI (December 1923), p. 437; Vol. LXXXVII (January 1924), p. 9。

研究美国基督教社会主义的史家中，没人会否认自由主义教士阶层在成为进步主义大军的一股强劲力量之后，成功地重建了一部分往日的声望。[①] 作为理论家、宣传家和实际参与者，教士们走上了风口浪尖，他们之所以能构成进步主义之影响力的相当一部分，并保持一种平实的乐观主义和纯真无邪的气质，和他们在这场运动的决策层中所占的位置很有关系。的确，从这个角度讲，可以将进步主义看成新教良知（Protestant conscience）发展史上的一个阶段，是晚近以来的一次新教复兴。自由主义政治和自由主义神学，都已包含在宗教对社会世俗化的反应之中了。美国政治史上的历次大运动（除非把废奴主义和禁酒主义也看成大运动），还没有哪一次从牧师这里得到过如此多的认可。杰斐逊主义与实力派教士群体的立场正好对立；杰克逊主义也是在缺乏教士支持的情况下取得了胜利；唯有进步主义这支新军得到了牧师群体的鼎力支持。

教授们的情况与教士们差异甚大——但最终，学术界人士却与宗教界人士殊途同归。当教士们以相当大的规模失去往日地位
153 之时，教授们却在上升。在世纪之交那些年里，他们对社会现状提出了质疑，尤其是在社会科学领域；他们的队伍每年都在壮大，无论是人数、自信还是专业声望，都在稳步提升。现代社会心理学的学者们曾指出，不论某一社会群体处在其社会地位的上升期还是

① May, op. cit., chapter iv, "The Social Gospel and American Progressivism."

下降期，其社会—心理的紧张感都会表现得较为突出；[①]这就可以解释，何以像大学教授和教士这样两个境遇差别如此之大的两个群体，会对改革思想给予共同的、类似的支持。

不同于教士群体，美国的学术人在1870年以前不具有广泛的社会影响，也没有专业传统和自我意识，甚至连严格的专业标准都没有。[②] 可是，现代大学在19世纪最后三十年的异军突起，使得美国学术发生了转型。过去只存在一些隶属不同教派的学院，如 154
今，规模庞大的大学则拥有令人满意的图书馆和实验室，享有大笔捐款，设立了研究生院和各个专门学院，教师薪俸也在不断提高。教授群体的数量在大幅增长，专业标准在强化，酬劳和保障在步步提高，并且在教室内外都掌握了相当的影响力和声望，而这是旧式学院时期他们的先辈想都不敢想的。尽管如此，仍存在着广泛的

① Cf. Joseph Greenbaum and Leonard I. Pearlin: "Vertical Mobility and Prejudice," in Reinhard Bendix and Seymour M. Lipset, eds.: *Class, Status and Power* (Glencoe, Illinois, 1953), pp. 480-491; Bruno Bettelheim and Morris Janowitz: "Ethnic Tolerance: a Function of Personal and Social Control," *American Journal of Sociology*, Vol. IV (1949), pp. 137-145.

建筑师提供了与教授群体的一个颇为有趣的参照。早在世纪之交以前，这个行业的标准和地位已经极大提高，这一点是再清楚不过的了，然而我们却听见了该行业的一位资深人士在1902年的抱怨，说在他小时候，"建筑师是颇有地位的。……其地位和法官、著名律师、顶级医生差不多，在社会层级上比一般的成功商人和股票经纪人要高出好几级。"见 F. W. Fitzpatrick: "The Architects," *Inland Architect*, Vol. XXXIX (June 1902), pp. 38-39。建筑师职业的崛起，以及城市商业的发展，使得这个人与财阀有了亲密接触，并感受到了自己的渺小；除了这个事实以外，还能有什么会让他错误地感受到这个行业正在走下坡路呢？他的伤感并不是因为他真的失败了，而是因为他用以衡量自身地位的那个"参照群体"已经大不一样了。凡因一技之长而寄人篱下之人，自会有一种异化的感受。见 Fitzpatrick: "Architect's Responsibilities," ibid., Vol. L (October 1907), p. 41。

② Richard Hofstadter and Walter P. Metzger: *The Development of Academic Freedom in the United States* (New York, 1955), esp. chapters v, vi, ix.

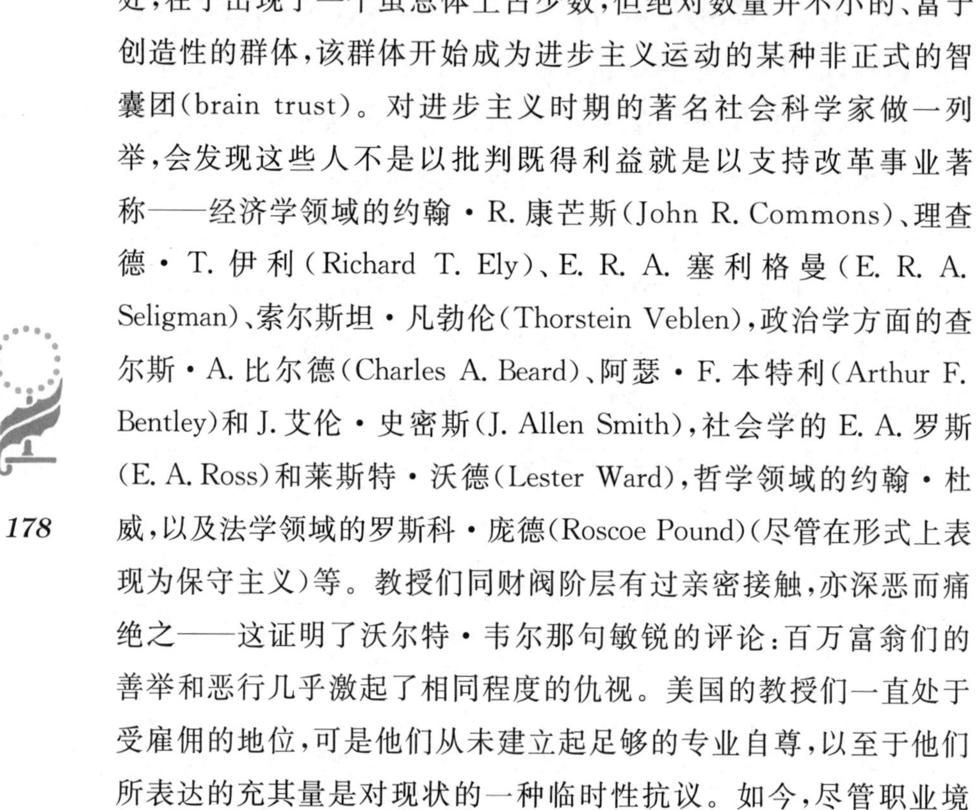

不满。对学术共同体的激进主义做过高估计,显然是违背事实的。整个进步主义时期,学术共同体的首要功能仍是支持和捍卫现有社会秩序,为其提供合理性。然而,这个时期的一个意义重大之处,在于出现了一个虽总体上占少数,但绝对数量并不小的、富于创造性的群体,该群体开始成为进步主义运动的某种非正式的智囊团(brain trust)。对进步主义时期的著名社会科学家做一列举,会发现这些人不是以批判既得利益就是以支持改革事业著称——经济学领域的约翰·R. 康芒斯(John R. Commons)、理查德·T. 伊利(Richard T. Ely)、E. R. A. 塞利格曼(E. R. A. Seligman)、索尔斯坦·凡勃伦(Thorstein Veblen),政治学方面的查尔斯·A. 比尔德(Charles A. Beard)、阿瑟·F. 本特利(Arthur F. Bentley)和 J. 艾伦·史密斯(J. Allen Smith),社会学的 E. A. 罗斯(E. A. Ross)和莱斯特·沃德(Lester Ward),哲学领域的约翰·杜威,以及法学领域的罗斯科·庞德(Roscoe Pound)(尽管在形式上表现为保守主义)等。教授们同财阀阶层有过亲密接触,亦深恶而痛绝之——这证明了沃尔特·韦尔那句敏锐的评论:百万富翁们的善举和恶行几乎激起了相同程度的仇视。美国的教授们一直处于受雇佣的地位,可是他们从未建立起足够的专业自尊,以至于他们所表达的充其量是对现状的一种临时性抗议。如今,尽管职业境况已在改善之中,他们对于自身境遇仍有不少愤懑不平之处;[①]其

① 可比照约翰·杜威在 1902 年的叹惋:“很明显,旧式大学的教师群体中有着一种成熟而彻底的民主。教师选拔更多看重显著的个人品质,而不是纯粹的学术。人人各代表自己,对自己负责。”参看“Academic Freedom”, *Education Review*, Vol. XXIII (January 1902), p. 13。对旧时教授形象的这种理想化,正是这门职业兴起的一种结果。关于这种理想化的错谬之处,见 Hofstadter and Metzger, op. cit., chapters v and vi, and passim。

中一大不平在于这一事实：组成校董事会的那些商人们正越来越 155
变得令人怀疑，因为他们在其他场合下的生活常常是掠夺成性而罔顾道德，就此而言，教授们的专业事务实际上正处于财阀们的控制之下。更加严重的是，社会科学领域内的学术人发现他们不得不在意识形态上进行某种自我阉割；此外，一系列涉及学术自由的公案，往往将新兴社会学科中的一些出类拔萃之辈席卷其中——譬如理查德·T. 伊利、爱德华·A. 罗斯、J. 艾伦·史密斯等人——从而使得一种等级化的自我意识得以强化。1915 年美国大学教授协会(American Association of University Professors)的成立，正是这一不断上升的自我意识的表达。

如果说教授群体有他们自己表达社会不满的动机，他们中那些社会科学家们对改革运动有着强烈兴趣，则有着特殊的原因。立法行为向规范化和人性化的发展，要求有律师、经济学家、社会学家和政治学家们的技能的参与，不论在法律撰写的环节，还是就行政和监管部门的人才配备而言。有关这些议题的争论，为专家们的书籍和杂志文章开辟了新市场，并带来了对于专业知识的一种新的推崇。与改革同步而来的是智囊团。在威斯康星，甚至早在跨越世纪以前，拉福莱特和位于麦迪逊的州立大学之间便已建立起了一种亲密联合，为后来出现的所有智囊团开了先河。对学界人士重要性的全国性确认发生在 1918 年伍德罗·威尔逊的治下——他本人就曾经是一名教授；总统将一个由来自不同知识领域的专家组成的庞大顾问团队带到了巴黎，作为他的参赞团，时人
称作“咨询团”(The Inquiry)。 156

所有的专门职业和行业中，律师行业(legal profession)与美

国政治有着更为常见和密切的联系，对于中产阶级专门职业者在“共治社会”（corporate society）[①]的发展中所经历的地位变迁，这一职业构成一个良好案例。很多律师身上都有一种矛盾属性，一方面他们为商业团体服务并从中获益，另一方面，在人身关系上他们又与之保持疏离；这种矛盾性对于进步主义思想的塑造，以及进步主义领导群体的构成，都产生了深远影响。很多律师参与进步主义政治，是因为作为一名合格的法律顾问，他们须处处为委托人着想，但也有不少律师是由于从自己所在行业的变迁中，感受到了那种广泛存在的改革诉求的冲击力。

20世纪的最初十年，美国律师行业深受一场精神危机的困扰，这场危机关乎律师们的自尊；危机的根源在于，律师们关于行业行为的观念与以往时代那种独立专业主义（independent professionalism）是一脉相承的，却与现代商业活动的现实格格不入。历史上，美国律师行业有四个突出特性。首先，这一行业在人口最为稠密的地区发展得最为成熟，在那些地方，这是一个知识性极强的职业，有自身独有的研究和评价标准，以及一套成系统的观念和伦理。一名律师的名声和前途，建筑在他在法庭上的演讲能

① 共治社会是美国文化和美国研究中一个概念，但又是一个颇令中国人费解的概念。“corporation”至少有三层含义：一指与公司相关的诸概念，可直译为“公司”；第二层含义强调在现代公司组织化趋势的带动下，社会其他部门（如农业、军事、教育、劳工、行会等）都呈现出一种组织化和合作化趋势，因此有学者将“corporatism”译为“合作主义”，但此译法容易与专指地方小规模合作组织的“co-operative”概念相混淆；第三层含义强调公司与所有其他组织，乃至政府之间，有一种利益上的共通性、一致性，即认为美国实际上是由各组织的精英们共同统治的。在此意义上，“corporatism”译为“共治主义”似较贴切；此外有学者译为“法团主义”（参看张静：《法团主义——及其与多元主义的主要分歧》，北京：中国社会科学出版社，1998年），可做参考。——译者

力、辩论技巧、学识以及举止风度之上。其次，这是一个有着出众公共影响力和号召力的职业群体。托克维尔曾提出，美国虽然没有一个固定不变的、由富人组成的神圣阶层，却存在着一个最接近贵族的人群，那就是法官和律师群体；这一著名论断固然有所夸张，但用以形容这个群体在19世纪中期的地位却不失公允——该群体是培育大量美国政治家和普通政客的苗床。再次，律师界的道德和智识传统中一直包含着某种公共责任感——主要体现为这一观念：律师不只是某个诉讼者的代理人，从本质上讲他也是“法 157
庭上的一名官员”，一位公仆。最后，律师职业还是一条最为光明的出人头地之路——在美国尤其如此——哪怕家境平庸、身无长物之人，顺着这条路也足以从一个无名小卒攀升至财富和权力的高位。民众进入这一行业的通路，一直被高度警惕地捍卫着——以至于某种关于从事律师职业的“自然权利”的观念发展起来，而行业内的很多领军人物则认为，进入这一行的门槛真是太低了。

到了世纪之交，相比五十年前，律师作为一个群体的同质性已大大降低。行业中的少数群体，一些富有的、有权势的、通常来讲相当保守的律师，在一些业绩上佳的大型律师行里充当顶梁柱——哪怕在当时，这些地方已开始被称作“法务工厂”(legal factories)——这些人也是律师协会的头面人物。很多有才华的年轻律师在这些律师行里充当廉价劳力，付出他们的时间。第二个梯队的律师往往任职于小城镇的一些基层的然而较为稳定的职位；这一类律师一般同新型企业家及小商业者联系紧密，观点也更为一致，经常参与并主导地方政治。构成第三梯队的大多是一些底层合伙人团队或个体从业者，他们的业务常常是“能碰上什么就

做什么”，只能勉强养家糊口。由于独立从业者的境况每况愈下，他们常常不得不接手一些事故索赔和风险代理业务（contingent fees）。律师协会中关于增进行业伦理规范的讨论，很大程度上是那些与商业团体联系紧密的富有律师的一种缺少同情心的行为，他们想要牺牲弱小同僚以提高行业整体的声望。

除了这些实际从业的律师，职业的法律教育工作者也开始在行业内部发展成一支独立力量。法律教育中最有效的模式是兰德
158 尔的“案例方法”（case method）[①]，这套方法此时已在一流大学的法学院中成为主流。在兰德尔的观念中，法律训练的恰当方式并不是法律实践，而是法律研究。在法律教育中，兼职从事教育的律师们的地位，渐渐为担任全职教师的律师们所取代，这个行当内部的独立和专业化意识也因此再次得到了强化。那些对所在行业的智识和专业方面更感兴趣的律师们，开始往教学工作发展，正如那些对公共服务更感兴趣的律师们也开始投身政治或行政工作。比如，查尔斯·埃文斯·休斯（Charles Evans Hughes）[②]便曾为了康奈尔大学的一个收入非常微薄的教授职位，临时放弃了一份在大都市工作的前途远大的职业。[③] 如今，随着对专业服务的深入理

① 克里斯托弗·哥伦布·兰德尔（Christopher Columbus Langdell）在 1870—1895 年间担任哈佛大学法学院院长，期间对于法学学科的教学进行了一套改革，主要内容是将案例实践和理论研究相结合，这种“案例研究方法”后来扩展到了社会科学的很多学科。——译者

② 查尔斯·埃文斯·休斯（1862—1948）：美国共和党政治家，曾担任纽约州州长、国务卿和最高法院首席大法官等职务，还曾在 1916 年成为共和党总统候选人。——译者

③ Merlo Pusey: *Charles Evans Hughes* (New York, 1951), Vol. I, pp. 95-104.

解，随着法学观念的更新和法律流程改革的推进，随着职业责任感的形成，以及对司法批评的加深，律师行业的教学方面也变得重要起来。教师们开始成为行业良知的守护者，并将关于该行业功能的一种社会化的理解，传递给了那些从一流法学院毕业的年轻人。

由于公司工业主义（corporate industrialism）和金融资本主义的兴起，律师成了一个被招安的（captive）职业，在糖衣炮弹相对密集的城市地区尤其如此。律师们一遍遍地哀叹，称法律很大程度上已丧失了它最明确的专业特征，而变成了一桩生意。这些哀叹的内容到底多大程度上是真实的，在对这一职业的历史有更多了解之前，我们很难判定；然而，不管这些结论是否只是基于对从前时代的一种无病呻吟的感伤，很多律师都确信，无论从智识标准还是从道德和社会地位来讲，他们的行业都已是江河日下了。由于一流律师的工作越来越集中到了为客户提供咨询和商业建议上，
到了世纪之交，诸如法庭演说和撰写诉状这样一些专业才能，已普 159
遍地被人们称作“失落的技艺”。全面和贯通式的才能，已不像从前那样吃香，逐渐为专门技能和律师事务所内部的劳动分工所替代。事务所的规模也变大了；商业的集中化和合并进程，使得只有少数较大的事务所才能在提供咨询方面赚到大钱，从而使得律师行业也发生了一波类似的集中化。随着大都市的律师事务所规模变得更大，挣钱也更多，它们开始与大型投资机构、银行和产业公司建立起亲近关系，并主要服务于这些机构，从而转型成为某种“企业法律顾问”（house counsel）。然而，这些关系虽然提供了利润的来源，却于那些顶级从业人员的独立性有所损害。那些不那

么顶级的独立从业者,则以另一种方式受到了更为严重的影响:房地产公司、信托公司、保险公司、讨债公司和银行抢走了他们大量的业务,从前完全由律师行业承担的生意,越来越多地转入这些机构名下。① 据1911年巴尔的摩律师协会会议上的一名发言者估算,这个行业内约有70%的人从事着与专业并不对口的工作。“这些和我们抢生意的公司……于我们大为不利,”他说,“这些公司正把律师逼向绝境,尽管步调和缓,却从未间断。它们又是打广告,又是延揽顾客,最终凭着其公司影响力和财富垄断了法律行业。”②

不管是对律师还是那些行业外的有识之士来说,律师界的尊严和专业独立性之饱受损害,已是老话题了。1904年的芝加哥律师协会大会上,一名资深律师在演讲中宣称:“关于这个行业之业
160 已商业化,我们已听说过太多次了;我们也听说,相比七十五年或一百年前,今天的律师已不再享有同等的地位和影响力。……”接着,他否认了——很多律师并不否认这一点——商业化的严重性;但他也承认,律师确实因他所说的“变化了的社会和产业环境”而受了苦。据他观察,“这些环境在律师行业以外的诸多问题上,也降低了律师的地位和影响力”,并且“**以同样的方式和不相上下的程度,影响了其他一些知识性较强的职业,实际上是影响了所有受**

① 参见 Joseph Katz: *The American Legal Profession, 1890—1915*, unpublished M. A. thesis, Columbia University, 1953。该论文提供了关于这一时期律师行业发展态势的一份富于启发的讨论。

② “Corporate Monopoly in the Field of Law,” 15 *Law Notes* (1911), p. 22.

过教育的人，或者说所有优秀的人”。[①] 几年以后，另一位律师在一篇题为“律师行业的消逝”的文章中，更加尖锐地表达了同样的观点：“从前律师在社会中的经济地位已经为[公司]所替代，然而公司也不过是律师自身才能的创造物而已，到头来他却成了公司下属的一个领薪职员。”[②]

当布赖斯勋爵将1885年的美国与托克维尔时期的美国做比较时，他的结论是“律师行业已不像从前那样能够充当一种引导和规制的力量，不再能够通过该行业与规则、惯例的天然联系，来对民众的粗野和轻率的特性加以锤炼”。进入新世纪后不久，他又说，律师“与从前相比，已不像是某一门特殊学问的研究者，或某一
项独特技艺的传习者。他们看上去不像是一个有鲜明特点的专业 161
群体。”[③]1905年，路易斯·D.布兰代斯在对布赖斯的观察做评价

① Lloyd W. Bowers: “The Lawyer Today,” 38 *American Law Review* (1904), pp. 823, 829；黑体为作者所加。

② George W. Bristol: “The Passing of the Legal Profession,” 22 *Yale Law Journal* (1912-1913), p. 590. 关于这一问题和相关问题的其他讨论，见 George F. Shelton: “Law as a Business,” 10 *Yale Law Journal* (1900), pp. 275-282; Robert Reat Platt: “The Decadence of Law as a Profession and Its Growth as a Business,” 12 *Yale Law Journal* (1903), pp. 441-445; Newman W. Hoyles: “The Bar and Its Modern Development,” 3 *Canadian Law Review* (1904), pp. 361-366; Henry Wynans Jessup: “The Professional Relations of the Lawyer to the Client, to the Court, and to the Community,” 5 *Brief* (1904), pp. 145-168, 238-255, 335-345; Albert M. Kales: “The Economic Basis for a Society of Advocates in the City of Chicago,” 9 *Illinois Law Review* (1915), pp. 478-488; Julius Henry Cohen: *The Law: Business or Profession?* (New York, 1916); John R. Dos Passos: *The American Lawyer* (New York, 1907); Willard Hurst: *The Growth of American Law: the Law Makers* (Boston, 1950), chapter xiii。

③ Quoted by Louis D. Brandeis: *Business—a Profession* (Boston, 1927), pp. 333-334.

时称，律师在普通人当中的地位，已不似七十五年前或五十年前那般高了；但原因他认为不在于机遇的匮乏，而是由于他们不再具备一种独立的道德关切。“优秀的律师们未能在富人和人民之间保持一种独立地位，随时准备着对任何一方的过度发展加以制衡，而是很大程度上自甘堕落，沦为大公司的附庸，把发挥自己的本领以保护人民的责任抛诸脑后。我们听说了太多的‘公司律师’，‘人民律师’则鲜有所闻。”①

因此，内在的精神状况，与律师作为公民举目可见的那些外部事件一样，使这个在政治上非常关键的职业中的大多数人对于变革的那种冲动(impulse)更为感同身受。由此看来，经济拮据的年轻律师和小城镇律师，与小企业联系密切的法律从业者，以及学术界的法律教师，在法律和社会问题上对大公司持批判的立场，也就不那么奇怪了——尽管所有这些人中间，只有教师在始终不断地表达那种批判。更为引人注意的是，即便是在一流的公司律师中，也不乏少数人怀着一种颇为复杂的心理——他们对社会现状中的一些基本要素持肯定态度，但也为种种弊端得不到匡正感到忧心，同时也对既得利益者中那些最为粗鄙的败类感到怒不可遏。律师界那些最高层的领军人物所享有的财富和权力，就律师这个行业
162 来说很可能是空前的，因为他们能为企业巨头提供不可或缺的建议，也占据着富于战略意义的要津。然而，他们的影响力当然不是

① Brandeis, op. cit., p. 337; cf. Woodrow Wilson: "The Lawyer and the Community," *North American Review*, Vol. CXCII (November 1910), pp. 604-622. 布兰代斯认为律师在社会各阶层之间发挥调和作用的看法，可比照托克维尔关于律师职业功能的评论：*Democracy in America*, Vol. I, chapter xvi。

直接发挥，而是通过公司、银行和商业领袖体现出来的。如同 A. A. 伯尔评论的："社会发展的领导责任从律师手里传给了商人，"律师行业的主要功能变成了"为那种掠夺式的发展提供辩护、使之合法化和得以维持下去"。[①] 公司律师们接触频密的那些商人，比他们自身要富有得多，教育程度却低得多，有时也显得更加恣意妄为。加之职业传统和专业训练的影响，律师看待问题要比商人冷静得多；尽管律师的工作就是为商人提供建议，他们也时常有所顾虑。"对一个体面的律师来说，他一半的工作"，伊莱休·鲁特(Elihu Root)曾说，"是告诉那些潜在的顾客，他们是一些不可救药的傻瓜，应该适可而止。"[②]"和公司的职业雇佣关系"，1898 年他在一封信中写道，"丝毫没有遮蔽我的双眼，让我看不到由于这些公司与政府和公共事务的密切关系而存在的政治和社会危机……"[③]带着某种解脱感，这一类人渐渐转向了政府部门。鲁特发现，在麦金利手下当战争部长这个工作，给他生活带来了"数不尽的新乐趣"，相比在内阁里工作所带来的成就感，原先的律师业务简直无足轻重。[④] 无独有偶，1908 年，亨利·L. 史汀生在大学二十周年聚会上告诉他耶鲁的同学，他从未在律师职业上"找到彻

① A. A. Berle: "Modern Legal Profession," in *Encyclopedia of the Social Sciences*.

② Willard Hurst, op. cit., p. 345；关于律师与客户之间的关系，还有很多复杂情况此处未及深入。关于律师—客户关系的异化，参见 David Riesman: "Some Observations on Law and Psychology," *University of Chicago Law Review*, Vol. XIX (Autumn 1951), pp. 33-34, and "Toward an Anthropological Science of Law and Legal Profession," *American Journal of Sociology*, Vol. LVII (September 1951), pp. 130-131。

③ Hurst, op. cit., p. 369.

④ Ibid.

163 底的满足感……原因是，一般来讲，纽约律师的首要和根本目的就是挣钱——还并不总是成功。……就我的所见所闻，在有关法律的问题上，凡是当公共利益和私人利益发生冲突的时候，私人利益总能比公共利益得到更好的代表。”从事私人业务的最后三年，史汀生主要为“纽约州那些最有实力的公司”效劳，后来他叙述说，当他真的改行做一名联邦检察官以后（他早期的一些重要案子是对吃回扣的行为提出起诉），“第一感觉是我从我虚度了半生的阴暗地带里走了出来，在这里我可以看到天上的星星，从而认清自己的方向。……这个工作有着伦理的面向，我对此更感兴趣，我感到同生活中的问题有了更加亲密的接触，这样的感觉以前从未有过，我感到工作有意义得多了。当一个人感到自己从事的是一件正义的事业时，那种感受总是好得多的。”①

可能有人反对说，这种由道德上幡然悔悟的公司律师们所代表的进步主义，似乎是一种相对保守的事物。的确如此，然而这与进步主义运动的总体基调并无抵触，尤其是在东部各州，这个类型的领导者们在那里发挥着重要作用。进步主义是一场温和而谨慎的运动，其目标不是社会结构的剧烈变革，而毋宁是形成一个负责任的精英群体，这批精英将把民间的冲动导向变革，并且是导向一
164 系列适度的，用他们的话说，“建设性的”渠道。如同布兰代斯恰如

① Henry L. Stimson and McGeorge Bundy: *On Active Service in Peace and War* (New York, 1948), p. 17. 关于“中立派”这类人的道德气质，从史汀生的背景可以得出一些有趣的认识。他的父亲出自纽约一个名门望族，曾做过银行家和股票经纪人，由于在这方面成就平平而放弃了商业，转而学医并做了医生。他生活简朴，在其从医生涯中同一些慈善机构有密切来往。Ibid., p. xvii.

其分的表述，这个领导集体“将在富人和平民之间保持一种独立地位，随时准备着对任何一方的过度行为加以制衡”。

三、从“中立派”到“进步派”

到目前为止，我所揭示的关于地位革命的影响，或许有助于说明进步主义运动何以发生，却解释不了它何以在此时发生。一个相关的问题仍有待回答：既然地位革命至少从内战时期起便已开始，并且到 1890 年代显然已发展到相当的程度，那么为什么直到 20 世纪的头十五年，真正激烈的抗议和改革运动才爆发出来？我们的中产阶级，在经历了六年的公民焦虑和三年严重而凶险的经济萧条后，为什么仍在 1896 年给了汉纳和麦金利一份优势相当明显的信任投票？然后，当这份信任看似已由经济繁荣的回归提供了合理性，当美国在约翰·海所说的一场“我们辉煌的小战争”中迅速取得胜利，从而令全国的安全感和力量感得以提升，当一种轻松的乐观主义情绪再次成为主流，为什么这些中产阶级却突然掉转身段，开始热情支持那些正激烈批评美国生活的人们呢？

首先必须指出，在美国生活的一些领域，那些我们将其与进步主义时代联系起来的现象在 1900 年以前便已相当显著了。在局部和地方层面，进步主义运动其实从 1890 年左右便已有限地开始。对一些商业利益群体来说，降低运输成本和反垄断的要求是如此强烈，促使他们推动一个不情愿的国会通过了 1887 年的《州际商业法案》(Interstate Commerce Act)和 1890 年的《谢尔曼法

案》(Sherman Act)。[①] 同样地,市政改革运动到了1890年代也已
165 颇成气候。相当数量的地方性组织参加了"好政府运动"(good government),各种各样的改革竞相涌现,一些城市的改革运动甚至带来了规模非常可观的变革。[②] 最后,不少州议会已经开始通过某些社会立法,比如对工人劳动时间和劳动环境的规范化,进步派们后来更为有效地推动了这类立法。[③]

这些便是直到1901年之后,这场运动尚未发展至全国规模的"犹抱琵琶半遮面"的状态。使得它在九十年代未能深入发展的一个重要原因,是这个十年内发生的事情让中产阶级陷入了深深的恐惧,以至于面对那种可能对既有行事方式带来根本性挑战的念头时,他们已不敢太过认真。进步派的诉求总是在很大程度指向那些感觉确有所失的人们。被普遍描述为"西部各州里颇具危害性的社会主义"的平民主义,充斥着暴力与阶级仇恨的霍姆斯泰德罢工和普尔曼大罢工,考克西大军(Coxey's army)[④]的游行,商业活动的灾难性衰退,以及支领救济品的人们组成的越来越长的队

① 传统上对农民不满的强调,使得人们未能充分注意到商业群体对这些法律施加的压力。见 Lee Benson: *New York Merchants and Farmers in the Communications Revolution*, unpublished Ph. D. dissertation, Cornell University, 1952。

② Clifford W. Patton: *The Battle for Municipal Reform* (Washington, 1940), chapter iv. 对超过七十个类似组织的一份富于启发的概要,见 William Howe Tolman: *Municipal Reform Movements in the United States* (New York, 1895)。

③ 关于1900年前后的这类立法,可参照伊丽莎白·布兰代斯(Elizabeth Brandeis)的研究,见 John R. Commons 主编: *History of Labor in the United States*, Vol. III (New York, 1935), pp. 399 ff.。1900年以前,州议会已经介入一些主要领域,如童工立法、女性工作时间、雇方责任等。

④ 考克西大军:1893—1894年由失业工人组成的、向华盛顿行进的游行队伍,得名于其领导者俄亥俄州商人雅各布·考克西(Jacob Coxey)。——译者

伍，都好像是社会革命的前兆；在那些吓坏了的资产阶级们看来，布赖恩、奥尔特盖尔德和德布斯就像是迫在眉睫的那场动荡中的丹东、罗伯斯庇尔和马拉。因此，中产阶级内部形成了这样一种倾向，即将他们自身的不满和气恼放在一边，到更安全的时候再表露出来。[1] 166

相关性更强的一个理由也许是，那些出生和成长于地位革命中的第一代人，乃是进步主义这场骚动的始作俑者。在1890年，占统治地位的仍是出生于1830、1840年代的那一代人，由于习惯的力量，这批人仍然以19世纪中期那种较为乐观的视角来看待事物。接下来二十年内将居于主导地位的新势力，在九十年代还是年轻人，其思维被刚刚涌现出来的那些重大问题所深深占据，可是那些成长于大陆开发(transcontinental settlement)的伟大时代的老一辈们，在面对同样的问题时，却既看不到先例，也提不出有说服力的答案。九十年代的危机是一种令人焦灼的经历。1893—1897年经济萧条期间，整个国家明显已被深深摇撼，各个地方的人们都已开始在憧憬一个国家发展的转折点，希望从那以后，人们再也不会生活在过去一个世纪以来主导着美国生活的那些激情与愿望中了。美国人已习惯于这样一种平和的预设，即鉴于他们国家的发展与其他地方极为不同，所以其他国家所遭临的社会冲突在他们的国家也绝不会成为大问题。然而到了世纪末，年轻一代的美国人却感到，他们注定要生活在一个充满各种风险的世界，这

① 比如，在东部一些正常状态下由民主党控制的城市选区，1896年布赖恩得到的支持却比之前和之后的正常水平低得多。

些风险与欧洲工业主义所面临的非常相似。“一代人以前，”亨利·布莱克·富勒（Henry Blake Fuller）的小说《与时俱进》（*With the Procession*）里的一个角色曾说道，“我们认为……我们平和的发展进程展现了社会科学的极致。可是今天，旧世界所有的一切元素，我们也都有了，我们也必须如同旧世界一般，承受由这些因素衍生而来的后果。我们终于有了一台完整的机器，所有它运转的结果，噪声、废料、恶臭、油污、危险和爆炸，我们无所不备。”[1]

167 成为进步派的那一代人，是在九十年代跨入成年的。同时代人普遍注意到了，平民党人会议上的领导者当中，相当多的人是曾参加了之前货币改革运动的、两鬓斑白的老战士；进步主义却是传到了年轻人的手中——威廉·艾伦·怀特在他的自传中回忆了那些“成千上万的二十岁、三十岁和四十出头的年轻人”，他们对于美国社会中的“不平等、非正义和根本性错误有着敏锐的感知力”，正是这种素质为改革提供了原动力。[2] 西奥多·罗斯福继任总统，成为白宫最年轻的执掌者，无疑对这一代人的成年礼具有象征意义。这一代人对事物的看法与他们的父辈大相径庭，他们感到急需一种新的哲学和新的政治学。[3] 1890 年这一年，罗斯福本人刚满 32 岁，布赖恩只有 30 岁，拉福莱特 35 岁，威尔逊 34 岁。进步派的大多数领导者，连同那些对进步主义观点的形成贡献卓著的

---

① Henry Blake Fuller: *With the Procession* (New York, 1895), p. 245.

② White: *Autobiography*, p. 367.

③ 家庭冲突往往是代际之间在观点上的尖锐分歧的结果，世纪之交的家庭冲突因而呈现出一种意识形态色彩。进步主义时期最受欢迎的小说家们在其作品中处理了这一主题，这方面的研究参见 Richard and Beatrice Hofstadter: “Winston Churchill: a Study in the Popular Novel,” *American Quarterly*, Vol. II (Spring 1950), pp. 12-18。

耙粪派记者，在这个世纪最后一个十年开始之际，都只有三十出头的年纪，甚至更年轻，因此当进步主义时代开始的时候，他们也才四十岁上下。①

进步派领导者是中立派在精神上的子嗣，但他们丢弃了上一辈的大多数意识形态包袱。中立派对精英主义深有认同，而进步派在精神上——如果说不是在他们的正式政府理论上的话——则主张把政府还给人民；中立派义无反顾地忠实于自由主义经济学和“自由放任主义”的教条，进步派则已准备好将政府干预的办法 168
付诸实施，只要那符合他们的目的。在公众当中，中立派缺少一种持续的、实质的支持。进步派则几乎是很快便拥有了一批狂热的支持者。除了极少数的情况，中立派没能在国家其他力量中找到盟友。而在相当多的全国性议题上，进步派都能在农业造反者当中找到可靠的同盟者，从这同一批人那里，中立派得到的却只有鄙夷。很多情况下，中立派在其追随者的需求与要求下变身为了进步派。环境如何唤醒了公众，同时为进步派领导者在城市中创造了大量支持，这是接下来两章的主题。但在这里我至少可以预先透露一类至关重要的事件，它们主要与物价走势的恶化有关。尚未组织起来的中产阶级，如今发现他们处于价格周期中的一股稳固上升的趋势中，这一趋势与美国工业和劳工的日益组织化有关。1897 年以后物价开始上升，整个进步主义时期也一直持续走高，到了一战期间更是急剧提升。从 1897 到 1913 年，生活成本大约

① 可比较莫里的论述：“综合地看，加利福尼亚州进步派的领导人是一名年轻人，通常不满 40 岁。……1910 年，十名最杰出的进步派的平均年龄是 38 岁。” *The California Progressives*, pp. 87, 113.

上涨了35%。我们中那些承受了过去十五年的通货膨胀的人们，或许还可以笑对这样一种温和的价格增长；然而，对于身处1897—1913年这段时期的那一代人来讲，这一价格趋势却不是那么能让人欣然接受的——那些由于缺乏扩大收入的手段而无法在价格上涨中实现自保的人们，以及那些眼见自己收入的增长被高企的生活成本抵消于无形的人们，尤其难以承受价格的上涨。正如1865—1896年的价格下降激发了农民不满，这一时期的价格上升使得进步派的不满加剧了。

价格上升本身已足够麻烦，高企的生活成本则展现出更多意涵，因为在公众心目中，它是与其他两种令人不快的趋势联系在一

169 起的：一是美国劳工运动开始取得突飞猛进的发展，尽管规模还不大；二是美国工业开始以惊人的速度托拉斯化。这两种趋势都令人吃惊地突然发生于1898到1904年这段时间。约翰·穆迪(John Moody)点出1898年是“现代托拉斯真正开始组建的一年”。[1] 总体的商业繁荣、价格的上升和一个积极的证券市场，共同促成了托拉斯的爆发式涌现。在穆迪于1904年列出的一份包括318个托拉斯的名单中，有82个是在1898年以前组织起来，资本总额达到了1,196,700,000美元。然而，从1898年1月到1904年1月期间组建的却有234个，总资本更是超过了6,000,000,000美元。[2] 因此在这段不长的时期内，新出现了大约四分之三数量的托拉斯和约七分之六的托拉斯资本。一些令人望而生畏的大型商

① John Moody: *The Truth about the Trusts* (New York, 1904), p. 486.

② Henry R. Seager and Charles A. Gulick, Jr.: *Trust and Corporation Problems* (New York, 1929), pp. 60-67.

业组织，如美国钢铁公司（United States Steel Corporation）、标准石油（Standard Oil）、联合烟草（Consolidated Tobacco）、联合铜业（Amalgamated Copper）、国际航运公司（International Mercantile Marine Company）以及美国冶金公司（American Smelting and Refining Company）等，都成立于麦金利政府的末期和罗斯福政府初期。与此同时，在电话、电报、煤气、公共运输、电力和照明等领域，大型地方性联合企业也大量涌现出来。

从中产阶级的心理来讲，劳工组织的发展虽不如托拉斯那般光彩夺目，却同样令人感到棘手。在1865—1896年漫长的价格下降周期当中，工人的实际工资一直以每年4%的平均速率稳步增长。[1] 然而随着1897年价格上升趋势的开始，这种自动形成的收入增长不仅停止了，简直变成了损失，缺乏组织的工人们发现他们工资的增速根本跟不上商品价格的稳步上涨。在1900—1914年
这段时期，尽管实际年薪有轻微的增长，实际的小时工资则几乎毫 170
无变化。[2] 刚刚成立不久的"劳联"，正是在价格上涨的趋势，以及各种有利于价格上涨的利好商业条件的刺激下抓住了机遇，将技术工人组织了起来。1911年美国所有工会的注册会员数量是1897年的五倍；"劳联"在这一年的人数更是1897年的七倍。工会总人数从447,000人增加到了2,382,000人，[3]并且同工业发

① Blake: *Parity, Parity, Parity*, p. 74.

② Paul H. Douglas: *Real Wages in the United States, 1890—1926* (Boston, 1930), p. 111.

③ Leo Wolman: *The Growth of Trade Unionism* (New York, 1924), p. 33. 书中全部工会的总人数系估算；公司工会人数不包括在内。

展一样，工会这一新的组织形式，很大程度上也是在 1897—1904 年间的组织化热潮当中完成集中化的，这波热潮的特点之一，便是罢工频率的大幅增高。

1897 年以后的价格上涨是一个世界性趋势的一部分，这一趋势与新黄金产地的发现、黄金提纯技术的新进展有关。这次世界性的价格上涨，多大程度上能够恰当地归因于工业组织化的发展，还是一个有争议的问题。然而，与此相关的至为重要的一点是，焦躁不安的公众消费者已不再满足于将高企的生活成本归咎于那些非人为的原因了。普通的中产阶级公民感受到了他们钱袋的收紧。[①] 一方面，他看到托拉斯几乎每天都在疾速扩张，隐隐感到这与他经济上的困难有关。另一方面，他也看到劳动者阶级中的一些重要群体正在组织起来实现自我保护，这大概也在一定程度上助长了高企的物价。他自己则是一个庞大而缺乏组织的，因而也是无助的公众消费者中的一员。当他听到伍德罗·威尔逊宣称“高物价是通过秘密协定精心安排的”[②]时，他感到自己非常明白
171 这一表达的含义，并因此义愤填膺。反托拉斯的运动于是有了新的含义与力量。可以确定的是，反托拉斯的情绪由来已久，而关于托拉斯在消灭竞争对手后便会压榨消费者这一观点，也早在超过一代人的时间里为人们所熟知了。可是，只要价格在下降，这种担

---

① 那些拿固定薪资的中产阶级遭遇了困难；他们中较为突出的包括邮政部门雇员，众多文职人员、政府雇员和牧师等。见 Harold U. Faulkner：*The Decline of Laissez Faire* (New York, 1951), p. 252。

② *The Public Papers of Woodrow Wilson*, Vol. II (New York, 1925), p. 462. 关于一位同时代人对高物价议题的讨论，参见 Frederic C. Howe：*The High Cost of Living* (New York, 1917)。

忧就没有什么紧迫性。如今价格既已上涨，这件事就成了美国生活中的一个主要问题。①

正是在进步主义时期，城市消费者第一次成为了美国社会政治领域中一股自觉的、严肃的力量。“关于劳工的阶级意识我们早有耳闻，”沃尔特·李普曼(Walter Lippmann)在1914年写道，“但就我个人的观察而言，在当今美国，消费者意识的成长要快速得多。”②每周的大众杂志都刊载着对时下经济困难之根源的抗议或分析的文章，在其中，保护主义高关税、中间商和批发商的压榨，以及托拉斯行政高层的阴险决策，共同构成了谴责的对象。正当西奥多·罗斯福和E. A.罗斯这些人批评拥有“最纯正的”血统的家族正走向小家庭化，并就“种族自杀”提出警示之时，杂志上的女性作家们却肯定地声称，在房租、食物和燃料价格居高不下的情况下，小家庭是不可避免的。③ 172

① 见 Walter Weyl, op. cit., p. 251：“价格的普遍上涨开始影响消费者，如同他遭到了一百万只蚊蚋的攻击。托拉斯的主要罪过变成了它伤害消费者的能力。”

② Walter Lippmann: *Drift and Mastery* (New York, 1914), p. 73; cf. pp. 66-76.

③ Christine T. Herrick: “Concerning Race Suicide,” *North American Review*, Vol. CLXXXIV (February 15, 1907), p. 407. 该文认为要想养活一大家人同时又保持适当的生活标准，几乎是不可能的，尤其对于文员、牧师、记者、作家等职业，作者认为通货膨胀给这些人造成了最大的困难。

1907年，《独立》周刊也刊载了一篇文章，作者是纽约市的一位女性，她声称自己被迫努力工作，以填补丈夫收入的不足。在提供了一份关于家庭预算的详尽分析后，她以下面一份强硬的宣言结尾：“听着，先生们，你们统治着我们，我们是你们的‘工资奴隶’……你们这些统治者，可以把我们的积蓄拿走，带到欧洲去，或者在保险业和铁路投资这类地方去投机倒把，这样我们就不知道钱到哪儿去了。你们可以提高我们的房租，可以步步提高我们食品的价格，就像过去很多年以来你们所做的一样，却不相应地提高我们的工资。你们可以拒绝给我们的工作、工资和养老金以任何确定性。我们也没法自救。但有一件事是你们做不成的。你们没法强迫我生儿育女，成为你们的工厂的食物。”见“A Woman's Reason,” *Independent* (April, 4, 1904), pp. 780-784。

真实存在的消费者组织其实很少，因为在美国，消费者之间的合作还是一种缺少传统渊源的行为方式。由于缺乏组织机构，消费者的不满开始集中到政治议题。这本身标志着一个巨大的变化。1897年，当路易斯·D.布兰代斯(Louis D. Brandeis)作为消费者代表在众议院财政立法委员会(Ways and Means Committee)就反“丁利关税”(Dingley tariff)提供证词时，迎接他的是嘲讽和奚落。[①] 1906年，当《食品和药品卫生法》(Pure Food and Drug Act)得到讨论时，明显地，消费者利益已经具备至少一定的政治影响力了。而到了1909年，当共和党反叛者们(Republican insurgents)以“美国家庭主妇”的名义，针对“佩恩-奥尔德里奇关税法案”(Payne-Aldrich tariff bill)发起战斗时，奥尔德里奇参议员所做的有损于消费者利益的诡辩(“谁是消费者？除了极少数的情况，存在一个只消费不生产的阶级吗？”[②])，便完全是在与大众的感情唱反调了。在导致塔夫脱政府大崩盘的诸多错误中，“佩恩-奥尔德里奇法案”乃是极其重要的一个。[③]

鉴于缺少能够将人民团结在一起的具体议题，尽管消费者身份意识还比较模糊，仍不啻为一个重要的媒介，可以充当众多阶级共同的政治判别标准。这一社会意识是所有阶级共同利益的新焦点，它让人们不得不关注家庭预算，且打破了行业和阶级的界线；19世纪的美国人仅从生产者的立场看待政治议题，在让这一旧习

① Alpheus T. Mason: *Brandeis* (New York, 1946), pp. 91-92.

② Hechler, op. cit., p. 106.

③ Cf. Henry F. Pringle: *The Life and Times of William Howard Taft* (New York, 1939), Vol. I, chapter xxiv.

惯退出历史舞台方面，消费者意识居功至伟。如今，在很多议题的 173
讨论中，人们很少再听到关于这些议题对工人阶级、中产阶级和农民的影响，而相当多地听到“平头百姓”、“普通人”、“纳税人”、“底层消费者”以及“市井小民”等字眼。这一趋势标志着美国经济、美国生活中的一次大转变，从一心关注“生产”，转变为同等地关注“消费”这一生活领域，这一趋势让很多进步主义议题具备了大众号召力和政治影响力，也使得进步派领导者们多了一条接触公众的宽阔道路。

第五章　进步主义的冲动

一、城市舞台

174 从1860年到1910年，城镇和城市以奇迹般的速度在全美国生长起来。大城市长成了大都市，小城镇生长成大城市，新兴城镇则在未开发的地区破土而出。这半个世纪以来，乡村人口增加了约一倍，城市人口则增长了七倍之多。常住人口超过50,000的城市从16个增加到了109个。[①] 中西部的大城市正在疯狂生长。仅在1880—1890这十年间，芝加哥的人口增加了一倍多，双子城(Twin Cities)[②]增加了两倍，底特律、密尔沃基、哥伦布和克利夫兰等其他城市则增长了60%—80%。[③]

由于城市对交通、卫生、治安、照明、油气和公共建筑等新设施

---

① 我按照最近一次人口普查中的界定，将“城市”定义为常住人口达到或超过2,500人的聚居地点。乡村人口从25,226,000人增加到了49,973,000人，城市则从6,216,000人增加到41,998,000人。最快的增速发生在人口在100,000人以上的大城市。见 *Historical Statistics of the United States, 1789—1945* (Washington, 1949), pp. 16, 25, 29。

② 在明尼苏达州。明尼阿波利斯在密西西比河西岸，为该州最大城市，东岸的圣保罗为该州首府和第二大城市。两城距离非常近，几乎隔河相望，形成一个大都市区。州中其他地方的人们常将两城视为一体，此“双子城”所本。——译者

③ Arthur M. Schlesinger: *The Rise of the City* (New York, 1933), p. 64.

的巨大需求，美国商业有了一个无与伦比的国内市场。而商业总是在寻找着实实在在的利益，寻找着特别待遇，最重要的是寻找着有利可图的特许经营权，以及能够最大限度躲避税收负担的机会。175
于是城市大佬(urban boss)，这个政府特权的分派者，同时也能操控民众支持的人，就变得更有实权和更加重要了。和大佬一同降临的，是令自由派“耙粪者”们惶惶不安的一系列罪恶：政府特许权的出卖、森严的城市政治机器的形成、对成千上万无知选民的操弄、贫困和贫民窟现象的恶化、城市基础设施的缺失或成本过高，以及政治与“商业罪恶”的沆瀣一气，等等——简言之，即由秘密的政府行为和公开的贫困现象构成的一整套系统，该系统为记者们提供了无尽的讨伐对象。

哪怕有最为发达的公共行政传统，要解决城市增长带来的各种复杂而变化无常的问题，仍会是一件极其困难的事。在全世界完成工业化的地方，城市扩张都非常迅速，几乎同美国一样快。然而，很多欧洲城市的历史，比北美建立的第一个村庄都要早上数百年，这些城市的政府管理与行政的传统，也要先于无约束的私有企业的产生。尽管欧洲城市也饱受工业化的蹂坏和蹂躏，但在地方治理和市政规划方面也常常能树立起一些范例，为美国城市生活的研究者们钦羡不已，并希望效法之。① 美国的城市则往往从村

① 城市改革家弗雷德里克·C. 豪(Frederic C. Howe)的著作至今仍值得学习。见 *The City: the Hope of Democracy*(New York, 1905)；*The British City*(New York, 1907), esp. chapter xv；*European Cities at Work*(New York, 1913), esp. chapter xxi；and *The Modern City and Its Problems* (New York, 1915)。关于城市的发展，也可见于 Lewis Mumford：*The Culture of Cities*(New York, 1938)。

镇发展而来，城市修建所围绕的中心不过是些作坊、工厂或某条铁路，人口高度异质化且流动性极强，也鲜有固定的统治阶级，因而难以积累下治理经验，城市扩张的速度与其治理能力的水平极为
176 不成比例。“美国的问题，”塞斯·洛（Seth Low）曾说道，“在于要在数年之间从无到有地建一座大城市出来。”①

快速的扩张，加之治理传统的落后，结果是城市积极鼓励快速出台的短期政策，以及敢于打破陈规旧习的行动——这正是滋生城市大佬和非正规政府（informal government）的理想环境。后果当然是灾难性的。布赖斯勋爵认为，城市治理是“美国最为扎眼的一大失败”。② 安德鲁·D. 怀特（Andrew D. White）在 1890 年断言，“除了极少数例外，美国城市管理在基督教世界里是最差的——最昂贵而又最低效、最腐败。”③

理解 19 世纪末 20 世纪初的美国思想的一个关键处，是要看到在相当程度上，美国城市里居住着的是来自小城镇和乡村地区的人。乡村人口初入城市，接触到了城市生活里的种种景象，它的拥挤、贫困、犯罪、腐败、人情冷暖、道德乱象，等等，这些经历深深影响了这一时期美国人思想的总体特点。对于这些在清幽、宁静的村庄环境里，在新教福音主义的崇高道德训诫之下成长起来的乡村移民来说，城市不仅是一种新的社会形态和生活方式，更是对文明本身的一种陌生的威胁。这个时代回荡着诸如乔赛亚·斯特

---

① 在他为 Bryce 的 *American Commonwealth* 一书写的论市政治理的那一章，Vol. I，p. 652。

② Ibid.，p. 637.

③ *Forum*，Vol. X（December 1890），p. 25.

朗这样的先知们的警语，他们说城市如果不以某种方式加以驯化，便将导致整个国家的毁灭。“第一个城市，”斯特朗写道，“乃是由第一个谋杀犯所建，从那以后，罪孽、邪恶和乌烟瘴气已将城市变得污秽不堪。”①

在城市里，扬基—新教背景的本土美国人遭遇了移民。从内 177
战结束迄至第一次世界大战爆发，由于美国工业在没有任何限制的情况下屹然崛起，移民持续不断地涌入，到 1907 年达到顶峰，这一年有 1,285,000 名移民登记入境。1910 年，美国居民中有 13,345,000 人出生于国外，占全国总人口的七分之一。长期以来，这个国家业已习惯大量移民的涌入，然而对于移民来源地的巨大转变，本土扬基人尚未做好准备；这一转变在 1900 年以后显得尤为明显，移民从以前较为熟悉的英格兰人、爱尔兰人、斯堪的纳维亚人和德国人，变成了南欧和东欧来的农民——包括大量波兰人、意大利人、俄国人、东欧犹太人、匈牙利人、斯洛伐克人和捷克人。这些新来的美国人的居住环境，让本土人震惊不已——震惊于那些贫民窟，那种极度拥挤、极不卫生的生活，以及无所不在的外国语言和宗教——同时，地方政治机器对移民选票的利用，也令本土美国人满腔义愤。② 大佬看到了移民的需求，并将其变成了城市机器的一个政治部件。机器能够让移民迅速入籍，为他们提供工作和

① Josiah Strong: *The Twentieth Century City*(New York,1898),p. 181.

② “在那些日子里，城市受过教育的公民都这么说，我相信他们也是这么认为的——显然背后还有某种理论支撑——即在人口稠密的大城镇中，正是那些目不识丁的外国下等人，让城市政治显得如此之坏。”见于 Lincoln Steffens: *Autobiography* (New York,1931),p. 400。

社会服务,为他们接触政府机构提供私人渠道的方便,让他们从司法部门的监视下解脱出来,并尊重他们的族群自尊心。作为回报,它获得了票仓,将这些新来的公民引往投票点,移民们出于对享受到的服务心存感激,也便欣然服从城市大佬这种老谋深算的领导。

在很多大城市,扬基人发现他们在数量上不仅已被超过,简直处于压倒性的劣势。本土父母所生的本地人在数量上超过移民及其子女的城市,比如巴尔的摩,在大城市中是极其少有的。在东部和中西部,最为突出的是波士顿、芝加哥、克利夫兰、纽约、费城、匹兹堡和圣路易斯等城市,本土居民在数量上已被外国出生的移民

178 及其第一代子女远远超过。[①] 扬基人常常感到被挤进了他们自己的"隔离区"(ghetto),将他们区别出来的,除了在穿着仪表上的高人一等,还有政治上的势单力孤。[②] 爱尔兰裔政客们——这是一些立足已然稳当的移民,知道各种局势该如何应对——观察到了这一形势,并觉得不错,然而扬基人却对"爱尔兰人对我国城市的征服"心怀不满,并开始思考这是否意味着传统美国民主已走向终结。[③]

① See the charts in Frank Julian Warne: *The Immigrant Invasion*(New York, 1913), facing pp. 118-119.

② 可比较托马斯·贝利·奥尔德里奇的话:"当吉卜林将纽约描述成'一个外国人所有、外国人所治、外国人所享的专制,唯正派人零星的起义稍加平衡'时,他描述的正是……美国所有城镇的治理状态。"见 Ferris Greenslet: *Life of Thomas Bailey Aldrich*(New York, 1908), p. 169。

③ Cf. John Paul Bocock: "The Irish Conquest of Our Cities," *Forum*, Vol. XVII (April 1894), pp. 186-195,这篇文章列举了一大批由爱尔兰少数族裔统治的城市。"过去,费城、波士顿和纽约分别由贵格派、清教徒和荷兰裔移民统治。如今,当爱尔兰裔美国人在城市政治的乱流中攫取了所有的财富和权力,这些城市是否统治得更好了呢?那些畏畏缩缩,不敢去和爱尔兰裔抢夺战利品的人,当然没有资格去谴责这些成功赢得了一切的外来者。"Ibid., p. 195.

让“中立派”这一类人耿耿于怀的是，资本家和移民都没有把公共利益置于个人祸福之前；对于毫无限制的移民涌入可能导致的长期后果，他们一直忧心忡忡，由于害怕族群同质性的下降将在未来对传统民主制造成破坏，他们甚至开始对普选权提出质疑。[①] 早期的公民改革带有强烈的本土主义色彩。

对移民的敌意最强烈的地方，很可能是在政治光谱的两极，也就是极端保守派和那些其观念受平民党遗产影响最大的进步派那里。[②] 受平民主义思想影响的进步派们毫不讳言他们对移民的厌 179
恶，并以一些民主的、“自由主义”的语言和观点痛斥毫不节制的移民政策。在这个问题上，很多劳工领袖和学术界人士也和他们立场一致。[③] 爱德华·A.罗斯、约翰·R.康芒斯和爱德华·贝米斯(Edward Bemis)三人，都被认为是激进派，且都因为这一点丢掉

① See John Higham: “Origins of Immigration Restriction, 1882—1897: a Social Analysis,” *Mississippi Historical Review*, Vol. XXXIX (June 1952), pp. 77-88; and Barbara Miller Solomon: “The Intellectural Background of the Immigration Restriction Movement in New England,” *New England Quarterly*, Vol. XXV (March 1952), pp. 47-59. 关于历史学家的观点，参见 Edward Saveth: *American Historians and European Immigrants* (New York, 1948)。

② 因此在 1912 年总统选举中，塔夫脱派共和党人通过了一份含糊地表示要对移民实施限制的政纲，进步党人则强调帮助、保护移民，以及对其加以归化的必要性。至于民主党，由于党内既有城市机器，也有较为激进的农民，且两方在这一议题上正好针锋相对，因此该党抱骑墙观望的心态，政纲中根本不涉及这一问题。

③ 当然，移民之所以如此快地建立起对族群的忠诚，原因之一是他无法建立起阶级忠诚，因为他被各种工会排斥在外。关于塞缪尔·冈波斯的“种族纯洁性”观念，见 Arthur Mann 富有启发性的论文：“Gompers and the Irony of Racism,” *Antioch Review* (Summer 1953), pp. 203-214。

了学术工作，却也都不约而同地给予了反移民情绪以学理上的支持。[①] 罗斯曾经是一个平民党，如今则是进步主义最重要的理论家之一，也是拉福莱特在威斯康星大学的智囊团中的一名骨干成员，他在1914年写了一本叫作《新世界中的旧世界》的书，站在盎格鲁-撒克逊传统的进步主义立场阐释了反移民问题。尽管罗斯在论及老一代移民时不乏宽容，对于当前数量最多的南欧和东欧移民却是毫不姑息。他说移民对富人是有利的，对那些目光短浅的专门职业者阶层来说，是一个无关痛痒的问题，因为移民并不与他们竞争，至于对美国本土工人来讲，移民则是灾难。移民是罢工运动的破坏者和“工贼”(scabs)[②]，他们拉低了工资水平和生活水
180 平，使之下降到他们那种“猪圈一般的生活”，正如他们也将社交标准降至一种“充斥着他们那些喧嚣扰攘和动物式的欢愉”的状态。他们不讲卫生而又酗酒，拉高了文盲率和精神病患病率，滋生了犯罪，扰乱了社会风气；他们把族群因素引入了政治领域，降低了政治生活的档次，同时为那些最低劣的报纸——也就是黄色报刊(yellow journals)[③]——提供了读者，从而也降低了媒体的档次；由于他们那种“关于性别的粗劣小农哲学”，他们让女性的地位受到威胁，同时由于引进了教区学校制度，又破坏了现行教育体制；

① See, for instance, Commons's *Races and Immigrants in America*; cf. Higham, op. cit., pp. 81, 85.

② 工贼：指工人队伍中被资产阶级收买，出卖工人阶级利益，破坏工人运动的人。——译者

③ 黄色报刊：在美国指报道失实，仅专注于吸引眼球、提高销量的报纸和杂志，兴起于1890年代的最后几年。得名不详，但与中文中强调“性”内容的“黄色书刊”有所区别。——译者

他们让城市陷入了畸形的过度扩张，并常常为了换取保护和好处而出卖选票，从而令大佬对城市政治的掌控得以进一步强化；他们的生育率是如此之高，以至于渐渐在数量上超过了本土美国人，使得“美利坚血统”的纯粹性和美国文明的品质都大受威胁。[①]

罗斯这本书中的观点，在那些未受过教育和羞于表露其观点的人们当中，其实非常普遍，只不过通过一位受过教育的、有表达能力的作者表达了出来。那些一心推崇盎格鲁-撒克逊传统下的文明路线，和忠实于美国政治文化的人们，很难不对这样一种大规模移民的未来感到忧心，因为涌入的各民族之间的差异实在太大了。然而，除了类似罗斯这种苛刻的评判，和他那种经过深思熟虑后的对所谓“种族自豪感”的倡导，那些受过教育的进步派面对移民问题时，更为典型的反应是提出一套移民归化(naturalization)或者
说美国化(Americanization)的方案。[②] 温和保守派与持自由主义 181
思想的进步派一样，都加入了对移民实施归化的事业，办法是让他

① Edward A. Ross: *The Old World in the New*(New York,1914),passim,esp. pp. 219,220,226-227,237,272,279-280,286-287,304,and chapters vii,ix,x. 一些关于“种族”的胡言乱语，可参见 William Allen White: *The Old Order Changeth*(New York,1910),pp. 128-130,197-199,252,但这本书对于未来要乐观一些。罗斯的观点还可以同社会党内的种族主义的、反移民的派系做比较，参看 Ira Kipnis: *The American Socialist Movement,1897—1912*,pp. 276-288。罗斯在 1936 年出版其自传时，对他早年著作中的一些种族主义暗示有所批判。*Seventy Years of It*(New York,1936), chapter xxvii.

② Edward G. Hartmann: *The Movement to Americanize the Immigrant*(New York,1948). 那些指控商人对移民在美国生活中的地位漠不关心的平民党人其实并不完全对。像“北美民间救济移民联盟”(North American Civic League for Immigrants)这样的组织从商人那里得到了很多支持，对于帮助移民适应美国生活，避免他们受煽动家的蛊惑，商人们都很感兴趣。

们学习英语，为他们提供教育和公民指导。当你阅读进步派讨论移民问题的一些最重要的文献时，你会一次又一次地感受到，从前“中立派”们的本土主义偏见，正被一种心灵和意志的积极努力所克服；你会看到那些思想正派的盎格鲁-撒克逊自由派，一直在以他们自己的人道主义价值做自我提醒，提醒自己要看到移民的勇气，移民艰难生活的现实，他们背井离乡的辛酸，他们祖国的文化成就，他们最终成为一名美国人的潜力，以及一个最重要的事实：美国工业化和城市生活中最艰难、最肮脏的那些劳动，正是这些移民在承担。那些在工业地区从事实际政治工作的进步派也意识到，如果想要取得持久的成功，他们就必须既照顾到移民的切身利益，也要顾及他们的自尊心。

然而，典型的进步派和典型的移民之间的差异是巨大的，而在整个进步主义时期，他们之间也很少能成功达成共识。移民无法按一种理想化的速度完成归化，即剪断他的欧洲身份意识。夜校及英语课的实际好处，他固然是愿意享受到的，他也愿意尽其所能地接受一种新国籍，并学习美国的生活方式。可是，哪怕并没有感受到敌意，他却很难不去注意到那些试图帮助他的人们所表现出
182 的那种以恩人自居的意味。[①] 因此，他常常倾向于回绝那些安置社的工作者和归化部门的官员，去其他地方完成他与美国政治和

① 关于移民的反应，一份令人动容的叙述可见于 Bagdasar K. Baghdigian: *Americanism in Americanization* (Kansas City, Mo., 1921)。战争时期，归化局的官员们突然意识到移民对母国忠诚的强度，加快了他们的工作进度，这时移民的反应也最为明显。“移民并不愚蠢，”一份移民报纸在 1919 年说道，“他能感受到美国人那种以恩人自居的态度，因此也从不敞开心扉。”见 Hartmann, op. cit., p. 258。

公民生活的首次接触。他找到的便是政治大佬，这个人接受他本来的样子，不问任何问题。

因此在政治上，移民的想法常常与美国进步派的改革意愿格格不入。他们同那些本土保守派和不关注政治的人们一起，组成了一个重要的大众群体，有效地限制了进步主义的规模和成果。地方改革的成效之所以如此短命，移民选民对大佬的忠诚是一大原因。就政治文化类型的不同来讲，很难想象有比扬基改革者和农奴移民之间差异更大的。扬基人关于政治行动的观念中有这样一个预设，即存在一种大众民主制，该制度以广泛的参与和强烈的公民热情为特征。对他来说，政治是所有人的事情，是义务和职责。政治为道德原则的广泛应用提供了一个平台，甚至——就拿戒酒和风化改革来说——也为个人品性的匡正提供了平台。相形之下，移民往往来自农民的环境，来自一些存在着大量封建残余的专制社会，完全无法适应一种积极的公民角色。[1] 他期待政府依照他们的需求来行事，却不希望自己也成为政治行动者。政府对他来说，意味着对个人行为的限制，对生活的断然干预，法律是无法亲近的，身强力壮之人则要被征召入伍。对他来说，政府是统治阶级的工具，首先代表统治阶级的利益，而与他自己的利益无关，甚至相抵牾。在他眼中，政府也不是什么抽象原则和法律规则：政
治是拥有特定权力的具体人物的行为。政治关系（political 183

① 这里引用了关于移民政治的一份具有敏锐观察力的讨论，见 Oscar Handlin：*The Uprooted*（Boston，1951），chapter viii。

relations)并不受抽象原则的统辖；它是高度私人化的。[①]

由于移民并非在一种大众参与的观念环境下成长起来，他对于甫一入籍便立即运用其选票，也就没有什么特别的渴望。对于创制、复决、否决权的改革，他也不感兴趣，因为只有置身关于大众政治行为的盎格鲁-撒克逊传统之中，才能理解这些改革的含义。及至他最终融入他的公民角色，也要么是出于对旧世界的忠诚（这种情况也要到第一次世界大战及其后才出现），要么是出于他在美国城市的艰难生活中的一些急迫需要——比如对工作、救济、法律保护，甚至是街头摊贩对一纸执照的需求。美国城市的必要配置——对建筑工人、街道清洁工人、警察、消防员，以及各种服务人员的需求——既为移民提供了生计，也为大佬提供了必要的支持。简言之，移民在政治中追求的并非崇高原则的实现，而是一些具体的、属于个人的收获，并且是通过私人关系来得到这些收获。如此，能站在移民的角度看问题，同时也能良好地应对美国环境的大
184 佬，尤其是爱尔兰裔大佬，便成了一个积累私人关系和私人效忠的

① 可与亨利·卡伯特·洛奇的抱怨相比照，他说爱国主义的观念——效忠某人所属的国家——来自古罗马，把皇帝当成国家首脑来效忠的观念则来自拜占庭，正是东方的移民带来了拜占庭的遗产。Henry Cabot Lodge: “Immigration—a Review,” in Philip David, ed.: *Immigration and Americanization* (Boston, 1920), p. 55.

大佬关于私人忠诚的原则，与改革派关于忠诚于公共理想的原则是难以相互融洽的，结果是一旦两者狭路相逢，总会产生巨大的误会。正是在这种情形下，伍德罗·威尔逊和约瑟夫·福尔克(Joseph Folk)分别在大佬的同意下当上了新泽西州州长和密苏里州总检察长，两人也都受益于大佬，威尔逊得到了改革方案和赞助，福尔克则获得了对腐败行为的起诉资格。对大佬吉姆·史密斯(Jim Smith)和埃德·巴特勒(Ed Butler)来说，威尔逊和福尔克简直是无赖和忘恩负义之徒。可是在两名改革派自己看来，他们将公民理想和公共事业放在了私人恩惠之上，有着充分的正当性。

行家。[1] 大佬本人也鼓励移民将政治看成一个人们可以合法地在其中追求利益的场域。这其实就是他本人的职业观:政治就是一份职业,干这一行的工作,便该得到相应的报酬。正如坦慕尼协会的"贤哲"乔治·华盛顿·普朗基特(George Washington Plunkitt)曾说的,所有的机器"在这样一个大命题上都具有共识,即一个人既然入了政治这一行,便总要从中捞取点什么"。[2] 不仅如此,大佬甚至敏锐地意识到了,对于通过政治追求的个人利益必须做宽泛的理解——必须考虑到自尊。当改革派和归化局的官员们敦促移民学习美国生活方式的时候,大佬却在屈尊学习移民的习俗,参加他们的婚礼、洗礼(带着体面的礼物)和葬礼,使他看起来仿佛是移民生活的一位满怀同情的见证者,某种意义上甚至是参与者。有时,改革派也试图在这方面与大佬展开竞争,但他们的招数太有限了。大佬既因长期享受赃利而腰缠万贯,便有资本显出更大的慷慨;同时由于曾把很多好处给过商人,他在公共职务之外,更能够动用各种民间商业领域的关系,为他的保护人谋一份差

① 罗斯记录了一位新英格兰改革派的话:"就某个官职来讲,德国人一般想知道哪一位候选人更适合它。在爱尔兰人当中我从未听到过这种考虑。他们总是问,'谁想让这个候选人当选?''这个人背后是谁?'我曾纠集了很多爱尔兰人来支持代表'好政府'运动的候选人。我向我的爱尔兰朋友发出一个私人的要求,'在这事上帮帮我!'"见 *The Old World in the New*, p. 262。

一段时间后,随着新的移民群体美国化程度的提高,他们开始对爱尔兰人这种垄断政治领导权的倾向产生怨恨,并组成他们自己的派系,爱尔兰裔大佬们则学会了和这些派系做交易。

② William L. Riordan: *Plunkitt of Tammany Hall*, ed. by Roy V. Peel(New York, 1948), p. 52. 这部由普朗基特的一系列语录组成的著作,最初发表于 1905 年。将普朗基特话语的基本预设同改革派相对照,是极富启发意义的。

185 事。改革派将爱国主义理解为明智的公共行动和忘我精神，大佬则安于将其理解为一种政党规制(party regularity)；一些同时代的文献试图说明用选票换取个人利益是一件不义之举，大佬却丝毫不为所动。

当大佬凭借其实用主义的天赋和手里掌握的便利好处，迅速吸引住移民时，改革派却显得神秘异常。他所支持的，通常是一些在移民看来稀奇古怪的东西，如女性权利和星期日法律(Sunday laws)[①]，有些简直对移民是一种伤害，比如禁酒。就移民的见识来说，改革派的那些常用话语没有一点吸引力，不管是什么公民权啦、责任啦、效率啦，还是好政府、简政、商业化管理，等等。移民要的是人性化，不是效率，而简政则有可能削减宝贵的工作机会。改革派对大佬的攻击，不过是令移民和他的恩主距离更近了。进步派呢，却大肆指斥移民对一些伟大原则缺少关怀，如法治和公共福祉之类。这两个群体之间，有效的沟通渠道几乎全都关闭了。进步派最大的支持来自那些满腹牢骚的本土美国人，在一些议题上也能得到大城市周边那些乡村和小城镇选民的支持。进步派将自身从民众中受剥削最严重的人群隔离开来，这是他们的改革方案在社会影响力和激进主义后劲上难以突破局限的原因之一，因此他们显得温雅、适度而安分，尽管实际上他们是满怀着勇气、远见和人道主义精神的。

---

① 星期日法律：基督教国家基于宗教原因，禁止或限制在星期日开展所有工作、消费或交易行为的法律。——译者

当然，在一些议题上，大佬们自己也看到了与改革派达成共识的可能，尤其是在一些直接涉及劳动人口福利的议题上——如工人赔偿问题。改革派们可以在这些问题上尽情宣传鼓动，机器则在立法环节给予他们帮助。事实上，在改革派和大佬这两类人之间成功架起桥梁的第一个人，便是一位典型的城市机器政客阿尔·史密斯（Al Smith）。但史密斯也是在战后担任纽约州州长期 186
间才真正做到了这一点的，这一趋势在进步主义时期发展还很缓慢。理想主义的改革者与大佬之间这种不稳定的、局部的，然而也时常是有效的联合，模糊地预示了一种发展趋向，这一趋向将在富兰克林·D. 罗斯福时期达至顶峰。①

① 我文中的任何表述都不应被理解为含有以下暗示，即在那些以利己主义（self-interest）经济学为基础发展出某种政治参与精神的城市机器中，建立在移民支持基础上的这一类是最早出现，乃至唯一存在的。很明显，贯穿整个 19 世纪的地区利益争斗，包括关税问题上的纷争和对国会拨款的争夺，都与上述观点相左；并且应当指出，代表这一政治传统的正是盎格鲁-撒克逊血统的政客，其中很多人具有乡村背景。认为政治是一件高尚的、无私的公共事业，这一观念是由 19 世纪末中立派的理想主义者们复兴的（在这些人看来，该观念在美国根本不是新东西）。在他们之后，这一信条在进步主义时期有了更多信徒。我之所以着重指出，“大佬—机器—移民”复合体在气质上与“改革派—个人主义者—盎格鲁-撒克逊血统”复合体的水火不容是进步主义时期的一大现象，并不在于我认为它是这一时期存在的唯一冲突，而是因为就这一时期开始变得重要起来的那些政治情绪的潜流来讲，这一组矛盾是最具原型意义的表现。（关于这一趋势的未来走向，见第七章第二节。）对于曾流行于美国的政治组织的类型，以及这些组织为了自我延续而发展起来的关于忠诚的规则，我们还需进行更多研究。这样的研究必须至少涉及如下五大变量：各种移民组织，改革运动（reform movements），长期性的改革团体，19 世纪中期的本土利益政治（interest-politics）组织，以及 19 世纪中后期地方上抱团的精英们发展起来的各种政府形态。

二、“耙粪”：新闻界的革命

进步主义运动的成就在相当大的程度上要归功于它的新闻业。美国进步主义最具根本性的重要成果，就是曝光黑幕，而新闻业正是为该事业提供原创型作家的一个主要行当。说进步主义者的思想是一种典型的新闻思想，进步主义运动最具标志性的成就来自那些富于社会责任感的改革派记者(reporter-reformer)，这并非夸张之语。“耙粪者”乃是核心人物。要想行动，就必须事先
187 进行宣传和鼓动。民众的不平需有具体的对象，而那正是“耙粪者”们提供的。是“耙粪”事业，让公众那种模糊的不适感变得尖锐起来。

曝光事业本身并非“耙粪”时代的发明，“耙粪”事业之所以成功，也不在于它提出了某种新理念。贿赂的无所不在，商业与政府之间持续不断的腐败联系，政府与罪恶的关联性——这些事情都没有什么新鲜之处。1870 年代以来，曝光便是美国政治生活中一个反复出现的主题。地方报纸常常发起战斗。亨利·亚当斯及其兄查尔斯·弗朗西斯曾揭露过“伊利帮”[①]的罪行和“金派阴谋”；

① “伊利帮”(Erie ring)：指内战后纽约州伊利铁路公司背后的几个股票持有人，最主要的是杰·古尔德(Jay Gould)、吉姆·菲斯克(Jim Fisk)和丹尼尔·德鲁(Daniel Drew)三人。这三人靠内战期间倒卖政府债券和黄金发家，内战后进行资本投机，运用与坦慕尼协会大佬特维德的关系，通过政商勾结聚积财富。1870 年代中期，“伊利帮”在一系列反腐败起诉后解散，杰·古尔德前往中西部继续从事铁路投机，成为镀金时代最具代表性的“强盗大亨”之一。——译者

《纽约时报》、《哈珀周刊》和托马斯·纳斯特(Thomas Nast)[①]则在1870年代追踪过坦慕尼协会。九十年代,黑幕频繁曝光,纽约的帕克赫斯特与莱克索委员会[②]活跃一时,W. T. 斯泰德[③]的《假如上帝来到芝加哥》(*If Christ Came to Chicago*)一书则在那个城市制造了一场轰动。亨利·德马雷斯特·劳埃德的《财富对抗全民》(*Wealth against Commonwealth*),也是一部出色的"耙粪"著作。哈姆林·加兰(Hamlin Garland)[④]的平民主义小说《美差一份》(*A Spoil of Office*),显示了人们对国家腐败已是何等地司空见惯。实际上,在19世纪最后三十年发表的数十部小说,由于其对腐败问题的集中描述,已经被称为"前耙粪"(premuckraking)小说了。[⑤]

进步主义时期"耙粪"事业的新颖之处,既不在于它的存在本身,也不在于它背后的理念,而在于它的幅度——它遍及全国的特点,以及它吸引全国注意的能力,这就涉及发行量覆盖全国的大型

① 托马斯·纳斯特(1840—1902):德裔美国漫画家,被誉为"美国漫画之父"。——译者

② 查尔斯·H. 帕克赫斯特(Charles H. Parkhurst,1842—1933)是1890年代纽约州一名社会改革家,克拉伦斯·莱克索(Clarence Lexow,1852—1910)则是1890年代末纽约州参议员,两人通过立法机关内外的合作,策动了"莱克索委员会"对坦慕尼协会的腐败调查,是19世纪类似调查中成就最突出的一次。——译者

③ 威廉·托马斯·斯泰德(William Thomas Stead,1849—1912):英国维多利亚时期著名报纸编辑,调查型报道的早期代表人物,"新闻治国"(Government by Journalism)理念的倡导者,《假如上帝来到芝加哥》是他1893—1894年旅居芝加哥半年期间的作品。——译者

④ 哈姆林·加兰(1860—1940):美国小说家、诗人,是一位乔治主义者。——译者

⑤ John Lydenberg: *Premuckraking*, unpublished Ph. D. thesis, Harvard University, 1946.

“耙粪”媒体的出现，以及对曝光事业调查环节的巨大资金投入。“耙粪”杂志的发行量达到了几千上万册。于是，这些杂志有能力
188 为其记者的调查工作提供慷慨的资金——据 S. S. 麦克卢尔(S. S. McClure)[1]估算，艾达·塔贝尔(Ida Tarbell)[2]那些有名的文章，每一篇的成本是 4000 美元，林肯·斯蒂芬斯的也要 2000 美元。[3]此外，这些杂志不仅能够指出美国商业和政治领域里的一些腐败行为，还能直接指出腐败者的名字和他们的具体罪行，并将事实昭告于全国，这是从前的揭露者们很难做到的。从前只有酒馆老板、地方检察官、机器的选区代理人(ward heelers)、妓女、治安法庭法官、记者和公司律师们，由于他们职业的关系，才能了解到的事，如今任何有阅读能力的公民都能知道了。

“耙粪”的背后是新闻业变迁的一段漫长历史，一段关于报纸和杂志世界如何发生转型的历史。城市化在这个国家的快速推进，极大地增加了日报的发行量。1870 年，这个国家共有 574 份日报，1899 年有 1610 份，到 1909 年则达到了 2600 份。[4] 同期，日报的发行量从 2,800,000 份增加到了 24,200,000 份。[5] 如此的扩张为出版商们提供了难得一遇的发展机会，随之而来的是新闻

---

① S. S. 麦克卢尔(1857—1949)：美籍爱尔兰裔出版商，调查新闻或“耙粪”运动的先驱，是《麦克卢尔杂志》的联合创办人和进步主义时期的主要经营者。——译者

② 艾达·塔贝尔(1857—1944)：美国作家、调查记者，进步主义时期“耙粪者”的主要代表人物之一，以对标准石油公司违法违规行为的报道闻名。——译者

③ S. S. McClure: *My Autobiography*(New York，1914)，p. 245.

④ Alfred McClung Lee: *The Daily Newspaper in America* (New York，1937)，pp. 716-717.

⑤ Ibid.，pp. 725-726.

业界的一系列变革。

报纸的所有人和编辑很快有了新角色。报纸的传统功能无非是报道新闻，如今这些人却发现他们承担着一件更加激动人心的任务，即为那些背井离乡来到城市里的农民和乡下人营造一个精神世界。乡村移民发现他们进入了一个全新的城市世界，怪异、陌生、冷漠、残酷，常常充满腐败和罪恶，然而又散发着多样性和诱惑力。他们习惯了一种建立在直接人际交往基础上的生活——如家庭、教会和邻里关系——如今却被从那些关系中拉拽出来，扔进了 189
一个更为非人性的环境，经历着比以往复杂得多也淡薄得多的人际关系。于是，报纸的功能就不再局限于对这一环境做解释说明，而成了在一定程度上对这一环境中人与人之间的疏远距离加以克服的一种方式，并提供一种在这种生活的日常状态下极度缺乏的亲密感。报纸上的逸闻趣事替代了村庄里的家长里短。报纸开始越来越多地利用城市里光怪陆离的新鲜事物来吸引人们的兴趣，并为读者提供一种间接的人际交往。[①] 乡下人初次来到城市，往往震惊不已，报纸也毫不含糊地对这一点加以利用。从 19 世纪 70 年代到 90 年代，编辑们有了一种越来越明显的倾向，即用一些人伦情感故事（human-interest story）[②]、对腐败的声讨、新闻访谈，以及各种噱头和促销技巧，来刺激发行量。大报有了日益增长的发行量，对政党的依赖性就降低了。在政治上独立或半独立的

① See Helen MacGill Hughes: *News and Human Interest Story* (Chicago, 1940).

② 人伦情感故事：在新闻学上指以一种感性化的方式报道一个人或一群人的故事，意在激发读者的兴趣、同情和深刻触动，是软新闻的一种。——译者

报纸更多了，出版商对于得罪政党和其他机构也不再那么惧怕。从商业角度讲，声讨和揭露腐败以提高报纸发行量所带来的好处，远远超过了可能存在的报复的危险。那是一个新闻弥足珍贵的年代，新闻素材的需求量不断攀升，因为需要足够多的篇幅来搭配越来越多的广告；于是出版商和编辑们产生了这样一种倾向：不再满足于报道新闻，而开始尝试制造新闻。报纸之制造新闻，有两重含义：一方面他们“制造”值得报道的事件，其方式要么是将内莉·布莱(Nelly Bly)①这样的记者派往全世界，要么则是鼓噪对西班牙的战争；另一方面，他们通过巧妙的、富于感情色彩的报道，将一些从前被认为不值得报道的事件，提升到新闻事件的层次。一句话，他们对人伦情感加以开发。其实，自从大众化的“一美分报纸”(penny press)②开始流行起来，这类事情便已存在——人们依稀

190 记得，老詹姆斯·戈登·贝内特(James Gordon Bennett)③是如何对自己风风火火的性格加以充分利用的。然而，新时期对人伦情感的开发则大异其趣。自然，开发的规模扩大了，技巧提升了，可是最重要的不同是，开发的性质改变了。开发人伦情感的旧模式，是用富人的逸闻趣事来取悦普通公民的好奇心，新模式则是用穷人的事迹来刺激那些生活舒适的人们，让他们产生忧虑。于是对

---

① 内莉·布莱(1864—1922)：原名伊丽莎白·C.希曼(Elizabeth C. Seaman)，美国调查记者、慈善工作者，曾为调查一座精神病院的内幕，在72天内环游地球。——译者

② 一美分报纸：1830年代以后在美国出现的便宜的、文摘式的报纸类型，成本和价格比其他报纸低得多，因而为报纸传播的大众化带来了革命性变化。——译者

③ 老詹姆斯·戈登·贝内特(1795—1872)：《纽约先锋报》(*New York Herald*)的创办人和主编，美国新闻史上的重要人物。——译者

贫民窟的素描，以及城市里的穷人与受压迫者的故事，便成了流口常谈。[1] 安逸世界对底层世界的这种关切，正是“耙粪”的原动力。

所有这些对新闻、访谈、曝光和情感故事的关注，都使得优秀记者越来越吃香，社论撰写和社论页的重要性则减弱了。早在 1871 年，一位论述新闻业的作者便观察到：“对大多数读者来说，一份报纸中占主导的人物不是编辑，而是记者。”[2]内战前的老一代编辑们，由于掌握着社论版面，对于担当民意的制造者有着充足信心。如今他们的后继者却开始意识到，过去他们对于公众思想的那种影响力，更多地是与他们对新闻的处理方式，而不是社论的撰写相关。然而获取新闻，尤其是曝光报道和情感故事，则属于记者的领域。如今急需的是大胆的报道策划和良好的新闻写作。从 191
1870 年到 1890 年，记者的工资增加了约一倍。更多受过良好教育的人进入了这一职业，且能够来之则安。[3] 从前，编辑们对大学毕业生嗤之以鼻，如今则开始去招募这些人才。美西战争是新式新闻业的胜利，这场战争在各报纸版面上打得最为精彩；数量众多的记者们组成了一支部队，他们装备精良，在战争的危急时刻堪当

① 现代报纸读者常常不愿接触“感伤女子式”(sob-sister)新闻，认为它过于庸俗而多愁善感。或许从表面上看，这些报道展现了为提升销量而利用公众感情的功能，其潜在作用却是创造了城市里的一种团结精神，并防止了城市生活野蛮性的无限蔓延。一件个人的不幸，一旦被广为报道，便能在很多地方激起慷慨的响应，这一点美国报纸的读者们不会注意不到。哪怕像《纽约时报》这类有品位的报纸，每年也会对这个城市的“百大贫困户”做一番催人泪下的报道，继而在此基础上举行慈善募捐，从这一民间的慷慨中得到些实惠。一个需要“感伤女子式”新闻的文明固然是可悲的，然而同样一个文明如果产生不了这样的新闻，那将会更坏。

② Frank Luther Mott: *American Journalism*(New York, 1947), p. 385.

③ Ibid., pp. 488-490.

一支重要援军。随着记者工作地位魔幻般地提高，越来越多怀着严肃文学理想的年轻人被吸引进这一职业，作为一种暂时的谋生之道。这些人为新闻界的生活带来了更多的理想，更为宏大的关怀，以及文化人所具有的那种公共责任感。

终于，记者这一职业有了某种独一无二的启蒙意义。这并不单指记者们通过上下打听，知道了不少内幕；而是说他们正站在两个世界的交汇点，一方面是他们报道内容中反映出的粗鄙现实，另一方面是报纸版面中所包含的崇高理念与高尚的道德气质。记者们既看到了报纸关于公共责任说的那些冠冕堂皇之语，也看到了报纸经理人为了得到新闻和广告业务做出的下作之举。西奥多·德莱塞[①]当年还是个年轻记者，他回忆称，他们这些人对伪善(hypocrisy)变得警觉起来，尽管自己也有些犬儒主义，但他们在社论文章的崇高理念和公共信仰，与商业办公室、新闻工作室内发
192 生的肮脏事实之间，他们看到了巨大的鸿沟。[②]“耙粪者”们正是怀着他们寻找事实的全部热情，纵身跃入了这道鸿沟之中。

---

① 西奥多·德莱塞(1871—1945)：美国小说家、记者，作品有《嘉莉妹妹》《美国悲剧》等。——译者

② “社论办公室或许会用最为华丽的辞藻撰写一些富于道德感染力或充满宗教情怀的社论，这些社论探讨着人生的意义、进步的价值、品格、宗教、道德、家庭的神圣性、慈善等话题，商业办公室和新闻工作室里却听不见这些花哨的理论。商业办公室就只和商业相关，除去商业上的成功，不考虑其他东西，而在城市新闻工作室内，生活呈现出一副粗犷但高效的面貌，面具摘下了，手套也脱去了……这里没有任何虚饰。发自内心的诚实，是任何人都做不到的。慈善成了对一些人有利可图的勾当。至于道德，基本上成了供公众消费的一种东西。”Theodore Dreiser：*A Book about Myself* (New York，1922)，pp. 151-152. 因此，报纸本身成了进步主义时期道德与“现实”分离的一个范例。

当然，站在“耙粪”第一线的是大众杂志而不是日报，然而参与“耙粪”运动的刊物确实深受报业的影响。那些颇享盛誉的老式杂志，如《大西洋月刊》(*Atlantic*)[①]、《哈珀周刊》(*Harper's*)[②]、《世纪》(*Century*)[③]，以及《斯克里布纳杂志》(*Scribner's*)[④]等，原本是些高雅稳重的公司，每本售价三十五美分，受众也颇为有限，大约有130,000人。这些期刊的经营者都是些文人；它们的内容体现了这样一种内在观点：杂志即是以期刊形式出版的书籍；它们多由一些老派的出版公司控制。世纪之交崛起的那些新式杂志，每本则只卖十美分，要么十二或十五美分，受众达到了400,000到1,000,000人。新杂志的发行商们多非文雅之士，而是些生意场中人；编辑通常是以前的报纸编辑，也经常刊载一些记者写作的新闻报道。相形之下，这些新杂志不过是以期刊形式发行的报纸；它们的很多观念直接来自日报或星期日增刊。它们的内容不只是文学，也带有一些类似新闻的特征。因此也像日报一样，它们很快开始制造新闻，自身构成了一股政治势力。

作为商人，这些杂志的出版商，弗兰克·芒西、S. S. 麦克卢

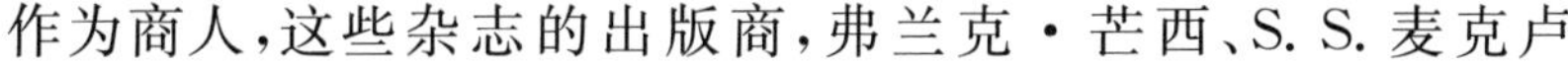

① 《大西洋月刊》：1857年创刊于波士顿，文学和文化评论类杂志。——译者

② 《哈珀周刊》：《哈珀杂志》(*Harper's Magazine*)创刊于1850年，月刊，综合类杂志，也是美国现存最古老的杂志之一。该杂志与1857年创刊(1916年停办)的《哈珀周刊》(*Harper's Weekly*)属同一出版公司，后者为政治类杂志，托马斯·纳斯特的政治漫画大量刊载于此。本文所指应为后者。——译者

③ 《世纪杂志》(*The Century Mazagine*)：1881年开始在纽约出版，有较强的宗教、社会和政治关怀。——译者

④ 《斯克里布纳月刊》(*Scribner's Monthly*)：1870年到1881年发行于纽约，为《世纪杂志》的前身。——译者

尔、约翰·布里斯本·沃克尔(John Brisben Walker)①等人,和从前日报界那些重视推销的先行者们也非常相像,也就是 E. W. 斯克里普斯(E. W. Scripps)②、约瑟夫·普利策(Joseph Pulitzer)③和威廉·伦道夫·赫斯特这些人。对他们来说,"耙粪"是增加发行量的一种最有效的工具。不论是出版商和编辑,还是记者们,其参与"耙粪"的最初动机都既非曝光邪恶,也不是改革社会。尽管《女士家庭月刊》(*Ladies' Home Journal*)④、《芒西杂志》(*Munsey's*)⑤和《星期六晚邮刊》(*Saturday Evening Post*)⑥的例子表明,即便不
193 进行任何严格形式的"耙粪",也能实现巨大的发行量,但"耙粪"的确是大众杂志发展的一个副产品,也许是一个不可避免的产物。哪怕是肇始了"耙粪"运动的《麦克卢尔杂志》,也通过积极地刊载大众小说,以及艾达·塔贝尔讲述拿破仑和林肯生平的系列连载,实现了发行量的大增。在所谓的"耙粪"杂志中,"耙粪"类文章其实只占总版面的很小一部分。只是当曝光事业受大众欢迎的程度

① 约翰·布里斯本·沃克尔(1847—1931):美国杂志出版商,于 1886 年创办了《寰宇》(*Cosmopolitan*)杂志。——译者

② E. W. 斯克里普斯(1854—1926):美国报纸出版商,1878 年创办了《克利夫兰日报》(*Cleveland Press*)。——译者

③ 约瑟夫·普利策(1847—1911):美国新闻出版商,1883 年从杰·古尔德手中接手《纽约世界报》(*New York World*),对该报的经营极为成功,著名的普利策系列奖项就是以他命名的。——译者

④ 《女士家庭月刊》:创刊于 1883 年,1903 年成为美国第一份发行量超过 100 万的杂志,也是 20 世纪美国最重要的女性杂志之一。——译者

⑤ 《芒西杂志》:弗兰克·芒西于 1889 年创办的杂志,通过降低成本和价格,该杂志在 1890 年代实现了极高的销量。——译者

⑥ 《星期六晚邮刊》:1897 年创办的双月刊,美国历史上发行量和影响力最大的大众杂志之一。——译者

得到证明以后，其他杂志才开始通过专攻“耙粪”而实现大卖，《汉普顿杂志》(*Hampton's*)[①]便是如此。

关于“耙粪”运动中黑幕消息来源的偶然性，塔贝尔女士对标准石油公司的著名系列报道提供了一个重要范例。1890年代末，S. S. 麦克卢尔正在筹划一组文章，据他在自传中说，这些文章将致力于表现“那些最伟大的美国商业成就”。他观察到“普通人(关于托拉斯)的情绪中蕴藏着某种危险；他们对‘托拉斯’怀着一种敌视的态度，尽管对其知之甚少”。[②] 他和他的编辑们判断，对标准石油公司这个最庞大的托拉斯加以研究，将富于教育价值，于是他们招募了艾达·塔贝尔，因为她“在宾夕法尼亚州产油区的中心地带生活了多年，在第一线见证了标准石油托拉斯的奇迹般的发展”。[③] 事不凑巧，塔贝尔女士的家人和那些独立采油者们承受着同样的苦难宿命，她对这些人怀有深厚感情。[④] 标准石油公司玩弄的手段实在太过恶劣，很难不吸引读者的眼球，尽管塔贝尔希望她的调查“能被人们视作一项正规的历史研究……然而令我苦恼的是，我发现自己已经跟‘耙粪者’这个新群体绑定在了一起”。她决定同整个“耙粪”运动划清界限，并且，对于一部分读者想要她将曝光事业继续下去的要求，她似乎感到反感——“我很快明白，他 194
们当中大部分人想要的只是攻击。对于冷静的调查结果毫无兴

① 《汉普顿杂志》：1908—1912年间在纽约短暂存在的一份改革派杂志。不同于1978年创刊的同名时尚杂志。——译者

② S. S. McClure, op. cit., pp. 237-238.

③ Ibid., p. 238.

④ Ida Tarbell: *All in the Day's Work* (New York, 1939), pp. 202 ff.

趣。”[①]后来，她在曝光关税政治方面做了更多事情，但事后她回忆道：“我的良心开始困扰我。展现这幅图画（美好的）一面，和它的另一面，不都是我作为一名记者的分内之事吗？”“公众越来越倾向于相信，”随着曝光事业的进行，她感觉到，“公司（corporate）产业管理的必然结果就是剥削、为富不仁、欺行霸市和压迫劳工，唯一的希望就是砸烂整个体制。”于是，她开始就商业世界的成就与进步写一些文章——自然，她作为“耙粪者”的名声严重妨碍了这些文章的传播——成了一个商业的讴歌者，最后还为工业家加里法官[②]撰写了一部带有辩白性的传记。[③] 在塔贝尔的案例上，麦克卢尔最初颂扬商业成就的动机又回到了原点。

“耙粪”时代的其他主要人物，多是一些佣金制（working on commission）作家和记者，只是希望将他人托付之事办好。少数人的确是受一种对资本主义秩序的深刻反感所驱动，如厄普顿·辛克莱尔（Upton Sinclair）[④]和古斯塔夫斯·迈尔斯（Gustavus Myers）[⑤]，但就更多人而言，他们要么是被雇请加入“耙粪”事业，要么则是被一些重视销量的编辑和出版商推往那个方向的。除了社会党人，最关注社会、也最善探根究底的“耙粪者”，大概要数林

---

① Tarbell, op. cit., p. 242.

② 加里法官：本名埃尔伯特·H. 加里（Elbert H. Gary）（1846—1927），美国商业巨头，与摩根、卡内基等人同为美国钢铁公司的创始人之一。早年当过律师和县级法官。——译者

③ Tarbell, op. cit., chapter xiv, pp. 364 ff.

④ 厄普顿·辛克莱尔（1878—1968）：美国作家，1943 年普利策奖得主，《丛林》（*The Jungle*）是他的一部重要“耙粪”小说。——译者

⑤ 古斯塔夫斯·迈尔斯（1872—1942）：美国记者、作家，其“耙粪”著作总体上学术水平较高。——译者

肯·斯蒂芬斯了；然而即便是他对美国城市的“耙粪”报道，其发端也颇为偶然：如果他不出去历练一番，在全国混出些名气，麦克卢尔就拒绝将一个编辑的职位给他。[①] 其他人都是些半心半意的龙(reluctant dragons)[②]。雷·斯坦纳德·贝克(Ray Stannard Baker)的夙愿是当一名小说家，却来到《麦克卢尔杂志》写了些间 195
谍故事，以及一本替美国富人唱赞歌的书。参与“耙粪”事业之前，他竟然在为大公司和托拉斯写一些无聊的吹捧文章。多年以后，当路易斯·菲勒(Louis Filler)正在撰写他对“耙粪者”的研究时，贝克——毫无疑问出于真心地——竟把这些文章当作“耙粪”类文章在他面前提起；关于记忆如何以神话的样式来排列事实，或许这是一个重要案例。事实上，贝克的第一篇“耙粪”作品走向了一个截然不同的方向——揭露工联主义(labor-unionism)的弊政。《疯狂的金融》(*Frenzied Finance*)这本畅销书的作者托马斯·劳森(Thomas Lawson)，是一个郁郁不得志的投机商，对大众民主有一种露骨的轻蔑。[③] 当《寰宇》杂志的主编贝利·米勒德(Bailey Millard)找到《参议院的背叛》(*The Treason of the Senate*)一书的作者戴维·格雷厄姆·菲利普斯(David Graham Phillips)，并说服他写些东西来攻击参议院时，后者正在给《星期六晚邮刊》写畅销小说，收入不菲。起初，菲利普斯极度不情愿，坚持要有另一

① Lincoln Steffens: *Autobiography*, p. 364.

② 应典出1941年迪士尼出品的卡通电影《为我奏乐》(*The Reluctant Dragon*)。片中角色之一是一条龙，它被外界误解为一头嗜血的猛兽，实则性情羞怯、不愿杀戮，且常常满口吟诵诗歌。——译者

③ C. C. Fegier: *The Era of the Muckrakers*(Chapel Hill, 1932), p. 130.

个人来“搜集素材”，直到社会党人作家古斯塔夫斯·迈尔斯被雇来做研究工作之后，他才答应接手这件事。不过当他投入这件工作之后，他确实产生了真正的兴趣。

如果说从编辑和记者们自己的角度看，“耙粪”事业的肇始多少有些“偶然”，它的终止却绝非“偶然”。作为商业组织，靠“耙粪”起家的大型杂志是脆弱的。出版公司是规模如此庞大的一种实业，从其产品获得的收入却是如此之少，这导致它对广告和信贷的高度依赖，也就无法抵御来自商业团体的压力。一旦它们自己的利益或相关利益受到侵犯，那些广告客户会毫不犹豫地取消它们的版面订单。银行家们实行一种区别对待的信贷政策，因此即便是那些市值巨大并具有一定稳定性的报刊实业，也无法保证自己
196 能得到哪怕相当小额的贷款。为毁掉《汉普顿杂志》，甚至私家侦探都派上了用场。[①] 1912 年后，《皮尔森杂志》(*Pearson's*)[②]仍在继续“耙粪”，那时其他杂志要么业已易主，要么改变了出版策略；这本杂志一直维持到一战时期，它的生命力常被用于证明这个观点：“耙粪”思潮的消殒并非一种自然的死亡，而是因那些受曝光影响最大的企业截断其资源，而被生生扼杀。[③] 在我看来，这个观点

---

① 关于“耙粪”事业的式微，见 Louis Filler: *Crusaders for American Liberalism* (New York, 1939), chapter xxviii, and C. C. Regier, op. cit., chapter xii。

② 《皮尔森杂志》:1899 年开始在美国出版，是英国同名杂志在美国的延伸版，最后一期出版于 1925 年。——译者

③ Filler, op. cit., pp. 370-373. 关于“耙粪”的衰落的整个主题，还需有一些全面的研究，不仅要探究商业团体对它的抵制，还要考察杂志业内部管理和营销手段等问题。关于后一类研究可参见 Walter A. Gaw: *Some Important Trends in the Development of Magazines in the United States as an Advertising Medium*, unpublished doctoral dissertation, New York University, 1942。

富于启发性，却不够准确。说一部分“耙粪”思潮可以残存下来，帮助一份经营得当的刊物实现可观的发行量，这尚且可以想象；可是要说它能让六七种这样的刊物，以及一大批规模较小的模仿者的发行量都维持在可观水平，这却是难以想象的。固然，商业对“耙粪”是怀有敌意的，并将这敌意转化为了具体行动，可是民间的“耙粪”情绪似乎也在减弱。到 1912 年，这一情绪已经维持了九年的高潮。设想它将无限期地持续下去，就误解了它的性质。

试想“耙粪者”们都是谁，他们的目的是什么，他们又实际做了什么。他们对美国社会的批判，就其最广泛的影响看来，是非常透彻而激进的，可他们自己却是些性情温和的人，并不想提出任何激进改革方案。因此从一开始，他们就在果敢的手段与温驯的目标构成的反差之中进退失据。生活在一个普遍繁荣的年代，他们并不是想要提请大众注意社会贫困问题的刻不容缓，而是想在大众心中激发出一些关于责任、义愤和愧疚的情愫。几乎没有人会认
为，这些情愫必定会催生激烈的行动，以推动美国社会彻底转型。197
事实上，那个社会正变得越来越好，“耙粪者”们自己对这一点也心知肚明。据雷·斯坦纳德·贝克回忆，1906 年那批离开《麦克卢尔杂志》，新创《美国杂志》(*American Magazine*)的最重要的“耙粪者”，[①]“比起幻想乌托邦，更多地是想要去熟悉一些社会改良计划，并确保其实施。……我们‘耙粪’，不是因为恨这个世界，而是因为爱它。我们并不绝望，我们并不愤世嫉俗，我们也并不尖

① 这一事件中的多数人物都任由这段记忆保持模糊。最有价值的叙述来自 Ida Tarbell，op. cit.，pp. 256-257；cf. Steffens：*Autobiography*，pp. 535-536。

刻。”①在他们的第一份声明中，他们承诺“这将是一份前所未有的杂志，它集故事、幽默、情感和休闲阅读于一体，既令人心潮澎湃而又赏心悦目。它将反映一个幸福的、奋斗的、打拼的世界，在这个世界里，正如我们相信的，好人将取得成功。……我们的杂志将是健康向上、充满希望、朝气蓬勃和振奋人心的。……”②

最后，也许有必要指出，在“耙粪者”们为避免美国社会、经济体系发生结构性变动而设计出来的有限改革框架内，他们确实以立法变革和社会整饬的形式做成了一些事情。可以说，他们在一定意义上取得了真实的成就。可以推测的是，《麦克卢尔杂志》旗下的早期作家们，相比古斯塔夫斯·迈尔斯、厄普顿·辛克莱尔和查尔斯·爱德华·拉塞尔(Charles Edward Russell)③那些社会主义“耙粪者”，与该杂志的大多数中产阶级读者要更加意气相投；那

① Ray Stannard Baker: *American Chronicle* (New York, 1945), p. 226.

② Ibid., pp. 226-227. 可参照塔贝尔女士的回忆，她说《美国杂志》“没有什么真正的‘耙粪’精神。……当时存在这样一种观念：产业关系中存在着某些非常不错的东西，这些东西在很多场合下已远远超出了劳工和改革者的要求；如今这样的观念进入了新闻工作室，对老问题构成了一种新攻击。”Op. cit., p. 281. 这批人当中的另一位，威廉·艾伦·怀特，在1906年写信对编辑约翰·S. 菲利普斯(John S. Phillips)说道：“在我看来，太过刻意是你们面临的一大危险。人们会误认为将看到憔悴的脸、僵硬的嘴唇，以及一道因情绪失常而留下的深深皱纹。你应当蒙骗他们。应该给他们一些《猪就是猪》(‘Pigs is Pigs’)这样的文章。从发刊声明来看，人们会认为你们将是一批‘细红阵线(Thin red line)上的英雄’(1854年克里米亚战争中英军冲击俄军的一道阵线，曾受到英雄般的赞颂。20世纪美国拍摄了同名电影，片名译为《红色警戒》。——译者)——不要这样做，你们应当手持‘响板’(slap stick)(西方滑稽戏中的一种道具。——译者)，尽情表演，再安排一些带头叫好的托儿(claque)。……” Walter Johnson: *William Allen White's America* (New York, 1947), p. 159。

③ 查尔斯·爱德华·拉塞尔(1860—1941)：美国记者、政治活动家，获1928年普利策传记奖。——译者

些社会主义者们，总是想从他们的“耙粪”发现中推导出最极端的结论来。

三、现实与责任

相比于法律和道德，“耙粪者”们对这个国家的思想产生了更具决定性的影响。他们确立了一种脱胎于新闻观察的崭新批评模式，如果说不是创造了这一模式的话。进步主义时期思想精华中的基调，都浓缩在了“现实主义”(realism)这个词当中。同时代的文学和新闻鼓励的是现实主义，正如该时期最高产的一些思想家，引入哲学、法律和经济学当中的也是现实主义。尽管西部的地区意识非常奇怪地凝聚成了一种民间国家主义(folkish nationalism)，在一定程度上催生了现实主义写作，但现实主义的主要源头还是在城市，尤其是城市里的新闻界。即便从马克·吐温和威廉·迪恩·豪威尔斯的时代算起，除了极少数例外情况，美国现实主义文学的缔造者们便都是一些在新闻调查方面受过训练的人——斯蒂芬·克兰(Stephen Crane)[①]、西奥多·德莱塞、哈罗德·弗雷德里克(Harold Frederic)[②]、戴维·格雷厄姆·菲利普斯；或是其他一些和记者与人伦情感故事作家们一样，见识过生活那艰难的一面

① 斯蒂芬·克兰(1871—1900)：美国诗人、小说家，被认为是美国19世纪末最有才华的作家之一，早年曾在其哥哥所在的《纽约论坛报》(*New-York Tribune*)担任助手。——译者

② 哈罗德·弗雷德里克(1856—1898)：美国记者、小说家。——译者

的人们，比如爱德华·科克兰(Edward Kirkland)[①]、爱德华·埃格尔斯顿(Edward Eggleston)[②]、哈姆林·加兰和杰克·伦敦[③]等。现实主义小说家、“耙粪者”，以及这一时期更具批判性的社会科学家们的共同之处，在于一种挖掘“内幕故事”(inside story)的热情。

罗伯特·坎特韦尔[④]曾暗示，“耙粪者”取得成功的主要原因根本不在政治方面，而在文学方面，并称在一定意义上，他们的作品是这一时期同样繁盛的文学现实主义在新闻界的对应物。美国
199 人一直不习惯于描写美国，但他们最不习惯的，是描写关于工业、劳工、商业、贫困和罪恶的生活。如今，小说家们从街头景象、屠宰场，以及哈姆林·加兰小说中常见的那种蝇蚋横行的乡村厨房里，提取出了一种文学潮流，用以替代从前袭自别国的风格，而“耙粪者”们，则用一种对美国日常生活的现场描述，替代了往日杂志上那些上流社会的旅行故事与浪漫传奇。“举例来说，”坎特韦尔说道，“‘耙粪者’之所以拥有众多读者，并不在于他们揭露了明尼阿波利斯的腐败，而是因为在这个时代，他们既不需要在这个城市面

---

① 爱德华·科克兰：疑原书有误，爱德华·科克兰是与作者同时代的一名历史学家，曾担任“美国历史学家协会”(Organization of American Historians)主席。作者所指应是约瑟夫·柯克兰(Joseph Kirkland, 1830—1894)，美国现实主义小说家，其作品表现边疆生活。早年曾在西部经商，内战时从军并做到少校，更符合作者“见识过生活艰难一面”的说法。——译者

② 爱德华·埃格尔斯顿(1837—1902)：美国小说家、历史学家。早年体弱多病，无法上学，由其父亲对其完成教育。——译者

③ 杰克·伦敦(1876—1916)：享有世界声誉的美国小说家、记者，代表作有《野性的呼唤》等。早年生活坎坷，十八岁前做过罐头工人、水手和流浪汉。——译者

④ 罗伯特·坎特韦尔(1908—1978)：美国小说家、文学批评家。——译者

前卑躬屈膝，也不需要去吹捧它，而是可以充分发挥其聪明才智，以一种现实主义风格去探究这个城市的生活。简言之，他们是在为他们自己的时代撰写一种隐秘的、幕后的、带有稗官性质的历史。……他们摸清了警察、黑社会、地方政治大佬们之间错综复杂的关系，以及新式大公司……同立法、司法机构之间的秘密关联。这样，他们为美国社会的戏剧刻画出了一批新角色：大佬、职业政客、改革者、诈骗犯、工业巨头，等等。所有人都知道这些本土角色；所有人都了解他们的所作所为；可是以往他们从未被细心描摹；从没有人对他们的社会功能加以分析。与此同时，'耙粪者'们也对所有人都熟知却无人摹写过的舞台环境进行了描绘——炼油厂、贫民窟、红灯区，以及政治交易常常发生的酒店套房——这是些熟悉的、寻常的、朴实无华的场景，美国生活中日复一日的无尽戏剧就在这些地方上演着。东部那些不食人间烟火的文学杂志，守着英语世界一流小说家们发来的文章和稿件，又怎会懂得对上述丰赡的资源加以利用呢？"①

"耙粪者"和现实主义作家们在他们的领域做的事情，理论型思想家和社会科学家们在自己的领域也在做。随着学者们开始探 200
索他们自己的"现实主义"类型，上一代人较为保守的形式主义(formalistic)思想便被放置在了常常具有破坏性的仔细筛查下。经济学家们正在考虑，用凡勃伦关于挥霍型消费者(wasteful consumer)和掠夺型产业巨头的理论，来取代古典主义学派的经

① Robert Cantwell: "Journalism—the Magazines," in Harold E. Stearns, ed.: *America Now*(New York, 1938), p. 347.

济人(economic man)概念。法律现实主义者们,则以一种有血有肉的公司律师形象——身着法袍,满脑子公司偏见——取代了上一代法律理论家们关于“纯粹”(pure)法律行动者的观念。政治学家们从前对国家有一种敬意,将其视为主权的抽象存储地,如今这份敬意也在消逝,他们接受了查尔斯·A. 比尔德和阿瑟·F. 本特利的观点,开始将国家(state)看成一种表征社会压力的具体仪器,这些压力乃由各种利益群体所施加。历史学家们开始对历史提出经济学阐释。社会学这个新学科与社会安置(social-settelment)工作和基督教社会改革关系密切,也开始批判关于个体和道德的旧观念,发展出一套新的、“现实主义的”社会心理学。约翰·杜威此时正对哲学中的形式主义派别加以攻击,并试图就观念的用途发展出一种更具说明性和可操作性的叙述。[①] 这场无处不在的偶像破坏运动的最高成就,是 1913 年查尔斯·A. 比尔德的《美国宪法的经济解释》(*An Economic Interpretation of the Constitution of the United States*)的出版,该书令保守主义世界声名扫地。针对传统象征的这最终一击,将进步主义思想带入了既有秩序的深层防线:一个由宪法崇拜者和祖先崇拜者组成的民族,即将面临学者们针对“建国之父”和《宪法》本身的一场“耙粪”运动。V. L. 帕林顿(V. L. Parrington)[②]——他本人也是平民主义和进步主义思想的一个代表——曾指出,“进步主义运动对美国政治思想的主要贡

① 关于这代人的智识成就,参看 Morton G. White: *Social Thought in America* (New York,1949),esp. chapter ii。

② 帕林顿(1871—1929):美国历史学家,其《美国思想的主潮》(*Main Currents in American Thought*)获 1928 年普利策历史奖。——译者

献,是它对联邦宪法本质上的反民主属性的发掘。”①

但是,比尔德对“建国之父”们的处理,也在一定程度上显示了进步派关于现实的观念的局限性。当他描写“建国之父”们的经济利益和经济活动,尤其是那些与政治相关联的,以公正无私这一最高道德标准来看并非总是不可置疑的经济行为时,他的论述是充分且富于启发的。可当他处理他们关于民主的观念时,就显得比较随意了;他的思维没能完全跟上他的目标,他满足于从制宪会议的讨论中零星地摘取一些引文,杂糅成一种资料贫乏、内容相当平淡的论述。② “耙粪者”的思维模式,带来了关于现实的某种有限且狭隘的定义,以及想象力的单调乏味。威廉·迪恩·豪威尔斯在他一则不那么高明的评论中,承认早期美国文学着眼于“生活那微笑的一面”——这被认为是更典型的美国特色。这种洋洋自得的心态被现实主义者弃若敝屣。如今,现实是艰苦的、肮脏的。它是隐匿的、被忽略的,是上不了台面的。在本质上,它被理解为一系列外部的物质事件,且这些事件往往是令人不快的。③ 现实是贿赂,是回扣,是变卖的特许权,是掺假售卖的食品。它是人们在《丛林》、《八爪鱼》(*The Octopus*)④、《财富对抗全民》和《城市之

① In his Introduction to J. Allen Smith: *Growth and Decadence of Constitutional Government*(New York,1930),p. xi.

② 对这一问题我有过更详细的阐述,见“Beard and the Constitution,”*American Quarterly*,Vol. II(Fall 1950),pp. 195-213;同一篇文章可见于 Howard K. Beale,ed.:*Charles A. Beard*(Lexington,Ky.,1954),pp. 75-92。

③ Cf. the discussion of “Reality in America” by Lionel Trilling,in *The Liberal Imagination*(New York,1950),pp. 3-21.

④ 《八爪鱼》:美国记者、小说家弗兰克·诺里斯(Frank Norris)的作品,讲述加州小麦农民与铁路公司恩怨的故事。——译者

耻》中看到的东西。它与道德和理想世界是如此彻底无望地绝缘，就像一则关于母爱的报纸社论，与贫民窟内有关婴儿死亡率的各种事实是何等地毫不相干。

202 对进步主义时期美国的一般人来说，这个丑陋的现实并不是它的最终状态。现实是一系列不可说破的密谋、个人的罪孽，以及道德的崩坏，只是由于公民道德警惕性的一时松懈，这些东西才得以统治了美国社会。因此，美国社会的失败并非人性和人类禀赋(human condition)的最终表征，更不是美国人禀赋的表征；不可默然接受这些失败——甚至仅做少许的修正都不够——而是要以最大的决心在各条战线上与之鏖战。首先，必须充分地揭露现实，其次，要让现实成为道德劝诫的主题；接下来，当足够数量的个体公民意志坚定地走向改革以后，便可以做一些事情了。正如乔赛亚·斯特朗(Josiah Strong)[①]所言："只要向民意灌输一项具体改革——不拘是政治的、社会的，还是产业的、道德的——加以大众良知的觉醒达到一定程度，使得经过启蒙的民意得以推行，改革便指日可待了。因此这是对基因的再造——对民意和大众良知进行教育。"[②]首先，公民必须重新夺回他早先放弃的权力，必要时对政府机构加以重塑。随后——既然扬基人认为所有解决方案都与法律相关——公民就必须保证适当的修正性法律得以通过，以及现有法律得到实施。他必须选择那些道德素质高尚的人来担任政治领导者。那种道德素质被认为是坚不可摧的，正直的人一经发现，

① 乔赛亚·斯特朗(1847—1916)：美国新教牧师、编辑、作家。他是"社会福音运动"的领导人之一，但也宣扬种族主义思想。——译者

② Josiah Strong, op. cit., p. 159.

并被送上官职，便将永葆正直。只要这些人重新取得对事态的掌控，谨严的道德便永不衰颓。

1913 年 1 月这一期《麦克卢尔杂志》上，S. S. 麦克卢尔撰写的一篇著名社论，是进步主义精神在大众新文学中得以展现的一个出色范例。[①] 在这篇社论中，麦克卢尔从一个外部视角重新审视 203
了他的刊物，突然意识到了他和他旗下的作家们工作的意义。他察觉到，当前这一期登载了林肯·斯蒂芬斯对明尼阿波利斯，艾达·塔贝尔对标准石油公司，以及雷·斯坦纳德·贝克对劳工问题的“耙粪”文章，表现出了一种惊人的，然而又绝非有意为之的趋同性，即这些文章都指向了美国生活的一个关键事实：资本家、劳动者、政客以及公民们对于法律的集体性无视。他问道，社会之中还有谁在捍卫着法律呢？律师？他们中一些最优秀的人才，正靠着指导商业公司如何规避法律为生呢。法官？对他们中的很多人来说，尊重法律就是尊重诡辩，靠这些诡辩他们可以让人恢复自由，而按照常识来判断，那些人可能是违法的。教会？“我们知道一个教会，一个古老而资金雄厚的教派，竟然要在一个有坦慕尼背景的卫生官员的敦促下，才去改善其出租房屋的卫生条件。”“大学？他们根本就不懂。”“剩下没有谁了，”麦克卢尔总结道，“除了我们这些人。……我们的表现都很糟糕，并且正在让公众付出代价。公众就是人民。我们忘了，我们全都属于人民。……最终我们必定也要付出代价，我们每一个人。”

① 在我看来，不仅仅是《麦克卢尔杂志》上的这篇社论——整个这一时期，这份杂志的内容都完全可以视为普通杂志读者们的精神食粮，并且反映了“耙粪”运动的思想和感情。

这里说一说“耙粪”类杂志的核心主题。首先，是进步派关于现实的观点——最为体面之人也总是在为非作歹，这被认为是美国生活的一个“现实”特征；腐败无处不在。其次，是这一观念：所有社会问题都可以简单地理解为对法律的普遍不尊重。我已提到过，盎格鲁-撒克逊思想强调按照法律规则来统治，这与移民中广泛存在的、将政治现实理解为一系列政治关系的倾向大不一样。进步派们相信，只要法律本身是恰当的，并由恰当的人来实施，那
204 么一切都会好起来。[①] 对于法律、爱国主义这样的抽象概念，以及锲而不舍地进行劝诫的有效性，他们有着强烈而持久的信心。最

① “简言之，只要托拉斯问题还是一个法律问题，人们就可以和总统一样相信，只要托拉斯被掌握在稳重、干净的手中，受一个忠诚、守法的头脑的控制，那么它就是安全的。” L. A. Coolidge: “Attorney-General Knox, Lawyer,” *McClure's*, Vol. XIX (September 1902), p. 473.

“……愚钝的民众总是漠不关心。他们从不去坚持让法律得到实施。” S. S. McClure: “The Increase of Lawlessness in the United States,” ibid., Vol. XXIV (December 1904), p. 163.

“唯一的补救办法就是让所有的法律，在所有的细节上，在所有的时间，能够严格地施行……” Ray Stannard Baker: “What Is a Lynching?” ibid. (February 1905), p. 430.

“……失败之处在于，未能认识到法律的基本原理……” Burton J. Hendrick: “Governor Hughes,” ibid., Vol. XXX(April 1908), p. 681.

“我希望看到所有沙龙被立法取缔……” “The Story of an Alcohol Slave,” ibid., Vol. XXXIII(August 1909), p. 430.

“……我最重要的建设性工作是建立了一个体系，在该体系下，我可以敦促我手下那帮人——违逆他们的旧习俗和明显的自私之心——真正按法律去办事。” General Theodore A. Bingham: “The Organized Criminals of New York,” ibid., Vol. XXXIV (November 1909). p. 62.

这个时期较为复杂的思想与一般化论述的巨大差异，于此可见一斑；当进步主义道德家和民众劝诫者们，正在召唤“法律”这一熠熠生辉的抽象概念的回归，查尔斯·A. 比尔德、阿瑟·F. 本特利和弗兰克·G. 古德诺(Frank G. Goodnow)等写作者们却在试图揭示：法律同样是政治势力和阶级利益的反映。

后，进步派还强调，所有人都应具有个人责任感，并对个人的罪孽提出责难。

要理解改革的心态，我们必须考虑到，当进步派在攻击诸如手握权力的托拉斯与大佬这样的社会问题，以及酒类运输、卖淫等改革目标时，怀着的是怎样的激情。我说过，进步主义的思想很明确地是一种新教思想；尽管进步主义的主要力量在城市，但它继承了乡村地区福音新教主义的道德传统。对于今天我们普遍认为只存在于城市的一些现象，进步派们怀有强烈的恐惧。由于曾被灌输以农业神话，不管他们多么富有，他们却始终认为自己生活在无往不在的不公正当中，他们也拒绝对此忍气吞声。在这里，一种最为重要的新教性格开始起作用了——关于个人责任感的精神。乡村 205
生活的简单朴素与邻里和谐，曾是美国生活和美国神话的重要前提，在此前提下常常存在这样一个预设：个人对其他人的苦难和道德是负有责任的。[①] 不仅如此，对个人责任感加以最大程度的强调，正是新教伦理带来的整体性后果之一。受“耙粪者”的影响，信奉新教的扬基人对周遭世界的了解越来越深，他们的不安和负罪感也愈加强烈。关于如何处理、消除和排解这种负罪感，新教的教

① E. A. 罗斯写了《罪与社会》(*Sin and Society*, Boston, 1907)这本非常畅销的书，该书主旨在于揭示新的生活环境呼唤一种新的道德法则。犯罪——做伤害他人的邪恶之事——已经变得公司化(corporate)和非人格化了。最典型的恶事不再源自侵犯，而来自背叛。通常，那些作恶之人在私人和人际关系上完全是善良的，因为如今最重要的问题已不在于作恶的动机本身，而是道德上的麻木不仁。现代罪人(sinners)可能看不到他们行为的结果，因为从空间和时间上来讲，他们离受害者可能都很遥远。因此，在对自己和他人的罪行加以审定时，就很需要有比从前更丰富的想象力。值得指出的是，就那些由公司犯下的所有可预防的恶行来讲，公司的掌权者们是要负责任的。

派机构未能提供任何机制。[①] 美国政治中缺少一种强大的本土的保守主义传统，以至于人们在那些难以轻易革除的罪恶面前，常常无所适从。而以大众政治参与和公民型市民意识（citizenlike civic consciousness）——正如我们曾提到过的，对移民来说这些太陌生了——为基础所形成的那种本土气质，更是强化了这一观念：所有
206 人对所有事，都负有极其严肃的责任。

弗雷德里克·C.豪那部既坦诚又具有高度启发意义的自传——《一个改革者的忏悔》，颇有自知之明地表明了，福音主义新教的布道和"中立派"的公民教育，是如何催生进步派的责任感的。豪出生于宾夕法尼亚州的米德维尔镇，在一个虔信卫理公会的小康之家长大。他就读于一所小型教派学院，然而在那个随达尔文主义一同到来的、伟大的世俗化时代里，他发现福音派的宗教复兴论调早已无法打动自己；可是正如他在新闻报道中所言，从小被灌输的那种"关于责任，关于心忧天下的道德感"，却不像与之相伴随的神学教义那样能够轻易消逝。"早年关于道德与罪孽、善与恶的观念始终存在于我头脑中，挥之不去。我想，这种影响对于我这一代人来说是最为重要的。这一影响决定了我们改革的性质——即就国家的道德和经济状况进行监管性立法，我们对人而非对机构的信心，以及我们向其他民族传递的训诫。传教士和军舰，反沙龙

① 新教福音派教义认为，个体对于其灵魂的皈依和拯救几乎负有全部责任。就这一目标而言，教会提供的只是一个劝诫的机构。相形之下，天主教和其他教派中，教会本身的中间性作用要大得多，个体的责任则不会高到与新教相当的程度。在罗马天主教中，忏悔和苦修，构成了对罪过加以处置，以及对其在精神上加以把握的一种可行机制。如果从政治的角度来理解这一差别，就能更好地理解进步主义的道德气质。

联盟和三K党，威尔逊和圣多明各(Santo Domingo)事件[①]，都是这一福音主义心态的一部分，正是它将美国塑造成了今天的样子。”[②]豪进入约翰·霍普金斯大学读研究生后，已经非常乐于聆听像伍德罗·威尔逊这样的学界“中立派”的那种令人激情澎湃的说教了，后者讲到的正是公众良知的冷漠和责任感的缺失；他也乐于听取布赖斯勋爵那些立意崇高的演讲，后者对于分赃制、腐败、失败的民主，以及“在我所熟知的那些人中间，道德责任感的日渐丧失”的痛心疾首，在他也极有共鸣。他总结道：“让我印象最深刻的便是：我所熟悉的那一类人，已经忘却了他们的职责。”[③]正如在观念和公共心态的发展史中常见的那样，从1880年代末到1890
年代，约翰·霍普金斯大学那一群出类拔萃的教师和学生，一直试 207
图在数年时间内催生出一种公平意识，很快，这一意识便在相当人数的公众中建立了起来。豪对1890年代约翰·霍普金斯大学的师生们的观察是——“我们感到世界都被强加到了我们的肩上”[④]；不久后，这一点在很大程度上对整个国家都变成了事实。进入新世纪，那些同公众保持最亲善关系的人们，开始面向整个国家，宣扬公共责任的必要性，这一责任曾为上一代人所抛弃，今天的人们则应身体力行地各自担负起来。“关于这项工作(改革)必须以何种方式来做，”西奥多·罗斯福说道，“倒没有什么金科玉

---

① 圣多明各是加勒比海多米尼加共和国的首都，1916年美国对该城实施了占领。——译者

② Howe: *The Confession of a Reformer*, p. 17.

③ Ibid., p. 3.

④ Ibid., p. 8.

律;但可以确定的一点是,所有人,不管处于何种地位,都应当以某种方式去奋斗,并取得一定成绩。"[①]

那些查看相关文献的人,一定会惊讶于进步派们所做的自我控诉之多。威廉·艾伦·怀特将进步主义运动归因于这一事实,即"人民在灵魂深处相信他们以往是不对的"。[②] 这个时代的道德义愤绝不完全是导向他人的;很大程度上,这种义愤是向内的。那些把这一运动说成一桩关乎良知的事件的同时代人,说得一点没
208 错。林肯·斯蒂芬斯将他那部著名的"耙粪"著作取名为《城市之耻》,正体现了这份个人情感牵绊的影响。

实际上,对扬基人的责任道义转化为某种负罪感这一过程的最佳阐述,就是斯蒂芬斯著作的那篇序言。一遍又一遍地,斯蒂芬斯要求他的读者们担负起责任,去改变他书中描写的那些丑恶事态。"美国人身处其中的恶政,"他宣称,"正是美国人自己所造成。

---

① Theodore Roosevelt: "Reform through Social Work," *McClure's*, Vol. XVI (March 1901), p. 454.

"……分析到最后,还是要由选民来决定纽约究竟是'开放'还是'封闭'。"Josiah Flynt: "In the World of Graft," ibid. (April 1901), p. 576.

"简言之,如果我们想建立自治……我们必须身体力行,去把它实现。罗斯福总统宣扬一种广泛的道德感,这是对的;每个人都应该沉下心来,做一些力所能及的事。" Ray Stannard Baker: "The Trust's New Tool—the Labor Boss," ibid., Vol. XXII (November 1903), p. 43. 可比照同一作者的如下结论:所有那些"要求选举出能保证法律实施的官员,自己却不遵守法律的人",都是有罪的。"The Reign of Lawlessness," ibid., Vol. XXIII (May 1904), p. 56.

"他们(那些基督徒公民们)每个人都要坚决地在选举中为上帝投票——即是说,投票给那些能得到上帝认可的候选人,如此方能实现。" Anonymous: "Christian Citizenship," ibid., Vol. XXVI (November 1905), p. 110.

② William Allen White: *The Old Order Changeth*, p. 30.

……人民就是诚实的吗？人民就比坦慕尼更好吗？……说到底，我们腐败的政府，不正是人民的反映吗？……让你的妻子进入社交场，或是给你的新书写一篇吹捧性的书评，这种吸引力，跟让一个求官者得到官职，让一个盗贼逍遥法外，或是让一个富家子弟进入某公司董事会的吸引力，本质上没有差别。……大佬不是一种政治风习，而是一种美国风习，是一个虽然自由却缺乏自由人的精气神的民族的产物。……责任在我们，而不在我们的领导者，既然我们听从了他们的领导。……美国的风气，便是营私舞弊，无法无天。……人民绝不是无辜的。这是本书中所有新闻报道文章中，唯一的一则'新闻'。……我的目的……就是要看看这些无所不在的耻辱事实，在我们厚颜无耻的公民风习面前是否真的无关痛痒，从而将美国人的自尊付之一炬。"在序言结尾处，斯蒂芬斯将他这本书题献给"那些被控诉的人——给合众国所有城市的所有公民"。[1]

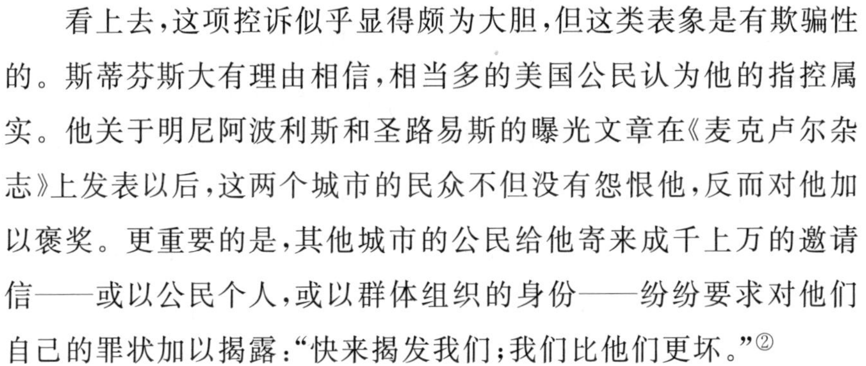

看上去，这项控诉似乎显得颇为大胆，但这类表象是有欺骗性的。斯蒂芬斯大有理由相信，相当多的美国公民认为他的指控属实。他关于明尼阿波利斯和圣路易斯的曝光文章在《麦克卢尔杂志》上发表以后，这两个城市的民众不但没有怨恨他，反而对他加以褒奖。更重要的是，其他城市的公民给他寄来成千上万的邀请 209
信——或以公民个人，或以群体组织的身份——纷纷要求对他们自己的罪状加以揭露："快来揭发我们；我们比他们更坏。"[2]

可是，斯蒂芬斯关于人民——尤其是"最优秀的"那些人

① Lincoln Steffens: *The Shame of the Cities*(New York，1904)；引文散见于该书序言，pp. 4-26。

② Ibid.，p. 25.

民——应当为腐败承担责任这一观点,不能理解为他对人性或人类禀赋的盖棺定论。他之鼓吹全民有罪,并不是要让大多数人都受到谴责,而是希望所有人都能得到救赎——通过强烈触动他们的自尊,而令其得以救赎。进步派们嘴里时常念叨的——现实那无所不在的丑恶性,到如今才体现出其真正的功能:尽管这种丑恶无所不在,却并非不能攻破,也并非不能革除:它正可用作劝诫的工具,它并不是对生活的一种提示,而是为改革提供了一个支点。说到底,斯蒂芬斯希望“我们的厚颜无耻只是表层的,在那之下是一种真实不虚的自尊感,那仍可以拯救我们”。[①] 因为正如他就圣路易斯的情况所说的,赌注已然投下,他除了相信“人民是可靠的”,别无他法。[②]

在一些改革派看来,斯蒂芬斯呼吁的这一责任精神,其具体实践方式非常简单,那就是要尽力参与到当时话语中所称的“生活竞赛”(the race life)中去——大体意思即是,要近距离地去接触那些在“现实”的重负下,对苦难的感受更加铭心刻骨的那些人。早在1892年,简·亚当斯便就“社会安置所的主观必要性”(Subjective Necessity for Social Settlements)发表了一篇精彩而透彻的演讲;在其中,她提到她这一代人里那些家境宽裕、成长生活幸福的美国青年人,是在社会公正的理想和新教道德律令下被抚养长大的,然而如今他们却越来越质疑自身的纯粹性,为自己百无一用而备感
210 苦恼,也深深地不满于“被隔绝在普通劳苦大众的生活之外,而那种

① Steffens, op. cit., p. 24.

② Ibid., p. 140.

生活正是道德和身体健康的不竭之源”。[①] 无独有偶，H. H. 波耶森社会小说中的一个角色，一个富有承包商的儿子，也坦白“当我的生活太过舒适时，一种负罪感便悄然而至”，于是他离开上流社会，投身于他所谓的“伟大的、纷乱的、喧嚣的生活，它充满激情，也到处是痛苦的呐喊”。[②] 怀有同样动机的角色，后来也不断出现在《麦克卢尔杂志》中——不过不再是小说里的人物，而是撰写这些文章的作家。[③] 一旦这种冲动（impulse）转化为行动，它便将一批 211

① Jane Addams et al.：*Philanthropy and Social Progress*（New York，1893），pp. 1-26.

② H. H. Boyesen：*Social Strugglers*（New York，1893），pp. 78，83-84，273. 关于负疚与义愤、工作与服务的精神，和关于在物质满足与精神发展之间存在不可调和之矛盾的观念，在那位最受追捧的进步主义小说家——温斯顿·丘吉尔的作品中，是一些非常显眼的主题；丘吉尔将整个这场运动描述为“理想的一代人从商业的一代人中脱胎出来”。参见 Richard and Beatrice Hofstadter：“Winston Churchill：a Study in the Popular Novel，” passim。

③ “布莱尔·卡尔哈特（Blair Carrhart）作为一名劳工进入了钢铁厂的车间，这样他就能更深入地了解他想要帮助的那些人。……从他的例子看来，我们的生活充满了危险、斗争和苦难。”A review of I. K. Friedman's *By Bread Alone*，*McClure's*，Vol. XVII（September 1901），pp. 502-503.

“她是一位拥有优秀教育背景和广泛社会经验的女性；同时，和许多同样资质的美国女性一样，她有着不知疲倦的能量，不可能满足于在周围飞速进步的生活中当一个被动的旁观者。”Lewis E. MacBrayne：“The Promised Land，” ibid.，Vol. XX（November 1902），p. 66.

“如果说我们读到的这些东西，还不至于让我们充满难以启齿的羞耻感，我们也应当为这样一种坦白、强烈乃至狂热的风格所打动。这些东西比娱乐新闻好得多。”*Everybody's*，reviewing the work of Lincoln Steffens，as quoted in *McClure's*，Vol. XXIII（November 1904），p. 111. 最后一句话的含义不该被忽略。

“我们对于真正的公民道德其实是视而不见的，就像宗教裁判所里那些西班牙人对于基督的道德也是熟视无睹的一样。”William Allen White：“Roosevelt：a Force for Righteousness，” ibid.，Vol. XXVIII（January 1907），p. 388. “……被金钱收买的政府，以及被金钱收买的教会、学校，这一整套邪恶体系定是源自我们内心的商人欲念，正如以色列人之神（god of the Israelites）乃是源自旷野中的金牛（golden calf）。”Ibid.，p. 394.（参见《圣经·出埃及记》32：4。——译者）

还可参见 Rudolph Cronau：“A Continent Despoiled，” ibid.，Vol. XXXII（April 1909），这篇文章提供了“关于我们国家犯下的严重罪行的极为可信的、不容辩驳的证据”。（p. 639）

真诚的改革者推入生活中，去开展各种各样有益的慈善事业。然而在言语层面——就大多数人来说，也必然停留于这一层面——有时从这一冲动也推导出了一场颇为狂热的道德净化，与1930年代风靡众多美国知识分子间的那种可悲的无产阶级论调(proletarianism)不无相似之处。一位名叫弗洛伦斯·威尔金森(Florence Wilkinson)的作者，给《麦克卢尔杂志》投来一篇题为"那受折磨的数百万人"(The Tortured Millions)的诗稿：①

……我活着，他们却在死去，那受折磨的数百万人。
无论在俄亥俄河，幼发拉底河，还是罗讷河畔。
他们从乱石中掘出我的黄金，那受折磨的数百万人；
为了生产我每日饕餮的馐馔，他们彻夜不眠；
拖着沉重的步子，他们蹒跚着，踏过我的人间；
他们在饥馁中走入坟茔，我却拿他们充作三餐……
他们倾颓的房屋被劈作柴禾，我竟靠它们取暖；
我把我的头颅，俯向那正走向死亡的母亲胸前；
连日介游手好闲，昨天夜里，我的双脚麻木一片，

① *McClure's*, Vol. XXIII(June 1904), pp. 167-168. 同一作者于1906年12月发表了《俄国礼赞》("A Salutation to Russia")这篇有着惠特曼风格的诗，开头是"你这数百万的农民呵，瑟缩在那些炊烟缭绕的棚屋门口……"也可比较她的"Hands," ibid. (June 1910), p. 229：

噢，劳动者美丽的手呵，
被雕刻下辛勤劳作的印痕，……
我赞美你，劳动者的手，
让我跪下来亲吻你的手。

我把它们，浸泡在那母亲遗下的孩童们的血泊间。
哦，你恒久不变的铁律！我要这一切不复再现！
不！请让他们在尘埃里复活，请责罚我的罪愆！

中产阶级公民相当诚恳地接受了那种认为他们应当为各种社会病症负责的训诫。他也承认，自己对那些病症应当有所行动。事实上，为了让自己好受一些，他感到必须有所行动。可是他该做些什么呢？他的生活太优裕了，在社会上，他是典型的既富有又有名望的人，所以他并不想对社会做任何根本性的变革。因此，他需要 212
的只是一种有所行动的感觉，即这样一种感受：事物的道德特质正在改善，而他自己参与了这一过程。于是，对充满道德能量的进步派来说，反腐败就成了一个特别合适的议题。他欣然相信这个国家已经邪恶透顶，而“耙粪者”们则为他提供了大量看似确凿的证据。

不久，“耙粪者”和改革派作家们似乎也隐隐约约地意识到了，即便不产生任何立法结果或物质成就，他们的作品对他们自己及其受众，也正在发挥着一种精神上的功能。实际上他们开始提到，尽管无力给政治权力的运行模式带来特别重大的改变，他们却喜欢上了那种努力的感觉，以及那种看到政治生活的道德水平得到改善的观感。“吸引我们的，不是这件事的物质层面，”他们开始这么说，“而是其道德层面。”从“物质主义”到“道德价值”的这一转变过程，威廉·艾伦·怀特将其开端上溯到了对西班牙的战争，其时“牺牲精神战胜了商业主义精神”，同时人民也意识到，“如果我们能学会为了一个弱势民族牺牲我们自己的利益，我们也就能学会如何解决民主社会的艰难问题——让全民性的贪婪得到制衡，让

商业保持诚信。”①对这类无形影响的高度评价，麦克卢尔本人也有过典型的说法，他对查尔斯·伊文斯·休斯关于纽约人寿保险公司的曝光大加赞赏，认为“这项调查带来的巨大激励效应”拯救了成千上万的年轻人，让他们的荣誉感不至丧失。他们看到了等待着作恶者的那种“公共耻辱感”，并且，“较之恶行被公之于众，没
213 有哪种惩罚来得更严重。”②与这种对道德的强调和对物质价值的反对相联系的，是新出现的一种对金钱和发财致富的鄙弃，很容易让人联想起“中立派”对物质主义者的蔑视。③ 与此相伴随的，是一波对物质成就的贬损潮。乔治·凯南评论称，虽然旧金山是一个繁荣而成功的城市，但是这个城市“对物质成就和商业繁荣的强调，超过了对市民美德和道德素养的重视。然而对一个城市来说，假如它赢得了全世界却输掉了它的灵魂，对它又有什么好处呢？”④在当时，

① *The Old Order Changeth*，p. 29.

② *McClure's*，Vol. XXVI(December 1905)，p. 223. 伯顿·J. 亨德里克评论道，考虑到休斯的州长任期并不长，要判断他改革内容的长期影响还为时过早，然而明确的是，“他已经永久性地提高了他所履职位的影响力，为他的继任者们设定了新的理想，也让立法官员对他们的责任有了新的体认，**极大地提升了公共生活的效率和格调**。”“Governor Hughes，” ibid.，Vol. XXX(April 1908)，p. 681.（黑体为作者所加）

③ Cf. Miss Tarbell's “John D. Rockefeller：a Character Study，” ibid.，Vol. XXV (July-August 1905).

④ George Kennan：“Criminal Government and the Private Citizen，” ibid.，Vol. XXX(November 1907)，p. 71.（此乔治·凯南[1845—1924]是一名探险家和记者，不要与外交家 George F. Kennan 混淆，后者是他的侄子。）可比较本·B. 林赛(Ben B. Lindsey)法官的观点，他认为违法和腐败造成的最可怕后果不是物质的，而是道德代价。“整个问题的关键在于，这个国家的某种自私自利的特质，正在将金钱抬高到人性之上，只要商业建立在这样一种不义的学说之上，则任何的商业成功都不会持久。” Ibid.(January 1908)，p. 386. 上述观点，可比较布兰代斯在其名篇《作为一份职业的商业》中，对商业和职业这两个概念进行的理想化阐述。布兰代斯认为“与单纯的赚钱相比，商业成功必然有着巨大的不同”，且称从商业中得到的快乐，绝不仅仅是“在攫取金钱、行使权力时体验到的庸俗的满足感，或是在单纯取胜中获得的轻佻的愉悦”。*Business—a Profession*(Boston，1944)，pp. 3，5；这篇文章写成于 1912 年。

对于道德上的无形之物(intangibles)在改革思想中的重要性,没有哪位政治家有比西奥多·罗斯福更深刻的直观理解,后者在其演说中对这一点进行了充分利用。而关于罗斯福与他的时代的关系,又没有哪个观察者比"恩波里亚圣人"(Sage of Emporia)[①]认识得更深刻,此人极为恰当地宣称"罗斯福在这片国土上握有的权力,是一种精神力量。他的王国不在尘世中。……最高法院是否支持他在关税法案、所得税、公司执照或遗产税等议题上的立场,已经不那么重要了;他来到世间,不是为了建立一套法律体系;毋 214
宁说,他的人生和成就,同所有那些伟大导师一样,将成为真理的证明。"[②]关于改革者的写作作为一种象征性行为,这是一则入木三分的评论。因为,除了进步派借以自我标榜的那些物质成就外,他们还可以宣称,他们为相当一部分美国人民提供了一套必要的和(正如他们曾说过的)健康的精神宣泄疗法(catharsis)。

① "恩波里亚圣人":指威廉·艾伦·怀特,恩波里亚为其堪萨斯州的家乡。怀特的最后三十年名望极高,是富兰克林·罗斯福的私人顾问,同时也因他在二战前主张美国不应当直接参战,而有了"圣人"的绰号。——译者

② William Allen White: "Roosevelt, a Force for Righteousness," ibid., Vol. XXVIII(January 1907), p. 393.

第六章　组织面前的踌躇

一、组织与个人

215 就其核心含义来讲，进步主义是一种在新环境中去实现那些
为人所熟知的传统理想的努力。正如我一直强调的，普通美国人
关于政治与经济生活应该是什么样的观念，主要是在一种乡村社
会环境下形成的。在那个社会里，财产和权力的分布是极为离散
的，大规模的财富积累还未能充分发挥其影响。那时，公司企业才
刚刚出现，尚未达到 19 世纪最后二三十年那种巨大的规模和全国
性的范围，此时，进步派的那一代仍在成长之中。尽管从阿龙·伯
尔(Aaron Burr)的时代开始，政治机器便已是美国生活的一个重
要特色，但它们尚未像现在这样，在美国的城市和各州当中扮演如
此强势的管理者角色；不管怎样，与如今看似已成为腐蚀性力量的
大公司相比，早先的政治机器也还没有对公民美德和民主政治构
成太大威胁。美国的一大传统，便在于公民以非同一般的广泛程
216 度参与到国家事务的管理中，不管是政治事务还是经济事务。[①]

---

① 关于这一参与度的历史根源，参见 Stanley Elkins 和 Eric McKitrick 这篇富于启发性的文章："A Meaning for Turner's Frontier, Part I: Democracy in the Old Northwest," *Political Science Quarterly*, Vol. LXIX(September 1954), pp. 321-353。

如今，大公司、工会，以及庞大而严密的政治机器的发展壮大，使得社会凝结成了一个个大型聚合体(aggregates)，并向那些尚未被组织起来的公民展现了这样一幅前景，即所有那些聚合体和利益集团可以做到行动一致，最终将那些难以或不可能接受组织化的人们排除在主流之外。威廉·迪恩·豪威尔斯成长于中西部的一个小村庄，早在1894年，他便提到美国生活的性质已经历了一次剧烈变迁。"生存的竞争，"他说道，"已从一种自由奋斗转变为与各种受规训势力的对抗，在组织化的劳工和组织化的资本之间，那些自由奋斗者被挤压得七零八落。"[1]大约十年之后，雷·斯坦纳德·贝克在《麦克卢尔杂志》上撰文指出，一些组织严密的地方性劳资联合体，近期已被构建起来；贝克还替那些潜在的受害者发出了恐惧的呐喊："那些没有组织起来的公众，又将何去何从？专门职业者、教员、作家、艺术家、农民、政府领薪职员，以及所有那些没有实际从事生产和销售必要物质产品的人们，又将如何过活？……对此难道还有疑问吗？——组织化劳工的收入和组织化资本的利润，都已大幅提升；而那些支领薪俸度日的人，以及广大中产阶级的大多数，他们的生活花费要更高，可是收入增长的幅度却远远不够。"[2]进步主义的中心主题便是对工业化规训的一种反抗：进步主义运动是那些没被组织起来的人们，针对组织化的后果的一场抗议运动。

当然，这场运动背后存在着一个问题，同时代那些最敏锐的人

① Howells: *A Traveler from Altruria* (Edinburgh, 1894), p. 164.

② Ray Stannard Baker: "Capital and Labor Hunt Together," *McClure's*, Vol. XXI (September 1903), p. 463; cf. the remarks of Mr. Dooley [Finley Peter Dunne]: *Dissertations by Mr. Dooley* (New York, 1906), p. 64.

都注意到了这个问题，包括那些对进步派深有好感的人。现代科
217 技和机械化工业的发展——更不必说公民生活的日益复杂化——决定了组织、专业主义、等级分化(hierarchy)和规训的必要性。这个新社会要求牺牲掉很多传统价值；进步派尽管反对这一点，却并未严肃地提出要拆毁这个新社会，否定它的物质成就，返回到一种较为原始的技术水平。有时候他们也明白，在反抗组织的过程中，不可避免地会产生新的组织形式。换句话说，他们一方面想保留组织给日常生活带来的好处，另一方面又想维持组织正在摧毁的个人主义价值框架。因此，若要对他们有一种同情之理解，非常重要的一点是不能把他们想象成一些愚蠢无能之辈，把一项简单的任务搞砸了，而要看到他们是一群理性的人，并且常常具有深谋远略的智慧；他们的宿命，便是怀着这份伟大的热情和智谋，去完成一件有着巨大复杂性、其难度之大几乎毫无希望的事业。

进步派崛起前的很长一段时间内，一些美国人已经认识到了组织的缺点和危险；然而到了进步主义时期，那些为新出现的组织所侵犯和排斥的社会群体，在数量上达到了一个高峰，其时他们表现出的那种坚韧倔强的特质，自那以后再也未出现过。很多历史学家都曾指出，进步主义对于那些被大型竞争者压制并远远甩在身后的小商人们有着巨大吸引力。同时，正如所有关于托拉斯和消费者的言论所显示的，进步主义也吸引了大批新兴中产阶级，包括高级技工、领薪专门职业者、文职人员、销售店员，以及政府机构人员等，随着大公司的兴起和共治社会(corporate society)专门技能的提高，这些人群也大量增加。迄此时止，中产阶级也是全国人口中增长最快的一部分。从 1870 年到 1910 年，美国全国人口增

长了二又三分之一倍，其中旧式中产阶级人口——包括商业从业者和独立专门职业者——的增长超过了两倍；包括农业工人在内 218
工人阶级，增加了三倍多一点；农民和佃农的数量则翻了一番。然而新型中产阶级人口则增长了几乎八倍，从756,000人增至5,609,000人。如果我们将后一个数字同那3,261,000名独立实业者与自负盈亏的专门职业者做比较，就会对这两个阶级的力量对比有一个概念，正是从这两个阶级的人口中，进步主义吸收了数量巨大的城市支持者。[①]

一个庞大而重要的政治公众崛起了，他们中的大多数人都受过良好教育，穿着得体入时，充满豪情壮志，并且几乎完全不曾从经济上被组织起来。这个群体既没有工会，也没有同业公会(trade association)[②]；结成了一些行业社团，但也没有集体谈判的权力。他们要表达不满，唯有通过政治的途径。尽管不能罢工，也不能谈判议价或支撑昂贵的院外游说活动，但他们能订阅“耙粪”类杂志，能聆听进步派的演讲，还能投票。据我估计，构成这个阶级的，很大程度上要么是那些已经在社会等级标尺上往上走的人，要么就是那些不久前才迁入新的社会环境的人——比如扬基农民那些进入城市的子女，以及本土工人的那些渴望跻身白领阶层的

① 从1870年到1910年，这个新型中产阶级在全体中产阶级中的比例，从33%增长到了63%。相关数据来自 Lewis Corey: “The Middle Class,” *Antioch Review* (Spring 1945), based upon *Population: Comparative Occupational Statistics for the United States, 1870 to 1940*, published by the United States Bureau of the Census。关于今日中产阶级的一份批判性研究，参见 C. Wright Mills: *White Collar*(New York, 1951)。

② 同业公会：指同一类产业内部各公司之间的合作组织，其活动内容主要在公共关系方面，包括广告、教育、政治募捐、举办会议、游说等等。——译者

孩子们；简言之，即是那些听着霍拉西奥·阿尔杰（Horatio Alger）[①]的传奇故事和关于成功的美国梦长大，对实现梦想尚未丧失希望的人们。今天的白领阶层更加纵情自我，颇显得麻木不仁；他们主要关心的是保障、安逸和闲适，以及大众娱乐带来的欢愉和享受。但在进步主义时期，这个阶层还生活在往日豪情壮志
219 的心理设定之下。[②] 一方面，对于商界大亨的一夜暴富，以及共治经济体下那极为缺少人情味的经济生活环境，他们是深恶痛绝的。可是另一方面，由于那些产业巨头们毕竟不过是完成了个人上升的旧式英雄主义梦想，因此对这一点他们又怀着一种半压抑的羡慕与嫉妒之情。这或许可以解释，何以对公司的掠夺和罪恶行径进行彻底的"耙粪式"曝光的那些杂志，同时也会刊载美国工业化进程中一些杰出人物的英雄传奇。这也可以解释，何以同样一批揭露美国社会的阴暗面，痛斥该社会中那些陈腐而顽固的观念，并为进步和改革制定蓝图的进步主义刊物——甚至是社会主义刊物[③]——

① 霍拉西奥·阿尔杰(1832—1899)：美国小说家，其作品主要面向青少年，往往集中于穷苦少年如何凭借坚韧、勤劳的品格改变自身命运的励志主题。——译者

② 关于职业抱负的衰落，以及日益强烈的追求安逸，并且只想站在消费者的立场理解生活的趋势的研究，参见 Leo Lowenthal 富有启发性的研究："Biographies in Popular Magazines," in Paul F. Lazarsfeld and Frank Stanton, eds.: *Radio Research 1942—1943*(New York, 1944), pp. 507-548。

③ 丹尼尔·贝尔指出了在美国社会主义核心杂志《国际社会主义者评论》(*International Socialist Review*)中，诸如指点读者"如何通过诚实、干净的投资让你的资金翻上两到三番"，或是如何通过销售乳酪分离器月入 300 美元的这类专栏，是何等普遍。社会主义者对于房地产开发和金矿股票，似乎格外感兴趣。Daniel Bell: "Marxian Socialism in the United States," in Donald Drew Egbert and Stow Persons, eds.: *Socialism and American Life*(Princeton, 1952), Vol. I, pp. 298-299. 关于美国社会主义的中产阶级特质，见 David A. Shannon: "The Socialist Party before the First World War," *Mississippi Valley Historical Review*, Vol. XXXVIII(September 1951), pp. 279-288。

竟到处充斥着个人主义色彩鲜明的小广告，这些广告意在告诉公司文员们怎样让自己进步，以便“出人头地”；于是，读者只需把视线从左页移到右页，从一个专栏翻到下一专栏，就能从一个正在曝光和谴责肉联托拉斯和标准石油公司的世界，进入一个“你也能成为一名注册会计师”(You Too Can Be a Certified Public Accountant)的世界。

对托拉斯的不满情绪，也表达了同样一种关于创业和把握机遇的美好理想，相当数量的美国人并不想放弃这些理想。美国人关于正确和善的观念，是在往昔的社会里形成的，那时中产阶级群体的流动资本的一般外流渠道是投资，并且，当时的投资者对他们的投资掌握了极大控制权。19 世纪早期和中期的典型商业单位，220
其所有者往往是一个人，或一小群人，由于其所有者个人财富的有限，这类商业实体的规模也有限，由所有者或其代理人直接管理。随着公司组织形式的演变，以及一个大规模公司证券市场的形成，生活富庶的中产阶级的储蓄、投资和保险，以及与之相伴随的，对整个社会关键经济决策的日益显著的主导权，都落入了公司所有者和投资型银行家的手中。进步主义时期那种躁动不安的力量，很大程度上来自一个由富有的有产公民组成的阶层，这些公民在经济决策方面的权力，受到了公司组织体制的剥夺。

说公司的发展消灭了有利可图的小规模直接投资行为，这是有误导性的。正好相反，因为乡村的城市化带来了对于服务业工作的需求；由于这类工作通常以较小的单元组织起来，因此能够继续为小规模投资者提供机会，这类小投资者满足于在一些边缘性的产业上以较小的规模盈利。然而，这类产业充其量只能吸纳中

产阶级积蓄的一部分;1870 年以后,那些为整个经济体设定基调、具有决定性和战略意义的产业,那些能产生最高利润,能够在企业家们的想象当中激发出最强烈兴奋感的产业,也渐渐采用了公司的组织形式。内战前,商业公司这一组织形式尚局限于少数产业,内战后这种形式获得了新生,这也是内战带来结果之一。战时财政的必要性,以及杰伊·库克(Jay Cooke)[①]在让国内投资者购买政府债券方面取得的成功,让人们意识到了建立一个国内投资市场的可能性。内战后一段时期,这一市场迅速发展起来,从铁路、
221 银行领域扩展到了公用事业、采矿和制造业,最后扩展到了销售业。据估计,1900 年美国约有 4,400,000 名公司股票持有者;1917 年则达到了 8,600,000 人。[②]

就中产阶级积蓄展开激烈的争夺,其中一个焦点领域是人寿保险业。人寿保险业作为一个重要金融枢纽,是内战后一段时间的产物。美国的人寿保险金额在 1860 年为人均 5.47 美元,这一数字到 1885 年达到 40.69 美元,1910 年则达到了 179.14 美元。[③] 从 1870 年到 1896 年,有效的保险金数额提高了 577%,保险公司有效总资产的增幅则达到了 958%。[④] 与商业规模的变迁相伴随的,是公司内部政策的变化。由于所谓的延付股息(defferd-

① 杰伊·库克(1821—1905):美国金融家,内战期间帮助联邦政府进行了融资。他被认为是美国第一个重要的投资银行专家,以及美国第一个股票经纪公司的创建者。——译者

② A. A. Berle and G. Means: *The Modern Corporation and Private Property* (ed. New York, 1947), p. 56.

③ Shepard B. Clough: *A Century of Life Insurance* (New York, 1946), pp. 3, 6.

④ Ibid., pp. 128-130.

dividend)合同制的采用，保险经理人获得了大量不必立即发放的盈余，在公司账目中，这些盈利并不具备债务(liabilities)的合法地位。这些盈余将在规定保期结束后发放给投保人，但在此之前，大公司的经理人却得以将其筹集起来，通过次级公司用于投机。纽约州议会下设的“阿姆斯特朗委员会”(Armstrong Committee)①的工作，以及像伯顿·J. 亨德里克斯(Burton J. Hendricks)②的《人寿保险公司的故事》(*The Story of Life Insurance*)这类著作对此类公司行为的揭露，使得投保人和公众痛苦地认识到，即便是身处人身安全的堡垒之中，他们仍在被无耻而无情地欺诈。③

令中产阶级投资者们最为懊恼的是，他们自身权力的削弱和
“财阀阶层”权力的扩张，根源都在于他们的积蓄——正如路易 222
斯·D. 布兰代斯所言：“束缚人们的镣铐，正是用他们手里的金子打就。”④美国人天生倾向于接受这样一种“自然”经济体，在其中，产业弥散在众多企业之间，经济决策过程也发生于多个地方，而不

① 阿姆斯特朗委员会：1905 年纽约州为就该州人寿保险业进行调查而成立的委员会，得名于领导此次调查的州参议员威廉·阿姆斯特朗(William Armstrong)。——译者

② 伯顿·J. 亨德里克斯(1870—1949)：姓亨德里克(Hendrick)而非亨德里克斯(疑原书排版错误)，美国作家，曾多次获普利策传记奖，在进步主义时期是一名“耙粪”记者。——译者

③ Clough, op. cit., chapter xii; Marquis James: *The Metropolitan Life* (New York, 1947), chapters viii and ix; Merlo J. Pusey: *Charles Evans Hughes* (New York, 1951), Vol. I, chapter xv; and Douglass North: “Capital Accumulation in Life Insurance between the Civil War and the Investigation of 1905,” in William Miller, ed.: *Men in Business* (Cambridge, 1952), pp. 238-253.

④ Louis D. Brandeis: *Other People's Money* (1914; ed., National Home Library Foundation, 1932), pp. 12-13.

在某个特定地点。可如今他们震惊地认识到，这样一个经济体正走向自我毁灭，因为它已经为拥有大公司的少数人大开了方便之门；于是后者，如同伍德罗·威尔逊的抗议所称，凭着他们“带有独裁风格的”决策，便能把“资源、选择、机遇——简言之，即对千百万人的生杀大权”掌握在自己手中。贫困的持股人，威尔逊继续说道，“根本未能享受到与[公司股票(corporate stocks)]相关的任何实质性财产权利。他只是在为一桩由他人随意处置的生意贡献钱财。如果他对于公司所有人的行为并不赞同，那么他似乎什么也做不了，除了卖掉股票(即便那些人的所作所为早已使股票大大贬值)。甚至只要他提出质疑或抗议，便会被喝令：管好你自己的事情吧！——天地良心，这不正是他努力在做的吗！”[1]这个论点也为皮若委员会(Pujo Committee)[2]的调查者们再次证明，根据他们的披露，在接受他们质询的证人当中，没有一个人能在这个国家的历史中找出一个例子，证明股票持有人能够成功地推翻任何大公司的管制，或成功实现对这些公司行为的调查。[3]

人们倒也承认，哪怕发生了所有这一切，他们毕竟还是富有的。可是很多人不禁感到，这份富足只是一种虚假的托词，他们的错误在于对往日那些健全的原则视而不见，很快他们将为此后悔
223 不迭。循着传统的思维，他们认为繁荣和经济进步并非来自大规

① Woodrow Wilson: “The Lawyer and the Community,” *North American Review*, Vol. CXCII(November 1910), pp. 612, 617-618.

② 皮若委员会：1912—1913年，国会为调查“金钱托拉斯”——一批试图把控国家金融的华尔街银行家与金融家——而组成的一个委员会。得名于路易斯安那国会众议员阿尔塞纳·皮若(Arsene Pujo)。——译者

③ Brandeis, op. cit., p. 41.

模的垄断式企业——即是说，并非来自组织化所产生的收益与效率——而是通过竞争、辛勤工作，以及个人的进取心和创造力得来的。他们之习以为常的关于社会健全(well-being of society)的观点，并非结构式的——即并不认为其取决于技术和效率上的数据——而是道德式的，即认为那是对个人素质、品行之总体水平的一种回馈。这一根源于新教伦理的传统思维，如今正在被公司组织体制肆意地违背。

1905年，美国巡回上诉法院法官彼得·S.格罗斯卡普在《麦克卢尔杂志》上发表了一篇文章，鉴于其出自一位纯正保守派之手，[①]可见上述那种担忧是何等普遍。尽管格罗斯卡普承认这个国家正处于前所未有的强大和繁荣之中，但他也担心这个国家正在失去灵魂。让他担心的是那些缥缈无形的东西。繁荣和强大都没有受到什么威胁，而"美利坚共和国的灵魂……乃是个人机遇。……美利坚共和国今天面临的损失，是个人前途和希望的丧失——一种本能正受到压制……这种本能曾经帮助我们建立了一个由独立而富足的人民所组成的国家"。国家正处于一种趋势之中，若不加抑止，终将导致"对每一个人民而言，获得财产将不再是一个开放的、可靠的人生目标。这意味着，作为一种共和政治体制，美国可能丧失使其保持生活之希望的唯一精神。这意味着一

① 格罗斯卡普是一名麦金利派共和党人和一位著名的法学家。1894年，他是向德布斯和"美国铁路工会"(American Railway Union)的其他官员发出禁令的两名法官之一，也是那些要求克利夫兰总统在普尔曼罢工期间使用军队的法官之一。此外，他还作为巡回上诉法院的首席法官，推翻了地区法官凯奈索·芒廷·兰蒂斯(Kenesaw Mountain Landis)就标准石油公司的回扣行为而对其做出的罚款29,240,000美元的判决。

224 场社会的革命,并且最终将演化成一场政治的革命。"对于公司的普遍忧虑,其原因还不仅仅是物价的高涨。可以说它源自这样一种"直觉认识,即在某种程度上,一些事情出了问题——未来的面容之上,挂着一幅令人担忧的,甚至是不祥的表情"。问题的核心,在于公司正对私有财产制度施加一种难以承受的压力,而该制度正是世界文明的基础;因为一个个人主义社会的全部道德体系,都必须建立在对于获取私有财产的意愿和希望之上。这个国家正处在十字路口,一条路通向公司的父权统治,另一条路通向国家社会主义——两者对于个人自由都是致命的。幸运的是还有第三条道路可选:"一种强调个人机遇(Individual Opportunity)的制度——在该制度下,每个个体从实质上和理论上讲,都有分享这个国家的财产所有权(proprietorship)的机会。"

简言之,格罗斯卡普提出的是,要推翻使得个人财产权遭到剥夺的这一整套体制。他认为这是完全可以实现的,只要问题从各州手中转移到联邦政府,只要"股票操控"(stock-jobbing)和"股票掺水"(stock-watering)得以遏止(也就是说,只要公司得到"改造"),只要"通往财产所有权之路"向全国的挣取工资的人开放。[1]然而关于这种"财产所有权"是否可能,他却没有提及。

格罗斯卡普表露出的这种对经济生活的态度,随进步主义时期的推移变得越来越普遍。这一反抗姿态的最主要的理论家和技术专家是路易斯·D. 布兰代斯,最重要的政治发言人则是伍德

① Peter S. Grosscup:"How to Save the Corporation," *McClure's*, Vol. XXIX (February 1905), pp. 443-448.

罗·威尔逊，后者在 1912 年发表的诸多竞选演讲，为我们提供了关于这一思想态度的一份精彩而气势恢宏的表达。和格罗斯卡普的文章一样，威尔逊那些颇富感染力的演讲也表达了中产阶级公众的一种心理倾向，即与其把经济秩序理解为一套着眼于商品的生产和分配而组织起来的制度，他们更愿意将其看成一套有意地 225
对个人优秀品质加以激发和奖励的制度。威尔逊面对的那些公众，成长于 19 世纪关于机遇的理想之下，在他们脑中，成功是对勤奋、高效、节俭、坚持不懈、远大抱负以及洞察力等优秀品质的回报。他们认为，人与人的竞争必须——或者说应当——通过践行这些品质来完成，成功则应属于那些拥有最多品质的人。他们用以描述其经济理想的最重要和最常用的比喻是“竞赛”(race)——常见的表述是：“一场生活的竞赛”。威尔逊想要指出这一事实——这场竞赛已经停息；同时他并不接受把这一事实当成美国产业的主导原则。曾经，人们真地可以“选择他们的志业，然后各尽其能，追求自己那份志业”。美国曾经致力于实现那种“在绝对自由下争取机遇的理想，在那种状况下，每个人除了受自身品格和思想的限制，不受任何其他因素的限制……每个人的成功与失败，都取决于自身的能力”。诸如此类的理想，已被新的组织化体系以各种方式破坏殆尽。然而——“美国将坚持不懈地回到从前的轨道，去践行她曾经倡导过的那些理想。”①

威尔逊发现，如今的美国人生活在“一个新的组织化社会”之中，个体在其中已被“淹没”，人与人之间的关系冷淡无情。威尔逊

① Wilson: *The New Freedom* (New York, 1913), pp. 14-15, 30.

心目中的英雄，那些出身草莽的、古典经济学意义上的个体企业家，那些属于财产经营方式较为松散的时代的人们，已被无情的组织消耗得精疲力竭。这些企业家英雄——他称为“开路人”、“创始资金极少的那些人”、这场竞赛中的那些“生力军”，以及“雄心勃勃之辈”——正是威尔逊特别渴望看到的人物。因为威尔逊曾说过，他最想看到的是“社会自下而上不断地更新”，这是美国人全部才
226 能与事业的根本。尽管国家仍处在繁荣之中，“中产阶级却正处在被日益榨干的过程中，而我们被灌输称这是一个繁荣的过程。毫无疑问，人民是分享了繁荣的；然而我所担忧的是，这份繁荣并非他们自己所开创。”美国的真正宝贵之处，在于这个社会里的雄心和能力并不由某个单独的特权阶级所专有，而是依赖着那些“无名之辈”的发明创造。“任何事物，一旦使得组织湮没了个人，一旦使得下层民众受到压制、妨碍、打击和恐吓，便是与进步的原则相悖的。”[①]如此，从个人主义理念的角度看，这个国家公认所取得的繁荣和国力，便是通过一种长期看来必定是倒退的方式来实现的了。那些大块头们使得个人奋斗的路径变得狭窄而僵化，让小人物失去了贷款的机会，并被挡在市场大门之外，这些难道不是真实的吗？[②] 这一进程已是如此深入，以至于人们几乎忘却了“往昔时光，那时美国尚存在于村落之间，存在于那些美丽的山谷，美国的伟大力量呈现于辽阔的大草原之上；上至高山，下至地底，都闪耀着美国实业的熊熊火光；积极进取的人们随处可见，一个个都是产

---

① Wilson, op. cit., pp. 3, 5, 6, 15-18, 82, 85, 86-87.

② Ibid., pp. 14-19.

业巨子,而不是区区雇员。那时,人们不会到遥远的城市里去谋职,靠着街坊邻里的支持便可以创立事业;人的信用源自他的品格,而不是他的社会关系,人的信用取决于他的内在素养和潜在能力,而不是他手里握有的债券,人们要肯定一个人,那必定要先认识这个人。”①

尽管进步派的最坏预言并没有变成现实,但应该同情地看待他们这代人的观点,因为他们的历史意识是在美国人关于个人创业的体验中形成的。美国历史的戏剧上演的这个大陆,东西宽度 227
达三千英里,南北则有一千五百英里。在这片国土上,人们曾为了伟大的政治议题而斗争,严重的经济风险也曾出现,但最终人们总能化险为夷,从中获利甚多。尚未退出历史舞台的这代人中,曾产生出卡耐基、洛克菲勒、希尔、哈里曼和摩根等商界巨子,人们一方面佩服这些人,另一方面又对他们感到愤恨乃至惧怕。美国已创生了一种气魄非凡的国族想象力,一种一旦缺少创新和勇略便陷入郁郁寡欢的国民气质,美国人成长于大陆的征服和广袤领土的开拓中,一代代励精图治,创造出了一个巨大的工业和交通体系。美国人开辟了横跨大陆的通衢,此一过程历尽了艰难险阻,也挖空了能工巧智。而如今,这个国家的年轻人难道将注定变成一支雇员的大军——充其量是一支管理员大军吗?难道他们必须接受这一宿命,从此只能选择安全投资这一条路?难道让他们接受一种哪怕在最低限度的个人奋斗面前也畏首畏尾的人生?然则,美国奋斗精神中那些美妙的华彩乐章,如何才能得以延续呢?假如无

① Wilson, op. cit., pp. 18-19.

法延续,美国又将变成什么样?进步派绝不是宿命论者;面对伟大传统的衰落,他们并不打算在沉默中坐以待毙,为了重塑往日的辉煌,他们至少要做一次勇敢的尝试,那样才会有未来。

二、国家与托拉斯

进步派与商业组织之间这一段公案,并不局限于经济问题,更不局限于缥缈无形的经济道德领域(economic morals)。更加广泛地存在的一种恐惧是关于政治现实的——恐惧大规模的商业联合一旦成为财富和权力的中心,便将凌驾于其他所有群体之上,从而导致传统美国民主的终结。威尔逊清晰地表述了这一为很多人所共有的恐惧,尽管这些人在为小企业所有者和社会底层民众创
228 造经济机遇的问题上,并不一定像威尔逊那样充满兴趣。创业者们对托拉斯怀有的愤恨,在小商人、中产阶级下层,以及那些继承了平民党人传统的人们那里表现得最为强烈,这些群体自然认为托拉斯对民主政府构成了一种威胁;对此感到恐惧的还有其他一些群体——如城市里的律师、专门职业者和知识分子,出身于旧式精英阶层的实用主义政客等,这些人看到大企业对其潜在竞争者在经济上表现出的那种赤裸裸的戒备态度,常常感到不齿。想要进入商业界的人固然数量有限,但几乎来自社会所有领域的人,都非常关切大规模资本联合与自由社会是否相容的问题。

进入 1912 年竞选的尾声阶段,威尔逊心里对于这一点已经毫无怀疑,即大多数公众都同意:为维护政治自由,对商业垄断实施打击是必要的;因为就在竞选期间,威尔逊发现当他对企业垄断现

象提出谴责，并试图将政治问题与经济问题联系起来时，集会上的群众总能以极高的热情做出回应。威尔逊说，他正在进行“一场对权力发起的圣战，这些权力统治着我们，限制着我们的发展，决定着我们的生死，将我们捆缚起来，任凭它们宰割”。他挺直了身子——为了强调自己观点的重要性——继续说道：“这是第二次争取解放（emancipation）的斗争。……如果美利坚不能得到创办企业的自由，那么什么样的自由她也得不到。”[①]

由于害怕对自身事务的掌控权被完全剥夺，美国国民的性格
里滋长出了一个根深蒂固的特点：对权威的不信任。至少从托克 229
维尔的时代起，便有这样一种熟悉的观点，即美国人非常容易在民意的暴政面前低头，但必须指出的是，这一语境下的民意是无法严格定位的：它是弥散的、去中心化的，最终是属于人民本身的——或者说看上去是如此。然而在美国，一旦某个权威能清晰地定位于某个个人，或是某个小团体，则通常它都会受到怀疑。从古到今，个人创业（individual enterprise）一直备受推崇。如个人难以处理太多事务，美国人选择成立一些自愿社会团体来完成。剩下那些只有在政府和法律支持下才能完成的事务，只要有可能，美国人总是选择由离他们最近的地方政府来处理，如若不行再求诸州政府；唯有当以上这些资源都不够用时，他们才求诸联邦政府。这

① Arthur S. Link：*Wilson：the Road to the White House*（Princeton，1947），p. 514. “创业自由”是所有其他自由的基石，这一观念已成为美国保守派的战斗口号，以及“全国制造业者协会”（National Association of Manufacturers）的高级用语；对这一点加以反思，便能够理解何以一战前的狂热进步派中间，如此多的人在过去二十年里却成了同样狂热的保守派，全然注意不到两者之间有什么不协调之处。事实上，他们是在坚定不移地相信着一些不变的理念；不协调的是历史本身，发生变迁的是外部世界。

种对权威的不信任感常常转化为对政府的反对，尤其当人们感到政府过于强大，或其力量正在增长之时。在美国革命前的民众动员中，鼓动家们曾对这种不信任感善加利用，革命战争的那些最狂热的支持者们，也曾从中得到过一种坚忍不拔的力量。对权威的不信任感，曾经对联邦宪法的通过构成阻碍，也曾用来为脱离联邦(secession)提供合法性；它让美国人迟至20世纪才接受一种责任政府制度，而在其他西方国家，这种制度几十年前便已实现；最近一些年，它又为很多抵制新政中的制度创新的人们提供了论据。

然而在另一些场合，这种对权威的不信任感也投向了商业，至少是商业共同体的一部分。杰克逊时代，由于在国家信贷体系中的影响力的增强，合众国银行(United States Bank)曾付出惨重代价。进步主义时期，整个商业世界同样成了一种广泛存在的敌意的对象，这种敌意源于民间的这样一种感觉，即商业界正在变成一

230 个实施独裁行动的封闭体系。这种观点认为，假定商业联合(business combination)的过程在未来仍像过去那般进展，联合的规模不断扩大；再假定，在投资银行家们的协助下，或许将出现某种隐蔽的“联合企业的联合体。……某种实力更加可怕的‘利益集团’，其实力将超过任何公开出现的、可想象的单独联合企业。”① 那时美国民主的境况又当如何？在公司企业进行大规模联合的过程中，有产者们的经济决策权已经受到了剥夺。下一步将是政治决策权的剥夺，因为事情很明白，以这样一种大规模的联合，要对政治过程加以收买，让腐败的政治机器和贪赃枉法的政客们服从

① Wilson：*The New Freedom*，p. 187.

于公司的目的，并不是一件难事——事实上，在局部地区的地方层面，一些现存的联合企业已经在这样做了。到那时候，普通选民的影响力便将在事实上被抹杀，正如在巨型企业的行为中，再也听不见普通持股人的声音。即便企业所有人的意图事后证明是善良的，自由的国民也难以服从家长式统治、监护人式的管理(guardianship)，以及外部强加的限制。以一种更为温和也更加合理的方式，这种恐惧在进步派的思维中也有所表现，他们相信存在着一种隐秘的、充满阴谋诡计的财阀统治，跟平民党人所笃信不已的那种剧情颇为相似。进步派倒并不经常指控财阀们有着险恶的用心和统治一切的企图，但在明白自身对所有关键决策都起不了什么作用后，他们仍是满腹牢骚。“某个地方的某个人，”威尔逊说道，“正控制着工业发展的进程。”迫在眉睫的是“法律必须介入”，并创造出一种新的、更健康的生存环境，以消除决策的秘密性质。“一部分人肆意妄为，其他人却茫然无知，这种情况不该再继续下去了。”一切立法，以及所有的经济行为，都应当光明正大。只要人 231
民知道了决策是如何做出，知道他们是怎样被统治的，且手里有了一些行动的武器之后，他们就有更高概率选出合适的人，再由这些人去制定出必要的改革举措。[①]（在这里，正如在很多事例上，人们可以看到威尔逊外交政策在内政上的对应物：不论在商业还是国际事务中，都不应该存在秘密外交，而只应该有通过透明渠道达成的公开商业盟约。）

从前，州政府和联邦政府在功能、活动规模，以及监管的权力

① Wilson, op. cit., pp. 20, 22, 62, 114, 125-126, and chapter vi *passim*.

范围上，都是很有限的。19 世纪初期，作为组织单元来讲，各级政府都只是一些小的实体机构，因为当时的世界就是由一个个的小实体所组成。如今，大公司以及各种投资机构，这些掌握丰富资源的巨型商业实体，介入了这一分散的、无组织的权力体系；对它们来说，成批量地收买政治支持，也就像购买其他物资一样，并不是什么难事。于是，进步派开始为私人权力（private power）这个幽灵所缠绕，这种权力比政府的公权力还要强大得多。早在 1888 年，查尔斯·威廉·埃利奥特便曾就“美国民主的运行”（The Working of the American Democracy）发表过一篇有名的文章，指出大公司作为一种组织单元，规模上早已超过了州政府。他提到，总部设在波士顿的某家铁路公司，雇员达到了 18,000 人，年收入总额约为 40,000,000 美元，其管理人员的最高年薪达到了 35,000 美元。相比之下，马萨诸塞州政府仅雇用了 6,000 人，年收入总额只有 7,000,000 美元，州政府官员的年薪没有超过 6,500 美元的。而比起波士顿这家公司，一个像“宾夕法尼亚铁路”这样的真正大型铁路公司，其对马萨诸塞州政府的优势将更是
232 压倒性的。[①] 如今，作为组织单元的州政府，规模已是如此之小，简直要沦为公司的采邑了。

埃利奥特写这篇文章的时候，公司联合的运动还远远没有达

① Charles William Eliot：*American Contributions to Civilization*（New York, 1907），pp. 85-86. 埃利奥特并不像后来的进步派那般惧怕公司权力，但他确实忧心忡忡地观察到“不管是大公司还是小公司，它们的行为已渗透到工业和社会躯体的每一寸肌肤，公司的每日运行所调动的智力和精神力量，比美利坚大陆上的各级政府调动力量的总和还要多”。参见 the remarks of Wilson：*The New Freedom*，pp. 187-188。

至顶峰。1898 年以后公司组织的巨型化，以及进步主义时期曝光出来的公司董事会成员交叉任职的复杂体制，都表明不管是在联邦还是州层面，各级政府的规模都已相形见绌。比如，1901 年为组织那个十亿美元级别的钢铁托拉斯所募集的资本，足以支付联邦政府所有部门两年的开销。1908 年，拉福莱特参议员在参议院就美国工业、交通和金融领域的形势发表了一场令人难忘的演讲，他试图用一些关于美国公司董事会成员交叉任职情况的周密文件来证明，一个由不到一百人所组成的群体，正协同一致地控制着这个国家的大型商业集团。他发问道："对于把这些人联结在一起的这个利益共同体，有谁提出过质疑吗？"[①]

四年后，皮若委员会的调查以令人震惊的细节证明了拉福莱特的论点：在其金融实力的巅峰时期，摩根集团占据了 112 家公司（包括保险公司、交通运输公司、制造业和贸易公司，以及公用事业公司）的 341 个董事会成员席位，掌握的资源总量或总资产达到了 22,245,000,000 美元。这份资产清单尽管还不完整，但仍足以显露出一个自成体系的利益网络的轮廓，其掌握的资产价值，约莫相当于新英格兰地区所有地产及个人资产总和的三倍以上，相当于南方十三州所有财产总和的两倍，比密西西比河以西二十二个州
的所有财产还要多。[②] 这个庞大的权力体，没有任何相当或等量 233
的、对公众负责的权力来对其加以制衡，为了实现其政治上的目标，它在沉默中无情地推进着——这景象让人们不禁在恐惧中颤

① *Congressional Record*, 60th Cong., 1st Sess., March 17, 1908, p. 3450.

② Brandeis: *Other People's Money*, pp. 22-23.

栗不已。伊格纳休斯·唐纳利关于一个财阀小集团统治着社会的那个噩梦，即便在那些比他冷静得多的人们看起来，到这时也不完全是天方夜谭了。“如果垄断组织得以延续，”威尔逊宣称道，“它将永远是政府的掌舵者。我不指望垄断组织会自我约束。在这个国家，如果有人强大到足以控制合众国政府，他们绝对会那样做。”①

如今，尽管是半推半就而并非积极狂热地，美国老百姓越来越倾向于依赖政府监管，想要在政府行动中找到一股足以制衡私有商业集团的力量。对于商业组织对道德感情和个人主义价值的腐蚀，他们感到怨愤不已，他们开始支持政府的组织化，对政府职权范围必须扩张这一观念，也比从前更乐于接受了。一直以来，州政府是政治行动的中心机构，如今在权力上早已被商业集团大大超越（从宪制角度讲，商业集团往往不受州的管辖）；美国人开始将联邦政府视为控制商业的最后良方，于是富于讽刺意味地支持了另一场运动，即对地方体系和去中央集权化价值（decentralized values）的破坏，而这些原本是他们信奉的原则。走向联邦监管的这一漫长历程，肇始于 1887 年的《州际商业法》（Interstate Commerce Act）和 1890 年的《谢尔曼法》（Sherman Act），因进步主义时期的大量法律而得以加速，最终在我们的时代发展成熟；今天看来，这一历程最初是由一些总体上持个人主义价值观的公众，对于大公司背景下那种不受约束的、残酷无情的集体主义做出的
234 反应。在美国，全国政府及其掌握的监管权力的扩张，从未被大多

① Wilson: *The New Freedom*, p. 286.

数中产阶级公众满意地接受，他们对于权威的猜忌始终没有松懈，甚至直到今日，他们仍在一次次地表达其对于国家主义（statism）的厌恶。在我们的时代，唯有国家陷入内政或军事上的严重危机，这种扩张才可能发生，而即便那时，也将面临公众当中相当一部分人的持续反对。这一扩张在进步主义时期之所以成为可能，关键便在于民众对商业合并（business consolidation）及私有商业权威所怀有的那种普遍而强烈的恐惧感。近来一个普遍现象是，极右翼理论家们总把国家主义的扩张说成是一批受国外意识形态影响的集体主义者们策划的一场用心险恶的阴谋。有鉴于此，或许有必要强调这一点：现代社会组织化的最初一些重要步骤，是由一批极端个人主义者——镀金时代的商业大亨们——完成的；而现代国家主义的早期任务，则主要是由那些为了拯救“个人主义”“自主创业”等本土扬基价值而上下求索的人们所完成。

如果说国家权力必须扩张，那么显得前所未有地重要的一点便是，国家也必须中立，以便尽可能全面地实现中产阶级公众对于稳健、公正和“法律”的追求。大公司总是试图获得偏袒和特权，因此国家必须足够地强大，才能在与公司的实力对比中占据优势。然而国家不能是“反公司的”，甚至也不能是“反大公司的”（anti-big-business）：它必须在社会中的所有特殊利益之间严格保持中立，将任何一股单独的利益置于全民利益之下，给全体民众以不偏不倚的公正。它既不能偏袒富人，也不可偏袒穷人，既不能向资本倾斜，也不可片面支持劳工，而是要不计阶级差别，为所有正派的、诚信的、遵纪守法的人们服务。简单地说，它应当站在一个中产阶级认为合适的地方——即社会的正中央，各种自我逐利的利益群

体的中间地带。政府权力的扩展，不应该表现为它与某一个利益
235 群体的联系变得更为亲密，而应体现在它具备了这样一种能力：比所有的利益群体站得更高、看得更远，必要时甚至能够站到这些群体的对立面。

要让公众对强大国家所具有的彻底中立性（complete neutrality）抱持信心，在主要的政治领导人当中，西奥多·罗斯福第一个认识到了这一点的必要性；他之所以能在公众当中享有如此高的欢迎度，很大程度上便是由于他敏锐地察觉到了公众这种心理动机（motive）的重要性，以及他本人对这一动机的真实认同。[1] 就此而言，罗斯福总统生涯最重要的年份是1902年，这一年他成功地仲裁了声势浩大的无烟煤矿工人罢工事件，并对北方证券公司（Northern Securities Company）提起公诉。这些行动足以表明，这个国家终于有了这样一位总统，他能够在这类问题上采

① 只要是熟悉罗斯福著作的人，都不难从他那强劲有力而又模棱两可的措辞里，看出他对公众当中这一心理动机的认可。试举几例：“这就是我对这个问题的总体态度。……归根到底，问题不过在于，对待每一个人，不管他是富人还是穷人，都应视其品德而定；应当让他感受到，白宫是为国家所有的，凡是这个国家里的可敬公民，都将在这里受到一视同仁的对待。”*The Letters of Theodore Roosevelt*, ed. by Elting R. Morison, Vol. IV(Cambridge, 1951), p. 880. “……起诉北方证券公司等案子上的成功，为这个国家提供了一种保证，即不管是富人还是穷人，在法律面前都是平等的；而我在所谓的‘米勒案’（Miller case）中的行为，也给工会和公司都上了一课——只要它们行得端正，我就会支持它们，而一旦它们为非作歹，那我是一点也不惧怕它们的。”Ibid., p. 993. “与此同时，我希望劳工一方绝对要明白，对于他们这一方的任何暴力和违法行为，我的反对态度就像燧石一般地强硬，就像我也反对富人们的高傲和贪婪一样；对任何一方，我的态度随时可能由支持转为反对。”Ibid., Vol. III, p. 482. 在罗斯福的公共和私人著作里，都能找到大量类似的言论。关于罗斯福总统角色的一份透彻分析，见John Morton Blum: *The Republican Roosevelt*(Cambridge, 1954)。

取一种强势的、独立的立场，从而令人民对国家的信心得以提振。这类象征性行动具有极端的重要性。[①] 以往的一些总统也曾介入劳资纠纷——如 1877 年铁路大罢工中的海斯，以及普尔曼大罢工 236
中的克利夫兰——但他们基本上与工业巨头们是一丘之貉，而未能形成一种持中立观点、代表"公共"利益的独立力量。如今在公众的眼中，罗斯福则不但独立于纠纷中的双方之外，而且处在超越双方之上的位置。随着谈判渐渐走向最终的妥协，他的形象显得比矿工和矿主们都更加伟岸起来。起初，他视自己这种独立性为一个巨大的劣势，"不幸的是，我的公共立场虽然在全国范围内展现出了力量，但这同时又是一个弱点，"他在给洛奇的信中说道，"在所有我认为与公共利益相关的问题上，我的立场是真正独立于那些大富商之外的，最近几十年里，我很可能是第一个能够当之无愧地说出这句话的总统。我认为作为总统，这样做不仅是正确的，也是必要的。然而，正因为我认为国家不允许这些大富商们享有任何优待，我也丝毫不能指望他们能够给我以支持。……总而言之，我在他们那里得不到任何私人的或特别的支持，关于下一步该怎么走，我已束手无策。"[②]

事实上，罗斯福的智慧比他自己认为的要高明得多——一些大富商给予他的体谅，也比他自己想象的要多得多。颇具反讽意

① 罗斯福的好友，亨利・卡伯特・洛奇参议员也认识到了这类行动的象征性。"权力还是权威，你当然都不具备，"当煤矿危机变得日益尖锐之时，他写信给总统说道，"存在任何我们可能做的事情么？" Henry Cabot Lodge, ed.: *Selections from the Correspondence of Theodore Roosevelt and Henry Cabot Lodge, 1884—1918* (New York, 1925), Vol. I, pp. 528-532; italics added.

② *The Letters of Theodore Roosevelt*, Vol. III, p. 332.

味的是,为最终达成和解提供帮助和影响力的,却是被公众认为代表着傲慢的财阀阶层的两位大人物,马克·汉纳和J.皮尔庞特·摩根,[①]要不是他们,那些固执的矿主很可能不会被说服同意最终的仲裁方案。而汉纳和摩根也并没有期待什么直接的、即刻生效的"优待"作为回报,即罗斯福认为他无法提供的东西。说到底,罗斯福本人在这一事件中的行为,就是竭力避免让太多人承受苦难,减轻大众的不满,防御可能发生的民众暴乱,或一场潜在的
237 联合大罢工,甚至某种"社会主义行动",[②]他之所以向汉纳等人求助,是看中了他们作为富有责任感的保守派,具有防止社会灾难的能力。在公众看来,罗斯福对这一事件的解决居功至伟,这么说倒也合适。可是历史学家却禁不住要指出,与进步派的一般看法大异其趣的是,"美元马克"·汉纳和J.P.摩根竟然在中立型国家诞生的过程中扮演了助产士的角色。

北方证券公司讼案产生的心理影响与罢工仲裁事件不相上下,尽管从经济上讲可以说没有产生什么影响。这一次铁路公司大合并的高潮,是由E.H.哈里曼、詹姆斯·J.希尔和摩根分别操控的金融力量,为争夺最高控制权而展开的一场令人眼花缭乱的斗争;合并的最终完成引起了一场可怕的金融恐慌,一些人大发横财,另一些人却倾家荡产。自然,新的联合企业吸引了公众的广泛

---

① 关于罗斯福对此二人措辞热烈的感谢信,参见 *The Letters of Theodore Roosevelt*, Vol. III, pp. 353, 354。整个这一极富启发意义的事件,也可从罗斯福的信件中了解到,见 ibid., pp. 323-366。

② *The Letters of Theodore Roosevelt*, Vol. III, p. 337; cf. pp. 329-330, 336, 338, 340-341, 349, 357, 360, 362-363.

注意，人们普遍认为该公司系由摩根集团掌控。提议解散该公司，尽管对摩根集团或是整个商业共同体，都谈不上是什么致命的打击，但确乎称得上是在太岁头上动土。（事实上，摩根因为没有事先被告知此事而大为气恼，火速赶往华盛顿，要看看罗斯福是否打算“侵犯我的其他利益”。）政府发起的这桩起诉案，最终使得每个人都开始感觉到：合众国总统的确比摩根和他的商业集团更强大，也更强势，这个国家到底是由华盛顿，而不是华尔街统治着的。1904 年，当解散该公司的动议最终得到最高法院批准，罗斯福不禁心花怒放；他的确有理由感到高兴——不是因为他让商业联合公司受到了一次重挫，因为法院判决并没有太大效力，商业联合仍在飞速地进行着，而是因为在历任总统当中，罗斯福第一个通过他自己的作为，在托拉斯这个关键议题上让公众的忧心得到了抚慰。238
罗斯福曾说过，对北方证券公司的起诉是他第一个任期内“最伟大的成就之一”，“通过这个案件的处理，我们以最响亮的声音强调了这一事实：即便是这个国家最有权势的人，也必须履行法律规定的义务。”[①]也正因为如此，不管他做了些什么，说了些什么，大多数公众还是坚持认为他是一位“托拉斯破坏者”（trust-buster）。

进步派表达了中产阶级的精神和意愿，同时也代表着一套二元论的经济改革方案，致力于防止走向极左和极右的危险。一方

① *The Letters of Theodore Roosevelt*, Vol. IV, p. 886. 事实上，数年以后他也承认，这次诉讼案唯一留下的，是一些缥缈无形的、礼节性的结果——比如说，确立了“政府高于大公司的原则”。*Works*, Memorial Edition (New York, 1923-1926), Vol. XIX, p. 448; cf. *Outlook*, Vol. CII (September 21, 1912), p. 105.

面，他们畏惧财阀阶层的权势，另一方面，他们又对大众的贫困和不安分怀有戒心。不过，如果政治领导权能牢牢地掌握在负责任的中产阶级手里，既不走向极端反动，也不会变成——按照罗斯福的话来说——“狂热的激进派”，那么两方面的问题便都可以处理了。第一条行动路线是改革商业秩序，恢复或者说维持竞争——就实际情况而言，其实就是对垄断行为加以限制和监管——同时扩大信贷，并使之有利于消费者、农民和小企业者。第二条是杜绝那些最残暴、最恶劣的剥削劳动人民的方式，设法解决人们通常所说的“社会问题”。劳资关系问题，贫民窟居民的生活条件，妇女、儿童遭受的劳动剥削，以及确立某种足以维持社会尊严的最低生活标准——这些问题都令进步派们牵肠挂肚，一方面是他们对于工业化中那些受害者的福利问题怀着一份真挚的关切，另一方面也是担心如果这些问题被忽略，将引起社会的分崩离析，最终导致

239 某种灾难。他们不仅对社会正义满怀激情，而且希望社会正义以一种尽可能成效显著的方式来实现。像罗斯福这样的人，常常对财阀们感到怒不可遏，因为他们奢侈、傲慢，公开地、赤裸裸地仗势凌人，这些行为一直在激怒民众，而且往往增加了社会怨愤通过极端乃至“社会主义”的渠道来发泄的可能性。

1906年，在给塔夫脱的一封信中，罗斯福谈起了他对未来二十五年美国政治领导者的任务的看法，他宣称：“我对当前的社会形势非常不看好。富人们总是做出一些愚笨、短视的蠢事；他们贪婪、傲慢，他们那些不正当财富的得来全靠一群优秀律师的帮助，更多地是依赖了法官们的软弱和鼠目寸光，或是由于后者的思维不幸地天生谨小慎微；这些现象，再加上商业和政治上的腐败，都

让民众的心理处于一种非常有害的激动和愤怒状态，这一点从社会主义宣传品的迅速增加就能看出端倪。人们没有做任何有效的事情，来与这无处不在的罪恶做斗争，因为不论是诚信还是智慧，目前都太过匮乏了；邪恶混杂着少许的善和真，通过《寰宇》《麦克卢尔杂志》《科利尔杂志》等刊物，以及汤姆·劳森（Tom Lawson）、戴维·格雷厄姆·菲利普斯以及厄普顿·辛克莱尔等人的文章表现得淋漓尽致。他们当中，一些人是社会主义者，另一些人只是恶俗的哗众取宠之徒；可是他们在共同制造着一种革命情绪，这种情绪最有可能通过政治选举运动的方式表达出来。那时就一切都晚了，我们可能就不得不重复我们在‘银币选举’（silver campaign）[①]中做的事情，在某个夏天说服相当多的民众相

信，多年以来他们费时费力所得到的教育，全都是假的。”[②] 240

无疑，罗斯福代表了这样一种类型的进步主义领导者，他们真实的内心冲动（impulses）是高度保守主义的，如果不是因为有必要在建立社会秩序的过程中抵制那些具有威胁性的激进路线，他们可能根本就不会成为进步派。这一时期的典型进步派思想家，一直同社会主义者们进行着一种宽容的、互有裨益的对话，也许有时不由得忧心忡忡地扫视一下周围，以确保马克思主义和费边主义尚未在美国立足，但更主要地是因为，在这个对社会进行普遍反

① 应指1896年布赖恩和麦金利的总统竞选。——译者

② *The Letters of Theodore Roosevelt*, Vol. V, pp. 183-184. 不难判断，罗斯福的担忧是过度了。与其说以上提到这些作家制造了某种“革命情绪”，不如说他们更多地是在公众心中营造出了对他有利的氛围。六年以后，罗斯福本人也在制造某种“革命情绪”，其所具有的威胁性丝毫不亚于《寰宇》等杂志所制造的。

思的年代，他想要尽可能地从社会主义者的批评中学到一些东西。然而从根本意义上讲，这些批评对他的影响是消极的：社会主义者认为资本的不断联合是社会演化的自然产物，要应对这种联合对民主构成的挑战，就必须剥夺这些联合企业的所有者的财产，典型的进步派则更倾向于在资本主义框架之下，去寻找限制或规范垄断企业的方式；社会主义者坚称只有在社会主义制度下，人民的苦难才能得以解除，典型的进步派则更加坚决地指出，这些苦难在资本主义制度下也是可以缓解的。如此一来，进步主义时期经常被谈及的所谓社会主义的“威胁”，实际上给了中产阶级改革方案的
241 出台以额外的推动力。[①]

① 在进步主义时期，社会主义思潮的蔓延所具有的影响，要超过那些通常认为更为保守的政治家。它使得罗斯福这样的人能够更有说服力地声称，从长期来看，采用他所主张的那种温和、渐进的改革具有高度的迫切性，否则便将出现更为激烈的反抗形式。当然，这一时期那些正牌的进步派当中，极少有人真正担忧社会主义势力的增长。在他们中的很多人看来，社会主义只是社会总体反抗的一种形式，并非真正想要建立一个社会主义社会。参见 Wilson：*The New Freedom*，pp. 26-27。对社会主义思想的普遍兴趣，从人们对一些社会主义“耙粪者”和宣传家的关注度便可以看出，包括 W. J. 根特(W. J. Ghent)、罗伯特·亨特(Robert Hunter)、杰克·伦敦、古斯塔夫·迈尔斯、阿尔吉·M. 西蒙斯(Algie M. Simmons)、厄普顿·辛克莱尔、约翰·斯帕戈(John Spargo)，以及威廉·英格里希·沃林(William English Walling)等。从 1900 年开始，尤金·德布斯在历届总统选举中的得票分别为 94,000、402,000、420,000 票，直到 1912 年获得 897,000 票，这也是社会党总统候选人所得的最高票数和最高得票率(约 6%)。选民们很少把社会党人选入国会和州议会，但却常常选举他们进入市政官职，这常常与地方的反腐败斗争相关。截至 1912 年 5 月，共有 1,039 名社会党人获得官职，包括 56 名市长，160 名市政委员(councilmen)和 145 名市议员(aldermen)。社会主义媒体取得了长足进展，出现了八种外文日报，五种英文日报，262 种英文周刊和 36 种外文周刊。J. A. 韦兰(J. A. Wayland)创立的、在堪萨斯州发行的社会主义期刊《诉诸理智》(*Appeal to Reason*)，发行量达到了 500,000 册。关于社会主义在政治上的成功，见 R. F. Hoxie：“The Rising Tide of Socialism，”*Journal of Political Economy*，Vol. XIX(October 1911)，pp. 609-631，and Daniel Bell：“Marxian Socialism in the United States，”pp. 259，283-284，and passim。

事实上，最核心的恐惧是对权力的恐惧，组织化利益集团的势力越强，它所激发的焦虑就越深。因此，被批评得最多的是托拉斯、投资银行家族、交叉任职的公司董事会人员，以及日益膨胀的个人财富，此外便是那些组织严密、具有高度纪律性的政治机器。由于工会的势力比大企业和机器都要弱小得多，它们在进步派的思想中处于一个模棱两可的位置。进步派对劳工问题抱着同情，但是他们对于工联主义能够走多远表示担忧——假如它成了公司力量的唯一制衡物的话。资本和劳工的联合将对消费者公众和小企业者构成压迫，这种危险从未完全被忽略。煤炭价格在无烟煤矿工人罢工后的上涨，引发了公众的广泛忧虑。但凡劳工在政治上展现出真正实力的地方——比如在旧金山这个“闭门店”(closed shop)[①]城市，那里的劳工在一段时间内控制了地方政府——当地的进步主义都展现出某种反劳工的色彩。[②]

凡是劳工运动力量较小，或明显地体现了当地中产阶级对本土工人和商业工联主义(business unionism)[③]的推崇的地方，它就能被欣然接受，尽管只是在农民和城市中产阶级的联盟以外，构成 242
进步主义阵线的一股较弱的第三方力量。满眼都是工业化带来的脏乱与纷争的进步派们，似乎觉得“社会问题”最好是通过一些慈

① 闭门店：指某种“工会保障协议”(union security agreement)，雇主们在该协议下达成共识，只雇佣工会成员。——译者

② 关于旧金山的情况参见这份精彩的记述，Walton Bean：*Boss Reuf's San Francisco*(Berkeley，1952)；George Mowry：*The California Progressives*，p. 295，后一本书描述了在一个劳工激进的时期，洛杉矶的类似发展状况。

③ 商业工联主义：主张工会应当像企业一样运作，与强调阶级、革命性的工联主义不同，一般认为这一概念源于美国。——译者

善性质的、无利益倾向性的方式来应对,而不是直接的劳工行动。这里再次出现了中立国家的理想,人们有这样一种预期,即国家只要不偏不倚地维护正义,便足以应对哪怕最深重的民怨。工业社会将通过法律实现人性化,这一任务将主要在州议会中进行。1900 年以后的几年里,一系列令人眼花缭乱的法案得以通过,内容涉及劳动赔偿、女工和童工问题、工作时间、女性最低工资,以及老年退休金等。[①] 尽管由于法律推行与实施过程的漏洞百出,以及赢得司法裁决所必需的开销,这些法律的实际效果已大打折扣,然而对于整治工业化带来的那些根深蒂固的弊端,这些法律仍起到了相当大的作用。今天,或许有必要充分调动我们的想象力,才能让工业化被驯化以前的那种野蛮状态再现出来——才能意识到,在那个每年有 16,000—17,000 名列车员(约占这类工人总人数的十到十二分之一)受伤的年代,劳动赔偿意味着什么。坚持认为应当调动法律的力量,来抗拒那种得不到赔偿的苦难,这是进步主义运动留给我们的最珍贵的遗产之一。

进步主义的成效不光体现为实际通过的法律,也体现在它给了商人们一种压力,让他们为适应公共改革的需要,不得不在私有领域也做出一些改进。美国商业已进入一个新阶段。1890 年以前,美国商业界太过于关注厂矿建设、市场扩张和价格下降等问题,以致未能给予劳动力的效率和精神状况(morale)以足够重视。从前,美国的工厂管理制度是落后的。然而到了 20 世纪初,一些

① 关于这类立法的总结,参见 John R. Commons, ed.: *History of Labor in the United States*, Vol. III(New York, 1935)。

有思想的美国商人由于受到工会组织的威胁和“耙粪者”的谴责，243
以及在与欧洲那些最有效率的管理者们进行比较后进行的沉痛反思，开始关注务工条件的艰苦和工人精神状况等问题，并尝试对原先那种粗放的工厂制度加以改革。① 1900 年到 1910 年间出版的商业管理方面的著作达 240 种之多。弗雷德里克·温斯洛·泰勒(Frederick Winslow Taylor)对效率问题的那种兴趣，在商人当中是非常普遍的。1898 年以后，商学院在这个国家如雨后春笋般发展起来，为管理学领域的讨论、教学和研究提供了大量新的机构实体。雇主们开始认真研究员工问题，考虑采取一些缓解工人劳累和改善工作条件的措施，一些雇主还创立了各具特色的福利和养老金制度，以及利润分红计划。② 这些措施中的大部分都遭到了工会的抵制，在后者看来，这是建立家长制控制体系的一种企图——的确很多措施都和推动建立“公司工会”(company unions)③相关联。在鼓励劳工参与管理决策方面，雇主们固然不会像爱德华·A. 法伦(Edward A. Filene)④那般激进。然而进步主义的整体氛围，的确催生了一种民间福利资本主义体系，与正在建立中的商业规范法律体系呈齐头并进之势。第一次世界大战期

---

① 关于这一现象，参见 Cochran and Miller: *The Age of Enterprise*, pp. 243-248, and Commons, op. cit., Vol. III, section III。

② 关于这场运动的评论，见 W. J. Ghent: *Our Benevolent Feudalism*, pp. 59-66。

③ 公司工会：指由雇主建立或控制的工会，以区别于独立工会。在美国，这类工会因与 1935 年《国家劳动关系法》(National Labor Relations Act)相抵触而被取缔，但在一些威权主义国家仍然存在。——译者

④ 爱德华·A. 法伦(1860—1937)：美国商人、慈善家。在他的百货公司里，法伦成立了美国最早的“公司工会”之一，他鼓励劳工通过这一渠道与他进行集体谈判。——译者

间及以后，这一民间体系的发展更是加快了速度。

相当多的进步派，对于政治情绪中那些非常重要却缥缈无形之物十分感兴趣，就此而言，他们如今赢得了一场辉煌的胜利，因为他们在美国政治和经济制度中提升了人类同情心的水准。任何一个特定的时代，社会情绪(mood of a society)的一个主要检验方式，便是看社会中生活安逸的人们，在心理上是更认同那些成功人士的权势和成就，还是更加牵挂那些不幸者的需求和苦难。相当
244 大的程度上，正是进步派的宣传鼓动，使得人民把同情心投给了社会阶梯的下层，而非上层。进步派创造了一种民意氛围，从长期来看，在该氛围下生活安逸的公众必定趋向于仁爱向善，这使得进步派最终避免了与社会极端势力的战斗，那正是他们非常害怕的。部分地由于他们的努力，美国得以与英格兰和斯堪的纳维亚半岛国家同列，这些国家的中、上层阶级承认劳工诉求和工联主义的基本合法性；欧洲大陆国家的道路则截然不同，由于从道德伦理上排斥劳工，在这些国家，阶级对立和阶级斗争的暴力程度一直在加剧。人们只需回顾普尔曼大罢工和霍姆斯特德罢工期间的民意环境，再将其与进步主义时期劳工组织所处的氛围作比较，就能理解美国国内发生的这一变迁的重要性了。进入 20 世纪，一条坚实的劳工阵线已然形成；暴力和流血事件当然还存在，但这些方面付出的代价并不大，要知道在 1865 年到 1900 年这段时期，哪怕只是为了应对机器在美国工业中的应用，美国工人阶级尚且要付出更大的代价呢。

尽管除了在一些特殊的情况下，进步派能够与劳工组织达成

妥协，可是，一方面因为一些客观问题的存在，另一方面由于他们
对公司组织的复杂感受，他们还将面临更大的麻烦。进步主义的
公民对于经济竞争和政治民主所受到的威胁忧心如焚，但他同时也
尊重秩序，珍惜当下的繁荣，决不轻易对财产性制度（propertied
institutions）发起猛烈攻击。他虽对私有商业势力抱有敌意，但对
于规模、效率和成功，他也心怀钦羡之意。他崇尚道德价值，也相
信价格竞争会带来物质利益，但同时他也愿意认真对待社会变革，
他崇拜着那位“进步之神”（god of progress）——很多人认为，商 245
业合并就是这位神祇的表征。

因此，在进步派关于所谓的托拉斯或垄断问题的讨论中，便处处流露出上述那种局促不安和前后矛盾，当人们陷身于一些可能发生重大影响的制度与活动当中，而这些制度与活动又违背了他们的传统戒律和道德取向的时候，就会表现出这种心理状态。如果某个社会问题已基本无法解决，而这个问题又在人们心中激发出了非常强烈的感情，正如托拉斯问题之于进步派，则此时常常发生的便是，人们被迫寻求某种纯粹仪式性的解决方案。这类仪式性的解决方案很容易沦为后来人讥讽的对象，因为他们处理问题的方式已经不同，也不再怀有同样的强烈感情。可是我们必须警惕，避免带着一种后见之明去谈论前一个时代的问题，更不该因这种后见之明而飘飘然志得意满。进步派中的一些人所经历的那种深沉的焦虑，他们那种失败感，我们从没有体验过，因此也难以对他们面对的公司组织问题有切身的感受；然而如果我们把那视为一个真正的问题——比如说，考虑其与民主制的延续的关系——则这个问题还远未解决。

可以说从一开始，也就是《谢尔曼反托拉斯法》于1890年通过的时候，那些最精明的政客们便已看出，该法案不过是一种姿态，是针对无法遏制的公众要求做出的一种仪式性让步，表明政府对反托拉斯是支持的。当时，参议员奥维尔·普拉特（Orville Platt）便曾坦白地指出，该法律不过是这样一种愿望的结果：想要"通过'一项对托拉斯实施惩罚的法案'，凭着这部法案收揽人心"。[①] 在对公司的合并进行制衡的问题上，西奥多·罗斯福以前的总统们做的事情非常有限，达到的成效微乎其微，而最高法院的表现也表
246 明了，这类法律的执行将会是一件困难的事。如我们所见，通过对北方证券公司的起诉，以及在之后一些具有类似公共关系价值的讼案中，罗斯福令反托拉斯这一议题得到了戏剧化的呈现。这些讼案进行期间，罗斯福作为"托拉斯破坏者"的名声迅速建立了起来——历史学家们颇费了一番精力去揭露这一声名的可疑处，可它至今仍为罗斯福所荣膺——这迅速的程度本身就是重要的证据，表明公众需要相信，政府在限制托拉斯方面已经采取了有效行动；[②]可是实际上，且不说罗斯福放过了很多托拉斯，也未能对他执政期间变本加厉的企业合并风潮加以制衡，他甚至根本从哲学上就不赞同破坏托拉斯，在其总统咨文和其他公共言论中，他一次次公开而坦白地表明了这一点。他经常声色俱厉地痛斥一些人试图"完成不可能的任务，寄希望于反托拉斯法下的一系列诉讼，以

---

① L. A. Coolidge: *An Old-fashioned Senator*: *Orville H. Platt* (New York, 1910), p. 444.

② 那个时代的一大特色是，发起两倍于罗斯福的反托拉斯行动，然而在令事物戏剧化方面的天赋不及罗斯福一半的塔夫脱，却不被认为是一位"托拉斯破坏者"。

回到六十年前燧发枪时代的（flintlock）商业条件下去……”[①]“那些宣扬以可能令国家工业陷于瘫痪的方式去破坏托拉斯的人，”就任总统之初他曾说道，“往好了说是江湖骗子，往坏了说就是共和国的敌人。”[②]对于所有试图重建旧式竞争秩序的努力，罗斯福都质疑其合理性和可行性，他和那些受赫伯特·克罗利影响的进步派知识分子一样，极力主张应把整个组织化体制当成现代生活的一个必然产物来接受，同时也应在反组织化的路线上采取措施，以控制和防止组织化的过度发展。他说道：“在一个朴素而贫穷的社
会，民主制的确可以在完全个人主义的基础上维持其存在。然而 247
在一个富裕而复杂的工业社会，民主制却难以在同样的基础上存活下去；因为一些人，尤其是那些被称为公司的非自然法人，将变得极其富有，以至于普通人……根本无法受到它们的平等对待。因此，普通人便有必要联合起来，首先是组成一个叫作政府的最大联合体，提高集体行动能力，其次则是组成农民互助会和工会等民间联合组织，加强自我保护的能力。”[③]

这段言论几乎可以看成一则小宣言，预示了自罗斯福以降反托拉斯领域内的重要进展。罗斯福认为，一方面应对公司联合予以接受和承认，但另一方面，它们的事务、行为和收入状况也应该

① *Works*, Memorial Edition (New York, 1923-1926), Vol. XIX, p. 401；引文出自他在1912年进步党全国大会上的演讲。

② *Presidential Addresses and State Papers* (New York, 1910), Vol. I, p. 139; from a speech at Fitchburg, Massachusetts, September 2, 1902.

③ John Morton Blum：*The Republican Roosevelt*, p. 110；对这一问题更详细的论述，见 Herbert Croly：*The Promise of American Life* (New York, 1909), esp. chapter xii。

公开透明;应当对它们实行监管,一旦它们做了“坏事”,就应当受到惩罚。在他的倡议下于 1903 年成立的公司署(Bureau of Corporations),的确对木材、肉类加工、石油、钢铁、烟草等一系列重要产业进行了卓有成效的调查。罗斯福似乎将公司署看作了一个试验性的开端,意在建立某种更为有效的监管体系,该体系的最终形式在他的头脑中尚且模糊——当然这并不奇怪。[1] 可是随着时间的推移,他越来越强调要在好的托拉斯和坏的托拉斯之间做出区分。垄断企业本身倒不是他担忧的对象,他所担忧的毋宁是那些通过不公平手段实现和维持垄断或准垄断的企业。这种区分在制定法(positive law)[2]下似乎难以完全做到——但这一点他好像并不在乎。司法部下属的反托拉斯局(Antitrust Division)仅由

248 寥寥五名律师组成,每年的工作预算只有区区 100,000 美元。以事实反推定义(by definition),既然每年能够处理的案子非常有限,当然就根本不可能存在太多“坏”企业了。直到罗斯福总统任期结束,这一状况也没有改观。

尽管塔夫脱总统在将反托拉斯运动付诸实行方面颇有作为,公众的不满依然在加深;尽管政客们在反托拉斯方面的成功事迹少之又少,公众对于公司联合规范化的期待却似乎已越来越高。人们对于威尔逊称作“联合企业的联合体”——即所有大型企业集团在一些大型投资类银行的引导下结成的一个联盟(union)——

---

① *The Letters of Theodore Roosevelt*, Vol. III, pp. 591-592, 680.

② 制定法:原意为由人制定的现行法律,一般指一个法治社会中所有具有权威性的法律。概念上与“自然法”(natural law)相对,主要由成文法(statutory law)和案例法(case law)两部分组成。——译者

的危险性，有了日益充分的认识。越来越多的美国人开始感到，到此时为止，为改变现状所做的事情还远远不够。赫伯特·克罗利、罗斯福、查尔斯·H. 范·海斯（Charles H. Van Hise），以及其他一些人所持的观点，即垄断应当被接受和加以监管，在不少律师、知识分子和有学识的商人那里或许还比较有说服力，可在那些对这个问题有着深刻感受的人们那里，却很可能并不是主流看法。另一方面，布兰代斯、威尔逊、拉福莱特和布赖恩等人则主张，必须采取一些实实在在的措施来对竞争——而不是垄断——加以重建、保持和监管；这种观点似乎更对全国大多数民众，以及大部分改革者的胃口，尤其是西部和南部的乡村居民和小商业者，也就是平民主义的反垄断传统较为深厚的地区。[①] 毫无疑问地，正是针对这些居于多数的民众，托马斯·R. 马歇尔（Thomas R. Marshall）副总统于 1913 年宣称：“在上一次选举中，人民被告知托拉斯是一种自然演变的产物，对待它的唯一方式是加以规范。

今天，人民对这类陈词滥调已感到厌倦。他们想要的，是从前曾经 249
存在于这个国家的那种机遇。”[②]

关于公司合并这一议题在 1912 年选举中呈现出何种面目，上面这段话提供了一种概括。威尔逊和罗斯福的政纲总体上都具有进步主义色彩，唯独在托拉斯议题上的分歧，能将两人清晰地区分

① 罗斯福的家长制哲学，他对于监管下的企业合并的接受，他关于劳工改革和保护主义关税的看法，都使得他在城市里的吸引力要比在乡村大，他的全国得票率比他在十八个最大城市里的得票率要高出 10%。见 George Mowry, *Theodore Roosevelt and the Progressive Movement*, p. 280。

② Quoted in William English Walling: *Progressivism and After* (New York, 1914), p. 104.

开来。如布兰代斯所言，此二人在这个议题上的分歧在于：需要加以规范的到底是垄断企业还是竞争本身；尽管这个问题曾引起激烈的争论，因为两个思想阵营都毫不掩饰地表达了他们的观点，然而到底双方的分歧是真的非常尖锐，还是只是因为激烈争论而显得尖锐，这一点仍是存疑的。可以确定的是，以威尔逊和拉福莱特为代表的一批人，有时似乎真的相信，靠着《谢尔曼法》的实施，是可以击退公司合并的浪潮的。拉福莱特在 1912 年曾宣称："如果政府把所有力量投入到《（谢尔曼）反托拉斯法》的实施，行政部门或许早已将人民从当下危机重重的时局中拯救出来了。"[①]威尔逊也在同一年强调，美国有一种陷于公司利益共同体的统治之下的危险，为今之计，"需要通过法律，将这个共同体肢解开来，并且轻轻地，但坚决而毫不动摇地，将它的各部分切成碎片"[②]——这一带有威胁性的语句使得商人们开始将威尔逊想象成一个外科医生，在布兰代斯和拉福莱特的协助下，正举起手术刀，凑近美国商业共同体那瑟瑟发抖的躯体。

事实上，威尔逊的态度远不像这一关于外科医生的比喻所表现的那般斩钉截铁，那般坚定不移——因为他也认识到了，"企业在大规模合作基础上的升级，这是我们时代的典型特征，这一特征也是现代文明自然运行的产物，"同时他还承认，"我们绝不应回到
250 个体竞争的旧秩序中去，建立在大规模合作基础上的商业组织，从

① *Autobiography*, pp. 704-705.

② *The New Freedom*, p. 188.

某种意义上说，是一种自然的、不可避免的现象。"[1]然而，尽管威尔逊对小企业家和竞争有着坚定信念，他的希望却是寄托在"自由竞争"(free competition)，而不是"非法竞争"(illicit competition)之上。凡是凭借效率上的优势取得成功的，就是自由竞争，非法竞争则特指那些实际上效率并不高，却借助一些不公平的手段领先对手的公司。威尔逊不得不承认，自由竞争也可能对竞争者造成伤害，且伤害程度并不亚于非法竞争所造成的。但自由竞争的最终结果是好的，原因是它有助于全国总体生产效率的提高。因此，凭着效率上的优势成长起来的大企业也是好的；只有那些破坏公平竞争以壮大自身的，才是坏企业。[2] "我支持大企业，"威尔逊曾说过这么一句令人费解的话，"但我反对托拉斯。"[3]可是，没有人能对"效率的优势"加以定义或评估，也没有人能在企业走向壮大的进程中，标识出其效率从哪里算起是开始降低，而不是提高了——哪怕布兰代斯也做不到这一点。就大多数正直公民都会予以谴责的企业行为开列一张清单，这一点并不难，可是，要解散那些靠着这类行为发展壮大的大型企业，并且是通过一种有建设性的、负责任的方式，这却没有人能做到。没人知道，威尔逊所支持的大企业和他反对的托拉斯之间的区别，在经验层面上如何才能体现出来。同样地，在罗斯福对好的、坏的托拉斯的区分，同威尔逊对自由竞争和非法竞争的区分之间，人们也看不出有什么真正

① *The New Freedom.*, p. 163；William Diamond：*The Economic Thought of Woodrow Wilson* (Baltimore, 1943), p. 108.

② 关于"要垄断还是要机遇"的讨论，参见 *The New Freedom*, chapter viii。

③ Ibid., p. 180.

的不同。

想要在托拉斯问题上获得一种理性见解的进步派选民,一定已经被搞得晕头转向,并且开始怀疑,这场貌似热火朝天的争论是
251 否真地能够体现两位候选人之间的深刻分歧。事实上,到1912年选举前夕,最高法院的一些判决已严重削弱了《谢尔曼法》的效力,根本不能指望这部法律——如果不发动一场司法革命的话——能够成为一件对公司合并施以广泛正面打击的武器。① 这部法律的残留效应,只在于偶尔可以拎出一些公然展开不公平竞争的特定企业,并加以处理——这一做法与罗斯福对好、坏托拉斯的区分,也没有什么本质的不同。最应当提到的一点也许是,在威尔逊政府后来推出的一些反托拉斯立法,如《克莱顿法案》(Clayton Act)和设立"联邦贸易委员会"(Federal Trade Commission)的法案中,并没有写入相关条款,去防范最高法院对于反托拉斯案件的破坏性干预。威尔逊也不曾严肃认真地推动任何一项有魄力的相关政策。在他的任期内,反托拉斯局的确有所扩充,但也仅仅扩充到十八人——甚至这一点也只是在战时状态下价格飞涨之后才实现的。(我国近些年的经验表明,哪怕是制定一些最基础性的经济政

① 当美国烟草公司和标准石油公司的案件于1911年得到判决之后,这一点已确凿无疑了,这两个案子正是对反托拉斯案件实施"理性裁决"(rule of reason)原则的结果。大法官哈兰先生在针对后一个案子的反对意见中称,最高法院"仅仅通过对法律的解释,就更改了国会的法案,该法案原是针对那些应予以消除的罪恶的一项保护性措施,如今则失去了实际价值"。这便是反托拉斯改革者们在这些判决中的总体态度。

策，也需要配备数量十倍于此的法务人员。[①]）那些希望联邦贸易委员会成为一个有效监管机构的人们，也要对威尔逊失望了，因为 252
他任命的那些委员会成员，要么碌碌无为，要么更想让该机构为商业集团所利用。[②] 布兰代斯曾帮助起草设立了联邦贸易委员会的法案，但他认为威尔逊任命了“一届愚蠢的领导层”[③]，后来设法让该机构脱离了总统的管辖。

凡从公共讨论和立法行动两个层面关注托拉斯问题的人，不可能注意不到两者之间的不平衡性：公共讨论是如此声势浩大，如此深刻而透彻——触及了美国商业和政治领域的整个组织化进程，该问题关乎谁将控制这个国家——相比之下，讨论产生的实质结果却是如此微不足道，如此乏善可陈，在所有主要的战略方向上都遭遇了彻头彻尾的阻滞。人们只能得出如下结论：尽管公众在这个问题上的情绪已被充分调动起来，但那些对时下的变革需求持保守主义看法的人们却一直掌控着局势。不仅最高法院在主要争端的裁决中站在他们一边，白宫里的行政领导者们，以及参议院

① 1938年后，反托拉斯局在富兰克林·D.罗斯福的治下焕发了第二春，但其宗旨已不再是对商业合并实施正面打击，而是对价格政策和竞争行为实施军事管制，当时它的编制是250名律师和经济学家。今天，证券交易委员会（Securities and Exchange Commission）需要1,200人的编制才能完成该部门的工作。关于谢尔曼法在历史上未曾得到实施的情况，参见 Walton Hamilton and Irene Till：*Antitrust in Action*，T. N. E. C. Monograph No. 16（Washington，1941），pp. 23-26；关于实施的难度和局限性，参见 Walton Hamilton：*The Pattern of Competition*（New York，1940），pp. 58-82；和 Thurman Arnold：*The Bottlenecks of Business*（New York，1940），esp. chapter viii。

② Arthur S. Link：*Woodrow Wilson and the Progressive Era*（New York，1954），pp. 70-75.

③ Ibid.，p. 74.

内那些审慎的上流绅士，在最终的审查环节也是相当可靠的。在我看来可以确证的是，像布赖恩和拉福莱特这样的人，由于商业共同体——至少是大型共同体——对他们缺乏信任，所以不可能入主白宫；而这些人在全国范围内具有的巨大号召力，早在其转化为立法、行政行为以前，也都借着更为保守的政客之手被仔细地过滤掉了。西奥多·罗斯福这样的政治领导者，以及其他几位共和党要人，对于进步主义的迫切要求心知肚明，但也知道如何在他们心目中左派与右派最缺乏责任感的势力之间，发挥一个平衡轮
253 (balance wheel)的作用。(1912 年，乔治·罗斯福对他说，他从前是保守派中的进步派领袖，如今却成了进步派中的保守派领袖。“‘没错，没错，’西奥多·罗斯福一边在他最喜爱的摇椅里来回晃荡着，一边咕哝道，‘就是那么回事。我必须一直让他们处于平衡状态。我必须牵制他们。’”[①])

历史学家们很早便已看出，西奥多·罗斯福一方面享有美国生活中那些造反群体的支持，有时甚至能够煽动他们的情绪，但另一方面，在寻求解决问题的渠道时，他也向参议院内那些举足轻重的保守派领导者，以及东部的工业和金融资本代理人们求取建议；从金融利益集团那里，他还得到了巨大的竞选支持，上面提到的那些保守派和代理人，便一直是为这些金融集团服务的。伍德罗·威尔逊的性格与罗斯福大不相同，但在他的任期内，同样的事情也发生了，不过是以某种更为迂回的方式。为了他自己所理解的那种正直，威尔逊与工业和金融巨头没有太多直接的接触；然而，他

① Nicolas Roosevelt: *A Front Row Seat* (Norman, Oklahoma, 1953), p. 53.

最亲密的助手豪斯上校，却成了他的私人代表，资本势力的需求和看法通过他都能传递到白宫，据豪斯的日记记载，他与 J. P. 摩根、菲利克斯·M. 沃伯格(Felix M. Warburg)、亨利·C. 弗里克(Henry C. Frick)、弗朗西斯·L. 希金森(Francis L. Higginson)、奥托·H. 卡恩(Otto H. Kahn)和弗兰克·范德利普(Frank Vanderlip)等人曾频繁会面。[①] 不仅如此，当 1913 年底经济陷入萧条，第二年变得更加严重时，威尔逊本人也开始公开地、毕恭毕敬地寻求商业界的支持，开始将银行家和商界领袖请回白宫，其上任之初的一波改革立法浪潮本来已经偃旗息鼓，威尔逊此举则令其板上钉钉了。[②] 赫伯特·克罗利对谨小慎微的罗斯福所给予的慷慨赞誉，尚且回荡在进步派知识分子们的耳畔，到了 1914 年，这些人如果看到同样是这位编辑，却大肆斥责伍德罗·威尔逊不能深入推行进步主义的改革计划，想必会一头雾水。[③] 254

关于在大公司问题上的群情激愤所具有的仪式性功能，我们已经谈了很多，但我们也不应该忽略它的其他作用。改革运动与公司之间的关系，并不止于恢复竞争或抑制垄断。进步派也在考虑进行一些更为实用主义的改革；正是针对托拉斯及其对民主、实业和自由的威胁，产生的所有那些带有警示性的写作与演讲，以及所有被鼓动起来的激昂民情，使得大公司和既得利益集团一直处于守势，并营造出了一种于改革立法有利的民意氛围。进步派或

---

① 关于进步主义政治的这一层面的最透彻论述，参见 Matthew Josephson：*The President Makers*(New York，1940)。

② Arthur S. Link：*Woodrow Wilson and the Progressive Era*，pp. 75-79.

③ Ibid.，pp. 79-80.

许没能在公司合并问题上有太多作为，但通过《赫伯恩法案》(Hepburn Act)，他们的确迈出了对铁路公司实施严格监管的第一步，一项迁延了很久的改革；通过创立“联邦储备体系”(Federal Reserve System)，他们建立了一套更加完备的、纳于公众控制之下的信贷制度；通过“安德伍德关税法”(Underwood tariff)，他们完成了一项长期争取的改革，实现了关税的下调；在各州及全国层面的其他战线上，他们还取得了众多其他立法改革的胜利，这些改革对农民、工人和消费者群体来讲是意义非凡的。上述这些改革的完成，若不是由于各地对大公司势力的挑战蔚然成风，从而营造出了一种有利的社会氛围，将会困难得多。

今天，即便对自由派和改革派而言，公司合并的问题也已呈现出更加复杂的特点，与进步派那代人眼中看到的已大不一样了。我们时代那些亲眼见证了独立创业活动消逝不再的人当中，也极少有如同进步派那般苦闷的。组建资本的方式已经变了，投资银行的重要性大大下降，金融托拉斯(money trust)的魅惑也因此被
255 破除。某种程度上，从前的价格竞争已由产品竞争所取代。大型销售部门本身也已成长为巨大的公司，能够保护消费者不受垄断企业的压榨。大公司已经表明，从技术层面上讲，它比被它所取代的那些小规模经济单位是要更为进步的——布兰代斯派的进步主义者们则断然否认这一点。劳工组织的迅猛发展，使它越来越能够与资本的政治权力分庭抗礼。对进步派来说，所有权与控制权的分离非常令人忧心，这一过程催生了一个由领薪经理构成的阶层，对该阶层中的人们来说，个人的名誉和作为公民的良知，比不计成本地获取利润要更为重要，或者说至少是同等重要的。可以

想象，相比旧式企业下那些为逐利而背负重重压力的企业家，这些经理们在产业关系上将展现出更大的灵活性。

尽管如此，进步主义时代留下来的反托拉斯遗产依然令后来的美国人获益良多。大公司的崛起或许不可避免，然而这崛起能够成为一件有益的事，却端赖这样一种民意氛围——在其中，大公司常常陷于被攻击的境地。瑟曼·阿诺德曾因一个观点闻名于世，他说反托拉斯话语(rhetoric)的主要影响，“是通过把针对大型产业组织发起的攻击，导引入纯粹道德性的、仪式性的渠道，从而推动了这些组织的成长。”[①]然而即便是他，在其《资本主义的故事》一书中也不得不承认，正是这些反托拉斯的话语，由于倡言大公司的品行通过规训可以变得端正，最终真的让它们品行端正起来了；同时也承认，若非那些抱有敌意的法律，大公司的价格政策对于公共利益或许会是相当不利的。[②] 阿诺德后来担任了最高检察官助理(Assistant Attorney General)，主政司法部下设的反托 256
拉斯局；就他任职期间来讲，内心也不乏一些缥缈无形的情感，从一个粗略的历史视角看来，这些情感也正是从进步派，以及进步派以前的那些反垄断先辈那里沿袭而来。因为，尽管他和后来新政运动中那些反垄断的“计划派”(planners)对大公司的攻击，并不像布兰代斯—威尔逊这一派在竞选中说出的话那般危言耸听，但对于进步派培育出来并加以巩固的那份政治情感，他们的确非常

① Thurman Arnold: *The Folklore of Capitalism* (New Haven, 1937), p. 212; the thesis seems to have been foreshadowed by C. H. Van Hise: *Concentration and Control*, p. 233.

② Arnold, op. cit., pp. 221, 228.

依赖。弗朗茨·诺伊曼在审视德国历史，研究导致魏玛共和国崩溃与纳粹崛起的原因时曾经指出，德国从未发生过类似美国在西奥多·罗斯福和伍德罗·威尔逊治下那种大众化的反垄断运动，中产阶级从未公开反对过卡特尔(cartels)[1]和托拉斯，至于持马克思主义立场的劳工，则不仅对资本的集中听之任之，甚至一直是这一趋势的支持者。他推论称，这种局面使得商业界内部反对独裁统治的力量被削弱了。诺伊曼的这一比较，揭示了反托拉斯传统的另一种合法性。[2] 对大公司、大金融集团的那种仇视，有时会导致地方性的独裁主义和不可取的反抗模式，[3]然而吊诡之处在于，那同时也是滋养美国民主制度的一大源泉。因此，即便反托拉斯运动中的话语颇多大而无当之处，它却依然发挥了作用，即便进步派为反垄断所找的借口不免危言耸听，其功能也绝不止于笑谈。毫无疑问，相比其宣传造势的强度，反托拉斯运动取得的直接实质性成就是不大的；可是历史上这样的情形比比皆是——历经了艰苦、激烈的斗争，却只收获了微末的成果，我们评价进步派对托拉
257 斯发起的这场伟大圣战时，必须记住这一点，才不至于太过苛刻。

① 卡特尔：垄断组织的一种类型，其与“托拉斯”的区别在于两点：其一，卡特尔一定指商业法人的联合，托拉斯则还包括单一商业法人的垄断；其二，卡特尔尤为强调通过价格、供应的控制来实现垄断利润。“石油输出国组织”(OPEC)便是典型的卡特尔。——译者

② Franz Neumann: *Behemoth* (New York, 1942), pp. 15-16.

③ Lipset and Bendix: “Social Status and Social Structure,” *passim*.

三、公民与“机器”

如果说大公司是进步派的终极敌人，政治机器则是他眼前的敌人。政治组织的问题带给他的困惑，与经济组织带来的不相上下；这一问题同样将进步主义共同体分成了两派，一派主张与这类组织进行主动出击的、毫不妥协的斗争，另一派则主张进行一种抗衡性组织化(counterorganization)，具体办法是提高专业性和领导力，让改革者承担更多的新责任。看起来，除非机器和它的领导者——也就是大佬——被击溃，除非特殊利益集团与机器结成的腐败联盟被粉碎，改革就难以持续进行。正因为这一点，进步派对组织的这种独特的抗争形式，贯穿了整个进步主义时期。进步派中大多数人在政治领域的目标，是重建他们想象的存在于以往纯真年代的那种大众政府。他们普遍相信，要实现这一目标，就必须重新唤醒公民的道义，利用新唤醒起来的公民热忱，去对政治生活机制完成一系列改革——如直接初选制、参议员民选制、创制权、复决权、否决权、简化选举制(short ballot)[①]、委员会政府，等等。人们的预期是，这些举措将削弱“机器政府”(machine government)的优势，使它不再能够逃避人民的控制，同时也让普通公民身上那种无私、正直的高尚情操能对政府有所影响。待到大佬们的权力被褫夺或削弱，利益集团对人民福祉的侵犯便能得到遏止，从而建

① 简化选举制：美国进步主义时期发起的一项改革运动，主张由民众直接对政府立法、行政部门中最核心的官员进行选举。——译者

立起一种更加公正和高效的政府。

进步派是怀着极大的精力和谋略去推进政治改革工作的。截
258 止到1910年，他们已经相当成功地将其改革主张嵌入进了选举与政府机制，在一些地区，这份成功催生出了对于未来大众政府运动的高度乐观主义。威廉·艾伦·怀特在这一年出版了《正在改变的旧秩序》，该书强烈地表达了这种乐观主义，很可能也体现了当时占主流的大众政治哲学，值得仔细分析。怀特认为，美国正处于一往无前地涌向民主的“洪流”当中，在此过程中，美国已在民众政府(popular government)的方向上取得了一个又一个的成绩——包括无记名投票、直接初选，已经广泛实现的民众对官员的罢免权，以及即将取得成功的民众复决权，等等。十年前，人们做梦也想象不到这样的变迁；“告诉1884年或1888年的竞选经理人，四分之一个世纪之内，全国将实行无记名投票制，美国三分之二的州的候选人将由人民直接投票来提名，而不受‘党代表大会’和‘党团会议’(caucuses)的干预，……候选人和政党委员会的每一分花销都将公之于众”，那只会让人哑然失笑。如今在联邦的二十六个州中，参议员要想获得提名，就必须直接趋承于人民面前，而不是像从前那样去讨好铁路和公用事业公司。“资本并未从政治中绝迹，但它受到了牵制和限定，不再占据像十年前那样大的优势。”“可以肯定地说，几年之内，商业和政治之间的离婚判决便将尘埃落定。”“今天，由于人民的崛起，政治机器在相当程度上已经沦为了一堆政治废铁。……在实行初选制的州中，任何一个正直的、聪明的人都能在初选中击败公司支持的参议员候选人，只要人民想要让后

者败选。”①

怀特对进步派关于组织的一般哲学完全赞同。他说，唯有取得了提名和选举候选人的权力，将公共政策从盘踞于机器的统治 259
阶级手中剥离出来，政治改革这件事才能成功。这件事情“从前的做法，是打碎此时此地的机器，再建立一个新机器”。但这样的补救举措并不理想——这正是问题的症结所在——这不是一条“长久之计”。唯一的长久之计是改变体制。② 假如理论和实践是同样地有效，就不存在机器的问题了。怀特一针见血地强调了民众反抗背后的个人主义本质：那是“公众道德水准”的一种变迁，是为数众多的个人意志（individual wills）发生转变的累积效应。尽管民众一直要求控制私有财产，其追求却远远说不上是社会主义性质的：“美国的现代政治运动中，随处可见那些狂狷、好斗、不服管教之人，为求一份个人的立足之地，终究自芸芸大众中脱颖而出。”③

这类寻求立足之地的运动，绝少有很多利己主义的成分。怀特的书中满是这类机智、自律、眼界开阔、品格高尚的人物事例，他们组成了一个崛起的新公民阶层（New Citizen）。整个反抗过程是如此温和，以至于他只能将其归结为“一种与生俱来的直觉”在起作用。问题的关键在于，个人必须是——正如他自己一样——无私的。这个新公民阶层，正是从前“耙粪”文学中那些苟且偷安、问心有愧的公民，只不过受到了这个时代那种劝勉文学（exhortarory literature）的改造和激励。“人民正在实现自我管

① White：*The Old Order Changeth*，pp. 34，36，39，47-53.

② Ibid.，p. 39.

③ Ibid.，p. 121.

理。利他主义精神在不断加强，准备好了同自我中心主义的原子化倾向在未来一决雌雄。”[①]这种公民观念的推论之一是，对公共福祉的贡献，并非来自在政治领域对自身需求的争取，而是按照从前“中立派”的看法，来自于他对共同体需求的无私关切。自然，若
260 不进行某种形式的抗衡性组织化，反抗机器就是不可能的；可是上述思想的一个重要方面，乃是将抗衡性组织化理解为建立一些民间组织，这些组织的基础是崇高的原则，而非群体利益——这类组织包括“全国文官改革联盟”（National Civic Service Reform League）、“食品安全协会”（Pure Food Association）、“童工问题委员会”（Child Labor Committee）、“消费者联盟”（Consumers' League）、“全国公民联合会”（National Civic Federation）、共济会，以及其他各种互助协会。这些组织成功的关键，便在于个人的公民美德——按怀特的说法就是“正义感”（righteousness）和“利他主义”——在于一种不是要追求自我利益，而是要超越它的意愿。“归根到底，民主就是通过自治的方式表达出来的利他主义。”“实际上，那些每年主办年会，迎接从各地挤着火车前来参会的人们的大型全国性组织，总体来说都是利他主义的。”[②]

现在我们可以看出，就其主流而言，进步派孜孜以求的一直是个人主义。尽管他们很有必要对组织善加利用，可是他们天生地对组织有一种根深蒂固的反感。在他们政治观念的内核深处，是一个老派的竞争型小企业主，这一形象代表了被人们最为普遍地

① White, op. cit., pp. 57, 60-63, 66, 71, 120.

② Ibid., pp. 132, 143; see chapter vi *passim*.

接受的那些经济理念。这个老派人物乃是一位“正派人”(Man of Good Will),也就是我们今天在署名约翰·Q.公众(John Q. Public)[①]这样的漫画中看到的这一类老实本分的、糊里糊涂的、戴一副眼镜、留一撮胡须的人物——一个白领或小商人,一位居住在郊区普通居所里的选民兼纳税人。一代人之前,威廉·格雷厄姆·萨姆纳将这类人描述为“被遗忘的人”,伍德罗·威尔逊则称他们是“朝气蓬勃的人”,认为这些“籍籍无名的人们”,正是美国的希望。在进步派的思想里,“正派人”很大程度上是从积极意向(positive interests)抽离开来的一种概念;“正派人”的主要意向是消极性质的。他要求免于不公平的税收,摆脱沉重的生活成本,免受垄断组织的压榨,还要消除大佬们的贪赃枉法。过去很多年里,他对自己的公民责任都不甚在意,但如今他满怀义愤站了起来,要行使他的权利。他最终决定要严肃地对待关于政府的事情。关键的问题是,要设计出那种能够保证他享有管理权的政府机制。他与所有特殊的利益和偏见绝缘,一心只为了公共福祉,因此他一定能把政府管理好。他将带着公共精神去思考和行事,而不是像所有那些既得利益集团那样,视普通人为俎上鱼肉。坏人可以纠集起院外压力集团;“正派人”则只能结成公民组织。他决不为一己之私加入任何组织,反而会与这类机构划清界限,以高尚而正直的方式直接处理政府问题。一定意义上,他在政治上的方法是知识分子式的(intellectualistic):他会专注地研究、透彻地思考各种议题,而不是为达到自己的目的才去了解一些皮毛。不仅如此,不管

261

① 这类姓名往往一语双关,一般代表公众的视角和意见。——译者

以哪种方式，他会让自己真正掌握众多议题的大量细节，以便向他人讲解，对这些议题的错综复杂之处他也要有充分了解，以便做出明智的判断。

不考虑这些前提，就不能理解整个这一场关于创制权、复决权和罢免权的改革运动。实际上，“直接大众民主”(direct popular democracy)[①]运动是实现扬基—新教徒群体关于个人责任之理想的一次尝试；而进步派关于“好公民”(good citizenship)的观念，则是扬基—新教徒群体那种不考虑个人私利的政治参与精神的一个发展高峰。可是，尽管这一精神相比于大佬—机器统治下的等级、纪律(discipline)、私人效忠、个人偏袒等风气，毫无疑问地有它突出的道德优越性，但就其对19世纪末及20世纪高度组织化社会的适应力来讲，它却不如后者。因此，为落实直接民主而制定出来的诸多政治机制，发挥的实际作用却相当有限，也就不足为奇了。

当然，并非所有与威廉·艾伦·怀特同时代的进步派都如他

262 这般乐观。进步派中的很多重要人物都对他的假设提出了批评，甚至不乏一些杰出的进步派领导者，在其政治实践中克服了怀特的弱点。正如在进步派关于商业秩序的讨论中，两个观点针锋相对的学派(schools)在如何处置托拉斯的问题上一直争论不休，关于政治改革的讨论，也发生在两个有着深刻哲学分歧的学派之间。居于左翼的是平民主义学派，这一派关于能够和应当在何种程度上将政府事务的管理工作交到平民手中，几乎没有任何保留。这

① 直接大众民主：指前文中的创制权、复决权和罢免权等改革。政治学上，公民通过以上方式直接影响法律和政府政策，就叫作“直接民主”。——译者

个学派可以上溯到杰克逊时期，这位总统提倡实行官职轮换制，理由是“所有官职的工作都是非常显明和简单的，或者说正在变得如此，因此凡是有理智的人，都理所当然地能够胜任这些官职”。此观点在进步主义时期的代表是威廉·詹宁斯·布赖恩，他主张人民能够胜任对“任何已经出现或将会出现的问题做出良好的判断，不管我们的政府能够存在多么长久”；他还主张，所有重要的政治问题分析到最后，其实都是道德问题，面对这样的问题，人们的直觉往往比丰富的经验更重要。伍德罗·威尔逊的天性，及其早年的哲学观点，本与这种观点刚好相反，后来也开始接受这一平民主义的民主概念，宣称民主党的目标就是“在世界上建立这样一个政府，使得所有普通人、老实人、平凡的人、没念过书的人、无一技之长的人和穷苦的人，都能像任何其他人一样，在全国事务的管理上享有同等的发言权，这是一个在世界历史上从未实现过的理想”。①

关于政治行动具有最低普遍标准(lowest common denominator)的这一信念，常伴随着对政治组织的攻击。常见的观点是，折磨着这个国家的政治病症，并非因缺乏组织所导致，而是由于组织的过 263
度发展。消除这些病症的答案，便在于尽可能地建立一种由人民“直接统治”(direct government)的制度。人民不仅和单独个人一样，具备有效行动的能力，而且只有当他们如此行动时，才能发挥出最好的状态，因为这样他们才能摆脱政党和机器的影响，不致变得腐败而自私自利。也正因为如此，当阿尔伯特·贝尔德·卡明

① Link：*Wilson：the Road to White House*，p. 518.

斯(Albert Baird Cummins)于1910年竞选艾奥瓦州州长时，便宣称他的一大目标是“将个体选民置于更重要的位置，以削弱诸如政党这类长期性组织的影响”。[①]

持这种思想的人们，倾向于否认政党是政党组织(party organizations)——这里指的是承担党务工作，并以党的名义担任官职的那个群体——的财产，而认为政党应当是属于全体选民的。实际上，美国政党政治中的一些话语也鼓励这样的观念，而既然事实上政党还没有成为选民的财产，那就可以说民主一直以来都被歪曲了。一般认为，民众不仅要求政党组织之间形成竞争，从而为选民提供一个选择的机会，还要求控制普通党员，甚至要解散党组

264 织本身。直接初选制运动便是这一民主概念的主要表现。[②] 这一概念的历史灵感，大概来自市镇会议(town-meeting)的典范，以及19世纪早期、中期美国公民在公共事务中的广泛直接参与。

与这套哲学形成对照的是一种更为保守的观点，持这类观点

① *Dictionary of American Biography*, Vol. IV(New York, 1930), p. 597. 迟至1923年，参议员乔治·W. 诺里斯(George W. Norris)为了对直接初选制进行辩护，表达了以下观点：“长期以来，对直接初选制(最为重要的)反对之一，是说它消解了政党责任感，破坏了政党控制。……政客和政治大佬们，以及公司和企业联合，也就是常常在立法、行政官员手中寻求特权和优惠照顾的那些人，总把这当成直接初选制应予以废除的第一大理由。可是坦白地讲，这一用来反对直接初选制的说辞，在我看来却是该制度应予以保留的最佳理由。直接初选制确实会降低政党的责任感。然而它同时也建立起了个人的责任感。它削弱了对政党的忠诚，却增强了个人的独立性，不论对公职人员还是普通公民皆是如此。它剥夺了政党领导者或大佬的权力，而将管理的责任交给了个人。它整肃了党派习气，减少了党派纷争。”“Why I Believe in the Direct Primary,” *Annals of the American Academy of Political and Social Science*, Vol. CVI (March 1923), p. 23.

② See E. E. Schattschneider: *Party Government*(New York, 1942), pp. 53-61.

的人也不在少数；这些人承认进步主义改革呼声的价值，也意识到了民众不满的重要性，但他们认为，就进步派正试图解决的那些弊病而言，最可取和最有效的改革措施，是要建立一种在负责任的领导权下运转的新型政治组织。这一观点的历史根源，深植于“中立派”对“好政府”观念的长期关注，以及他们对于精英领导（elite leadership）原则的一种半遮半掩的信奉。如我们所见，布兰代斯表达了持这类观点的人们的心态，他号召律师们“在富人和人民之间保持一种独立地位，时刻准备好抑制其中一方力量的过度”，与此相似的是罗斯福，他将一场面向商人的演讲命名为“保守主义方向上的激进主义运动”（The Radical Movement under Conservative Direction）。[①] 亨利 · L. 史汀生在 1910 年给罗斯福的一封信中，发表了关于这套哲学的一种颇带党派色彩的论述：“在我看来，共和党从笼统意义上讲，罗致了全国较为富有和较为聪明的公民，因而至关重要的一点是，它应当去领导改革，而不是沦落到一个反动的位置。话说回来，如果领导权落入某个独立政党（independent party）[②]，或是落入民主党这样一个主要由外来群体，以及那些将直接从改革中受益的阶级所构成的政党之手，如果由值得信赖的商人们组成的共和党遭遇到了某种未知的障碍，我 265
恐怕必要的变革必定要通过激烈得多的方式才能完成，甚至可能充满暴力。”[③]

① Theodore Roosevelt: *Works*, National Edition (New York, 1926), Vol. XVI, pp. 86-99.

② 此处应指民主党、共和党之外的某个第三党取得改革的领导权。——译者

③ Henry L. Stimson and McGeorge Bundy, op. cit., p. 22.

与“中立派”的传统较为融洽的是这样一种观点：要解决进步派正与之斗争的那些弊病，就需要对政府进行一种重构，把责任和权威都清晰地交给一名行政长官，此人的行为则将置于公众的监督之下。大佬的滥权，被认为与大公司的傲慢强势一样，其原因要归结为政治行政权的弱势，以及更广义上的政府无能和权威分散。持这一观点的人们，嘲笑民众对行政权那种根深蒂固的怀疑是一种过时的残余思想，这种思想源自早期共和国，而那时的行政权还与殖民地政府和王室总督混为一谈。“因此，改良美国弊政的真正之途，”史汀生说道，“与倡导直接民主的人们所主张的恰恰相反。应该赋予当选官员以更大的权力，而不是更小……”[1]如此设计的目的，不在于蔑视民意，而是让民众诉求的表达更符合组织的原则，因为后者更能反映一个复杂社会的现实。

然而，最激烈的争论并非发生于改革者的两个学派之间，而是发生在倡导“直接政府”(direct-government)的改革派与极端的保守派之间。就旨在推进直接民主的诸项改革来讲——还应该加上关于女性选举权的动议——若留意相关争论中的语汇，便可能将这场争论设想为“乌托邦”与“末日论”(apocalypse)的对战。保守派终日哀叹并警告世人，称每一项新的改革提案都预示着国家的末日，而很多进步派则似乎在设想着，实际上也常常是这么说的，只要达成这些改革，便将实现对机器和腐败的全面的、永远的胜
266 利。比如，伍德罗·威尔逊便曾提到，简化选举制是“关于在这个

[1] Henry L. Stimson and McGeorge Bundy, op. cit., p. 58; see the general argument of chapter iii, “Responsible Government,” pp. 56-81.

国家重建大众政府这一整体性问题的关键”①——尽管这是一项非常有益的改革，但它也背负了沉重的担子。当然，两派中都有持较为温和意见的人，②今天回顾起来，很明显这些人才是对的；因为大众化改革既没有带来革命性的变化，也未能实现任何重建；实际上，这类改革对美国政府的运行只产生了相当边缘的影响。

这里必须做一区分，一方面是反抗大佬统治、腐败和政府弊政的全面进步主义运动，另一方面是为了保证民众实现长期统治而尝试进行的一些技术性变革。凡是改革运动取得成功，能够通过若干立法给美国政府带来显著改良的情形，很大程度上要么是得益于背后民众的狂热和义愤，要么则是由于地方领导者超拔于常人的能力。我认为，这样的领导者和这样的公众态度，即便在以往的政府机制框架下，大概也会发挥同样的作用。为了建立一种体制性保障，使得民众能够持续地管理政府，改革者们正试图完成一件不可能的事情——把一种情绪制度化。当情绪散去，较为具体的改革保留了下来；可是大众政府所取得的这些有形成果，虽然已被记上功劳簿，却失去了意义，因为公众运用这些成果的能力，随 267
着政治的复兴却退化殆尽了——即便这些成果也正是因政治复兴

① Quoted in Austin F. Macdonald: *American City Government and Administration*, 3rd ed.(New York, 1941), p. 279. 可比照沃尔特·李普曼在1914年的言论：“我刚刚读了一位大学教授写的书，该书宣称‘简化选举制’将是一场如废除奴隶制那般深刻的革命。很多美国人都相信，要缔造民主，就要有一部民主的宪法。”*Drift and Mastery*, p. 187. 还可比照拉福莱特对直接初选制怀有的希望，*Autobiography*, pp. 197-198。

② 关于公共意志和代表制之间关系的整个问题，一部出色的同时代研究是 A. Lawrence Lowell: *Public Opinion and Popular Government* (New York, 1913); see also the critical reflection of Herbert Croly in *Progressive Democracy* (New York, 1914)。

才取得——大佬们和利益集团又伺机卷土重来。赫伯特·克罗利对他称为“职业民主党人”(professional democrats)的那些人绝非无所同情,可是他也曾中肯地指出,这些人身上那种“从本质上将民主理解为一套大众政治机制”的倾向,是他们最大的弱点之一。他们的主要动机是保护人民不受流氓统治(knavery)的侵扰,而不是“为大众统治提供肯定性的动力和指导”,而前者是一个否定性的目标,归根到底,他们是想要“让人民免于背叛——免于被强加以不民主的政策,免受不具代表性的官员的欺骗。可是一旦免于背叛成了教育和组织人民的主要目的,就可能导致思想和凝聚力的匮乏。”他最后的结论是,一旦缺乏一套具体的社会规划,那种致力于实现民众统治的冲动就毫无意义。①

进步主义改革的历史证明了克罗利的观点,因为在进步主义运动的影响下,尽管人民在很多地方获得了更好的公共服务、更美丽的公园、更好的学校,以及更好的税收政策,却没能够摧毁狭隘的党派性政府(partisan government),没能砸烂机器,或实现对人民自身事务的直接掌控。除少数例外情况以外,大佬们通常都能找到办法扭曲新的改革,或对其加以利用,最终使得改革失去效力。②

---

① Croly: *Progressive Democracy*, pp. 213-214; see in general chapters x and xiii.

② 由于社会风气与大佬主义正相适宜,也就不可能找到一种政治机制来将其杜绝。一个显著的例子发生在新泽西,那里1911年通过了《沃尔什法案》(Walsh Act),允许城市政府转型为委员会政府体制。这是在一些地区取得良好效果的改革之一,然而在新泽西,弗兰克·黑格(Frank Hague)将其公安委员会专员——掌管警察局和消防队——的职位当成一个跳板,最终建立起了一个臭名昭著的政权,他本人也因此声名狼藉。Dayton D. McKean: *The Boss: the Hague Machine in Action* (Boston, 1940), pp. 37-45.

拿直接初选制来说，尽管在全国很多地方都被采用，获得官职提名
的却基本还是跟从前一样的人。无论对政府还是候选人来讲，这 268
一制度都太过昂贵了——因为原本只需要一场竞选，现在却需要两场。该制度使得提名竞选中的宣传和推介环节有了崭新的重要性，于是政治过程中又多了一个金钱势力得以介入的缺口。该制度并未对机器造成严重伤害，却削弱了政党治理（party government）和政党责任[①]。创制和复决作为民众政府的实现机制，同样令人失望。如同赫伯特·克罗利等批评者所指出的，这两项制度完全可能被设计用来为少数统治提供便利——各种有争议的问题即便在复决大会上通过，也可能只代表少数意见，因为参与复决的选民可能只占全体登记选民的少数。[②] 面对一系列通常以法律语言表达的技术性问题，选民们推卸了新制度试图安置在他们身上的责任。只要是资金充足、宣传技能高超，那些实现了高度组织化的小群体也能对这些制度加以利用，尽管这并非创制权、复决权的推动者们想要的结果；复决带来了宣传战，继而导致了政治领域的非理性化，这同样不是那些推动者们想要的。最终，那些希望一旦公共意志得以明确表达，便将令旧秩序大幅改变的激进改革者们，奇怪地发现，选民总是以最保守的方式行使权利，比如总是否决那些关于推动市政所有权、单一税和城市职工养老金的

① 原文为“partly responsibility”，经与其他版本参照，确定为印刷错误，应作“party responsibility”。——译者

② Herbert Croly：*Progressive Democracy*，p. 306.

269 提案。①

改革者们认为，对政治机器和掌握机器的大佬们采取实际行动不仅有可能，而且也有必要，在这一点上他们当然是完全正确的。改革是政府机制的平衡轮。现有机器的日常工作中充斥着毫无必要的浪费和明目张胆的不公，它们对自己的选民缺少最起码的人道关怀(humane care)，正如它们对待反对派时也常常是冷酷无情，对公民自由的蔑视到了厚颜无耻的地步。改革的原则并未完全否定机器，机器的原则却将大大发挥其腐蚀效应，以致令好政府和开明政治(liberal politics)都受到了威胁。然而，对那些教条化地狂热支持“直接统治”(direct government)的人们来说，最关键的错误仍在于他们不愿意考虑对两种原则进行综合的可能性，他们执着于制度设计，而那最终将导致机器的停摆，甚至政党责任的丧失。在这些狂热者当中，太多的人未能意识到，他们打算破坏的机器组织，其实具有很多实在的功能，不管这些功能的履行有多

① 大量文献与这类事务相关，包括直接初选、简化选举、创制权、复决权、罢免权、委员会政府、城市经理计划(city-manager plan)，以及这一时期的其他改革。一份综合性简评参见 William B. Munro: *The Government of American Cities*, 4th ed. (New York, 1933)。

一些对直接初选制的严肃的政党评估，可见于 *Annals* of the American Academy of Political and Social Sciences, Vol. CVI(March 1933)。关于在职政客们对直接初选制的有趣评论，见 Ralph S. Boots: *The Direct Primary in New Jersey* (New York, 1917), pp. 262-276。

一项更为成功的改革是城市经理计划，主要是对较小的城市有用，这项改革更强调权力和专业技能的集中，而不是为民众直接执政设计制度。然而，即便是这项计划的价值也大打折扣，原因是美国选民不愿意让他们的城市经理(或其他行政官员和政治领导者)领取足够的薪资。参见 Thomas H. Reed: *Municipal Governments in the United States* (New York, 1934), chapter xiv。

么糟糕；他们也没能意识到，替代现有机器的任何尝试，不仅不能
提供威廉·艾伦·怀特说的那种对整个机器体制的“永久疗效”
(permanent cure)，反而会产生新的机器。机器的存在是避免不了
的。改革者们真正需要考虑的问题，不是他们应该选择民众政府，
还是选择政党组织及机器；而是一旦现有政治组织被摧毁，他们能
否建立起自己的组织，这样的组织必须有纪律性(discipline)——否
则难以长久——同时还要比他们试图破坏的政党组织更加公正和
高效。必须坦率地承认，对于那些老谋深算的进步派领导者们，要
聚焦于他们的实践，而不能被其理论和言辞所蒙蔽。就此而言，拉
福莱特是绝佳的例子。尽管对“直接统治”改革的有效性曾表露过
强烈信心，他在很长时间内仍掌握着权力，对威斯康星州的政治生 270
活保持着强大而有益的影响，原因便在于他是一位出类拔萃的机
器操控者，对大佬们的政治技艺烂熟于心，并选择性地运用这些技
巧，建立起了一个纪律严明、富于战斗性的州级政治组织。[①]

只是到了我们的时代，旧式机器的权势和重要性才有了较为显著的下降。这并不是因为机器在正面攻击下已经举手投降，而

① 关于政治机器的类型学，以及所谓“改革型机器”(reform machines)的特征，所有这些问题还有待于历史学家和政治学家的研究。但已有一篇富于启发性的论文，见 Robert S. Maxwell：“La Follette and the Progressive Machine in Wisconsin,” *Indiana Magazine of History*, Vol. XLVIII(March 1952), pp. 55-70，在这篇文章中，作者对“拉福莱特机器”做了初步的分析，认为它是一种普遍趋势的一个具体案例：“在非常罕见的情况下，当成功的改革组织被组建起来时，这些组织也具备一些类似传统机器的技艺，如政治手腕(political astuteness)、领导力和纪律等。”可参见乔治·莫里对海勒姆·约翰逊(Hiram Johnson)的“加州机器”的评价，George Mowry：*The California Progressives*, pp. 138-139, 292。菲奥雷洛·拉瓜迪亚(Fiorello La Guardia)在纽约的执政，则可视为在市政层面的改革运动中运用机器手法的一个案例。

是由于它从前的功能，一部分已不再必要，另一部分则已被新的机构所取代。移民不再大量涌入，因而也无须对其提供庇护，帮助其适应美国生活。联邦层面的集中化，尤其自新政以来，已逐渐蚕食了地方政治组织的功能，特别是在社会福利领域。大众工会的成长壮大，也在一些方面替代了机器的功能，而行政权在州和地方政府层面的扩张，则削夺了机器从前的部分惠利和权力。原本归机器管辖的政治教化和训导工作，大部分开始转由大众媒体——广播、电视、大众杂志等——承担，而测度公共情绪的工作，则部分地由职业民意调查专家接管了。这些新近的发展，表明我们已经在一定程度上离"公民自决"(plebiscitarian)和"大众民主"(mass

271 democracy)的理想越来越近，也就是"直接统治"的倡导者们孜孜以求的那些目标。然而看到他们的目标以这样的方式达成，他们却不会感到高兴，因为要想在较为广大的范围内影响大众情绪，就必须得有大笔的金钱，以及操弄民意的恶劣伎俩，而这些正是进步派想要从政治中消灭的东西。如此，我们再次回到了现代民主主义者(democrat)面临的那个核心问题：在现代社会中，能否找到这样一条令人满意的路，既令民众政府的理想得以实现，又不至于去病态地依附于那些有本事操控大众心理的人？不必对旧式机器过分地偏爱，也不必刻意粉饰它们的失败，可是我们仍不禁要问：作为统治的具体办法，那些取代机器的制度真的更优越了吗？

第七章　从进步主义到新政

一、进步主义与战争

一直以来，战争就是美国自由主义传统的复仇女神 272
(Nemesis)①。自建国以来，我国的民主政治与民族主义、沙文主义及战争之间，始终有一种割舍不断的奇怪联系。一次又一次地，政党斗争中由民众那一派书写的戏剧，其最后一幕总是由战争来谱写。在杰斐逊和麦迪逊的时代，正是杰斐逊派共和党(Jeffersonian Republican Party)②要为 1812 年战争负最大责任，尤其是该党内与民主氛围更浓的内陆及边疆地区联系密切的那一派；这场战争也导致了杰斐逊派的政策被清算，并最终黯然下台。第二次民主高潮即所谓的“杰克逊式民主”；这场运动最初的

① 复仇女神：希腊神话中的这位女神主要对那些傲慢自大、不敬神的人施以惩罚。作者此语带有对美国自由主义传统的道德反思。——译者

② 杰斐逊派共和党：共和国早期“第一政党体制”中的一个政党，以杰斐逊、麦迪逊为核心人物，与亚当斯、汉密尔顿为首的“联邦党”对立。“共和党”系该党正式称谓，与 1854 年成立的(即今天的)共和党不同，但该党的主要政策在 1824 年后又主要为杰克逊派民主党(即今天的民主党)所承袭。今日美国的共和、民主两党也常常将本党历史上溯至这一党派，因此今天历史学家和媒体一般称之为“民主-共和党”(Democratic-Republican Party)。后文作者又有“杰斐逊式民主党”的称谓，一体两面，读者察之。——译者

基础,在于民族主义英雄崇拜与一位领导人的赫赫战功相结合——尽管没人知道这位领导人的国内政策究竟是什么。虽然并未与任何欧洲大国发生实际的战争,杰克逊派民主党人的外交政策却是非常好斗的。在完成其主要的内政改革后,杰克逊派的领导者们便让这个国家走上了咄咄逼人的扩张主义,与英国险些擦枪走火,与墨西哥则实实在在地打了一仗。接下来,在1850年代的"青年美利坚"(young America)运动中,民主与民族主义再一次齐头并进。内战后很长一段时期,美国专注于大陆开发,与其他国
273 家的关系总体上维持了和平;直到1898年,保守主义势力首次在战争时期取得执政地位——可是正如我在讨论平民党人问题时指出的,卷入古巴战争的最强烈意愿,系来自美国生活中较为激进的、民主化的和心怀不满的群体,而华尔街类型的共和党人,如马克·汉纳等,反而从一开始就是主要的反战派。同杰斐逊式、杰克逊式民主时期一样,由于带来了繁荣,战争再一次成了改革情绪的一针强力的——如果说只是暂时的——溶解剂。

到了世纪之交,平民主义—进步主义传统下的民众情绪中,已经可以清晰地辨别出两条脉络。其中一条脉络,比起进步主义更接近平民主义,其影响力与其说是全国性的,不如说是乡村和地区性的,一定程度上,这条脉络揭示了近代以来美国孤立主义的根源。然而,这股平民主义的心理冲动,其和平主义和孤立主义的特性并不明显,倒是更显出民族主义、反欧和反英的色调。这一心态中固然不缺乏好战的倾向,但却反对帝国主义、殖民主义,或是黩武主义(militarism)。对一名纯正的平民党人来讲,帝国主义是双重地令人厌恶的——尽管他的民族自尊心可能稍稍被打动——首

先，帝国主义被认为更有利于资本家和华尔街，而不是全国大部分民众，另一方面，帝国主义也会被认为是对英国榜样的高度模仿。对南方平民党人来说，帝国主义更加值得怀疑，因为它意味着新的陌生族群将涌入全国。因此，尽管美国很多人最初满怀热忱地将对西班牙的战争视为一场圣战，其意义在于解放古巴的受压迫民众，并对一个处在日益衰朽中的天主教贵族政权施以打击，可一旦他们发现一部分资本家表露出了将菲律宾打造成一个帝国前哨的兴趣后，他们立刻变成了反帝国主义者，其热忱度丝毫不亚于当初他们对战争的支持。

话虽如此，必须指出的是，在本土美国人身上，与这种民族主义的好战性格和肤浅的圣战热情（crusading credulity）并行不悖的，还有一种基督教式的和平主义的纯真性情，这种和平主义在历史上绝非始终如一，因此也谈不上什么主流趋向，然而在全国事务的运行过程中，这股力量又远非可以忽视。布赖恩时常召唤美国 274
人的这种和平主义，而威尔逊，当其“因骄傲而不屑战斗”时，也欣然依赖于此。这两位，当涉及中国、墨西哥和加勒比诸国的问题时，他们那些被阿瑟·S. 林克称为“传教士外交”（missionary diplomacy）的行为，都从同一个道德理想主义的源头汲取了力量。[①]

第二股爱国主义和帝国主义情绪，则并非来自乡村平民党人和

① 关于传教士外交的优缺点，一份杰出的研究见于 Arthur S. Link：*Woodrow Wilson and the Progressive Era*（New York，1954），chapters iv，v。在下文的论述中，我受益于一份关于我国外交政策中的言辞的详尽分析，见 Robert Endicott Osgood：*Ideals and Self-Interest in America's Foreign Relations*（Chicago，1953）。另见 George F. Kennan：*American Diplomacy，1900—1950*（Chicago，1951），chapter iv。

极端保守派，而是存在于全国各地那些狂热爱国者和有民族主义倾向的中产阶级之中，后一类人与共和党内的反叛运动有千丝万缕的联系。的确，共和党进步派当中有简·亚当斯这样的和平主义者，及少数几位孤立主义者，他们追随老拉福莱特和乔治·W.诺里斯这样的人，自始至终勇敢地反对美国参加第一次世界大战。然而党内反叛者的主流情绪，倒既不是反战，也不是反帝国主义的。从各方面来讲，反叛者们真正的精神领袖是罗斯福，他那些好勇尚武的说教，他对爱国无私精神和男性气概的发自内心的召唤，以及他对自私自利和物质主义动机的鄙弃，都在反叛者中深得人心。正如威廉·洛伊希腾堡指出的，除了在零星议题上的少数例子外，进步派对于当时的帝国主义政策要么表示支持，要么则姑息默许。他们中的大多数人对增加海军开支投了赞成票，将反对大海军政策一方的领导权拱手让给了保守派。对于“金元外交”，以及塔夫脱命令海军在尼加拉瓜登陆的政策，他们没有丝毫异议。对罗斯福在巴拿马和远东的冒险，和他对海军的扩建，他们中多数人都表示支
275 持。他们争取并投票通过了一系列政策，使得美国在加勒比海地区的霸权获得了巩固，当罗斯福对塔夫脱的仲裁协议(arbitration treaties)[1]报以侮辱性的(且并不完全是不公正的)批评时，他们也支持前者，而对于威尔逊免除巴拿马运河通行费的宅心仁厚的法案，他们则表示反对。进步党的形成在相当大程度上源自关税议题上的反叛行动；1914 年，该党则转而开始支持一种更高的保护性关税，到了 1916 年，全党则致力于捍卫“国家荣耀”(national honor)和

---

① 指 1911 年总统塔夫脱与国务卿诺克斯对英、法纠纷实行的仲裁行动。——译者

“美国至上主义”(Americanism),对威尔逊严加批判,并倡议为参战做准备。到了1916年,“帝国主义和黩武主义已经取代了先前的自由主义反叛框架,不到一年,进步党便已名存实亡了。”①

参战结束了进步主义运动。可是,战时的理想主义和自我牺牲狂热,尽管预示了进步主义精神的消亡,却也标示着这一精神的神圣化(apotheosis)。说美国参战是进步派的功劳,在任何意义上都是错误的,因为走向战争的最后步骤是一场全国性的运动,两大党内的多数选民都赞同这一决定。然而重要的是,战争之在美国公众面前取得合法性——这一合法性或许是必不可少的——却是借助进步主义的方式,使用进步主义的语言;而很多案例也表明,那些在公共信息委员会(Committee of Public Information)听乔治·克里尔(George Creel)指挥,以激发公众的战争热忱为己任的人们,也正是为进步主义改革鼓动造势,为“耙粪”杂志撰写文章,从而渐渐走进新闻这个行当的那同一批人。到1912年前后,进步主义精神已传播得如此广泛,以至于任何政策——不论是经威尔逊阐释的“参战”,还是由拉福莱特阐发的“避开战争”——只 276
要能够找到某种方式,以进步主义的语言表达出来,就都能得到更多的支持。到后来,当事物不可避免地往反方向发展时,进步主义语言本身似乎也开始失去人心。

① William E. Leuchtenburg:“Progressivism and Imperialism: the Progressive Movement and American Foreign Policy, 1898—1916,” *Mississippi Valley Historical Review*, Vol. XXXIX(December 1952), p. 496. 洛伊希腾堡指出,进步派们并不认为他们在国内政策上的理想主义和反物质主义(anti-materialism),同他们对外政策的好战性,以及他们对美国使命的强烈信心是矛盾的,相反,他们认为两者实际上是互补的。

在恪守战时中立的漫长斗争中，威尔逊是一名关键人物，这不仅是由于他行使着核心领导权，而且是因为在这个议题上，他是一位典型的美国人和一名纯正的进步主义公民，所有他那些自相矛盾、进退失据和畏葸不前，都反映了这个国家的主流心态。他的事迹也表明，进步派关于以道德语言讨论国家政策问题的要求，已经成功地实现了。[①] 起初，威尔逊和很多其他人一样不愿卷入纷争，但他回避了“现实主义”的流俗之见，这种见解强调：整个这场战争不关美国的事，美国的根本利益在于在任何情况下都要置身事外。他严守中立的理由，是通过高度道德化的语言构筑起来的：国家置身事外的目的是为了做出贡献，是要在战争带来的重负和仇恨之外，树立一个不曾被腐蚀的理智中心。必须——他的用语是如此典型——保持“绝对的沉着冷静”和超然物外，以便在最后阶段对问题的解决施加一种“绝无偏私的影响力”。

277 继而，随着时局的压力使这个国家离参战越来越近，威尔逊再

① 尽管罗斯福颇以其“现实主义”为自豪，我认为他的情况和威尔逊也差不多。罗斯福同样是个道德主义者，只不过，同威尔逊所持的和平主义道德观念不一样，他不断地声言一种达尔文主义的“强壮”(hairy-chested)美德，对“懦夫行为”、“平静而安逸的生活”、“物质安乐带来的愉悦”这一类东西大肆批判；对于当时的国际关系，他用得最多的词是“怯懦”，相当于一个男人的妻子被人打了一耳光，却不敢挺身还击，类似的孩子气的比喻还有不少。“正义的战争，”他曾经写道，“乃是为了崇高理想的尊严而战。如果战争降临这片土地，那么对于民主社会的每一位个体公民来讲——假如他还想在这世间有所作为——唯一能为他提供安全的箴言便是‘服务’，具体方式便是在和平时代勤奋工作，帮助邻人，怀着崇高的勇气，对生命的不测淡然处之。”Osgood, op. cit., p. 140。奥斯古德总结道(ibid., p. 143)：“在美国参战前两年的时间里，罗斯福对美国人民的呼吁中充满了关于拯救文明和国家荣耀的字眼，倒是较少提及拯救美国本身。……哪怕是1914年以后，……他也并没有去刻意地告诫人民：要从现实主义的角度，对美国自我保存的严峻态势做一评估。”

次选择了用理想主义的语言来阐析美国的问题——问题不仅在于美国是否应当参战，还在于参战的正当理由是什么。一种观点——该观点不论在威尔逊政府内部，还是整个国家的有识之士当中，都有着广泛共识——主要着眼于国家利益，以及对未来美国战略优势的冷静计算。根据这一观点，德意志帝国的胜利对美国的长期利益将构成威胁，在此意义上，协约国的胜利则要好得多。据估计，德国如果取胜，将变得更具侵略性、更可怕，也更加反美，并且随着协约国的战败和英国舰队的投降，德国终将在未来某个时间把枪口对准美国，至少在很长时间内将构成一个强大的威胁，使得美国为了保卫自身安全，不得不长时期地变成一个军营。因此为了自保，美国的任务就是保证协约国不被击败——如果条件允许，置身战火之外，但如果有必要，就要走上战场。另一种观点则认为，参战的理由不应该用这一类强调精打细算和利己主义的语言来描述，而必须归结到一些道德和意识形态的考虑上去——比如对国际法、航海自由和小国权利的捍卫，对独裁、军国主义的抗争，以及为了民主在世界上享有安全而战斗。[①] 可以肯定的是， 278

① 这并不是说，德国可能侵略美国这样一种观念，在美国参战之前的讨论中就没有一点重要性。关于这样一种侵略的设想，在媒体中颇为普遍（Osgood，ibid.，pp. 132-133）。拿《麦克卢尔杂志》来说，从1915年5月刊到1916年2月刊，该杂志刊载了两个系列的关于1921年德国入侵美国的幻想类文章，两个系列的名称分别是"征服美国"（The Conquest of America）和"拯救国家"（Saving the Nation）。在这些文章的末尾，当总统遇刺之后，西奥多·罗斯福、德裔美国人赫尔曼·里德尔（Herman Ridder）、威廉·詹宁斯·布赖恩和社会主义者查尔斯·爱德华·拉塞尔（Charles Edward Russell）联合在了一起，共同领导了美国人民的一次精神觉醒。这一时期，大多数关于备战的讨论都带有罗斯福的风格。可对照以下一则引文："这就是我们，世界上最富有的民族，同时也是最为无精打采、大腹便便的民族，从身体和头脑来说都是这样。沉醉于物质的奢华，我们在精神上已经变得如此放松，如此懈怠，如此懒惰，以至于几乎丧失了行动的能力。" Porter Emerson Browne，"We'll Dally 'round the Flag，Boys!" *McClure's*，Vol. XLIX（October 1916），p. 81.

从自我保存与国家利益出发的论点，跟从道德和理想出发的论点相互并不矛盾，两者都将在公共讨论中占据一席之地。然而威尔逊的路线，即典型进步派的路线，却是要最大限度地减少乃至贬低利己主义的考虑，把美国的参战行为拔升至尽可能崇高的层面。威尔逊早已选定了这条行动路线，因此他将对外政策的重点放在了德国的潜艇战及航海自由等议题上。这条路线颇有些堂吉诃德式的意味，因为它将美国是否参战的问题同国际法这样一个议题联系了起来——尽管这与进步派对于违法问题的一贯关切是完全相符的。对威尔逊的批评者们来说，这条路线似乎有些伪善，因为纯就形式而论，英国对海洋法（maritime law）的触犯几乎与德国一样严重。美国对德国的这些违法行为是不可能深究的，因为一旦那样做，就不得不非常尴尬地对英国一视同仁，从而危及协约国取得胜利的机会。

第二次世界大战结束后的经验让我们知道，从长期看来，无论威尔逊怎样做，也阻止不了针对战争本身，以及战前进步主义运动的一波逆流。然而似乎也可以这么说：由于使得美国在战争中的角色独树一帜地与崇高的道德目的，与利他主义与自我牺牲的精神联系了起来，并使得美国的对外战争与进步主义的价值、语言尽可能紧密地联系了起来，威尔逊也在无意间种下了祸因——对进步主义和道德理想主义的反动注定将是极为狂暴的。因为他实际
279 上是在告诉美国人民，他们不光是在保卫自己，作为世界的公民，他们同时也在对世界秩序和世界民主履行某种更广泛的责任；按照扬基人传统的责任伦理，这份责任正是他们为了实践自己的生活

方式(institutions),而满心期待去履行的。[①] 为了改革和完善民主制度发起的这场运动,尽管在国内举步维艰,如今却被搬到了世界舞台上。[②]

威尔逊抛弃了那些可以作为参战理由的现实主义考虑,继续强调那些更加宏大的理想主义追求。对于那些利己主义想法,他不单不予理睬,有时甚至大加批判。"目前就我所见,我们所为之战斗的,没有一丝自私的因素,"美国参战后不久,他向人民宣称道,"我们是为了我们的信仰,为了人类的正义,以及未来世界的和平与安全而战。"[③]他说:"我们投身战争之中,并不是因为我们自身有什么特别的冤屈,而是因为我们向来以人类的朋友和公仆自居。我们不谋求任何利益。我们也不想要任何好处。"[④]在就和约进行讨论期间,他无限真诚地说道:"美国……是这个世上唯一的一个理想主义国家。"[⑤] 280

① 丹尼尔·J.布尔斯廷已经指出,尽管美国人也曾偶尔希望扩展一些海外代理性事业机构,比如1848年革命之后的一段时期,然而直到威尔逊时期,这个国家才开始认真地期盼这件事情的达成,至于认为实现这一点是他们的责任,这样的美国人就更少了。普遍的观念毋宁是,美国的制度独具特色,欧洲国家是无法采用的。是威尔逊第一次敦促美国人成为"世界的公民",并坚持认为他们的原则"不只属于某个地区或某个大陆……(而)属于获得解放后的全人类"。"*L'Europe vue par l'Amérique du Nord*," in Pierre Renouvin et al., eds.: *L'Europe du XIXe et du XXe siècles: problèmes et interprétations historiques*(Milan,1955).

② 事实也的确如此。参照布赖恩在1923年的说法:"我们国家将永远告别酒馆,将领导世界发起一项改革,从此那些使人烂醉如泥的酒精将从地球上消失。""Prohibition",*Outlook*,Vol. CXXXIII(February 7,1923),p. 265.

③ *The Public Papers of Woodrow Wilson*(New York,1925—1927),Vol. V,p. 22.

④ Ibid.,p. 33.

⑤ Ibid.,Vol. VI,p. 52. 值得拿来一比的是富兰克林·罗斯福的说法,他认为第二次世界大战是一场彻头彻尾的"为了生存的战争"(War for Survival)。

这样一种自命不凡的论断，之所以并未让人因其中包含的沙文主义(chauvinism)倾向而感到厌恶，是因为威尔逊接下来证实了该论断；巴黎和会期间，他没有提出过任何一项明显带民族主义倾向的申诉，没有提出过任何关于领土、赔偿或是战利品的要求，也没有携带任何利己主义的国家目标，除了敦促他的盟友们塑造一种长期的、正义的和平，并组建一个国家联盟，以便在一片茫然莫测的未来确保和平的实现。那是外交史上一段让人讶异的插曲，这插曲在美国国内进步主义的诸多议题上亦曾反复出现，表现出的反讽意味则各个不同；在这里，威尔逊这位纷繁利益面前的丹心赤子，这位在劳合·乔治、克里孟梭等顽固不化的欧洲"大佬"中间斡旋的改革者，这位替小人物和沉默的、不被代表的大众发声的人，和盘托出了他那一份真心实意的世界变革计划，而充斥着阴谋诡计的旧式外交传统，以及人类这满是纷争乱斗、愤世嫉俗和杀人流血的漫长历史，则将尽情地咬噬这份计划。然而，威尔逊不光是在对欧洲提出那些不可能的要求：他本国的人民——甚至其间那些和他关系最亲近的人们——的理想主义和完成理想的决心，也被他推到了崩溃的边缘。理想主义这条他想要开采的矿脉就在这里；可是他想当然地以为这条矿脉是开采不尽的，同时，当他试图让美国的理想主义表现为国际主义这一形式时，却忽略了一个事实，即哪怕就最牵强的意义来讲，他的国家也没有太多国际主义观念。在美国的传统观念中，不可能出现美国领导、营救乃至解放欧洲的情况，而是认为美国及其人民走在一条截然不同的、欧洲根本模仿不来的道路上。美国被认为是"非欧洲"的，甚

至是“反欧洲”的。[1] 欧洲的制度被认为是陈旧的、停滞的、衰朽的和贵族式的，美国制度则是现代的、进步的、道德的、民主的。在本土美国人的心中，这股情感暗流和进步主义的澎湃激情一样地强烈，比战时的短暂激情则更是持久得多。有一段时间，美国人也曾 281
考虑撤销对“西方盟友”的上述指控；可是过了不久，这些指控便又再次被提出，比如说在平民主义者的（populistic）心目中，英国便是上述特征的典型。[2]

即便为时甚短，威尔逊能够成功地在他身后团结起如此多的国内民众，让他们投身于一项事业——何况这项事业还是建立在一种关于美国对世界负有责任的观念之上——这当然非常了不起。可是，他在 1920 年选举中受到国人众口一词的批判——其所受批判的普遍程度在历届美国政府中都罕可匹敌——也没有什么奇怪的。一旦人们开始为战争偿还代价，便开始意识到自己上当了，骗子就是那些把他们推入战争的人，他们既存在于协约国，也存在于美国。就这方面来讲，相比前人，第二次世界大战后的历史修正论者真是后知后觉。战争洗净了人们内心积压的罪恶感，也使得十多年间遍见于公共话语之中的责任精神，开始溃散。战争让人们相信：他们已经为现代生活的安逸偿清了代价，不管这安逸

---

① Cf. Boorstin，op. cit.，*passim*.

② 威尔逊曾有一论点，认为民主的美国不可能与普鲁士独裁政权维持友好关系，可留意拉福莱特对这一论点的反对意见：“然而总统却提议与英国结盟……一个世袭君主制国家……一个有……上议院的国家，一个有着世袭的地主制度，选举权仅仅局限于……某一个阶级的国家。”*Congressional Record*，65th Congress，1st Sess.，p. 228.

有几分真实；同时，对进步派提出的那些关于牺牲、自我克制和利他主义的要求，他们最终也做到了充分的回应。通过批判威尔逊、和约、“国联”，以及战争本身，人们其实也批判了进步主义的言辞和情绪（mood）——因为把所有这一切捆绑在一起的，正是威尔逊本人，以及他那些宣传家们的功劳。威尔逊曾经预估，发动美国参加战争，将导致国家事务的控制权转移到进步派一直与之缠斗的那些利益集团手里——然而实际发生的变化证明他是在想入非非，因为利益集团几乎从未失去对国家事务的控制权，哪怕失去过
282 一部分，也不过是在有限且细枝末节的一些议题上。逆流尚不止于此：它还摧垮了民众的心理——1914 年以前的十多年间，使得进步主义政治延续下来的，正是这种心理。随着敦促公民参与公共事务的力量的消失，接踵而至的是广泛的政治冷漠，责任感由麻木不仁取而代之，对牺牲的召唤则为享乐主义所取代。跟所有这一切一同到来，并至少在一段时间内存在的，还有一种自我厌恶感。到了 1920 年，出版商们已经开始警告作家们，不要再寄来有关战争的稿件——人们不想听到这些。① 及至人们终于愿意对战争加以思考时，也不过是把它看成一个错误，那些揭露战争的愚蠢的书籍，最受人们的欢迎。

二、“幕间休息”

进步主义建立在一种情绪之上，随着战后反动的来临，那种情

① *Literary Digest*, Vol. LXVI(August 21, 1920), p. 35.

绪已烟消云散。威尔逊和他的政党在 1920 年选举中被大加批判，然而早在几个月前，反动的逆流便已在威尔逊政府内部涌动。比如，对战后红色恐慌的官方化负有最大责任的正是他的司法部长。威尔逊本人呢，由于尤金·德布斯的反战立场，威尔逊拒绝给他特赦，这表现了一种政治绝对主义的思维；这种思维的提倡者们，倾向于将对布尔什维克主义残余势力的同情全部清除掉，同样也是这些人，计划清除所有的政治腐败，并最终停止酒类的消费。情绪是触不可及的，可是美国的历史变迁之依赖于情绪，却有甚于任何其他东西。通常认为，1920 年代保守主义的回潮主要是因为经济繁荣的恢复，这种说法不够准确——尽管毫无疑问的是，假如这一轮繁荣在 1929 年以前便已结束的话，则保守主义时期的时间也必
定不会这么长。事实上，反动达到的最高潮，乃是在战争结束的当 283
口，以及战后短暂的萧条期间。更重要的是，我们必须牢记，从 1900 年延续到 1914 年的整个进步主义情绪，并不是对经济萧条的反应，却正好是对经济繁荣和富足的反应。

在 1912 年完全占据时代主流的一种情绪，是不应该在十年后消失得不留一丝踪迹的。尽管如此，进步主义的消失，或是转化为其他形式的彻底程度，却令人吃惊。拉福莱特作为独立候选人在 1924 年的竞选，常被引为进步主义到二十年代仍在延续的证据。诚然，拉福莱特 1924 年的政纲提出了一系列大胆的、毫无疑问具有进步主义性质的计划——如水力资源所有权公有化，铁路公共所有权的最终确立，对集体谈判权利的承认，增加政府对农民的援助等，此外还有一项童工法案，和几项旨在扩大大众民主的制度性改革——这些计划，似乎比战前那些典型的进步主义方案走得还

要更远；同时，尽管缺乏雄厚的资金，在家乡州之外的地方也缺少机器的支持，拉福莱特仍收获了16.6%的民众选票。可是十二年前，当罗斯福从拉福莱特手中夺过共和党反叛者的旗帜时，进步主义情绪在这个国家弥漫得却是如此之广，以至于塔夫脱这个唯一公开宣称的保守派，在多个州的机器和巨额资金的协助下，却连选票总数的四分之一也拿不到。1912年这种进步主义共识的消失，似乎才是意义最为重大的事情。不仅如此，拉福莱特本人的得票数，尽管常被认为代表了这个国家进步主义情绪的最低值，其实肯定要比进步主义情绪本身受欢迎的程度高得多：他的支持一部分来自少数族裔，赢得这些选民的基础是他作为一名反战者的名声；另一部分则来自那些心怀不满的农民，他们对自己被排除于总体繁荣之外感到愤愤不平，可是对于拉福莱特政纲里允诺的那一整

284 套社会—民主改革方案，又不太可能支持。① 四年以后，大多数拉

① 分析拉福莱特的票数，会发现两个非常重要的特点：第一，其得票带有鲜明的地区特征；第二，拉福莱特非常善于将一些并非明显是进步派或并非一直是进步派的人群吸纳进来。

拉福莱特只拿下了他自己所在的威斯康星州。尽管在不少工业化的县中表现出色，然而在密西西比河以东，他仅仅赢得了伊利诺伊州南部的一个县。在十一个州中，他的票数仅次于柯立芝，都是中北部和西北地区那些以春小麦、畜牧业、采矿和木材业为主业的地区，包括明尼苏达、艾奥瓦、北达科他、南达科他、蒙大拿、怀俄明、爱达荷、华盛顿、俄勒冈和加利福尼亚等州。1896年，布赖恩赢得了这些州中的六个。

在大多数拉福莱特得票数排名第二的州中，他得到的似乎主要是来自共和党的支持，尽管如此，在西海岸，他却从那些持异见的民主党人那里得到了大量支持，这些人希望看到一名自由派候选人，但对戴维斯又非常失望。参见 Kenneth C. MacKay：*The Progressive Movement of 1924*（New York，1947），p. 223。下面这篇文章指出，大多数支持拉福莱特的县在1928年都投票给了胡佛："在409个支持拉福莱特的县中，史密斯只拿下了43个。1924年的进步党人，只是乔装改扮的共和党人。" Roy Peel and Thomas Donnelly：*The 1928 Campaign：an Analysis*（New York，1931），p. 122.

（接下页注释）

福莱特的支持者似乎都把选票投给了胡佛。

整个二十年代，参议院内始终存在着一批不断发难的反叛者，让他们揭竿而起的主要因素是农业萧条，以及历届共和党总统一直拒绝在农业救济上采取有力措施。时不时地，国会山上又会回荡起平民主义的言论，但主要来自一些西部党魁，这些人首先绝不 285
会在总统选举中脱党，其次也确实不太可能做出什么激进的事来；对后一点，海勒姆·约翰逊（Hiram Johnson）洞若观火，因此将参议员威廉·E. 博拉（William E. Borah）称作“我们手无寸铁的头领”。来自农业州的众议员们则代表了农民思想中“硬”的一面，为了促进农民的利益，他们组成了“支农集团”（Farm Bloc）。然而，二十年代国会中的进步派，除了乔治·W. 诺里斯这样的孤军奋战者，以及对“蒂波特丘地丑闻案”的曝光这类行为，基本上都是些冒

（接上页注释）

从阶级的角度来看，拉福莱特吸引的主要是农民和铁路工人，农民因农业萧条而饱受损失，而在 1922 年的一次大罢工期间，哈定的司法部长哈里·多尔蒂争取的一道波及面极广的禁令，则让铁路工人们吃尽了苦头。MacKay，op. cit.，pp. 27-33.

拉福莱特的得票中，相当大一部分代表了反战、反英和亲德意志的力量，这些选票主要来自德裔，也有一部分来自爱尔兰裔美国人。麦凯（MacKay，op. cit.，pp. 216-217）质疑这些力量的重要性，但没有太多令人信服的理由。塞缪尔·卢贝尔在一份关于选举模式的细致研究中指出，拉福莱特在一些居民以持孤立主义倾向的德裔美国人为主，但在 1912 年并不支持“进步—雄驼党”的县，拥有强大支持，1940 年后，当对外关系变成一个重要议题，这些县转而强烈反对富兰克林·D. 罗斯福。卢贝尔的结论是：“拉福莱特在 1924 年得到的 4，800，000 张选票，常被随意地解读为自由主义力量在美国最起码的起步水平。然而这些选票中的很大部分，既是对拉福莱特反对向德国宣战表示认可，其实与自由主义并无太大关系。”Samuel Lubell：*The Future of American Politics*（New York，1952），p. 140.

牌货，当时的很多人对这一点也是心知肚明的。[①]

在公众的政治冷漠的掩护下，甚至很大程度上是在公众的欢呼声中，一种自从1900年以来几乎已被这个国家所遗忘的旧式保守主义领导层重新执掌了权力，并且没有任何真正的反对派与之相抗衡。在少数地方，进步主义改革尚且残留了些许意义，最著名的是在纽约，阿尔弗雷德·E. 史密斯(Alfred E. Smith)的政府仍在继续推进社会改革，然而就全国多数地区而言，则简直是对进步主义政策的大逆转。二十年代的历届共和党政府，将关税提高到了一个闻所未闻的程度，制定了一些只会让“财阀集团”和大公司获利的税收政策，对接连不断的商业合并行为表示了认可和支持，甚至利用威尔逊创立的“联邦贸易委员会”(Federal Trade Commission)来促进商业合并，而设立该机构的初衷，却是对合并进行限制。由于全国层面的政治统治非常稳固，二十年代的三任总统甚至敢于藐视农民，也敢于否决那些旨在提高国内市场价格

286 的方案。腐败在州层面和城市政治中几乎已司空见惯，如今则跟着三位总统中的第一位进入了华盛顿；当反叛者们曝光这些腐败时，人们似乎也不甚关切，因为共和党人这一次夺回权力所取得的

① 参见 the condemnation by A Washington Correspondent：“The Progressives of the Senate,”*American Mercury*, Vol. XVI(April 1929), pp. 385-393，在这篇文章中，除了乔治·W. 诺里斯和托马斯·沃尔什(Thomas Walsh)，进步派都被指责缺乏进取心和能力，他们背后的政党纪律性(party regularity)也受到了批判。参议员彼得·诺贝克(Peter Norbeck)一般被认为属于进步主义阵营，在给朋友的一封信中他说出了心里话：“《美国信使》上的文章在我们这里很是引起了一番轰动，因为很多文章是在情在理的。”Reinhard Luthin：“Smith Wildman Brookhart of Iowa：Insurgent Agrarian Politician,”*Agricultural History*, Vol. XXV(October 1951), p. 194.

票数是压倒性的。[①] 但至为确定的一点是，整个国家已不再响应从前那些进步主义的宣传口号了。

进步主义的政治文化高度依赖于知识分子的行为，如今这个群体则明显已从政治和公共价值领域退缩至民间和私人领域，即便在那些心怀强烈不满的知识分子身上，波希米亚主义(Bohemianism)也超过了激进主义。年轻一代的作家中，还关心所谓"社会问题"的，约翰·多斯·帕索斯(John Dos Passos)恐怕是绝无仅有的一位。至于"耙粪者"这代人，此时基本上已是老去的一代了；此外，如果有一个人在西奥多·罗斯福突然继任总统之际年方三十，那么到了拉福莱特展开其英勇竞选的那一年，便已五十三岁了，如果他是一位典型的知识分子，则此时很可能已变成沃尔特·韦尔文章里提到的那种"疲倦的激进派"了。必须要说，从总体上讲，进步派这代人称得上是无悔无憾。1926 年，弗雷德里克·C. 豪在其自传《一名改革者的忏悔》中问道：激进派们都去哪里了？一份自由派杂志就该主题策划了一组专题文章，可视为进步派关于这个问题的观点的良好展示。[②] 从前那些改革者中，几乎没人认为有必要沉浸于自我责难或自我辩护之中，一些改革者

① 其实最引人注目的是著名媒体的反动性，最初它们对那些丑闻曝光者们的态度连鄙视都谈不上。《纽约时报》把他们叫作"人格的刺客"，《纽约论坛报》则称他们是"蒙大拿州的流言贩子"；其他媒体给他们的标签则是"纯粹的恶意和喋喋不休的癔症"。Frederick Lewis Allen：*Only Yesterday*(New York，1931)，pp. 154-155. 然而在进步主义时期，人们即便对重要性不及"蒂波特丘地事件"十分之一的罪恶加以曝光，也足以凭借其致富并成名。

② 关于这组专题文章，见"Where Are the Pre-War Radicals?" *The Survey*，Vol. LV(February 1，1926)，pp. 536-566。

287 甚至表露出这样的观点：改革已经取得成功，因此他们的工作再无必要继续下去。另一些改革者相信，改革精神将在必要的时候复兴，并与新的事业结合起来，也许比从前还要来得激进。然而主流语调表达的是这样一种感受，即至少在当时，经济繁荣已使得所有改革运动失去了土壤。似乎所有人都忘记了进步主义时期的繁荣，①但在这一错误认识的背后，倒也蕴含着一项事后证明非常正确的模糊预测：新出现的这种政治冷漠，将和新的经济繁荣一样持久。

然而，“冷漠”这个词可能太重了，或者至少是过于绝对了。如果说对于美国政治的运转流程，以及商人中那些粗鄙、愚钝之辈控制了事态这一现实，人们已基本接受，知识分子们却仍在一条腹背受敌的战线上继续着这场与美国的斗争。这是一个“厌弃乡村”、攻击农民的年代，比如，在 H. L. 门肯（H. L. Mencken）②对美国农民那些臭名昭著的谩骂，以及他对威尔逊、布赖恩和罗斯福的尖刻素描中，都能看到那种对旧式虔敬信仰的狂热批判。如果说在美

① 人们普遍倾向于忘记，这个国家在繁荣时期有本事催生多少的社会不满，经历大萧条和新政以后，人们显然忘记得更快了。改革者可能认为比起进步主义时期，1920 年代的经济繁荣得到了更好的分享，尽管表层的证据似乎与这一观念相矛盾。比较两个时期的繁荣，会发现两个显著不同：首先，二十年代的繁荣的特征之一是价格高度稳定，因此在城市居民中，没有哪个阶层发现自己正处于与通货膨胀的竞赛当中，如同我在第四章里提到的那样；其次，二十年代的繁荣还有一个特征，即新的消费产品开始在公众当中广泛扩散，这不仅大大缓和了生活的艰难，还提高了娱乐性——新产品包括：汽车、收音机、电话、电冰箱、电影和各种电动厨房器具。

② H. L. 门肯（1880—1956）：美国记者、散文家、文化批评家。门肯是尼采的崇拜者，反对平民主义和代表制民主，认为两者都是低等人试图统治高等人的制度。——译者

国几乎所有的地方，资本主义都已被当作确凿的事实接受下来，它却从未作为一种理想被接受。进步主义时期的作家们曾对商人的经济和政治角色展开批判，二十年代的知识分子们则继续批评商人的品格和文化素质。过去，商人被形容为投机者、剥削者、腐蚀者和压迫者，如今则被刻画成蠢材和腓力斯丁人，道貌岸然和墨守
成规之辈，将与这个国家的大多数风习一道，在人们的鄙夷中被摒 288
弃。远离现实政治并不等同于洋洋自得；可是在这样一个时代，当美国的智慧只能通过“斯科普斯案件”(Scopes trial)[①]来测度，美国的公正表现为“萨科–万泽蒂案”(Sacco-Vanzetti case)[②]，美国的宽容表现为三 K 党，美国的政治道义通过禁酒运动的闹剧和“蒂波特丘地案”体现出来时，则与其一丝不苟地为那些旨在革新美国生活的提案而奋斗，倒不如乘坐第一班飞机去欧洲旅行，或是怀抱着一本《美国信使》(*American Mercury*)[③]归隐书斋呢。

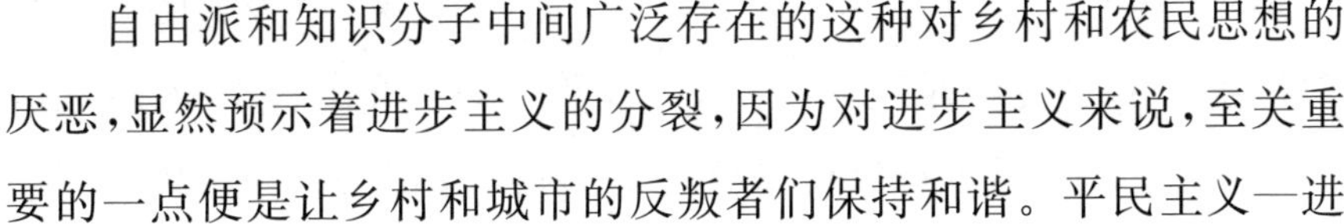

自由派和知识分子中间广泛存在的这种对乡村和农民思想的厌恶，显然预示着进步主义的分裂，因为对进步主义来说，至关重要的一点便是让乡村和城市的反叛者们保持和谐。平民主义—进

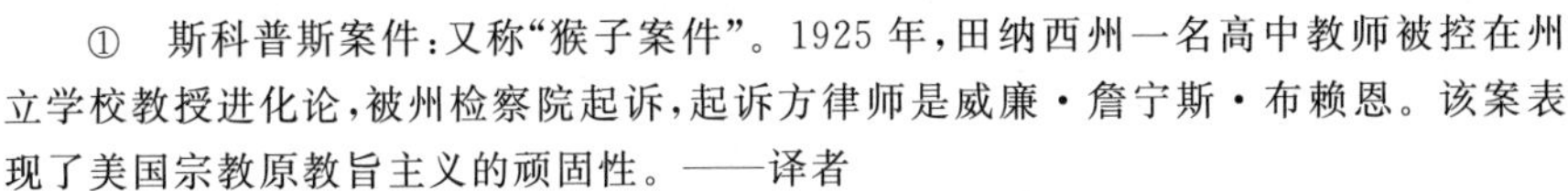

① 斯科普斯案件：又称“猴子案件”。1925 年，田纳西州一名高中教师被控在州立学校教授进化论，被州检察院起诉，起诉方律师是威廉·詹宁斯·布赖恩。该案表现了美国宗教原教旨主义的顽固性。——译者

② 萨科–万泽蒂案：1920 年，生于意大利的两名无政府主义者萨科和万泽蒂被马萨诸塞高等法院判定为一级谋杀，被判死刑。公众质疑该案的判决强烈地受到反意大利和反移民动机的影响，遂组成民间调查委员会，且发现了该案的诸多疑团，对重审该案的呼吁在国内外掀起了一场声势浩大的运动。萨科、万泽蒂二人仍于 1927 年被执行死刑。1977 年该案 50 周年之际，马萨诸塞州州长终宣布两人无罪。——译者

③ 《美国信使》：由美国媒体人门肯等在纽约市创办的一份月刊，20 世纪二三十年代影响颇广。——译者

步主义传统在全国层面的成就——不管是在铁路公司监管、反托拉斯法，还是金融改革方面——一直以来都依赖西部和南部的支持，那里有农民组成的改革侧翼部队。如今，正是在西部和南部，这些从前听命于布赖恩的地区，公众的情绪发生了剧烈的偏转，不再效忠于那些最富于进步主义性质的、势在必行的改革。自然，二十年代的经济繁荣在农业地区的覆盖是最不均匀的，并且在这些地区，以往平民党人的不满也并未全然被忘却。然而，生活在乡村和小城镇，理解并爱戴布赖恩的那些美国人，他们的热情，如今却倾注在了为老成稳重的城市进步主义领导者们所鄙弃的那些行为上，具体来讲就是：一场保卫原教旨主义宗教不受现代科学威胁的圣战，以"斯科普斯案件"为高潮；在"第十八条修正案"面临批评时，不惜一切代价为其辩护；以及纠集三 K 党(Ku Klux Klan)来反对天主教徒、黑人和犹太人。布赖恩从前曾是多项重要改革的牵头人，其第一次世界大战后的生活却不胜凄凉，他个人的处境也正是业已崩解的乡村理想主义，以及陈旧过时的福音派思想的一
289 个缩影。因为，不正是这位曾经在演讲中宣扬旧式宗教，攻击思想自由，以及倡导禁酒运动，从而扬名立万的政治人物，被他从前的追随者们称赞为——毫无疑问是不准确的——"我们时代一位最出众的三 K 党吗?"

当改革的野蛮生长期过去以后，这个国家从扬基—新教传统的道德动力，以及从战时的紧张压力中继承下来的主要遗产，便是禁酒法。对于那些乐于回溯宏大经济问题的源流和考察阶级政治大趋势的历史学家来说，禁酒运动的故事就像是历史走过的一条弯道，一桩毫无意义的烦心事，一些横生于历史主干之上的细枝末

节。事实是，对于二十年代的人们来说，禁酒是一个名副其实的大议题，尤其对于那些想要就美国政治中的城乡冲突和族群矛盾追根溯源的人们而言，禁酒更是一个最富于启迪意义的议题。关于进步主义情绪何以遭遇反动潮，禁酒问题也是最主要的线索之一。因为在二十年代，禁酒是一件令人大为扫兴之事，是很多人想要忘却的往日道德狂热所留下的一个不苟言笑的纪念物，是关于改革愿望和某种扬基—新教观念的一幅滑稽漫画，那种观念认为，通过公共行动来让私人生活道德化不仅是可行的，而且是必要的。

让进步派对禁酒运动负责，这对他们是不公的。但凡一个人的思想偏城市类型，则不管他在政治上是保守派还是进步派，总体上都会对战前的禁酒主义风潮持反对态度，至少是持怀疑的态度；另一方面，禁酒运动的倡导者中，很多人与其他改革毫无关系。但是，我们也不能过度忽略了禁酒主义的诊断含义。因为禁酒其实是一项半吊子的改革，是改革的一种受压缩的、狭隘的替代物，在那些有着圣战心态的人们中间有广泛的吸引力。[①] 它不仅仅指一种对酗酒，以及与此相伴随的那些罪恶的反感，还包括对移民中的
酗酒群体，对城市生活的愉悦和舒适，以及对小康阶层和文雅之士 290
的反感。它是随着乡村—福音主义的病毒一起被带入美国的，那以后，乡村地区的新教徒又一次次将其带入城市，因为农业的收缩让他们不得不到城市去谋生。禁酒运动的研究者们发现，《禁酒修

① 1913 年的《韦伯-肯扬法》(Webb-Kenyon law)这样一次早期禁酒试验，其支持者主要是参议院里的进步派，反对者则大多是保守派，这或许是意味深长的。

正案》通过之时，以及在那之前的一些年，很可能全国多数人在情绪上都是支持该运动的；因为甚至很多饮酒的人，也已经被道德振兴的语调充分说服，承认禁酒终究是一件好事情。[①] 即便禁酒的要求只反映了少数人的情绪，也必定是一个强大的少数派，这些人的热情度和坚决度使他们获得了一种与其数量不成正比的权力。政客们想方设法满足了他们的要求，其中一些政客——人们会想到的是担任国务卿时的布赖恩，和他那极度无聊的、决不饮酒的晚餐，或是荒唐地坚持禁止海军军官饮酒的约瑟夫斯·丹尼尔斯(Josephus Daniels)[②]——还无可置疑地相信，征服酒精这个魔鬼乃是他们政治生涯中的重要目标之一。

禁酒并非战争中突然出现的事物。在美国政治中，对酒类消费进行改革的要求，人们很早便已耳熟能详；但这项改革的加快是在进步主义时期，尤其在1908年以后蔚为显著，至于伴随修正案而来的最终胜利，则是“反沙龙联盟”(Anti-Salon League)连续五年高强度宣传鼓动的结果。人们对待酒精议题，也是怀着一种惯常的平民主义—进步主义的观点，即酒精是利益集团——这里指“威士忌帮”(whisky ring)——靠着人民的苦难发家致富的一种方式。酗酒被认为主要是这样一些阶层的恶行——财阀、腐败的政客，以及不识字的移民等——正是改革者们最为厌恶或畏惧的群体。不管是对酗酒这种罪恶，还是对于美国的城市政治，沙龙都

① Peter Odegard: *Pressure Politics* (New York, 1928), p. 176; cf. Charles Merz: *The Dry Decade*(Garden City, 1931), chapters i, ii.

② 约瑟夫斯·丹尼尔斯(1862—1948)：美国出版商和报纸编辑，民主党进步派，威尔逊时期任海军部长。——译者

是至关重要的一种制度，因此自然遭受了特别的批判。饮酒也和 291
所有其他事物一样成了“耙粪”的主题，杂志读者们非常乐于读到那些有关酒精的文章，如“进步的头号大敌”、“一名纽约酒馆老板的观察和经历”、“一个酒精奴隶的故事：一份自白”等，甚至连“一名平凡饮酒者的忏悔”这样一篇苍白的文字，也能搔到读者的痒处。[①]

乔治·基布·特纳是给S.S.麦克卢尔撰稿的重要“耙粪者”之一，长于对卖淫活动的揭露，此人所写的一篇批判城市沙龙的文章，很可能触及了禁酒主义情绪的内核；他指出，鉴于城市居民在全国人口中所占比例一年年增高，城市改革运动的第一件大事就是“要消除那些可怕的、未经规范的商业势力，这些势力正试图用酒精饮品把城市居民灌个足饱”。[②] 战争期间所谓节约物资的需求，以及国内主要酿酒商的德国姓氏，都为禁酒主义宣传增添了力度；但对于那些“禁酒派”(drys)来说，起到最大作用的同样是公众进行自我批判的那股强大潮流，是对肉体放纵和物质成功进行的反思，这些情绪时隐时现于进步派抨击财阀统治的长篇大论之中，正是这种情绪促使人们向林肯·斯蒂芬斯发出恳求：“快来揭发我

① See *McClure's*, Vol. XXXII (December 1908), pp. 154-161; ibid. (January 1909), pp. 301-312; Vol. XXXIII (August 1909), pp. 426-430; Vol. XXXIV (February 1910), pp. 448-451.

② George Kibbe Turner: “Beer and the City Liquor Problem,” *McClure's*, Vol. XXXIII (September 1909), p. 543. 沙龙是城市政治中的一种核心制度，关于它的重要性，见Peter Odegard, op. cit., chapter ii，该书对禁酒派关于沙龙的观念也有出色描述。遗憾的是，没有人就作为一种制度的旧式沙龙详尽地撰写过一部历史，尽管乔治·埃德(George Ade)和布兰德·惠特洛克(Brand Whitlock)关于这一主题有过一些很有意思的回忆。

们吧。"别人都在艰苦战斗并做出牺牲，我们似乎也应迎头赶上——这样一种感受因为战争的背景而大大增强；禁酒派的宣传，
292 由于其自我否定的倾向，也越来越多地弹奏出了同样的调子。[①]一位"耙粪者"创作了一部我之前提到的那种关于美国最终从德国侵略中解放出来的幻想文学，他在其中热情歌颂了女性俱乐部的英雄主义精神，这些俱乐部组成了一个"全国女性战时节约联盟"(Women's National War Economy League)，该联盟的所有成员都要进行一套宣誓，其中一项是不能购买"珠宝和毫无用处的装饰品"，还要少买衣物，杜绝娱乐，要"告别鸡尾酒、高杯酒和所有其他昂贵酒类，同时杜绝吸烟，并且要规劝自己的丈夫、父亲、兄弟、子侄和男性朋友来做同样的事情，以便为'全国女性援战基金'(Women's National War Fund)做出贡献"。[②] 当然，情绪这种东西是不能长久的，但当禁酒游说者们开始出击的时候，这种情绪还正处于高潮，等到他们的工作结束，禁酒主义的狂热已在《宪法》中定型；这份狂热在《宪法》里逗留了约十五年，成了进步主义时代道德重负的一种象征，世人的笑柄，常年不断的愤怒之源，以及一件诉说圣战之奇诡力量的纪念品——这场圣战系为维护绝对道德而

① "几乎所有事例都让我坚定地相信，饮酒的问题从根本上讲是关于道德教育的问题；直到为人父母的充分认识到这一点，并且在抚养子女的过程中，**真正地将自我控制和自我牺牲树立为最首要的行为准则**——在那之前，我们必须时刻准备着向那些不幸的酒精受害者施以援手。"H. Addington Bruce："Why Do Men Drink?"*McClure's*, Vol. XLII(April 1914), p. 132；黑体为作者所加。关于伍德罗·威尔逊劝诫美国人民习得的那种"绝对的自我控制"，此处可视为另一实践领域。

② Cleveland Moffett："Saving the Nation," *McClure's*, Vol. XLVI(December 1915), pp. 20 ff.

发动，本欲摧毁邪恶，却使得邪恶变本加厉。

禁酒运动还不仅仅是一个象征，它成了这个国家改革力量进行转化的一种渠道——改革的力量最终转化为了一种执拗的怪脾气。《沃尔斯特德法案》(Volstead Act)[①]通过前的整个时期——尤其是“反沙龙联盟”出现之前——当禁酒运动仍在使用社会和人道主义改革的语言时，禁酒主义的领导者也在领导着整个改革运
动，[②]而为美国新教中的社会福音运动提供最大支持的各派教会，293
出于同样的原因也支持着禁酒事业。当禁酒取得胜利，当饮酒者从一个不幸的罪人变成一个违法者，当维护一部被普遍违犯的法律成为不得不做的事，大批从前的改革者开始转向保守派的阵营，美国的政治环境则在1924年和1928年将他们分别带入了天主教和城市的圈套。禁酒成了往日社会福音热忱的一件低级替代品。[③]

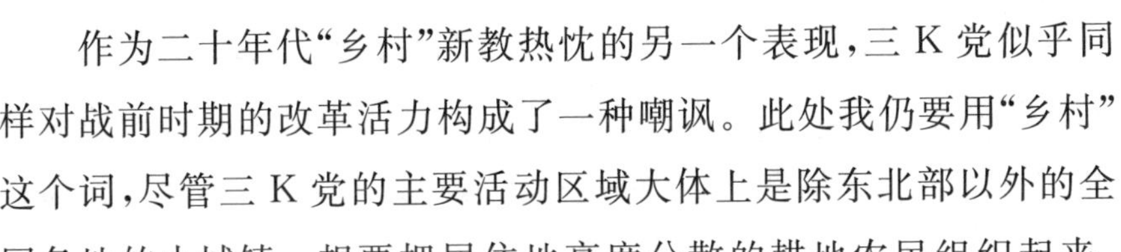

作为二十年代“乡村”新教热忱的另一个表现，三K党似乎同样对战前时期的改革活力构成了一种嘲讽。此处我仍要用“乡村”这个词，尽管三K党的主要活动区域大体上是除东北部以外的全国各地的小城镇。想要把居住地高度分散的耕地农民组织起来，

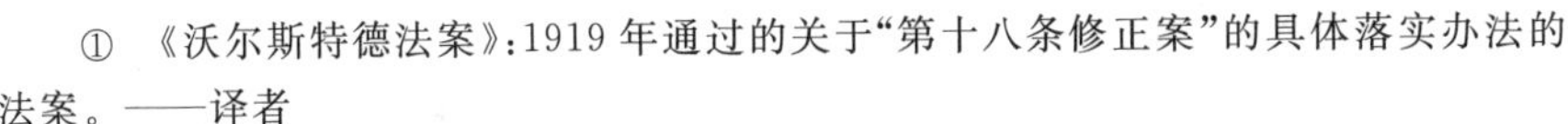

① 《沃尔斯特德法案》：1919年通过的关于“第十八条修正案”的具体落实办法的法案。——译者

② 这样的例子有弗朗西斯·E.威勒德和厄普顿·辛克莱尔，后者迟至1931年还写了一本反对饮酒的书，《酒徒的游行》(*The Wet Parade*, Pasadena, 1931)。像布赖恩这样的政治领导者，将对禁酒的捍卫与捍卫民众统治联系了起来。See his “Prohibition,” *Outlook*, Vol. CXXXIII(February 7, 1923), p. 263.

③ 关于这一过程的分析和记载，见 Paul Carter: *The Decline and Revival of the Social Gospel... 1920—40*, unpublished doctoral dissertation, Columbia University, 1954, chapter iii, “Prohibition, Left and Right”。

组织者就必须不辞辛劳地四处奔波，由于缺少津贴，三K党内那些常常是唯利是图的组织者们，是绝不会那样做的；而在小城镇，易于哄骗的本土主义者聚居一处，人数可观，大可加以组织一番，乡村地区的新教主义精神在这里仍颇为强劲，因此常可以发现燃烧的十字架。三K党常常瞄准那些生活不太顺利[①]也没受过教育的本土白人新教徒，这些人身上有一种蒙昧的，然而又常常相当真挚的理想主义脾性。他们对天主教徒和犹太人恶语相向，可是一般来说，他们在其居住地根本接触不到上述人群，尽管可以肯定的是，三K党在南方已成为白人至上论的头号代表者。

三K党的心理，往往并非对直接人际关系和面对面竞争的一
294 种反应，而是源于这样一种不断加强的感受：形成于乡村和小城镇的，盎格鲁-撒克逊传统下的美国生活习俗，如今却正在充满邪恶的城市里被忽视，甚至被嘲弄——尤其是被那些“外来人”所嘲弄——而往日的宗教和道德也正在被知识分子们哂笑。城市最终在人口数量上超过了乡村，也成了美国人生活想象力的中心。在超过一个世纪的时间里，乡村的剩余人口来到城市，尚且能给城市生活带来一抹乡愁和乡村美好生活的色彩，可是如今，为整个国家提供优质生活之典范的则是城市。城市是新繁荣的最大获益者，乡村已落在了后面。但最重要的是，城市是酒类和酿酒贩子之家，那里还有爵士乐、周末高尔夫球赛和狂野的宴会，就连离婚在那里也很平常。杂志和报纸，电影与广播，把关于城市的信息带到乡

① “你认为这里是大人物待的地方吗?”印第安纳城的一位观察者问道，“等他们游行时，你瞅瞅他们的鞋吧。鞋底都开了绽了。” Frederick Lewis Allen: *Only Yesterday*(New York, 1931), p. 67.

村，甚至引诱着那些有着古老美利坚血统的孩子们，开始抛弃旧的生活方式了。指责落到了移民、天主教徒和犹太人的头上——但不是生活在邻近乡村的那些无害人群，而是聚居在纽约和芝加哥这类遥远的罪恶都市里的那些人。盎格鲁-撒克逊血统的美国人，如今比以往任何时候都更加觉得他们代表着一种其纯粹性正面临威胁的种族和理想，代表着摇摇欲坠的新教主义，甚至代表着一种正在消失的关于国家忠诚的道德价值——因为战争和随后发生的事情唤醒了他们，使他们认识到，这个国家充斥着刚刚归化不久的公民，这些人仍然高度关注欧洲的政治，其忠诚的对象也是分裂的。[①]

三K党的“帝国巫师”(Imperial Wizard)[②]和实际上的“皇帝”(Emperor)海勒姆·韦斯利·埃文斯，曾就这个组织的目标撰写过一篇直率的，有些地方还很有说服力的声明，该文对于这场运动与美国新教乡村的衰落之间的关系，阐述得比所有研究者的分析都要好：[③]“……上一代的北欧裔美国人(Nordic Americans)[④]，发 295
现自己过得越来越糟糕，到最后简直苦痛万分。首先是在思想和见识上出现了混乱，不管是对国家大事还是私人生活，都感到越来

① 对理解三K党很有助益的一部文献是 John M. Mecklin: *The Ku Klux Klan* (New York, 1924)。

② 三K党全国最高领袖的称号。——译者

③ Hiram Wesley Evans: “The Klan's Fight for Americanism,” *North American Review*, Vol. CCXIII(March-April-May 1926), pp. 33-63.

④ 北欧裔美国人：这里的“北欧”是一个人种学概念，不仅指地理上的北欧，还指西北欧和波罗的海沿岸国家。因此北欧裔美国人除指北欧在美国的移民后裔外，还包括英国、爱尔兰、德国、尼德兰和法国北部的移民的后裔。——译者

越迟疑不定，和早些年我们那种清晰、直接的目标意识形成了巨大反差。关于宗教也产生了某种无意义感，这一点甚至更加令人痛苦。……最后是道德的崩解，这种局面已持续了近二十年。我们的传统道德标准已被一件件丢弃，或是被抛诸脑后，不再有约束力。我们的安息日，我们的家庭，女子的贞洁，最后甚至是我们在自己修建的学校教给孩子们一些基本事实和真理的权利，所有这一切的神圣性都离我们远去了。坚守旧标准的人们如果还这样做，只会面对不绝于耳的嘲笑。

“与此相伴随的是经济上的艰难。我们的下一代在未来的保障正在逐步丧失。我们发现，我们的城市，以及相当一部分的工业、商业，都掌握在外来人的手里，他们在洗牌时作弊，让我们无法享受到成功与繁荣。为达到这一目的而实行的‘**集团**体制’(*bloc system*)，如今已无人不晓。……

“因此，在父辈留给他们的这片土地上，很多地方的北欧裔美国人今天反倒成了外来人。……我们日益下降的生育率，以及随之而来的后果，都是我们苦难生活的明证。我们开始认为，将孩子带到世间对他们是不公平的，除非我们从一开始就能保证，他们将享有财富或是得到教育，或同时拥有二者，从而不至于必须去同社会中下层的那些人们竞争，去挤那通往成功的独木桥。我们不再敢冒险，让我们的青年人像我们当年那样去‘创立自己的事业’。……

“我们是由普通人民组成的一条阵线，在文化、智识支持和有效的领导力方面，我们还非常薄弱。我们的诉求是……让权力回到那些平凡的，没有高深教养，也谈不上学识渊博，但绝对不曾道
296 德败坏，绝对是纯正美国人的那些老派普通公民的手中。我们的

成员和领导者全都属于这个层次——我们反对那些把持着领导权，却背叛美国精神（Americanism）的知识分子和自由主义者……几乎是下意识地。

“这毫无疑问是一个弱点。这一点让我们被蔑称为‘乡下佬’和‘土包子’，或是‘二手福特车司机’。这些我们都承认。……每一场人民运动都面临这样的障碍，可尽管如此，人民运动依然是进步的主流，并且通常都必然能战胜同时代那些‘上等人’。

“三 K 党人（Klansmen）感到，面对步步紧逼的邪恶，他们居于守势——然而邪恶同时也是诱惑。三 K 党人有一种典型的道德成见，就像搜查官对于他搜检的对象所持的那种。（因此，当他们发现一位广受尊崇的‘大神’[hobgoblin]，印第安纳州党组织的那位强悍的领导者，被指控为强奸杀人犯时，他们的确受到了一次沉重打击。）很多时候，他们都先入为主地假定自己是公共道德法则的监督人，或是禁酒法的民间执法官。如果说他们的一些行为，表明其隐隐怀着一种渴望，想要得到城市人的认可，他们那毫不讳言的对于风流韵事及脱衣舞会的需求，则很可能增加了其对天主教教义的仇恨。尽管天主教是他们的主要仇视对象，至少在南部以外是这样，但三 K 党的一些最重要的特征，却是他们对那些与天主教非常类似的行为方式怀有高度热情——他们那一套由塞克洛普斯（Cyclopses）、克里戈（Kleagles）、克拉利夫（Klaliffs）、克洛卡（Klokards）、克拉德（Kluds）、克里格拉普（Kligrapps）、克拉比（Klabees）和克莱克斯特（Klexters）[①]等职位所组成的森严等级体

① 皆为三 K 党内不同级别及功能的官员的名称，类似的名称还有很多。——译者

系，他们对党内仪式的自豪感（这位'帝国巫师'称，就连一些其他组织的成员也认为三K党的仪式是美妙的，尤其显得高贵威严），以及他们那洁净的、人人可以着装的白色法衣。"[1]

对三K党势力的一些估测表明，在其高峰时期，会员差一点
297 就达到了4,000,000人，[2]如果说仅就注册会员而言，这个数字有些偏高，但考虑到一些人在情绪上其实与三K党颇为一致，只是居住在该党的组织能力鞭长莫及之处，这一数字就不那么高了。不管怎么说，反正该组织的影响力都用来为政治反动服务了；而在某些地区，布赖恩这样的人物在三K党徒中受欢迎的程度，则表明在该组织的支持者中，很多人也曾支持过乡村改革的事业。

禁酒和三K党的议题给民主党带来的分裂，总是比对共和党造成的分裂大，也是在民主党内部，美国生活中的伦理张力体现得更加淋漓尽致。不仅如此，民主党在战后的分崩离析是如此地严重，以至于实际上造成了两党体制的崩溃，也不再存在一个有益的反对派了。内战以来，民主党一直是传统上的少数党，可是到了进步主义时期，两党的实力曾经如此接近，以至于共和党内的一些机会主义政客，为了缓和公众的批评，开始以各种方式将民主党的诸多最有号召力的提案引入共和党。只是因为共和党在1912年的

① 需要指出的是，存在四个"三K党组织"（Kloranic Orders），其中影响更大的两个是"伟大森林骑士团"（Knights of Great Forrest）（又称"美利坚骑士团"[The Order of American Chivalry]）和"午夜之谜骑士团"（Knights of the Midnight Mystery）（又称"骑士美德和精神哲学顶级会社"[Superior Order of Knighthood and Spiritual Philosophies]）。Stanley Frost：*The Challenge of the Klan*（Indianapolis，1924），pp. 298-299.

② Ibid.，pp. 7-8.

分裂，威尔逊才得以结束共和党长达十六年的统治，而他在1916年连任选举中的险胜，则主要得益于成功地置身战争之外。其政治资本的基础在于“他让我们远离战争”(He kept us out of war)这一口号，当然这一口号很快就不见了踪影，1920年民主党的得票率仅占全国总选票数的34.5%，是内战以来两大党得票率的最低点。[①] 这一灾难之后接踵而至的，则是1924年党代会上的激烈争吵和冗长的投票，所有这一切，结束了民主党人作为一个严肃的反对派的存在。[②] 正是两党间这种深刻的差距，使得共和党内那 298
些保守分子得以轻而易举地挫败了农民，哪怕在腐败被揭发之后也存活了下来，拉福莱特在1924年的反叛也没有被放在眼里，因为只有在两大党的竞争势均力敌的时候，第三党的反叛才最有可能造成可观的影响。

进步主义最有趣的结局，与其说在于拉福莱特的竞选运动，不如说在于民主党，也是在民主党身上，未来改革政治所面临的问题得以最清楚地呈现出来。因为正是在民主党内部，乡村扬基新教徒与城市机器之间的冲突被推向了顶点。美国的天主教城市移民，是在二十年代，通过阿尔·史密斯(Al Smith)这个人，第一次塑造出了一位国家英雄。史密斯是一个矛盾体，他是个坦慕尼分子，同时又是一个进步派，他是一个城市机器的产物，该机器是腐败的代名词，可同时他又是一位政治领导者，大量证据表明他在其

① 就民众选票而非选举人团而言，考克斯败给哈定的幅度，比1936年兰登输给罗斯福的差距还要大，因为兰登至少获得了总票数的36.4%。

② 1924年，民主党候选人约翰·W.戴维斯(John W. Davis)只获得了总选票数的28.8%，柯立芝获得54.1%，拉福莱特获得16.6%。

州长任期内对大众福利给予了高度关切。他是天主教徒兼“反禁酒派”(wet),在城市街头摸爬滚打成长起来,从未进过大学,他还是一位敏锐的政治家,在以往的从政生涯中曾做出过光辉业绩;于是他成为了美国城市可能性的一种象征。他嗓音粗哑,发音和句法纰漏频出,很容易被贴上美国人那种“自以为是”(snobbism)的标签,可也正是基于同样的理由,在那些被排斥于美国中产阶级体面生活之外的人们看来,尤其是在那些移民群体眼中,他却是一个颇能引起共鸣的人物。尽管更大规模的移民涌入的大门已经关闭,移民在美国政治中的积极影响才刚刚开始为人所感知。第一代移民相对较为被动和顺从,可如今,19 世纪末大潮中涌入移民的第二代后裔,乃至第三代,都已经成年了。他们的自尊心和自我意识在不断增强。他们对政治的兴趣已开始被唤醒,政治的必要性不再仅仅体现为一种适应美国生活的中介。他们中的很多人之第一次对政治产生兴趣,是因为欧洲的战争,这场战争唤醒了他们
299 古老的忠诚;他们中的很多人,第一次怀着狂热的激情去选择站在这一边或那一边,则是因为威尔逊的政策,这些政策几乎与所有欧洲国家都息息相关。他们的自尊心,常常还包括他们的家庭规划,都随着 1921 年年关的闭合而大受影响。由于禁酒法案的荒谬限制,他们的闲暇和娱乐大大减少,甚至他们在美国的安全感,也因为三 K 党那些古里古怪的行为而受到了威胁。移民既已被如此唤醒,便将史密斯当成了天然的领导者,对他的尊重超过了所有其他人,因为那些自命不凡的本土美国人都看不起他。于是,在这样一个繁荣时代,禁酒问题中凸显出来的族群冲突问题,便显得比所有经济议题都更突出了。

族群的战斗经历了两个阶段。第一个阶段发生在1924年的民主党内。从前支持布赖恩的选区的那些乡村代表，与史密斯及其支持者，在麦迪逊广场花园剧场(Madison Square Garden)展开了长达十七天的激战，史密斯和威廉·吉布斯·麦克阿杜(William Gibbs McAdoo)让大会陷入僵局，一共进行了多达103轮投票。由于双方实力近乎绝对的平衡，争吵的激烈度趋于白热化。针对实名谴责三K党这一事项，最终的点名表决以543又3/20对542又7/20票做出了否决。代表们离开之前提名了这样一位候选人[①]，他与两个派别都没有太深纠葛，也没有对任何一派表示特别的支持，在民意测验中的表现也颇为惨淡。四年之后，史密斯派在党内大获全胜，提名了他们的候选人，族群战斗的战场于是转移到两大党之间，而不是某个党的内部。尽管史密斯比胡佛代表着更多自由主义观点，也得到了自由派知识分子的支持，但两大党都公开地向大企业集团示好，以至于在经济议题上并未产生大的争端，[②]选举十分清晰地沿着这样一道分野进行，一方是乡村—禁 300
酒派—新教徒，另一方则是非禁酒派—城市—天主教—移民。[③]

1928年史密斯彻头彻尾的败选(其败选的惨烈程度，与四年

① 指1924年民主党总统候选人约翰·W.戴维斯(John W. Davis)。——译者

② Peel and Donnelly: *The* 1928 *Campaign*, p. 79. 当然，史密斯更多地试图向那些因未能从总体繁荣中受益的群体获取支持，胡佛则强调共和党对于经济繁荣的功劳。

③ 可对照沃尔特·李普曼的评论："在对禁酒主义者的猛烈反对，对坦慕尼协会的反对，以及对纽约州的地域性反对之外，非常不一样的是对史密斯的反对，在我看来，无论对他的反对还是支持，都是同样地真实和强烈。这种反对基于这样一种感受：城市里那种喧嚣扰攘的生活，不应该被视为美国的理想。"*Men of Destiny* (New York, 1927), p. 8.

之后胡佛之败于罗斯福不相上下)，让人们的注意力从美国政治生活中涌动的一些主要暗流转移开来。一方面，选举对美国天主教徒的公共能力(civic capacity)是一次严重打击，留下的创伤从未完全恢复，其严重后果到今天仍未消除。尽管作为经济繁荣时期的执政党候选人，以及当时共和党多数派深孚众望的继承者，胡佛几乎无论如何都会当选，但他的胜选其实很大程度上得益于对史密斯的污名化，称其人格上自以为是，宗教上冥顽不化。选举表明了这一事实，即一名天主教徒是不可能被选为总统的，与此同时，竞选背后的秘密活动也使得天主教徒的美国特性深受质疑，从而让他们融入美国、实现一种完整美国认同的努力，都遭遇了当头一棒。

和这一点同等重要的是城市政治的兴起，以及共和党的优势在大工业中心地带的缩减。如同塞缪尔·卢贝尔指出的，由于受到共和党所获胜利的掩盖，这一过程几乎无人察觉。然而即便在共和党取得胜利的这些年，该党在十二个最大城市的选票多数也从 1920 年的 1,638,000 票降至 1924 年的 1,252,000 票，到 1928 年，更是骤然以 38,000 票的差距，将多数地位拱手让给了民主党。正如卢贝尔所言，共和党对城市的掌控是败给了史密斯，而不是富
301 兰克林·D. 罗斯福。“罗斯福革命之前，已经发生过一场阿尔·史密斯革命。”[①]城市移民的日益美国化，以及他们政治意识的日益觉醒，使得一股暗流正朝着与共和党相反的方向涌动，因为在多

① Lubell, op. cit., pp. 34-35. 卢贝尔对美国政治中的族群、宗教派系的分析非常具有启发性。

数的大城市里，工人阶级在社会偏向上带有强烈的移民、天主教、“反禁酒”和“平民”(democratic)色彩，这个阶级正义无反顾地流向民主党，而不是柯立芝和胡佛的政党。

经历1924年民主党内部的斗争，以及1928年史密斯的败选后，有一点已经很明显了：民主党如今终于有机会对共和党人提出真正挑战，可是要让这挑战真正成形，它还必须找到一名能够克服该党内部长期恩怨的候选人，这种恩怨已经将这个党折腾得七零八落。1928年，还没有人知道这一挑战什么时候到来，胜算又如何，然而关于谁是发起这一挑战的最佳人选，却正在清晰起来。富兰克林·D.罗斯福长期以来是史密斯的支持者，1924年的提名党代会上也投票给了史密斯，但在公众心目中，他与坦慕尼协会并无瓜葛。同时，他出身于美国一个古老家族，是纽约“上州”(upstate)[①]的一名清教徒，颇可以称得上是一名乡村绅士。作为威尔逊的助理海军部长，以及考克斯1920年命途多舛的总统竞选里的竞选伙伴，他在过去的进步主义运动里根基颇深，全国上下交游甚广，二十年代的斗争也未尝破坏这些友谊。要言之，他是一位技艺极为高超的职业政治家，多年来成功地行走于政党派系的狭窄边界线之上，与两大阵营都保持着联系。他的卓越天赋，使他成为了美国改革史上第一位超越以往二元论的最高领导人，这种二元论主要体现为城市机器与美国新教本土主义力量之间在政治气质上的对立，这种对立一直以来都令进步派头疼不已。 302

① 上州：指纽约州除长岛和纽约市区的部分。——译者

三、新的起航

大萧条破坏了二十年代的情绪，正如第一次世界大战后的反动逆流结束了进步主义热潮，战后政治中诸多维度上的敌对状态，也随着大萧条的到来而显得过时。改革的要求再一次地变得不可抗拒，从这个国家的各个角落，涌现出一系列混乱的并且常常相互矛盾的救助计划，"新政"便是从这些计划当中脱颖而出。从1933年到1938年期间，新政发起了一系列立法变革——使得进步主义时期的立法行为相形见绌——这些变革的总和，使得美国政治与行政状况相比1914年发生了很大变化，尽管相比起1880年来，变化却要小一些。

人们对于对称性和历史延续性的渴望，总诱惑着他们想要从新政当中看到进步主义内容的回归，看到西奥多·罗斯福和伍德罗·威尔逊时期开始的工作能得以接续，甚至看到第一次世界大战前六年中推进的诸多变革，能实现最终的完满。让人抵挡不住这一诱惑的理由太多了。首先，相比美国历史上的其他群体，"新政派"(New Dealers)与进步派在一个方面的共识最为突出：他们都乐于使用政府机制来满足人民的需要，并为国家经济的运行做补充工作。新政历史上的很多场合，尤其当它需要在组织、行政和管理的层面确立一个中央核心，便很像是不偏不倚地回到了赫伯特·克罗利等进步派们所倡导的那种"新国家主义"传统。由于不太可能就任何一个社会所面临的每一个新问题开辟出一套全新的词汇，因而新政话语中的许多内容，也都能令人很快回想起进步主

义。和进步派一样，新政派也激发了一大批民众；进步派面对着 303
“财阀”，新政派则面临“经济效忠派”（economic royalists）。富兰克林·罗斯福在他第一次就职演讲中声明，“从我们这个文明社会的神殿里的宝座之上，货币交易商们已逃逸而去。如今我们则有望参照古代的真理来重建神殿”，听上去非常像是从前《麦克卢尔杂志》某位鼓动能力出众的作家的语调。[①] 不仅如此，在控股公司、垄断、公共职权等诸多具体议题上，新政时期的人们也感到他们似乎正在处理一些似曾相识的问题——比如在 1933 年初那段非常关键的日子里，西部一些支持通货膨胀的参议员们组成的那个强大集团，看上去就似乎是在为平民党运动招魂。

尽管如此，即便我们承认历史中不存在绝对的断裂，同时将新政的历史看作一个整体，我们仍将发现，这场运动的一大突出之处，乃在于它标志着美国改革史上一次全新的起航（departure）。[②] 新政不同于美国历史上的任何一次变革：它所面临的核心问题与进步主义的问题不一样；两次改革在理念、精神和技术上都不一样。不少人见证了进步主义运动的全过程，并认为这场运动中的那些典型主张尚处于美国传统的主线之上，甚至有助于传统的复

---

① 很自然地，人员构成上也存在一定的延续性，因为在新政时期，美国领导阶层中相当多的人物都跟罗斯福一样，第一次世界大战前是青年进步主义者，三十年代则是国家重大改革的支持者。尽管如此，曾支持进步主义举措，后来却成为新政的激烈批评者的，同样大有人在——主要是“雄驼党”时期的共和党反叛者，但也有不少民主党人。

② 在这一点上，我于塞缪尔·卢贝尔的观点心有戚戚焉（op. cit.，p. 3）：“由富兰克林·D. 罗斯福开创、杜鲁门继承的这场政治革命，其最突出的特征，并不在于与安德鲁·杰克逊或托马斯·杰斐逊发动的那些政治战役的相似性，而在于与过去在连续性上的骤然断裂。”

苏;然而同样是这些人,却认为新政是对他们所晓喻和尊崇的所有东西的一次悍然悖逆,因此只能将其解读为一种颠覆的企图,或是
304 一些强大外来势力介入的结果。这些人对新政的反对常常显得歇斯底里,然而他们对美国政治和经济生活中出现了某种新事物的这种感知,却是相当准确的。

首先,我们看一看新政派面临的根本问题,并将其与进步派关注的问题做一比较。西奥多·罗斯福于 1901 年继任总统时,这个国家距离从一场严重的经济萧条中走出来已经三年多,正处在经济健康发展的时期。农民的生活相比过去的四十多年要更加富足,工人阶级就业稳定,生活水平也在稳步提升,甚至中产阶级,更多地也是在思忖他们为成功付出了多少道德代价,而不是在忧心一些有关家庭生计的紧迫问题。而当小罗斯福宣誓就职时,美国经济生活的这一整套运转机制,已经土崩瓦解。社会秩序的传统掌控者和领导者们,自身也处于惊惶失措的状态。数以百万计的人们陷于失业,无论在农场还是城市,人民的不满都已达到相当危险的程度。

实际上,新政时期的一大标志性特征,是在美国改革运动史上首次出现这样的情况:一位改革派政党的领导人甫一执掌政府之际,便为一个病态经济体下铺天盖地的问题所包围。当然,整个 19 世纪,美国的政治改革传统都受着周期性经济崩溃现象的影响;可是对政治领导者们来说,治愈国家经济病症的责任从来未曾达到不可推卸的地步。1801 年的杰斐逊,1829 年的杰克逊,以及后来的老罗斯福和威尔逊——他们执掌权力之时,国家经济都运转良好。这几位总统也都曾经历过经济衰退——比如 1807 年,杰

斐逊的禁运政策便招致了一次经济危机，杰克逊那一派在 1834 年和 1837 年，老罗斯福在 1907 年“银行家的恐慌”（bankers’ panic）期间，以及威尔逊在战时繁荣之前经历的那次短暂衰退；然而他们的思想，以及他们所代表的各自阵营的思想，主要关注的却是让社 305
会各阶级分享已然现成的繁荣，而不是要重建一种已然失却的繁荣，或是预防经济低潮的循环不止。

美国政治反抗的早期传统主要反映了企业主阶层的需求，或是那些类似企业主的人群的需求——如农场主、小商人、专门职业者，偶尔还有工匠或工人阶级的上层。这些阶层的普遍目标，是为新企业和新人类（new men）扫清障碍，削弱特权企业、大公司和垄断企业，并为小人物提供更多信贷渠道。可想而知，进步主义传统下的这些理念，其基础绝不仅仅在于对竞争性规则的承认，而简直是对这些规则的赞美。杰斐逊派、杰克逊派，以及后来的大多数进步派，都对市场经济坚信不疑，而他们所能接受的对于这一信念的唯一主要限定，乃在于他们意识到了市场需要由政府进行监管和道德化，这个政府将反映小企业主以及那些在经济上刚刚起步的人们的需求。在非常偶然的情况下，他们也曾支持全国政府发挥一些积极功能，但总体上讲，他们倾向于让政府的积极功能维持最小规模，并且即便这些功能是必不可少的，也尽量将其限制在州层面，防止其向全国层面扩展。关于全国政府的角色，他们的理解刚开始基本上是全盘否定，后来也基本上是充满防备的。在杰斐逊和杰克逊的时期，他们主要着眼于限制政府的过度开支和过度征税，防备其授发各种特许执照。后来，到了共治时代（corporate era），则主要着眼于防止铁路公司和垄断经营者们的不法行为，对

不健康和非道德的行为加以规制和监管。当然，平民主义和进步主义运动中的一些“先进”思想家，的确已开始试验性地考虑赋予
306 政府以更为积极的功能，可正当有人打算在全国层面将这些方案——比如关于农业信贷的财政分库计划，以及有关公共所有权的各种提案——付诸实施时，却激起了最激烈的反对。

因此，改革主义这一整个传统反映的是这样一种心态，该心态的基础在于一个本质上是健康的社会；该心态所主要关注的内容，并不在于如何能让一个经济体成功应对经济崩溃带来的诸多问题，而不过是透过一套合理的运转规则，促进该经济体的民主化。设法令一个经济体恢复繁荣，归根结底是一个组织问题，[①]然而从很多重要的角度看来，让一个业已组织良好的经济体实现民主化，正如我们所看到的，则是要找到一些打击和限制组织的办法。因此对于 1929 年发生的事，进步派的头脑处理起来丝毫不会比保守派更加得心应手。赫伯特·胡佛这位曾经的“雄驼党人”，本来比以往任何一次经济萧条时期的任何一位总统，都更加具备领导这个国家的潜在能力，可是由于教条主义式地坚持一些积习陈规，他最终未能顺应时势。而富兰克林·D. 罗斯福这位 1910 年便已践履公职的、典型的进步主义产儿，如果仅是站在 1920 年代来审视他的履历，倒也很难说他在经济思想方面已经为应对大萧条做好

① 若要为新政的最初一些工作找一个从前的模板，则毋宁是威尔逊政府在第一次世界大战期间对经济的组织工作，而不是进步主义时期的经济立法。休·约翰逊(Hugh Johnson)在全国工业复兴署(NRA)，以及乔治·皮克(George Peek)在农业调整管理局(AAA)的工作，在很多方面都是重新调用了他们在伯纳德·巴鲁什掌管的战时产业委员会(War Industries Board)中的经验。

了准备；[1]可是，他的机会主义与灵活变通，却使得他对经济危机的处理要成功得多。

胡佛这位出生于艾奥瓦州的工程师，体现了本土新教政治观念下的道德传统。在政治上他是个业余者，1928 年当选总统之前从未竞选过公职；他对政客们那种达成和解的愿望没有丝毫耐心，而对于那些在其行政官员生涯中一直运行良好的民间的、自愿的工作方法，他则始终坚信不疑，然而考虑到时势，这种坚信便近乎执拗了。[2] 罗斯福则是个经验丰富的职业政治家，经历了在 1920 307
年代激烈政治争论中的左右观望，他透彻地理解了自己所在的这个职业。如今在机器政治的现实当中，他如鱼得水，在机器运作技巧和政治权变方面已是一位大师。跟胡佛不一样，关于经济原理，他没有什么稳固的、硬性的观念，但他明白一点，试验修正和即兴创制是必要的。他在 1932 年曾说道："选定一种方法并进行试验，这是一种常识。一旦失败就坦白承认，再尝试下一种方法。然而最紧要的是要去尝试。"

若将由此产生的海量立法描述为经济计划，便是把计划与干预主义弄混淆了。"计划"这个词对于新政来说不太贴切：作为一场经济运动，新政其实是一锅由各种试验组成的大杂烩。诸如雷克斯福德·盖伊·特格韦尔（Rexford Guy Tugwell）这一类正宗

---

① See Frank Freidel's *Franklin D. Roosevelt: the Ordeal* (Boston, 1954), and his forthcoming volume on F. D. R.'s governorship.

② 富于标志性意味的是，胡佛接受了关于大萧条的，或许可称为本土主义的观点：大萧条来自海外；它的发生，并非源自美国经济体的任何缺陷，而是受了欧洲那些不健康的制度的影响。

的计划专家，发现他们在新政的乱流中辗转难行，最终幻灭而去。如果说从经济的角度来讲，新政缺少“计划”这个概念所暗含的那种理性和连贯性，从政治的角度来说，它却展现出了一种在各种利益之间求取平衡的高超技艺。无怪乎一些老派的共和党反叛者对新政的具体做法感到怒不可遏。在老罗斯福的时代，人们相信国家是中立的，是因为国家的领导者声称他们不会给任何人以特权，到了小罗斯福的时代，国家的中立性则只能在如下意义上才成立，即它让所有人都得到了好处。

甚至在小罗斯福上任之前，一场无声的革命已在民间悄然发生。要理解这场革命的本质特征，我们可以回顾看看，当新政派最初抢班夺权的时候，全国上下的反对是何等轻微，从那时起，为了达到经济复苏的目的，联邦政府便被认为应该为劳动力市场的状况负
308 责，作为它与整个产业问题的密切关系的一部分。联邦政府应当担负起救济失业者的主要责任，这不是什么革命企图，而只不过是一种政治考量。同样是作为一种政治考量，假如给了工业家这样一种权力，令其有资格起草一系列强制性法则，规定哪种行为是正当的，则劳工进行集体谈判的权利，至少也应得到某种形式的承认。显然，新政的头一两年内没有人预见到，以联邦失业救助的形式向经济体内注入巨大购买力，将对接下来几年的经济造成持续的、致命的影响，后来的事实证明了这一点。也没有人预见到，新政所带来的精神和希望，以及最初几年实现的片面经济复苏，将催生出一场多么宏大而强劲的劳工运动。但是到了 1937 年末，情况已经明显了：改革的社会基础中，已增加了一些新东西。失业者的利益诉求，连同发动一场大规模激进劳工运动的要求，使得新政后期平添了一

抹社会—民主主义的色彩，这是美国改革运动中从未出现过的。在此之前，美国的政治改革思想很大程度上专注于一种本质上属于企业主视角的改革，只是偶尔涉及社会立法，此后则注定要为大面积的社会保障、失业保险、工资和工时以及住房问题承担责任了。[①]

更为引人注目的是联邦政府的新财政角色。同样地，这一切都没有经过预先的设计。大规模支出和非平衡预算，最初都是对紧迫局势做出的反应。当其他复苏计划显得令人失望之际，政府 309
支出却维持了经济的运转；罗斯福直到 1937 年打主意削减财政开支时，才恍然意识到他已成了自己一系列财政支出政策的囚徒，继而开始将一种迫不得已的选择粉饰成为美德之举。直到战争爆发前，很难说罗斯福的财政支出政策体现了一种对凯恩斯经济学的毫不含糊的或全心全意的信奉。唯有战争本身，才能将新政肇始的这场财政革命推至顶点。1940 年，凯恩斯爵士在美国发表了一篇论文，在该文中，他对此前十年美国赤字开支(deficit spending)的经验进行了颇为阴郁的回顾。他的结论是：“让一个资本主义民主社会在必要的规模上确立其公共支出政策，以推行那种能够证明我的理论的宏大试验，这在政治上几乎是不可能的——除非是在战争条件下。”他接着指出，战争的筹备和武器生产或许将使得美国人充分认识到他们经济体的潜力，这一认识将“构成一种激

① 正如“全国制造业者协会”的辩护律师所说的：“监管已经从消极阶段发展到积极阶段，前者仅仅着意于防止非法和不正当的行为，后者则意在对商业行动的性质和形式进行指导和控制。政府的功能在于防止因强权而产生的剥削，这一观念已为一种新的观念所替代，即政府的职责在于提供保障，以应对生活中的所有重要威胁——如失业、事故、疾病、年老和死亡。”见 Thomas P. Jenkin：*Reactions of Major Groups to Positive Government in the United States* (Berkeley，1945)，pp. 300-301。

励，去实现更大规模的个体消费和更高的生活水平，而新政则提供不了这份激励，不管它是成功还是失败。”[①]今天我们可以看到，这些话有着多么深刻的预言意味。和平年代，很多人曾对罗斯福时期的预算悲叹哀号——其金额最高时达到了七十亿美元。今天，我们凝视着超过八十亿美元的预算，内心的痛苦却要少得多，因为我们清楚这笔开支的大部分将用于国防，而不会用到政治上更容易引起争议的地方。然而最重要的是我们已经知晓，我们经济体的潜在可能性已远非 1933 年可比，遑论 1903 年。尽管人们对联邦财政和税收政策仍不时心生愤怒，但几乎没人会怀疑，在可预见
310 的将来，政府的财政角色将成为决定经济发展进程的头号因素。

从前那些进步主义议题怎么样了？要么被避而不谈，要么被迂回处理，要么因为过时而自动放弃——总之就是没有被解决。若想真切地体会这一点，只需一观新政是如何处理进步主义思想下的两大臭名昭著之物——机器和托拉斯的。

如我们所见，进步派花费了大量精力，试图打败大佬和机器，并试图对国家的政治机制做出相应的变革，以实现某种直接大众民主，“让政府回归人民之手”；相形之下，新政几乎彻底回避了这类改革。在那些老派的、讲求原则的自由派看来，罗斯福在终结大佬统治和腐败方面没做出任何努力，而是将整个问题置之不理——若非因为这一点，这些人对罗斯福的改革本是热情欢迎的。为了实现范围更广的全国性目标，满足更急迫的需求，罗斯福不惜

① J. M. Keynes：“The United States and the Keynes Plan，” *New Republic*，Vol. CIII(July 29，1940)，p. 158.

与大佬们密切合作,只要对方也愿意配合——即便是与最坏的机器之一,比如新泽西州富于独裁色彩的“黑格机器”(Hague machine)[①],他与之合作起来也是毫不犹豫。至于民主的重建事业,他似乎颇满足于这样一种感觉,即国家已经为最广泛的公共需求提供了服务——至少是正在为此提供服务——而人民和行政领导人之间也正维持着一种美好的亲善关系。[②]

政治改革领域这样一种和缓的、侧重政府管理的风格之下,也有一个重要的例外,即尝试扩充最高法院法官人数的改革,然而细查起来,这项改革也没什么了不起的。说到底,罗斯福对最高法院发起的斗争,并非遵循某种宏大的“民主”原则,也不是出于一种改革宪政制度的愿望,而是因为最高法院的历次判决几乎使得对社会进行管理学意义上的重构已不再可能,而这一需求是非常急迫的。他最担心的并非司法审查已变得“不民主”,而是联邦政府有 311
效处理经济问题的权力——他就是这么想的——已经被剥夺了。这场斗争也不是在纯正的进步主义精神之下发动的。过去,进步派与司法部门之间也曾争议不断,并最终提出了关于召回司法判决(recall of judicial decisions)的立法议案,这是一项典型地体现了进步派原则但操作上难度极大的提案。简言之,如同你在那些讲求原则的人们身上看到的那样,他们提出了关于重新考虑司法

① 黑格机器:指民主党“大佬”弗兰克·黑格(Frank Hague)在新泽西州的统治,此人曾于1917—1947年任泽西城市市长。——译者

② 当然,单纯在国内层面讨论民主的问题,便低估了新政的世界性意义。在一个民主在所有地方都节节败退的时代,新政为世界提供了一个范例,展现了一个自由国家是如何通过一种民主而人道的方式来处理经济问题的。

审查原则的一整套问题。罗斯福没有采取这样的做法。① 在代表制民主下对国会通过的法案实行司法审查——就这一制度正当性的整个问题重新展开讨论，这对罗斯福感受到的那种"宪政僵局"(Constitutional impasse)，本该是一条高瞻远瞩的解决路径，然而相对于他实际采用的办法，这条路径最终的确有可能败得更加惨烈。因为害怕卷入对《宪法》进行修订的繁琐事务，罗斯福避开了那条路，而为达到自己的目的设计出了一个"花招"(gimmick)——他借口法官的高龄会让他们跟不上时代，提出对法官队伍进行增补的职权要求，也就是为每一位年龄达到七十岁却仍未退休的法官配备一名增补法官(additional judge)，增补法官的数量最高可达六名。

研究罗斯福与最高法院之争斗的学者们，乐于评论称罗斯福赢得了斗争，因为随着斗争的推进，法院的判决风向开始偏转，而范·德万特大法官(Justice Van Devanter)的引退则让总统得以任命了一位自由派法官，最终决定性地改变了最高法院的人员构成。② 然而

① 实际上，在其号召对最高法院进行重组的咨文中，罗斯福便宣称在他的提案中，不论是最高法院的权力，还是《宪法》本身，都没有必要发生根本性的变动，"即那一类可能产生深远影响，以至于令人们对这样一项动议的明智与否都产生怀疑的变动。"只剩下参议院内该法案的主要反对者，伯顿·K.惠勒(Burton K. Wheeler)参议员，还在号召通过一项宪法修正案，使得国会有权驳回司法部门对其通过的法案的否决判决。Charles A. and Mary R. Beard: *America in Mid-passage*(New York, 1939), Vol. I, p. 355.

② 甚至就在总统与最高法院的斗争正在进行之时，国会与最高法院之间实现了新的和谐，这一点是否得益于罗斯福的"最高法院改革法案"(Court reform bill)，或许永远都争论不清。梅洛·普西认为，高院判决的变化并非对立法斗争做出的一种政治反应，见 Merlo Pusey: *Charles Evans Hughes*, Vol. II, pp. 766 ff。他指出的其中一点是，在有关"全国工业复兴署"和"农业调整署"的判决之后上呈至高院的新政法案，撰写得要更好一些。然而毫无疑问的是，范·德万特的卸任确系与最高法院的斗争所导致。Ibid., Vol. II, p. 761. 双方的发言人能够继续就谁赢得了斗争展开争论，这一事实本身就是这场争论已得到完美解决的最佳证明。这场争论激发了太多的民众感情，以至于不管哪一方取得明确的胜利，都将是不幸的。

必须指出的是,想要触动最高法院这样一个强大的、神圣不可侵犯 312 的保守主义机构,即便采用这样一种实用策略,也将付出沉重的代价。与法院的斗争疏远了很多原则性强的自由派,并使得罗斯福的很多保守派反对者们,得以更加令人信服地在公众面前将他描绘成一个想要建立个人独裁、意图颠覆共和国的人。

审视进步主义两大敌手中的第二个,大公司和垄断企业,我们将发现到了新政时期,公众的心态已发生巨大变化。毫无疑问,大萧条的降临,以及 1920 年代一些不那么令人满意的商业活动的曝光,共同营造了一种民意氛围,在其中,公司——尤其是大公司——的领导层受到了深刻怀疑和刻骨仇恨。从这些方面看来,公司的地位比起二十五年以前,显然是大大降低了。尽管如此,到了 1933 年,美国公众已经与大公司在一起生活了很长时间,以至于公司就像被驯化了一般,人们关注的更多是将商业生活置于一定前提下,以提供大量工作机会,而不是如何去破坏较为大型的公司。在商业合并的问题上,新政从未发展出一条清晰而连贯的路线,新政派关于这一主题的论争,也常常令人联想起过去托拉斯破坏者(trust-busters)同托拉斯监管者(trust-regulators)之间的争论。尽管如此,也只能说在新政时期,大公司和垄断的问题始终居于次要地位,居主要地位的则是对一条经济复苏之路的无尽探索,这也是罗斯福所有工作的核心。新政并非始于一波破坏托拉斯的 313 热潮,而是始于全国工业复兴署解决商业秩序问题的一次尝试,具体办法是建立一套规模宏大的、由政府做担保的法律体系,该体系将对全社会的托拉斯化提供认可。新政初期的政治挫折之一正是因此而起——新政把规定何种行为为正当的那些法律的制定过

程,完完全全地交到了大公司利益集团手中,小商人和组织化的劳工群体于是怨声载道。直到《全国工业复兴法》通过五年以后,当全国工业复兴署被证明无法提供持续的经济复苏,并被最高法院宣布违宪,行政部门才转变策略,走向相反的路线,提出要对公司合并与商业权力化(business power)展开调查,由是引出"全国临时经济委员会"(Temporary National Economic Committee)启动的那次令人难忘的调查。[①] 尽管当时的很多观察家都认为,从前进步派那套关于"破坏托拉斯"(trust-busting)的说辞将会被重新采用,但新政从未对商业秩序进行过威尔逊在 1912 年谈论的那种直截了当的"拆解"(dissection),也没有对托拉斯进行老罗斯福所说的那种"示众式"(demonstration)的诉讼——当年凭借此语,老罗斯福先是煽动起了民意,旋又忙不迭地加以安抚。新政并没有打算重建一种竞争秩序,对这一秩序,威尔逊曾充满怀旧情绪地加以召唤,老罗斯福则坚决地认为那是不可能的。新政表现出了一种严格的、管理型的行为方式,并且很明显地,这一行为方式是为提高购买力、继而促进经济复苏这类经济上的考虑服务的。简言之,新政是这样一套协同一致的行为,归根结底是要对各行各业的价格策略实施管制,但其出发点并非出于对公司规模过大的担忧,也不是为了小型竞争者着想,其目的不过在于消除一种民间征税权(private power to tax)——这正是垄断企业的特权,从而将弥足珍贵的购买力留在消费者的手中。

① 尽管如此,这一时期也存在着对控股公司的打击,比如体现在所谓的 1935 年"死刑判决"中。

历史不会有严格的重复，原因很简单：就任何一段历史经验来
说，下一轮的参与者们对于先一轮的结果总是心中有数的。新政 314
后期的反托拉斯理论家们非常清楚，从前执行《谢尔曼法案》的行为多是仪式性的表演，而不是对大公司的真实攻击。主管反托拉斯工作的瑟曼·阿诺德有一个非常著名的观点，认为从前对《谢尔曼法案》的解释实际上掩盖甚至鼓励了商业合并。在关于当时代反托拉斯诉讼的功能的描述中，阿诺德强调应让消费者获得实惠，并对《谢尔曼法案》的早期用途提出了批评："由于消费者的利益没有受到重视，以往该法律的实施工作都被导向了对违法行为的惩治，而不是对经济目标的促进。实际上，只是在极少几次反托拉斯诉讼中，某种实际经济目标得以被界定出来，并加以争取，即是说涉及到了某种具体产品的分配问题。如此而来，违法行为的道德面向，以及公司动机（corporate intent）这种虚无缥缈的东西，反而成了比经济结果更重要的考虑因素。由于未能与消费者的利益考量结合起来，反托拉斯法律的实施沦为了违法者的捕猎游戏，而它本该通过对产品在商业世界里的流动加以助推或制止，为组织化权力的合法性提供一种检验标准。结果是，尽管自由竞争性市场——它是我国经济的基石——这样一种经济理想依然存在，却缺少足够的执行人员去将这个理想变为现实。笼统而言，这就是《谢尔曼法案》自 1890 年到大萧条以来的实施情况。"[①]

然而，如果说将瑟曼·阿诺德所代表的这一立场与进步派的反托拉斯立场区分开来是合理的——我认为是这样——则今天已

① Thurman Arnold: *The Bottlenecks of Business*(New York, 1940), p. 263.

经出现了这样一批人，他们的政治思想是在对新政的实际参与过程中塑造起来的，他们比阿诺德更进一步，提出反托拉斯行动不该局限为对公司规模的一种攻击，从而总体上对大公司持一种默认
315 的态度。几年前，约翰·肯尼思·加尔布雷思凭借他的《美国式资本主义》一书名噪一时，该书的中心观点是，商业合并的过程在它内部制造出了一种“抗衡力量”(countervailing power)——也就是说，商业合并带来的不仅是大型卖家的组织化，也制造出了强大的买家，这些买家们也通过组织化，在经济体的各领域中施展着省钱的本领。[①] 在加尔布雷思的书中，一如在最近那些为大规模公司辩护的著作中，要想让商业合并的恶劣影响降至最小，应当依赖的不是“去组织化”(disorganization)的努力，而是在劳工、农业、政府乃至商业本身等诸多领域内进行有效的“抗衡性组织化”(counter-organization)。更晚近一些的戴维·利连索尔，新政行政部门的另一名毕业生，也为大公司撰写了一份有力的辩护词，他跟加尔布雷思一样，也强调了大型产业在技术上的进步性，其观点会令布兰代斯和威尔逊惊诧不已。[②] 诸如加尔布雷思和利连索尔

① 这对加尔布雷思的观点是相当简化的一种陈述，参见 John Kenneth Galbraith: *American Capitalism*(Boston, 1952)。反托拉斯观念史的研究者们，对于加尔布雷思对“临时全国经济委员会”的报告(TNEC Report)(pp. 59-60)的责难将会特别感兴趣。

② 加尔布雷思称“具有竞争力的模式之间的竞争……几乎彻底阻绝了技术进展”，并认为事实上“如果一个产业是进步的，那么其中就应包含某种垄断因素”。Ibid., pp. 91, 93, and chapter vii, *passim*. Cf. David Lilienthal: *Big Business: a New Era*(New York, 1953), chapter vi. 另一部由以前的新政派撰写、对商业合并抱友好态度的著作，可见于 Adolph A. Berle: *The Twentieth Century Capitalist Revolution*(New York, 1954)。

这类人的态度，是否能代表今日自由派的主流情绪，这一点尚不清楚——尽管可以中肯地说，他们的著作并没有在其他自由派作者那里激起如潮的抗议。不管提供了什么样的合理性，自由派为大公司和产业集中做辩护的这一奇特景象都说明了一点：曾如此长久地居于进步主义思维核心的反垄断情绪，如今已不再是进步主义的核心主题。布兰代斯和威尔逊代表的那一代人，将经济生活理解为一个展现各自品格的领域；现代自由派则将经济生活理解为一个更为专狭的领域，只想从中求取一些特定的结果。似乎也 316
正是道德姿态上的这一变迁最为值得一提。一代人及更久之前，普通美国人受到的教育是，商业界的一段职业生涯，将会也应当成为一个检验和证明个人品格与男性气概的场域，通常也是在这样的前提下，竞争性秩序才能展现出它最大的吸引力。[①] 反过来也说得通，经济秩序的批评者们相当普遍地通过同一套道德话语来建构他们的逻辑说服力：如果经济秩序未能孕育出优秀的道德素质，或是未能让这类素质获得回报，让美德得不到奖励，恶行得不到惩戒；这样的经济秩序便是一切不平等和不公正的根源。然而最近十五到二十年内，正如加尔布雷思观察到的，"美国的激进主义者们已不再谈论资本主义制度下的不平等或剥削，甚至也不再谈及它的'内在矛盾'。取而代之的是，他们开始强调资本主义运

① 比如，可参看利连索尔引用的那封来自二十年代一位大学毕业生的感人书信(op. cit.，p. 198)："理想的平庸，生活的区隔化(compartmentalization)，这样的展望让我们感到害怕。大公司里的整个生涯是可以预见的，预先便设定了上限。如同人事部门所指出的，这种生涯当然也是安全的。他们用提薪吸引大学毕业生，退休养老金也足以形成巨大诱惑。可是在我的高中岁月，吸引人们的是事业心，到处谈论的是独立自主，建功立业。"

转的不可靠性(unreliability)。”①

四、新的机会主义

新政及其激发的新思维,表现了经济危机和民生需求对传统遗留下来的那些观念与禁忌所取得的胜利。新政的构想与施行,最为突出地贯穿了罗斯福所说的那种“大胆而坚持不懈的实验”的精神,对整件事情更多持批判性意见的人们,则认为那是一种极端的机会主义(crass opportunism)。讨论进步主义时,我强调了它对各种道德绝对性(moral absolutes)的利用,它那夸张的道德语调。类似的因素在新政中当然不会完全看不见,然而新政后期的
317 运动却形成了一种坦率而清晰的意识:正在发生的事情与其说是道德改革,倒不如说是经济实验。在新政的那些保守主义的反对者们看来,这项实验的大部分不仅是危险的,也是不道德的。

新政批评者们那种高度的道德愤慨,揭示了这一时期的另一面向——保守派与改革派之间意识形态角色的相对颠倒现象。自然,所有的意识形态,不管它是保守还是激进,对合法性的求取都是双重的,一方面诉诸终极道德原则,另一方面诉诸制度化生活的实际必然性(practical necessities)。然而从经典意义上讲,保守派更倾向于将其合法性建立在制度的连续性、铁的事实、可能性的限度等基础上,这也是他们的传统优势;改革派的优势则在于他们可以唤醒道德情绪,谴责不公,将整个社会的义愤汇集起来,去抗拒

---

① Galbraith,op. cit. ,p. 70.

那些不能容忍的恶行。这就是进步主义时期社会观点分野的态势。然而新政期间，却反而是改革派向现实中的急迫形势求取合法性的举动，最为令人印象深刻——他们求诸的对象包括缺少市场的农民，缺少面包与希望的失业者，以及向那些对银行状况、投资市场等现象感到忧心忡忡的人们。另一方面，保守派则代表了更为强烈的道德愤慨，同时在他们的身后，聚集起了关于美国生活的一批富于启迪意义的文献；这一切并不仅仅因为保守派现在是反对党，而是因为人们的行事方式已变得太过新颖，以至于看上去似乎违背了所有袭自传统的法则，不光是关于实用性的法则，也包括道德法则。因此，如果想要在 1930 年代发现乌托邦主义，发现某种对于道德和品格等缥缈无形之物的崇高信仰，以及发现那种从前主要由改革派所专有的道德义愤，那么与其去新政的文献中寻找，倒不如在保守派大报的社论中更容易找到。如果有谁想在当时寻找到类似前一位乔治·凯南(the first George Kennan)[①]的人物——后者曾向旧金山市民发出警示，称市镇繁荣对他们或许并没有什么好处，假如在实现繁荣的过程中他们失去了灵魂的
话——则在 1930 年代，他最有可能在两类人中找到：一是那些反 318
对联邦失业救济政策的人们，他们的理由是该政策将毁掉人们的品格，二是惊愕于货币贬值的人们。后者的惊愕倒并非出于对货币贬值后果的清晰认识，主要是其中龌龊的欺诈行为深深触动了他们。过去，通常是由保守派掌控着国家建设，兴建国家大型工

① 前一位乔治·凯南(1845—1924)：此人系提出“遏制”战略的乔治·F. 凯南的远房表兄，本是一名探险家，1907 年曾在《麦克卢尔杂志》发表《旧金山市的改革斗争》一文。——译者

业、交通设施,奠定举世瞩目、国人引以为豪的生产与消费体系,改革派们则剑指人道主义代价,原则的牺牲,并描绘出一幅幅蓝图,以指明怎样才能把工作做得更好。可现在,却是改革派在养活失业者,或是为他们寻找工作机会,救助银行,让产业环境变得更为人性化,修建住宅、学校和公共设施,让农民免于破产,让所有人恢复希望——而保守派,一旦丧失他们对事态的习惯性控制,以及他们的实用性角色,便开始援引一些美好的原则,为《宪法》感到忧虑,在细节问题上深究细问,捍卫崇高的道德观念,告诫世人警惕暴政的威胁,等等。

新政时期保守派的思想大多空洞而充斥着陈词滥调,这一点令人遗憾。但是,有关新政的最令人震惊的一点却是:尽管这波实用主义的变革热潮如此激烈,其在政治批评方面留下的文献却少得可怜。进步主义时期的变革中产生了很多重要的类似小册子的著作,或是关于社会的深刻分析——这些著作多来自克罗利、李普曼、韦尔、布鲁克斯·亚当斯、布兰代斯、“耙粪者”,以及 W. J. 根特和威廉·英格利希·沃林这样的社会主义批评家——新政所催生的政治论著在数量上完全无法与此相比,多数著作的影响力仅止于当日新闻头条。一定程度上这个问题仅关乎时间:进步主义时期延续了十二年多,其重要著作多在后期完成,特别是 1910 年以后;新政的活跃阶段,则被压缩在了从 1933 到 1938 这匆匆六
319 年。或许更重要的原因在于这一事实,即新政带来了一场极其快速的官僚化扩张和一系列极其复杂的问题,从而为来自法律、新闻、政治和学术领域的具有改革倾向的美国人,创造了一个巨大的技术市场。这些本来可能忙于分析各种事件的意义的人们,如今

却被吸纳进这个巨大的、不断扩张的官僚体系内，去从事各项工作，或是起草将要送至两院表决的法律，或是游说那些执拗的国会议员，或是对小佃农们进行重新安置。

上述的宏观归纳也有一个重要例外：瑟曼·阿诺德的《政府的象征》《资本主义的故事》这两本书，不仅才情恣肆，也有相当持久的影响力——在我看来，这两本书比进步主义时期的所有政治论著都要好。[1] 然而，从新政阵营这两部最为优秀的著作中，我们又能发现什么呢？我们看到的是对意识形态、理性原则以及政治道德感的尖锐而持久的攻击。我们看到的是小罗斯福对实用政治特有的机会主义趣味的理论化翻版——即一套攻击各种理论的理论。因为，虽然阿诺德著作直接指向的是 1930 年代保守派那种仪式主义（ritualistic）思想，但同样也构成了对我们在进步主义思想中常常发现的那种道德主义的攻击。

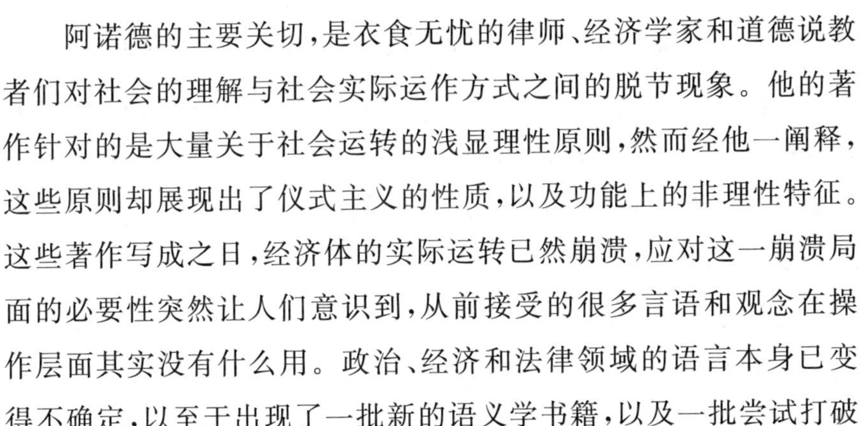

阿诺德的主要关切，是衣食无忧的律师、经济学家和道德说教者们对社会的理解与社会实际运作方式之间的脱节现象。他的著作针对的是大量关于社会运转的浅显理性原则，然而经他一阐释，这些原则却展现出了仪式主义的性质，以及功能上的非理性特征。这些著作写成之日，经济体的实际运转已然崩溃，应对这一崩溃局 320
面的必要性突然让人们意识到，从前接受的很多言语和观念在操作层面其实没有什么用。政治、经济和法律领域的语言本身已变得不确定，以至于出现了一批新的语义学书籍，以及一批尝试打破

[1] Thurman W. Arnold：*The Symbols of Government*（New Haven，1935），*The Folklore of Capitalism*（New Haven，1937）. 到 1941 年，前一本书已重印了四次，后一本书则重印了十三次。

"言语的暴政"的著作,阿诺德的著作便是迄今为止这些书中最重要的两本。其著作的很大篇幅都被用来对时下正统保守派的思维加以分析,或者说嘲讽。这固然不是我们的主要关切,但此处我们的真正兴趣是表明,阿诺德的思想在多大的程度上已远离早些时候的进步主义,有时甚至构成对进步主义攻击。从阿诺德使用的术语便能清楚看出,他的价值体系与美国进步主义的经典价值之间已经有了相当的距离。讨论进步主义时期的民意氛围时,我曾提到当时存在一套关于公民道德的语汇,这些语汇反映了人们对于好公民存着这样一份期待:希望他们的思想和行动都是无私的。进步主义的关键词包括了爱国主义、公民、民主、法律、品格、良知、灵魂、道德、服务、责任、耻辱(shame)、羞耻(disgrace)、罪孽和无私,等等——这些术语让人联想起进步主义这场叛乱的道德与智识根源,这些根源可以一直上溯到那些盎格鲁-撒克逊背景的新教徒那里。阿诺德著作中的关键词则包括:需求、组织、人道主义、结果、技术(technique)、制度、现实主义、规训、士气(morale)、技能(skill)、专家、习惯、实用(practical)、领导力,等等——这套词汇揭示了一组迥然不同的价值群,这些价值乃是从经济危机和官僚制的必要需求当中生发出来的。

尽管阿诺德关注的主要是同时代的保守派,但他也充分留意到了从前的改革者,从他的描述中,可以看到一名新政派对于进步主义的总体印象。在他看来,以往的改革者过于执着于文字和道德上的战斗,对社会运转的庞杂组织机构却几乎无从顾及。"凡改革者取得成功之时——也就是当他们看到直接初选法、反托拉斯
321 法,或是其他任何他们希望进行的改革大功告成时——那些顽强

的临时机构也存活了下来，结果是林肯·斯蒂芬斯这样的前一代改革者黯然隐退，新一代改革者则接过了旗帜。”[①]阿诺德认为，那些充满人道主义关怀的、令人敬佩的改革者们，普遍犯了这样一个错误，即未能意识到“在一个组织化的社会中，发挥主导作用的并非逻辑，而是各种组织机构”；因此他们总是选择一些逻辑原则，而非组织，来作为效忠的对象。大多数自由主义改革运动都试图让具体的执行机构依照改革者的说教行事，可是一旦这些机构俯首听命，却往往不能正常发挥其功能。[②] 进步派为机构和组织的发展感到烦恼，阿诺德的观点却似乎是在为两者唱赞歌。

对进步派思想中的很多重要观点，阿诺德时常有一些批判性的观察。《资本主义的故事》以对“思考者”(the thinking man)的嘲讽开场，所有关于理性政治的话语，便是指向这类人的；“思考者”基本上可以看作是漫画版的“好公民”，后者正是大多数进步主义思想里的中心角色。进步主义宣传家们花了很多时间来宣教所谓的“违法”之恶，而阿诺德著作的中心论点之一，却是对法律和法律思维加以分析，揭示出按照现有关于法律和尊严的定义，社会的一些真实而必要的功能将注定逸出法律框架之外。[③] 类似的反进步主义(anti-Progressive)论述，还包括他对反托拉斯法的攻击——后来，当阿诺德担任了负责实施这些法律的官职，这些论述

① *The Symbols of Government*, p. 124.

② *The Folklore of Capitalism*, pp. 375, 384.

③ 比照以下引文：“‘法律’的部分功能，是对与日常实践刚好相反的那些理想表示承认……法律的功能与其说是指导，倒不如说是安慰。对法律根本原则的信奉，并不必然引出一个秩序井然的社会。这样一种信念，常常也为造反或动乱提供合法性。”*The Symbols of Government*, p. 34.

322 则颇可发人一笑。但阿诺德并不否定法律曾发挥一定的用途，哪怕是由改革者们所诠释的法律。在他看来，法律的主要作用在于让工业组织得以存活，同时对于那些因工业的组织化进程而日益忧苦的人们，也提供了一份安慰。也就是说，法律的确具有实际的意义，但与改革者们试图赋予它的那种意义完全不同。然而对于反抗大型托拉斯，改革者却没有形成什么真正的战略："这些[针对产业组织（industrial organizations）]的攻击，之所以总是以某种仪式性的'和解'（atonement）告终，而产生不了什么实际结果，原因便在于没有什么新的组织生长起来，去代替那些受到攻击的组织的功能。反对派从未能够建立起他们自己的执行机构，以及相应的人员补给。他们中间从来不乏演说家和经济学家，但缺少实际的组织人才。如果进行一场轰轰烈烈的合作运动（cooperative movement），或许会对美国工业帝国的权力造成松动。仅是针对这个帝国进行诋毁性宣教，则带来的结果则只能是反向的宣教。这一切的原因在于，改革者们执迷不悟的信条，与他们想要改革的制度背后的支撑物，正是同一种东西。他们执着于对社会采取一种道德立场，其思维是乌托邦式的。他们感兴趣的是寻求政府管理的系统性规律。对他们来说，哲学远比机会主义更重要，所以最终他们成就了哲学，却没能抓住机会。"①

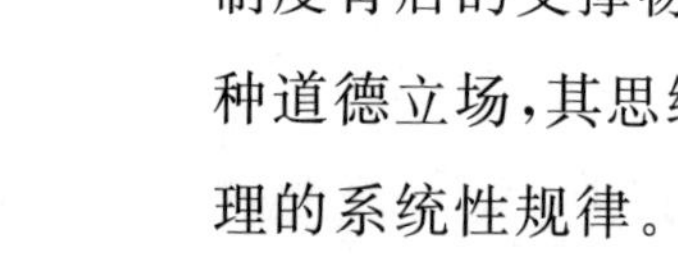

对于那些让美国产业实现组织化的工业巨头，阿诺德表达了比对改革者们更多的钦佩之情，进步派对这些人则一向是义愤填膺的。对洛克菲勒、卡内基和福特等人，阿诺德特别宽大为怀，同

① *The Folklore of Capitalism*, p 220.

时也将约翰·L. 刘易斯(John L. Lewis)[①]这样的人，看成是手段老练的组织者，只不过不得不超越一些寻常顾虑。“对人类社会的实际观察……表明，人类组织领域内的伟大建设性成就，都是由那些无所畏惧的，敢于突破大多数我们奉为圭臬的原则的人们所完成。”[②]对工业组织的领袖们来说，法律、人道主义和经济领域的原 323
则都是可以置之不顾的。“他们超越自己的错误以建功立业，他们的行动是机会主义的，他们把人当作实验的材料，对社会公义则无所顾及。尽管如此，他们却将生产力的水平提高到了他们的父辈做梦也想象不到的层次。”[③]

毫不奇怪的是，阿诺德对政客们也说了不少好话，在他看来，尽管政客们罔顾社会价值，也缺少宏伟的目标和高远的见识，但他们仍是“仅有的一些懂得政府运作技巧的人”。可以肯定地说，人们更倾向于政府掌握在那些毫无私心的人们手中，可是这些人太过注重对善的原则的培育，并且满足于此，以至于难以发展技能，因而也难以形成“一个强有力的统治阶级”。因此，社会常常不得不面临一种抉择，要么选择信任疯子和煽动家，要么则是那些“目不识丁却心地善良的爱尔兰人，他们凭着人的同理心，对于人性有一种本能的认识。”[④]《资本主义的故事》一书花了好几页的篇幅来

① 约翰·L. 刘易斯(1880—1969)：美国劳工领袖，“美国矿工联合会”(United Mine Workers of America)主席，“产业组织大会”(Congress of Industrial Organizations)的主要推动者，后领导“矿工联合会”加入了“劳联”。新政期间，刘易斯是富兰克林·罗斯福的主要支持者。——译者

② *The Symbols of Government*, p. 5.

③ Ibid., p. 125.

④ Ibid., pp. 21-22.

为政治机器辩护,赞赏它们凭着良好的判断力接手了政府的工作,并在它们工作中体现出了人道主义精神。①

就阿诺德的著作本身看来,看其对“思维健全”(right-thinking)的公民的质疑,其对坚固的道德原则和政治中无私理性的否定,其实用主义趋向,其对成就一番功业的向往,其对组织和制度规训的崇奉,以及其为政治机器所作的辩护,他对新政和战前进步主义之间的差异或许有所夸大了,但他的确尖锐地道出了这种差异的

324 实质。②

① *The Folklore of Capitalism*, pp. 367-372; cf. pp. 43, 114-115; cf. *The Symbols of Government*, pp. 239-240.

② 很多时候,阿诺德都顺应时势,表现出了一种“冥顽不化”的特质,同时在一些严肃问题上,他也时常显得玩世不恭。尽管这些堕落现象在象征意义上具有相当的重要性,但我并不希望人们认为我将他的著作描述为了一种对政治道德感的攻击。在我看来,这些著作的本意并非摧毁政治道德感,而是对特定的一组、他认为已然过时并具有妨碍性的道德法则加以讽刺,并想提出一套新法则以替代之,只是这套新法则的轮廓显然还处在模糊之中。在我看来,阿诺德的著作中暗含了一个非常真实而重要的问题,即道德与政治,或者说理智与政治之间关系的问题,但他甚至没能成功地提出这一问题,更不必说回答了。这方面的一份透彻批评可见于 Sidney Hook: *Reason, Social Myth, and Democracy*(New York,1950),pp. 41-51。该书第 51—61 页可见胡克与阿诺德随后的一些观念交锋,但在我看来那只是成功地突出了阿诺德的哲学困境。阿诺德著作的深刻价值,不在于其对政治伦理不着片言,而在于他处理他那个时代政治思想的那种描述性的、讽刺的和分析性的路径,以及他对一系列社会情绪的表述,这些情绪对很多新政派都发挥着影响。

也许我应该补充一点,我本意并不想让自己在这个领域的观点超越描述性层面,因为这里存在的那些宏大的政治伦理问题,我也没有试图去回答。我将新政的实用主义和机会主义特质与进步派坚持不懈的道德主义做比较,目的并不在于在所有问题上做一种带有恶意的比照,以得出于新政有利的结果。我的目的也不在于暗示新政派的政治道德相比进步派要低人一等。我最大的兴趣在于指出这一事实,即催生了新政的那场危机,同时也推动了一场对所有价值的全面重估(transvaluation),而我将之与进步派思想的主要模式联系起来的那种道德主义,其真正的继承者其实是新政的反对者,而不是进步派在新政派中的传人,后者反而常常对其加以批判。

强调新政的实用主义和“硬”的一面，并不意味着忘掉它“软”的一面。并非新政的所有代表者都想要表现得像阿诺德那般冷酷无情(hard-boiled)。[①] 如此规模、如此势头的一场运动，不可能没 325
有属于自身的理想、意识形态，甚至自身的情感类型。新政有它自身用来鼓舞人心和宣泄愤怒的文学，有它的理想主义狂热，也有专属于它的英雄与恶人。这里我想要点出的差别是，新政的愤慨更多是指向浪费和缺少同情心，较少针对腐败和垄断，新政中振奋人心的事，更多来自工程学、行政学和经济学领域，而绝少与社会道德的提高有关。因为，新政不仅为这个国家带来了一种关于人类本能的激动人心的新发现；新政也再度激发了美国人的一些古老兴趣，比如在现实中创立事业，在实体世界里有所成就，并激活了他们的一种理想，这种理想曾一度激励了镀金时代那些企业大亨和产业巨子，后来却被当作腓力斯丁人和守财奴们专属的领域，被

① 有人曾向我推荐，要想了解新政的理想主义和振奋人心的力量，戴维·利连索尔的《田纳西河流域管理局：行进中的民主》(*TVA: Democracy on the March*)(New York, 1944)一书中的精神，比瑟曼·阿诺德的著作更具代表性。利连索尔的书的确更为坦率地表明了其人道主义立场，更加振奋人心，更关注如何在发生急剧技术和行政变革的条件下维持民主，更加投合人民的理想。但这本书也表现出了对特定价值的崇奉，这些价值在阿诺德那里也已经被意识到了，然而对大多数进步派来讲，这些价值恐怕都不太重要。和阿诺德一样，利连索尔也在为组织、工程、管理等事业做辩护，也颇为欣赏与这些事业相伴随的种种心理状态，与此相对照，传统思想观念则被他称为“迷雾”(fog)。他的合法性来自行政经验、技术、科学，以及专业技能，他发现有效的管理制度“能让人类的精神得到升华”，并且断言“今时今日，不论多么复杂的任务，没有什么是一组工程师、科学家和行政官僚(只要经过良好的组织)所不能完成的”。(Pocket Book ed., New York, 1945, pp. ix, x, 3, 4, 8, 9, 79, 115.)在这样一种哲学下更容易看出，利连索尔近日对大公司的辩护并不意味着转向一种新的哲学，而不过表明他具备这样一种能力：当他作为田纳西河流域管理局工作人员，在公共事业中发现的那些美德，如今他在私人组织中也能发现。

拥有理智的人们普遍摈弃了。

因此，新政的内核不是一套哲学（只有当小罗斯福把自己看成一名基督徒和一个民主党人的时候，才能将自己和哲学扯上点关系），而是这样一种心态（attitude），该心态适用于实践的政治家、行政官员和技术官员，但与进步派及其反对派们在很大程度上共享的那种道德主义，却是大相径庭。在这一内核的外围还有一些情感类型，对于新政之获得公共支持也至关重要。在一些地区，平民主义情绪和以往那种“大众黑名单”（popular demonology）现象再度出现，小罗斯福和哈罗德·伊克斯（Harold Ickes）这些人在竞选期间都曾对这些情绪加以利用，后来在哈里·杜鲁门在与华尔街的缠斗中，这类情绪也有所表现。与此相伴随的还有新政的另一个现象，即对“小人物”流露出的一种普遍的亲切感，所谓的“小人物”包括那些破产者、农业流民（Okies）[①]、小佃农、约翰·斯
326 坦贝克（John Steinbeck）小说里那些角色[②]，以及“农场安全管理局”（FSA）[③]那些摄影师们的拍照对象。随之而来的是一种民间民族主义（folkish nationalism），这无疑与联邦对文学、艺术的扶持政策有关，但归根结底是因为美国的人民和制度再度有了希望。

① Okie原意指俄克拉何马人。大萧条时期，美国中部各农业州又逢沙尘暴、干旱等自然灾难，大批农业人口从这些州流出，因此在大萧条和新政时期，Okie泛指中西部各州的农业流民，这些人不单来自俄克拉何马州。——译者

② 约翰·斯坦贝克（1902—1968）为美国诺贝尔文学奖获奖作家，作品多反映底层穷人生活，如《愤怒的葡萄》《伊甸之东》等。——译者

③ 农场安全管理局：全称为Farm Security Administration，1937年为解决乡村贫困问题而成立，前身是“移民安置管理局”（Resettlement Administration）。该机构的一项著名举措，便是在通过一系列摄影作品来反映美国的乡村贫困问题。——译者

看过集中营、纽伦堡法(Nuremberg Laws)[①]、格尔尼卡事件(Guernica)[②],以及莫斯科审判[③](尽管在这一点上不是所有人都达成了共识)之后,美国的一切似乎都变得充满生机和希望了,大街变得前所未有地整洁干净,“巴比特”[④]也几乎变得可爱起来。由于日益感知到美国生活成功表面下那个污秽的世界,进步主义获得了它的动力;新政的发生,则是由于在后大萧条时期充满贫困与不平等的表层之下,感受到了美国生活中的人间温情与技术发展潜力。在最外围的边缘地带,还有不少真正的意识形态理论家,他们关注的除了国内改革的战斗,还包括法西斯主义在世界范围内的兴起。尽管他们中很多人是共产主义的“同路人”(fellow travelers)[⑤],有些甚至就是共产党人,但若过度强调这个边缘地带对新政内核,以及普通美国人民的影响,就很有可能对新政的性质产生误解。对今天的一些人来说,夸大极左力量对于1930年代我国思想界的影响,既是一种时尚,又是一种便利。毫无疑问,这样做是有一定合理性的,因为马克思主义对很多知识分子都产生了

① 纽伦堡法:1935年德国通过的法律,赤裸裸地宣布了法西斯德国的反犹和种族主义政策。——译者

② 格尔尼卡事件:1937年西班牙内战期间,德国和意大利协助西班牙弗朗哥政府,对巴斯克地区反抗力量进行的轰炸,为世界历史上最早实施的空军战略轰炸事件之一。著名画家毕加索针对这一事件,创作了名画《格尔尼卡》。——译者

③ 莫斯科审判:1936—1938年期间,斯大林针对托洛茨基分子和苏共党内右派发动的一系列公开审判,是促动苏共“大清洗”运动的主要事件之一。——译者

④ 巴比特:美国诺贝尔文学奖获奖作家辛克莱尔·刘易斯同名小说中的一个角色,代表了那种盲从于美国中产阶级价值标准的人,多为商人和专门职业者。——译者

⑤ 在20世纪四五十年代的美国,“同路人”一词专指那些在哲学上同情共产主义,但并非正式共产党员的左派知识分子和政治人物。——译者

强烈的影响，如果说有时候这影响颇为短暂的话；可是不管是就新政的行政核心，还是全体美国民众而言，这一时期那种业余的马克思主义对人们的思想与行为的影响都是很微弱的。[①] 因为对普通
327 人来说——他们对于新政的需要至为迫切——新政的力量归根到底取决于它产出成效的能力。

从一开始，新政就生长在极权主义(totalitarianism)的阴影之下，不管是左翼还是右翼的极权主义。罗斯福和希特勒上台，前后仅隔了几个月的时间，从那时起直到新政改革的最后阶段，每年都不乏一些预警事件，昭示着恐怖灾难的最终来临。罗斯福执政初期，受海外那些可见的灾难性范例的影响，他的很多批评者都认为新政是法西斯主义或共产主义的开端。比如，左派的一些批评者们就认为，“全国经济复兴署”明显是对墨索里尼“共治国家”(corporate state)的一种模仿。与此同时——尽管现在这一点已几乎被遗忘——右翼的批评者们一开始则自认为他们从一些对基本自由的“侵犯”当中，看到了某种法西斯主义的苗头，至于那些侵犯基本自由的人，他们一般认为就是新政的设计者。一段时间以

① 曾有学者冷静地指出，即便在那些被认为与共产党过从甚密的圈子里，共产党的影响力也相当有限，见 Granville Hicks: *Where We Came Out* (New York, 1954), chapter iv。比起今日非常流行的对共产党影响力的夸大，更进一步的错误是夸大共产党与新政的联系。当然，共产党在刺激劳工组织的形成方面也发挥了积极的作用，直到那些老谋深算的劳工领袖设法驱逐了他们，共产党也及时地渗透进了官僚体系，结果的严重性今天我们都已知悉了。然而大萧条将美国的共产党踩在了脚下，新政则令其寿终正寝。共产主义者，作为言行一致的理论家，对新政从来是看不起的。一开始他们认为其中包藏着法西斯主义，到了人民阵线(Popular Front)时期，他们开始放弃了这一类批评，但依然看不起新政，其鄙视的点包括新政那种直率的实验主义，它的缺乏方向感，它缺乏系统性的特质，当然还有它的妥协性。

后他们才发现，即使指控新政正在孕育着共产主义，也没有什么不合适的。

今天，一个人但凡头脑冷静，便会发现这些言论都是错误的，因为现在我们更容易看到这一点：罗斯福和他的支持者们是在尝试用一种处于美国独特框架下的政治方法，来处理美国的经济问题——某种意义上，他们仍在继续批判着欧洲的观念世界。从伦敦经济会议(London Economic Conference)[①]到罗斯福 1937 年发表“隔离”(quarantine)演说，新政本质上是孤立主义的，尽管也通过了一系列削减关税的协议。它逃脱不了的乃是这样一个现实，“同处一个世界”(one world)——甚至后来的一些共和党领导者也开始这么表述。1939 年以后，这一现实已成为美国生活的主导

力量。战争的爆发，意味着美国人已彻底失去往日习以为常的那 328
种安全，彼时他们的国内生活很少受到外部世界危机的搅扰，如今他们则陷入了这样一种处境：国内生活很大程度上为外交政策和国家防御的需求所决定。发生这一变迁后，这个国家终于陷入了所有它从前千方百计想要避开的现实，因为现在它不光经历了机械化、城市化和官僚化，而且已经国际化了。相当多的美国人仍在渴望——实际上是期盼着再一次地——回到以往的个人主义和孤立状态中去，当他们发现即便保守派领导者们也无法恢复那种状态之后，未免着急发狂。对于平民党人，以及那些和平民党人一样相信美国历史上的某个阶段曾是黄金时代的人们，我们怀有一份

① 伦敦经济会议：1933 年为应对大萧条、重启国际贸易，以及稳定国际货币汇率，66 个国家在伦敦召开的会议。由于富兰克林·罗斯福后来不再支持稳定汇率，会议的成效大受影响。——译者

真实的同情，尽管他们的生活境遇要比我们好得多。然而，真正地回去那个世界里生活，真切地去体会那个世界的人们所珍惜的那份希望，去欣赏他们那份想象出来的纯真，今天我们已经办不到了。

致　　谢

记下我关于这个题目的想法，最初的念头源自查尔斯·R. 沃 329
尔格林基金会(Charles R. Walgreen Foundation)的一份邀请。早先在该基金会做的系列讲座，令人感到非常愉快，为此我要感谢沃尔格林系列讲座项目主任杰尔姆·克尔温(Jerome Kerwin)教授，以及他在芝加哥大学的其他同事。这本书的前六章，便是这些讲座报告的延展和修订版本。此外还有一个略微不同的版本，曾于1955年一、二月份在伦敦大学学院“国家基金”系列讲座(Commonwealth Fund Lectures)上做过报告。

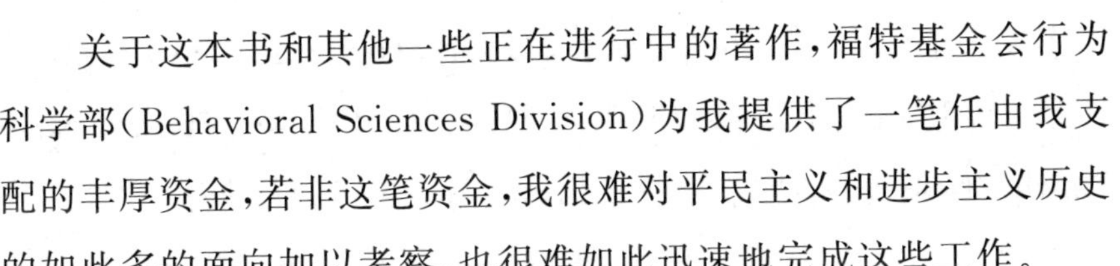

关于这本书和其他一些正在进行中的著作，福特基金会行为科学部(Behavioral Sciences Division)为我提供了一笔任由我支配的丰厚资金，若非这笔资金，我很难对平民主义和进步主义历史的如此多的面向加以考察，也很难如此迅速地完成这些工作。

需要感谢的首先是我的妻子比阿特丽斯·凯维特·霍夫施塔特(Beatrice Kevitt Hofstadter)，她将编辑和文本评议的技艺，发展成了一种提出正确问题的卓绝天赋。她的建议对我是不可或缺的。彼得·盖伊(Peter Gay)花了难以胜计的时间，对初稿进行了一次透彻的校订，并和我探讨了其中的观点；唯有他对我失误的那种严格而亲和的态度，可以与他在时间上的慷慨相比拟。弗里茨·斯特恩(Fritz Stern)不仅阅读了手稿，还一丝不苟地审阅了校样，对我也有莫大帮助。

很多朋友给了我修订的建议，对此我深怀感激。威廉·洛伊
330 希腾堡、西摩·M. 李普塞特、沃尔特·P. 梅茨格（Walter P. Metzger）、C. 赖特·米尔斯、戴维·里斯曼（David Riesman）和肯尼思·M. 斯坦普（Kenneth M. Stampp）阅读了手稿，且逐章、逐节地提出了大量细致入微的批评和建议，促使我做了大量认真的修改，消除了不少错误的和言过其实的表述；他们的一些观察，相比我原先的说法，更能够透彻地表现观点的深刻意涵，我把这些观察也补充进了书中——现在我手里还有一些评论和问题尚未使用，深究下去便能再写一本书。同样仔细地阅读了手稿的——或是阅读了全文或大部分章节的——还包括丹尼尔·阿龙（Daniel Aaron）、斯坦利·埃尔金斯（Stanley Elkins）、弗兰克·弗赖德尔（Frank Freidel）、亨利·格拉夫（Henry Graff）、阿尔弗雷德·A. 克诺夫（Alfred A. Knopf）、亨利·F. 梅（Henry F. May）、威廉·米勒（William Miller）、亨利·纳什·史密斯（Henry Nash Smith）、哈罗德·斯特劳斯（Harold Strauss）、哈罗德·赛雷特（Harold Syrett）、戴维·B. 杜鲁门（David B. Truman）和 C. 范·伍德沃德（C. Vann Woodward）等，他们都提出了富有价值的评论，让我做了一些重要的修订。在平民主义和美国农业史方面，李·本森和埃里克·兰帕德（Eric Lampard）给了我一些急需的建议，并让我有了些许理由，去企望该领域的一些专家们在对待我对经济史领域内那些难以处理的细节所做的极为粗疏的归纳时，或许能比我早先所能期待的更加宽容一些。我的研究助手们非常成功地为这份研究提供了服务，保罗·卡特（Paul Carter）、古尔

斯顿·戈尔丁(Gurston Goldin)、埃里克·麦基特里克(Eric McKitrick)和詹姆斯·申顿(James Shenton)都非常有见地、富于想象力、充满感情地参与了研究,远远超出了我对他们的要求。关于第五章和第六章的写作框架,我分别要特别地感谢麦基特里克和辛顿同学与我进行的谈话。

索 引

（索引页码为原书页码，即本书边码）

图书在版编目(CIP)数据

改革年代:从布赖恩到富兰克林·罗斯福/(美)理查德·霍夫施塔特著;王禹译.—北京:商务印书馆,2024
(汉译世界学术名著丛书:120年纪念版:珍藏本:增订本)
ISBN 978-7-100-23788-8

Ⅰ.①改… Ⅱ.①理…②王… Ⅲ.①美国—历史
Ⅳ.①K712.07

中国国家版本馆 CIP 数据核字(2024)第 078077 号

汉译世界学术名著丛书
(120 年纪念版·珍藏本·增订本)
改革年代
从布赖恩到富兰克林·罗斯福
〔美〕理查德·霍夫施塔特 著
王禹 译

商 务 印 书 馆 出 版
(北京王府井大街 36 号 邮政编码 100710)
商 务 印 书 馆 发 行
北京中科印刷有限公司印刷
ISBN 978-7-100-23788-8

2024 年 5 月第 1 版 开本 710×1000 1/16
2024 年 5 月北京第 1 次印刷 印张 26¼
定价:146.00 元